Sozialsyste

MW01514456

Europäische Hochschulschriften

Publications Universitaires Européennes
European University Studies

Reihe I
Deutsche Sprache und Literatur

Série I   Series I
Langue et littérature allemandes
German Language and Literature

Bd./Vol. 2027

PETER LANG

Frankfurt am Main · Berlin · Bern · Bruxelles · New York · Oxford · Wien

Miodrag Vukčević

Sozialsystem Literatur und Gegentext

Zu den Komödien von Andreas Gryphius und Christian Reuter

PETER LANG
Internationaler Verlag der Wissenschaften

Bibliografische Information der Deutschen Nationalbibliothek
Die Deutsche Nationalbibliothek verzeichnet diese Publikation in
der Deutschen Nationalbibliografie; detaillierte bibliografische Daten
sind im Internet über http://dnb.d-nb.de abrufbar.

Gedruckt mit finanzieller Unterstützung
der Philologischen Fakultät der Universität Belgrad.

Gedruckt auf alterungsbeständigem,
säurefreiem Papier.

ISSN 0721-3301
ISBN 978-3-631-63687-9

© Peter Lang GmbH
Internationaler Verlag der Wissenschaften
Frankfurt am Main 2012
Alle Rechte vorbehalten.

www.peterlang.de

Für Tanja und die Kinder

Vorwort

Den wesensgemäßen Entstehungszeitraum der vorliegenden Arbeit, welche als Dissertation entstand, als eigentlich die Studienzeit insgesamt zu werten, wäre womöglich zu weit gegriffen. Sollten sich im behandelten Gegenstand dennoch jene Fragestellungen geäußert haben, die wohl selbst bei der Entscheidung zur Studienwahl ausschlaggebend waren, so kennzeichneten sie jedenfalls aber die Studienzeit nachhaltig und zwar unabhängig vom Ort, wo die Studien stattfanden. Infolgedessen sind zwei Versionen gleichzeitig entstanden, eine deutsch- und eine serbischsprachige, welche sich in jeweils ihrer Perspektive unterscheiden. Entscheidend ist dabei natürlich der entsprechende Standpunkt, ob man nämlich von einem Gegenstand der Germanistik spricht oder aber von dem einer Auslandsgermanistik. Sprachliche Ungereimtheiten, schwer voneinander zu trennende Erscheinungen in von Übergängen gekennzeichneten Zeiträumen sowie einschneidende historische Ereignisse, die sich während der gegenständlichen Untersuchungen als Lösungen abverlangende Problemstellungen äußerten, deckten sich nicht selten im aktuellen Tagesgeschehen.

Beschäftigt man sich nun mit der Literaturgeschichte, in diesem Falle der deutschen, dann stellt man fest, dass zeitliche Eingrenzungen oftmals unterschiedlich gehandhabt werden, immer aber in Abhängigkeit davon, welchen distinktiven Merkmalen man zugeneigt ist. Setzt man im Jahr 1624 an, als dem Beginn einer neuen Phase in der Geschichte der deutschen Literatur, dann geht man meistens doch davon aus, dass das *Buch von der Deutschen Poeterey* ein Werk ist, mit dem Martin Opitz das Hineinwachsen des literarischen Ausdrucks in eine endlich nationalsprachliche Ausdrucksform einleitet. Das distinktive Merkmal bildet in diesem Falle der Vergleich der deutschen Sprache mit den angrenzenden Sprachen, weshalb der Abschluss eines verspäteten Herausbildens einer nationalen Literatursprache bei den Deutschen, mit Gottscheds nach französischem Vorbild gehaltener *Critischer Dichtkunst* zu setzen wäre. Gegenständliche Veränderungen kündigen sich allerdings noch in der davorstehenden Tätigkeit Gottscheds als Herausgeber und Verleger an, als neue geistige Tendenzen nach ausländischem Muster übernommen wurden. Kontrastiv stellte man den rationalistisch gezeichneten Inhalten zu Beginn des 18. Jahrhunderts die repräsentative Art und Weise des 17. Jh. gegenüber. Es ist vornehmlich die stilistische Ebene, auf der Veränderungen im 17. und 18. Jh. zu verzeichnen sind. Zudem lenken traditionelle Formen und Bräuche, die sich im Verlaufe der Geschichte als Werte herausgebildet haben, die Aufmerksamkeit auf typologische Erscheinungen in der Geschichte der deutschen Literatur. Sie bewahren Werte in Ihrer Form auf und bilden die Grundlage, um Kontraste zu schaffen.

Zwei dieser Merkmale – die Veränderungen im die Gesellschaft beherrschenden Geist und der in der Literatursprache – verlangen einen Ansatz, welcher dahin tendiert, im Zeitraum von der Mitte des 17. Jahrhunderts bis zum Übergang zum 18. Jh. eine gewisse Kontinuität der Inhalte herzustellen. Die Entwicklung einer Gesellschaft und auch ihrer Werte erlebt mit der Zeit natürlich gewisse Bewegungen. Damit ist zunächst nichts Neues gesagt. Aber literarisch reflektierte Veränderungen – sei es aufgrund von gegenwärtigen Zuständen, vergangenen oder zukünftigen – sie bezeugen ein reaktives Verhältnis, das zwischen der gesellschaftlichen Wirklichkeit und der Literatur besteht und sich entsprechend der Veränderungen entwickelt.

Die innere Gliederung der einzelnen Kapitel in der vorliegenden Untersuchung geht von der jeweils spezifischen Rezeption der einzelnen Werke in der Sekundärliteratur aus. Deshalb befindet sich in jedem Kapitel, das stets einem entsprechenden Werk gewidmet ist, ein gesonderter Forschungsüberblick. Einen zusätzlichen Grund für dieses Vorgehen bietet der Umstand, dass für einige Werke eine größere Zahl an Forschungsergebnissen vorliegt, während man für andere sagen kann, es gäbe sie sozusagen überhaupt nicht. Das schafft zunächst Probleme bei der Kontextualisierung der erwählten Werke. Angebracht erschien es in dieser Arbeit, den Werken zweier bekannter Dichter der Barockepoche, Andreas Gryphius und Christian Reuter, besondere Achtung zu erweisen, da sie in der Erforschung deutscher Dichtungsgeschichte von der fachkundigen Literatur bisher, dem hier erwägten Ermessen zufolge nicht genügend wahrgenommen wurden. Ein Grund dafür sind Standpunkte, die davon ausgehen, die Rezeption der dichterischen Schöpfer hätte mittlerweile einen gewissen Kontext gebildet, in denen ihre Werke stehen. Werden dabei bestimmte dichterische Werke aber ausgelassen, dann erhärtet sich der Rückschluss, diese Werke würden sich in das einhergehende Rezeptionsschema nicht einfügen lassen. Der Ansatz in der vorliegenden Arbeit tendiert dahin, die den behandelten Dichtern zugesprochene Stellung zunächst anzunehmen. Aus den ihnen zugesprochenen Charakteristiken dürften sich daraufhin hauptsächlich Einsichten in allgemeine gesellschaftliche Abläufe im 17. Jh. ermöglichen, die Prozesse abbilden, welche, man würde sagen, sonst mit dem 18. Jh. verbunden werden.

Die Literatur ist im 17. Jh. natürlich noch nicht so weit ausdifferenziert, wie es mit anderen, viel „größeren" und „bedeutenderen" Epochen der Fall ist. Begründen lässt sich das scheinbar einfach damit, dass andere Epochen weitaus besser erforscht wurden und von historischen Ereignissen weniger belastet sind als das 17. Jh. Die Herzog August Bibliothek in Wolfenbüttel, wo Gottfried Wilhelm Leibniz vor allem aber Gotthold Ephraim Lessing die Literatur aus der ihnen unmittelbar vorhergehenden Zeit bekanntermaßen sammelten, bietet die erwartungsgemäß beste Gelegenheit für das Aufsuchen von Bibliotheksangaben.

Erwähnt wurden in der gegenständlichen Untersuchung allerdings auch fremd-sprachige Arbeiten und Ausgaben sowie jüngere Ausgaben aus nicht so umfang-reichen Bibliothekssammlungen. Zu diesem Zweck erwies sich die elektronische Datenbasis zum 17. Jahrhundert in der deutschen Literaturgeschichte (VD 17) als ebenso nützlich. Deren Bedeutung steigert sich anhand der Tatsache, dass man auf einige in der vorliegenden Arbeit erörterten Titel lediglich in Form von Mikrofilmausgaben zurückgreifen kann sowie der Begebenheit, dass vereinzelte Originaltitel nur unter großen Anstrengungen und viel Geduld zur Leihgabe zu Verfügung stehen. Andere Werke wiederum werden ihrer Aktualität halber und ihrer allgemeinen Bedeutung wegen in Neuauflagen gedruckt; sie sind kritisch bearbeitet und der Zugang zu ihnen bereitet keine Umstände. Insbesondere wegen der fortgeschrittenen kritischen Bearbeitung wurden als Untersuchungs-grundlage zur Komödie *Horribilicribrifax Teutsch* und für den zweiteiligen Roman *Schelmuffsky* die jeweils zum Zeitpunkt des Entstehens dieser Arbeit aktuellen Ausgaben im Reclamverlag verwendet.

Letztlich möchte ich noch meinen herzlichen Dank aussprechen an die Kolleginnen Frau Anneke Thiel, Fachreferentin für Germanistik an der Uni-versitätsbibliothek der Universität Osnabrück, und Frau Beate Mrohs aus der Institutsbibliothek des interdisziplinären Instituts für Kulturgeschichte der Frühen Neuzeit an der Universität Osnabrück. Ihre wertvolle Hilfe war im Zu-sammenhang mit dem Forschungskonzept in Bibliotheken und meinen Unter-suchungen im Allgemeinen sehr nützlich. Ihre Unterstützung erwies mir auch Frau Chryssoula Kambas von der Universität Osnabrück bei der Förderung meiner Forschungen in der Bundesrepublik Deutschland.

Als äußerst schätzbaren Wert schulde ich aber meinem Betreuer und geis-tigen Begleiter Slobodan Grubačić meinen Dank für die inspirativen Gespräche sowie Ermutigungen, die mir behilflich waren, meine Arbeit richtungsweisend zu gestalten.

Inhaltsverzeichnis

Einleitung.. 15

I. Die Komödien des Andreas Gryphius im gesellschaftlichen Wertegefüge ... 29

1. Herr Peter Squentz oder das Erwachsen einer Sprachgemeinschaft 31

   1.1. Verortung des dramatischen Geschehens 35

   1.1.1 Der gesellschaftliche Kontext 35

   1.1.2 Soziale Festlegung von Hof und Stadt 42

   1.2. Literarische Projektion 48

   1.2.1 Sozialsystem Literatur 48

   1.2.2 Semantische Deutungsebenen 52

   1.2.3 Die Textstruktur 54

   1.2.4 Erzeugung von Werten 57

   1.3. Text und Dichtung 59

   1.3.1 Das Konflikt- (Problem-) Potenzial 59

   1.3.2 Literarische Relativierung 62

   1.3.3 Herausbildung sozialer Strukturen in der Literatur 68

2. Horribili oder Gegenentwürfe 75

   2.1. Erzeugung von Stereotypen 75

   2.1.1 Bezugspunkt Gesellschaft 75

   2.1.2 Differenzierungstendenzen in der Ausbildung einer Gesellschaft ... 79

   2.1.2.1 Distinktionen eines Glaubensbekenntnisses 79

   2.1.2.2 Repräsentativität der Werte 86

   2.1.3 Zeitlichkeit & Geschichtlichkeit 88

   2.2 Tradition und Tradiertes 93

   2.2.1 Ein europäischer Kontext 93

   2.2.2 Gegenbilder im Gegentext 98

   2.2.3 Strukturierung im Element 100

   2.3. Gegentextliche Strukturierung 103

   2.3.1 Kritik der Erlebniswelt 104

11

2.3.2 Textliche Manifestation 107

3. Kontur oder en face. Gryphius' Majuma 111

   3.1. Die Verortung von Bedeutungen 111

   3.2. Kulturgeschichtliche Einflüsse 116

   3.2.1 Sozial bedingte Ansprüche 116

   3.2.2 Tradition und Identifikation 118

   3.3. Interferenzen im Parallelismus 121

   3.3.1 Literatur als Ausdruck eines Gesellschaftsbildes 121

   3.3.2 Geschichtsauffassung und Gesellschaft 122

   3.3.2.1 Sprachverständnis und Natur in der Geschichtsbildung 122

   3.3.2.2 Von der Geschichtsschreibung zum Christentum 125

   3.4. Historisches und literarisches Motiv 132

   3.4.1 Geschichte und Christentum in der Wiedererkennungsfunktion 135

II. Die Werke Christian Reuters im Umwandlungsprozess des
gesellschaftlichen Wertegefüges 141

1. Gesellschaftsnormen in der „Ehrlichen Frau zu Plißine" 143

   1.1. Gesellschaftlich bedingter Rahmen literarischen Schöpfertums 143

   1.1.1 Normenbildung im gesellschaftlichen Gefüge 145

   1.1.2 Tendenzen der Umorientierung in Übergangsphasen der
Gesellschaft 149

   1.2. Die schöpferische Distanz 153

   1.2.1 Gegenwart und Gegenbild 158

   1.2.2 Typisierungsprozesse 161

   1.2.3 Abstraktionsmittel Sprache 165

   1.2.4 Die Parodie als Mittel der Selbsterkenntnis 169

   1.3. Versetzung von Normen 173

   1.3.1 Funktionelle Vereinfachung literarischer Strukturen 173

   1.3.2 Von der Angleichung zum Herkömmlichen 176

2. Das Prinzip Gegentext in Christian Reuters „Schelmuffsky" 181

2.1. Ebenen der Perzeptibilität 181

2.1.1 Individualisierungsprozesse 182

2.1.2 Die Zuweisung von Wertempfindungen 190

2.1.3 Geschichte und sprachliche Konventionen 194

2.2. Abgrenzungsprobleme 196

2.2.1 Fragen der Textkodifizierung 199

2.2.2 Die Konfrontation von Systemen 205

2.3. Auflösung von Gegenbildern 213

2.3.1 Im Zusammenhang des allgemeinen Kontrastes im
Schelmuffsky II 213

2.3.2 Sprache und Nachahmung bei der Kontrastbildung zur
Personentype 216

3. Der Mittelstandsbegriff im „Grafen Ehrenfried" 221

3.1. Annäherung gesellschaftlicher Mittelwerte 223

3.1.1 Leitbilder in der Gesellschaft 227

3.1.2 Nützlichkeitsdenken 236

3.2. Literarische Typenbildung 237

3.2.1 Sozialtyp Mensch 238

3.2.2 Literarisch figurierende Type 240

3.3. Die Manifestation von Gegenwerten 241

3.3.1 Der Mensch im Sozialkomplex 244

Resumee 247

Quellen- und Literaturverzeichnis 263

13

Einleitung

Entsprechend allgemeingültigen Vorstellungen, gedachte Linien in der Zeit möchten die Orientierung in der chronologischen Abfolge von historischen Ereignissen erleichtern, die Deutung und das Verstehen von deren Einfluss auf soziale Erscheinungen unterstützen, so ermöglichen sie weiterhin noch eine jeweils gewünschte Rezeption in einem vorab bestimmten sozialen Umfeld. Das 17. Jh. stellt gültigermaßen eine Übergangszeit dar, in der sich entscheidende Prozesse gesellschaftlicher Transformation herausbildeten, welche sonst der ersten Hälfte des 18. Jh. zugeschrieben werden.

Nach dem Westfälischen Frieden erscheint das geistige Leben in Europa weiterhin von starken Kontrasten geprägt. Neben den damals immer noch zu spürenden Kriegsfolgen, dem nicht zu besiegenden Tod, bildeten sich als dann Verkehrsgemeinschaften aus, die einen Transfer von Inhalten erlaubten, zunächst innerhalb einer Sprachgemeinschaft, um darauf als Anknüpfungspunkte in einem kommunikativen Netzwerk einer europäischen Bildungselite zu funktionieren. Die Niederlande, Spanien, England, Frankreich, Italien – in allen Ländern, so auch auf deutschsprachigem Gebiet, äußert sich das Bedürfnis nach einer, wie es Christian Weise nennt, „Artzeney des Menschlichen Elends", in der „sich das Gemüthe in leichten und gemeinen Possen erquicket."[1] Es ist vor allem eine Kontinuität der Inhalte, die nun erheitert und erfrischt einen neu angeregten Prozess bezeugen, der durch eigene Traditionsbildung ein eigenspezifisches Reflexionsprinzip manifestiert.

Die zur Barockzeit auf deutschsprachigem Gebiet geschriebenen Lustspiele sprich Komödien lassen sich allerdings nicht gänzlich losgelöst von den schauerlichen Staatsaktionen betrachten. Ein simples Lustspiel erscheint wie ein erleichtertes höheres Prinzip; es stellt die Fälschung als etwas Richtiges dar und das, was als richtig erachtet wird, als einen Fehler. Auf diese Weise wendet es die gesellschaftliche Hierarchie in ihr Gegenteil oder hinterfragt aber den repräsentativen Charakter der rhetorischen Ausdrucksweise. Ausgehend von der Tatsache, dass der Erfolg in einer Zeit als die Sprache eines der sozialen Hauptmerkmale ist, er mittels ihrer auch übertragen wird, bedeutet für die Komödien, dass sie das Privatleben oder aber das politische realistisch einrahmen. Und das gilt sowohl für das dem Höfischen verpflichtete Protokollarische nebst der ihm eigenen Kabinette als auch für das Alltägliche, in der sprachliche Fertigkeiten das eigene Wesen praktisch bestätigend sicherstellen. Diese Tendenzen entblößen ein gesellschaftliches Bewusstsein, das nicht dazu in der Lage ist, die

---

1   Weise, Christian: *Tobias und die Schwalbe*, IV, 4, Reclam Universitäts˜Bibliothek, S. 95

15

richtige Entscheidung zu treffen. Und es schien schon an Tradition gewonnen zu haben. Christian Weises verdeckte Autorenschaft ließe sich in Nachfolgschaft von Andreas Gryphius deuten, welche eine fingierte Tradition fortsetzt, die sich von Shakespeare erstreckt über „Schwenter" und Riesentod" bis hin zu dem „Squentz".[2]

Die im deutschen Barockzeitalter entstandenen Komödien verweisen auf Formen von satirischer Kritik an höfischen und bürgerlichen Verhaltensmustern, ihres Denkens und Benehmens, womit sie ein Bild der wankenden gesellschaftlichen Hierarchie evozieren. Von der literarischen Reflexion her betrachtet, ist das soziale Bild natürlich von Gradationen gezeichnet. Gleiches lässt sich aus den Konnotationen schließen, die den komödiantischen Charakter eines Schauspiels bezeichnen. Die Komödie, die Andreas Gryphius als erste zugeschrieben wird (*Herr Peter Squentz*) qualifizierte ihr Verfasser noch als Schimpfspiel. Die darauffolgende Komödie *Horribilicribrifax oder wählende Liebhaber* wird unterdessen als Scher(t)zspiel bezeichnet, während das doppelbetitelte Freudenspiel *Verliebte Gespenste/ Geliebte Dornrose* insofern denotiert ist, als dass sich die Komödie nun gleich einem Gesangspiel affirmiert, einem Spiel von legitimer gesellschaftlicher Unterhaltung. Den dahingehend ausgerichteten Höhepunkt bildet eine als Festspiel beschriebene Aufführung. Verglichen mit der Tragödie sprich dem Trauerspiel führt ein Bruch mit der sprachlich negativen Denotation (schimpfend-scherzend-heiter) zu einer neuen Gradation, welche im Feierlichen kulminiert. Das in dieser Arbeit dritte gegenständliche Werk Andreas Gryphius', die *Majuma*, knüpft in Form von repräsentativer Festlichkeit an das Entstehen der Oper in ihrem prunkvollen Barockstil an. So stammen die neuesten Modetrends von Heute, die das Mittelalter in einer gewissen feierlichen Atmosphäre aktualisieren, eigentlich aus der Zeit des Barock. Bezogen auf den Inhalt ebenso wie durch die Geschichts- und kulturhistorischen Motive, weist das Werk von Gryphius allerdings eine diachron bedingte Kritik auf. Daher projizieren die auf deutschsprachigem Gebiet entstandenen Komödien im

---

2   Eberhard Mannack diskutiert in seinem Kommentar gewiss zwar vorsichtig und entscheidet sich dann doch zugunsten von Andreas Gryphius als dem Verfasser des Werks: Andreas Gryphius: Absurda Comica. Oder Herr Peter Sqentz / Schimpff-Spiel. In: *Andreas Gryphius, Dramen.* (Hrsg.) Eberhard Mannack, Deutscher Klassiker Verlag, Frankfurt a. M. 1991, während Nicola Kaminski sich nun ebenso für Gryphius einnimmt, dafür aber entschiedener sich gegen Daniel Schwenter ausspricht, dem 1636 verstorbenen Mathematiker und Orientalisten. Die von ihr verwendete Ausgabe des *Herrn Peter Squentz* stammt aus der jüngeren Ausgabe von 1663 und im Unterschied zur Ausgabe aus 1658 ist die Vorrede hier mit Philip-Gregorio Riesentod unterschrieben. Nicola Kaminski: *Andreas Gryphius.* Reclam, Stuttgart, 1998 (RUB 17610), S. 158-178.

17. Jh. zu den damals ‚großen Tragödien' einen gewissen Gegentext. Dies ist eigentlich auch der Grund, weshalb in dieser Untersuchung davon ausgegangen wird, es sei gerechtfertigt, kulturologische Aspekte miteinzubeziehen, berücksichtigt man vor allem die Nähe der Themen und Methoden zueinander.

Geht man von der Feststellung aus, die im 17. Jahrhundert zu erkennende geistige Haltung in der deutschen Literatur knüpfe kulturgeschichtlich an die antike Tradition an, dann kann man die von daher wirkenden Einflüsse nicht nur als Grundlage eines kreativen Schöpfertums gemäß vorhandener Muster verstehen; die barocke Umsetzung der technisch-formalen Gestaltungsmittel nach antikem Regelwerk, bezogen auf die zeitgenössische Gesellschaftseinrichtung, die als maßgebliches schöpferisches Umfeld verstanden wird, bietet eine Perspektive, tiefer in die konventionell geprägten sozialen Strukturen hineinzublicken. Diese drückt sich nachhaltig in den darauf folgenden Prozessen der gesellschaftlichen Entwicklung aus. Das mag zunächst altbekannt klingen. Auch die von Aristoteles gebotenen Definitionen, im Kontext des Schrifttums an sich oder aber dichtungsspezifisch, dürften vom Standpunkt einer Untersuchung der Rezeptionsästhetik aus nicht sonderlich viel Neues erhellen. Ihre Reflexion in der wesensgemäßen historischen Situation hingegen, angepasst an die eigenen kulturgeschichtlichen Bedingungen, lässt die in der hellenischen Antike diskutierten ethischen Werte, am gesellschaftlichen Konfliktpotenzial auf deutschsprachigem Gebiet gemessen, erscheinen.

Themenschwerpunkte zu systematisieren, wurde durch die aristotelische Unterteilung nach sozialen Abstufungen in der Dichtungsgattung Drama unterstützt. Ethische Musterwerte, von höheren Ständen repräsentiert, einerseits und die von niederen Ständen dargestellte Alltagswelt andererseits, bieten einem Publikum doch Anhaltspunkte, um die eigene Erfahrungswelt an Beispielen zu erhärten und sie im gesellschaftlichen Spiel zu erleben. In Anlehnung an das *theatrum mundi* schien sich das Theater nun zur 'Schaubühne' zu entwickeln, in der eine grundsätzliche Ethik zusammen mit dem Verständnis von der Kausalität des Schicksals, zur Ursache der herrschenden Lage im Leben wurde. Willi Flemmings Leitsatz zur Gesellschaftssituation im 17. Jh.: „Neben dem Aufblick zum Erhabenen in der Tragödie steht der Drang zum Komischen"[3], ruft den Anschein des *theatrum mundi* ebenso auf wie auch den Bedarf an Kompensation von dessen suggeriertem Weltbild. Ist das Theater dabei ein Ausdruck eines gesellschaftlichen Spiels in seiner feierlichen Form, so lassen sich beide Tendenzen in der Öffentlichkeit z. Zt. des 17. Jh. erkennen anhand von Bubners

---

3   Deutsche Literatur, Sammlung literarischer Kunst- und Kulturdenkmäler in Entwicklungsreihen. Reihe Barock, *Barockdrama. Die deutsche Barockkomödie*, Bd. 4, (Hrsg.) Willi Flemming, Verlag von Philipp Reclam jun., Leipzig, 1931, S. 5

prämissenhafter Unterscheidung im „Umwandlungsprozeß von alltäglichen Lebenswirklichkeiten in ästhetisch entlastete und bereicherte Darstellungsformen."[4] Zum einen bestätigt das *theatrum mundi* die theologische Deutung der „These von der Ästhetisierung der Lebenswelt"[5], wobei die säkularisierte Ansicht von der Feier des Menschengeschlechts sich - selbst - zu - ehren, als historische Dimension der - zu - sich - selbst - Findung gleich einem Katalysator im Vollzug der eigenen Lebenswelt den ersteren Prozess ausgleicht.

Gewiss ist es eines der Hauptanliegen dieser Arbeit, sich mit dem Verhältnis von Literatur und Gesellschaft zu beschäftigen. Und dabei werden Fragen aufgeworfen, die jedenfalls von einer wechselseitigen Einflussnahme sprechen. Solches soll in den folgenden Untersuchungen aber nicht zu einem Diskurs über jene Mittel führen, die, das eigene Wesen reflektierend, über dessen weitere Projektion sprechen. Ohne sich in den nächsten Schritten in eine Abhandlung über die Diskussion zu einer Differenzierung in der Literatur zu vertiefen, zwischen Sozialsystem und Symbolsystem, wie es bei der aus Siegen stammenden Forschungsgruppe um S.J. Schmidt zu finden ist und bei den theoretischen Anstrengungen um die Münchener Theoretiker um D. Pfau, J. Schönen und G. Jäger[6], soll der soziale Aspekt vielmehr über eine traditionsmotivierte Weitergabe von geistigen Inhalten behandelt werden. Demnach soll die Bezeichnung 'Sozialsystem' also weder den einseitigen Bezug der Literatur zur Gesellschaft wiedergeben noch eine weitere soziologische Theorie elaborieren. Um die Begrifflichkeit von Ort zu übernehmen, würde dies bedeuten, dass entlang seiner wissenssoziologischen 'Zurechnungsachse' 'Sozialsystem/soziale Praxis/Aktor' und 'Symbolsystem/Diskurs/Text'[7] ein Verhältnis gebildet werden soll von Gesellschaft/Tradition/Individuum und Brauch/Literatur/Dichter. Es soll einerseits vermieden werden, literatursoziologische Fragestellungen zu theoretisieren, da solches nicht am dichterischen Werk arbeiten würde und andererseits ist die hier gegenständliche Problematisierung zum 'Gegentext' nicht systemtheoretisch ausgerichtet. 'Sozialsystem Literatur' versteht in diesem Falle, dass über die Literatur eine Kommunikation stattfindet, in der die normative Wiedergabe des Verständnisses über ein Gesellschaftssystem, welches historisch in eine Identität gewachsen ist, versucht, sich mit der objektiven Sphäre auszutauschen.

---

4   Bubner, Rüdiger: Ästhetisierung der Lebenswelt. In: Walter Haug und Rainer Warning (Hrsg.): *Das Fest*, Wilhelm Fink Verlag, München, 1989, S. 651
5   Ebda.
6   Claus-Michael Ort: Sozialsystem `Literatur' - Symbolsystem `Literatur'. Anmerkungen zu einer wissens-soziologischen Theorieoption für die Literaturwissenschaft, in: Siegfried J. Schmidt (Hrsg.), *Literaturwissenschaft und Systemtheorie.* Westdeutscher Verlag, Opladen, 1993, S.269-294, S. 269
7   A. a. O., S. 269 f.

Der Einfluss einer Vielzahl an potenziellen und relevanten Faktoren, die auf das Funktionieren der gesellschaftlichen Verhältnisse insgesamt wirken und auch die Art und Weise, wie sie in der Literatur abgebildet werden, führen zu einer Angleichung zweier aktueller Prozesse. Es ist einerseits die Entwicklung von gesellschaftlichen Verhältnissen und andererseits die Entwicklung innerhalb der literarischen Reflexion. Definiert man die Gesellschaft aufgrund ihres normativen Gefüges oder der ineinander verflochtenen gesellschaftlichen Verhältnisse als ein System, dann lässt sich die Artikulation der gesellschaftlichen Verhältnisse in der Literatur, aufgrund eben der abgebildeten Entwicklung gleichsam als Sozialsystem definieren. Sowohl die dichterische Sprache als auch Literatursprache, die sich auf stilistische Merkmale bezieht, manifestieren aktuelle gesellschaftliche Veränderungen in einem kausalen Verhältnis, drücken gleichzeitig aber noch einen Reflexionswert aus, der in Texten Kontraste bildet. Verhältnisse der verschiedenen Kontraste untereinander und gegenüber der Wirklichkeit oder aber jedes Kontrastes einzeln bilden sozusagen einen Gegentext. Stellt man die mittels des Textes ausgedrückten Kontraste einander gegenüber, dann wird die Definition von ‚Gegentext' jedoch zum Problem. Es scheint, dass sich die gesellschaftlichen Werte möglicherweise im Zusammenhang zwischen Text und Gegentext manifestieren. Vom Text ausgehend ist im Verhältnis zur Wirklichkeit, ein weiterer möglicher Zusammenhang zu suchen, insbesondere aber im Verhältnis vom Gegentext zur Wirklichkeit. Die sich mit der Zeit herausbildenden Werte schaffen sowohl in dem einen als auch in dem anderen Fall eine natürliche Abfolge, in der deren gegenseitige Bezüge zueinander Bewegungen in der Gesellschaft und ihre Entwicklung kennzeichnen. Möchte man die Erscheinung Literatur erforschen, begriffen als Sozialsystem und Gegentext, sollte damit jedenfalls ein Grund mehr gegeben sein, einen Ansatz im diachronen Aspekt zu suchen.

Im weiteren Verlauf dieser Arbeit soll der Zusammenhang, der in den Fortsetzungen von Reuters ersten beiden Komödien entsteht und die bei der Analyse der hier gegenständlichen Werke dennoch berücksichtigt wurden, lediglich in Ansätzen angedeutet werden. Die Bedeutung der Fortsetzungen möchte im Zusammenhang mit der reflektiven Distanz erörtert werden beziehungsweise mit einer vom Autor benötigten Distanz im Verhältnis zum beschriebenen Inhalt. Die Distanz dürfte nämlich die Möglichkeit einer gewissen Reflexion gewährleisten im Verfahren der Typisierung einzelner Personen. Solch ein Ansatz bedarf nicht notwendigerweise einer detailgetreuen Analyse jeder der Varietäten auf die Personen Schlampampe oder Schelmuffsky im Einzelnen, da jede ausführlichere Textanalyse nur für den jeweiligen Typisierungsprozess gelten würde. Einzelne Beispiele, die hervorgehoben und die in ihrer Besonderheit von Elementen des Zusammenhanges insgesamt bestätigt werden, würden sich in einen gesonderten Diskurs ausweiten, womit der Rahmen dieser Arbeit für überschritten gelten dürfte. Nachdem der Roman *Schelmuffsky* erschienen war, tauchten zusätzlich noch weitere Personen auf, die versuchten, sich in eine Tradition des Typs *Schelmuffsky* zu setzen. Ein Typisierungsverfahren ließe sich mithilfe von Schelmuffsky's Person natürlich beschreiben. Dieses würde zudem auf Ähnlichkeiten hinweisen unter den Personen, die sich als seine Nachfolger verstehen. Doch schon ihre Namen entsprechen nicht dem Reuterschen Rahmenkonzept und erinnern hauptsächlich an eine polnische Abstammung, weshalb sie nicht im Zusammenhang der Wirtsfamilie Müller gedeutet werden können.

Andreas Gryphius wiederum illustriert in den Märtyrertragödien als Grundthema in seinem schöpferischen Werk, die Geschichte – mithilfe der Personen Leo Armenius und Katarina von Georgien – ihr gegenüber jedoch eine kritische Haltung; im *Carolus Stuardus* eine zeitkritische, die in seinem gefeierten Sonett *Trawklage über das verwüstete Deutschland* aktuelles Tagesgeschehen ebenso kritisch aufgreift. Im weiteren Verlauf soll eine kritische Auseinandersetzung mit der Gegenwart Gryphius zu der Komödie als Ausdrucksform führen, in der erneut die Erscheinung Geschichte thematisiert wird.

Durch ihre subjektive Erscheinung sind historische Persönlichkeiten ein Zeugnis der Geschichte selbst. Aristoteles Verständnis zufolge würde das die Kategorie einer Einzelerscheinung darstellen, während die Dichtung für ihn, was in selben Maße für Gryphius gilt, auf die Bildung eines objektiven Bildes ausgerichtet ist und damit auf allgemein gehaltene Verhältnisse sich bezieht. Ebenfalls an Aristoteles angelehnt wird grundsätzlich zwischen der Handlung und der Sprache unterschieden. Diese Unterscheidung ergibt sich aus dem sinnlichen Effekt, weshalb die Sprache noch zz. der Antike maßgeblich auf die Diktion verwiesen wurde. Folgt man dem antiken Philosophen und Theoretiker, dann lassen die Tugenden dichterischen Ausdrucks sich in der Klarheit erkennen, ohne Charakterverlust gewisse Forderungen zu stellen.

Also fassen die historischen Themen in der Literatur des 17. Jh. die Determinanten Gesellschaft und Geschichte mit der Erscheinung 'Kultur' zusammen, die sich dann als geschichtsbildendes Moment manifestiert. Und so, wie man Bedeutungszusammenhänge erstehen ließ, wurde u. a. auch der Wunsch zum Aufspüren von Gottes Willen suggeriert. Erhörte man dabei noch das Wort Gottes, manifestierte sich dessen absolute Gültigkeit im Beständigkeit währenden stilistischen Ausdruck. Dies Streben löst sich daraufhin im Spannungsfeld des Glaubens auf, in welchem ein Konkurrenzgeist die sich bekämpfenden Konfessionen zur Identifikation und Herausbildung einer Identität anspornt. So lassen sich aus Wilfried Barners Worten Gemeinsamkeiten zwischen den rivalisierenden Konfessionsströmungen herauslösen, die in Breslau zu einer

„unvergleichliche Blüte des Schultheaters"[8] geführt haben. Dieses thematisierte traditionelle Motive, wobei der didaktische Aspekt hier von entscheidender Wichtigkeit war. Es finden sich die aus der germanischen Stammestradition bekannten Motive in Gryphius' Tragödien *Leo Armenius* und *Carolus Stuardus* jedoch genauso vor. Den belehrenden Aspekt findet man vor allem bei Christian Weise bestätigt. Bei Gryphius gilt das Motiv Geschichte stets als belehrender Aspekt, der soziale Prozesse eingehender reflektiert. Anhand der historischen Relevanz von tradierten Werten werden bei ihm selbst ständisch definierte Unterschiede relativiert zugunsten einer sozialen Gleichstellung. Anders dagegen bei Christian Weise. Die Aufnahme von gesellschaftskritischen Themen steht im Zusammenhang mit den überholten Ständeschranken, welche das Bürgertum nicht imstande ist zu überwinden. Grimmelshausens Roman *Der abenteuerliche Simplicissimus Teutsch* (1669) greift in der Manier von Gryphius zwar auch auf geschichtliche Motive zurück, doch die Figurentype eines Picaro –Simplizissimus wendet die Vorstellungen über eine Geschichte und ihre Bedeutung für die menschliche Gesellschaft in ein Bild, das die christlichen Werte ausschließlich zu Nutzen des Bürgertums definiert. Deren Welt kann nur mit dem Verlassen des gegebenen gesellschaftlichen Gefüges verlassen werden in Hinwendung zur menschlichen Innenwelt. Damit ist der Individualisierungsprozess in der menschlichen Gemeinschaft vielleicht noch am deutlichsten angekündigt.

In einem neuen Verfahrensmuster für Romane, den nebeneinander angereihten gesonderten Einzelgeschichten präsentiert Johann Michael Moscherosch wahrscheinlich als erster in seinem aus 1640 stammenden Roman *Wunderliche und wahrhaftige Gesichte Philanders von Sittewalt*[9] das unheilvolle Wesen der Geschichte. Befindet es sich in den Händen derer, die über einen in Jahrhunderten ausgebildeten Wertmaßstab bestimmen, ihn gemäß eigener Bedürfnisse nach anwenden, verbleibt dem Volk nichts anderes, als sich einem dem eigenen Wesen entsprechenden Maßstab nach zurechtzufinden und die Befriedigung der eigenen Bedürfnisse zu erkämpfen. Verschiedene Geschichten stellen die ebenso unterschiedlichen Gesichter des Protagonisten Philander dar, welcher noch den Titel von Sittewalt trägt. Eine nicht vereinheitlichte Kodifizierung des Frühneuhochdeutschen verleitet dazu, durch die entstandene Homofonie die wunder-

---

8   Barner, Wilfried: *Disponible Festlichkeit.* In: Walter Haug und Rainer Warning (Hrsg.): *Das Fest,* Wilhelm Fink Verlag, München, 1989, S. 255

9   Johann Michael Moscherosch: *Wunderliche und wahrhaftige Gesichte Philanders von Sittewald, das ist Straff-Schifften Hanz Michael Moscherosch von Wilstädt, Straszburg, Städtel (1665] - 1667.* In: Curt Faber du Faur, New Haven, Research Publications, 1969, Yale University Library collection of German Baroque Literature, Reel 86, no. 426.

lichen und wahrhaftigen Gesichter Philanders von Sittewalt mit den von den Sitten und der Tradition gänzlich anderen gleichzusetzen, welche von Moscherosch für seine satirische Beschreibung des von Grauen und Plünderungen gezeichneten Soldatenlebens verwendet werden.

Es ist nicht nur Moscheroschs Roman, der sich vom hohen Stil entfernt. Der den führenden Ständen eigene Stil diente einem höheren Zweck, wobei dieses Werk im Jargon eines Dorfdieners geschrieben ist und das Leben aus Perspektive der Masse erscheinen lässt. Tradition wird vom Volk auf dessen eigene Art und Weise aufbewahrt und zum Ausdruck gebracht. Johann Laurembergs Gedichte sind so z. B. im niederdeutschen Dialekt verfasst. Als eine Form der Aufbewahrung von mündlicher Tradition ist für Lauremberg der Dialekt ein Mittel, um sich in seinen *Veer Schertz Gedichte* den damals aktuellen Veränderungen bei Menschen und in ihren Manieren (*Van der Minschen itzigem Wandel und Maneeren*) ein Gegengewicht zu schaffen (*Van altmodischer Kleder-Dracht – Van vormengder Sprake und Titeln – Van Poesie und Rymgedichten*).[10]

Insbesondere im 17. Jh. wächst die Zahl derer an, die sich mit den aktuellen Geschehnissen und den herrschenden Prinzipien ihrer Zeit kritisch auseinandersetzen. Manche Schriftsteller beziehungsweise einzelne Werke des einen oder anderen Schriftstellers sind stets aktuell, unabhängig von der Zeit, in der die Werke entstanden sind oder wann sie rezipiert wurden. Eine dauerhafte Aktualität – mal etwas schwächer, dann wieder etwas stärker – ist in solchen Werken in deren allgemeiner Aussage enthalten beziehungsweise der allgemeingültigen Form und eines solchen Inhaltes. Deshalb sollte vor allem das prinzipielle Festhalten an den vorgestellten Positionen zu erkennen sein. Das Schicksal forderte es von Christian Reuter, seine Standpunkte im späteren Werk derart anzupassen, dass sie im Einklang mit dem vom Umfeld bestimmten normativen Gefüge stehen. Selbstverständlich ist hier vom Einfluss der führenden Ansicht in der Gesellschaft die Rede, von den Ansichten, die einen Druck ausüben auf die Ausbildung einer Ansicht überhaupt. Allgemein definierte Werte und Voraussetzungen verweisen auf eine objektive Begrifflichkeit und sind der Grund, warum Christian Reuters Werk bis in die heutigen Tage von Zeit zu Zeit aktualisiert wird. Daraus ergibt sich die Feststellung, dass der Begriff des Objektiven – ob wegen seiner Natur oder nicht – gleichfalls relativ zu verstehen ist. Seine Bedeutung hat dies jedenfalls, wenn man den Rahmen für eine literarische Tätigkeit oder eine überhaupt schöpferische bestimmt. Günther Jäckel meint eben

---

10   Johann Lauremberg: *Veer Schertz Gedichte. In Nedderdüdisch gerimet dörch Hanss Willmsen L. Rost [...] [n.p.] Gedrücket im Jahr 1653*. Mirkofilmausgabe in: Faber du Faur, New Haven, Research Publications, 1969, Yale University Library collection of German Baroque Literature, no. 370a

solches erkannt zu haben, was insofern bedeutender ist, als er darauf hinweist, dass eine etwa stärkere oder schwächere Rezeption der Werke Reuters relativ ist.[11]

Zwar sind Parallelen zwischen Andreas Gryphius und Christian Reuter in manchen Teilen ihres Werks nur in Ansätzen erkennbar. Durch die Anordnung einzelner Szenen, die ihre Bedeutung erst im Zusammenhang mit dem Gesamt-stück erhalten, könnte Gryphius' *Horribilicribrifax* als Muster für die *Ehrliche Frau zu Plißzine* Christian Reuters interpretiert werden. Es ließe sich ebenfalls sagen, dass die satirischen Formen in diesen zwei Werken eine gewisse Konti-nuität erleben, welche durch inhaltliche Verbindungen beider im weiteren Ver-lauf der Darlegungen zu belegen wäre. Im Titel von Gryphius' Komödie steht die Bedeutung des Zusatzes „Teutsch" in enger Verbindung zur Bestimmung des „Deutschen" in Grimmelshausens *Simplizissimus*. Der Titel von Reuters Komödie, die angeblich aus dem Französischen übersetzt wurde, liest sich sozu-sagen als Gegentext in Bezug zum *Horribilicribrifax Teutsch* und auch zum *Der abenteuerliche Simplicissimus Teutsch*. Zum einen assoziiert die Bestimmung auf die sprachlich bunte Vielfalt, die während des Dreißigjährigen Krieges auf deutschsprachigem Boden herrschte und die vom Einfluss des Fremdländischen her, vereint unter religiösem Deckmantel, von Grimmelshausen thematisiert wurde. Gryphius bildet mit seinem Protagonisten, dem Horribili, zum anderen das Motiv Abenteuer sprachlich derart ab, dass es eigentlich als Gegensatz zum Spiegelbild der gesellschaftlichen Realität projiziert wird. Die Inhalte zu diesem Zweck schöpfte er aus der Geschichte. Seinen Personen verteilt Gryphius be-stimmte Rollen in einer historisch zusammengewachsenen Gesellschaft, in der das Individuum Teil einer von der Gemeinschaft gekennzeichneten Wirklichkeit ist. Im Gegensatz zu Gryphius definiert Grimmelshausen den Einzelnen im kontrastierenden Verhältnis zur Gesellschaft. Der Mensch formt sich seine Innenwelt zwar in Abhängigkeit vom historischen Verlauf aus aber auch aus der Gesellschaftsgeschichte, aus der unmittelbaren Umgebung, auf die der Mensch als gesondertes Individuum reagiert.

Reuter beschäftigt sich nun mit der Erscheinung des Einzelnen in der Ge-sellschaft, stilisiert z. B. in der typisierten Person des Schelmuffsky, womit er sich aber auch auf unmittelbare gesellschaftliche Verhältnisse bezieht. Doch die Erlebnisperspektiven im Gesellschaftsleben d. h. der gesellschaftlichen Vorstel-lungswelt verwirklichen sich sowohl beim Individuum als auch in der Gemein-schaft. Bei Christian Reuter sind die Verhältnisse demnach nicht historisch defi-niert, während bei Andreas Gryphius und in seinem Lebenswerk sich der Mensch stets im historischen Kontext befindet, der von politischen und Glau-

---

11   Vgl. Günther Jäckel: *Christian Reuters Werke in einem Band*, S. 1.

bensmotiven bestimmt wird als allgemeinen Charakteristiken, die ein bestimmtes Allgemeinprinzip manifestieren. In seinen Komödien bleiben diese Elemente allerdings aus, was eine gewisse Parallele von ihm zu Reuter bildet. Den historischen und gesellschaftlichen Kontext des slawischen Wesens, personifiziert im polnischen Volk als dem unmittelbaren Nachbarn der Deutschen, benützt Gryphius, um aus dem bei ihm verdeckten Verhältnis, allgemeine Prinzipien des sozialen Wesens beim Menschen aufzuzeigen, jedoch nicht in stereotype Einzelerscheinungen sich vertiefend. Indirekt ergibt sich daraus eine gegenseitige Verbindung zwischen Reuters bekanntester Figur (Schelmuffsky) und Gryphius' beliebtester Komödie (*Horribilicribrifax*) lediglich aus dem Zusammenhang des menschlich sozialen Wesens.

Andreas Gryphius (1616-1664) gilt der Sekundärliteratur zufolge zu den bedeutenderen Repräsentanten des literarischen Barockstils. Aus seinem Lebenslauf und Werdegang, welche die Forscher stets aufs Neue beschäftigten, aufgrund der Autobiografie von Gryphius[12] und deren Kontextualisierung von mehreren zeitgenössischen Biografen,[13] lässt sich der Rückschluss ziehen, dass der Dichter, Gelehrte und Syndikus alle Voraussetzung hatte, sich einen guten Einblick in verschiedene Bereiche des Gesellschaftslebens seiner Zeit zu verschaffen. Solches sollte in seinem Werk zu einem letztlich abgerundeten Bild über die Situation im 17. Jh. nicht nur lokal sondern auch überregional führen. Seine Themen, gekennzeichnet zusätzlich von aktuellen historischen Ereignissen, erweitern sein Lebenswerk über historische Motive dadurch also auf einen Diskurs über seinerzeit gültige ethische Werte. Christian Reuter (1665-um 1712) befindet sich sprachlich und mit seinen Werken dahingegen an der Scheidelinie zwischen dem Barock und der Aufklärung. In der erschließenden Literatur wird sein Werk an manchen Stellen zwar dem Spätbarock zugerechnet, an anderer Stelle wieder zur Frühaufklärung und das wohl deshalb, weil er durch seinen Stil und mit seinen Themen Fragestellungen aufwirft, die sich mit Grundsätzen des gesellschaftlichen Gefüges beschäftigen, und ob dessen ethisch-

---

12 M. Johannes Theodor Leubscher: *Andreas Gryphius* (Aus dem Lateinischen von Heinz Ludwig Deiters), in: Andreas Gryphius, hrsg. von Heinz Ludwig Arnold, 2., revidierte und erw. Aufl., München/Göttingen 1980 (= Text und Kritik. Zeitschrift für Literatur, Heft 7/8), S. 13.

13 Zu erwähnen sind hier zum Einen: Baltzer Siegmund von Stosch: *Danck= und Denck=Seule des ANDREÆ GRYPHII*, in: Andreas Gryphius, hrsg. von Heinz Ludwig Arnold, 2., revidierte und erw. Aufl., München/Göttingen 1980 (= Text und Kritik. Zeitschrift für Literatur, Heft 7/8) und zum Anderen Christian Stieff: *Andreae Gryphii Lebens-Lauff*, in: Andreas Gryphius, hrsg. von Heinz Ludwig Arnold, 2., revidierte und erw. Aufl., München/Göttingen 1980 (= Text und Kritik. Zeitschrift für Literatur, Heft 7/8)

moralische Werte dem System entsprechen. Solches ließe sich nicht für alle literarisch Wirkenden behaupten, wenn man vor allem beachtet, dass die absolutistisch eingerichtete Feudalgesellschaft sich die Themen und Motive zur Beschäftigung selbst bestimmt hat. Einzelne Inhalte wurden mal aktualisiert und ungelegene Gesellschaftserscheinungen gleichzeitig unterdrückt. Betrachtet man das Werk von Andreas Gryphius und Christian Reuter gleichzeitig und an einer Stelle, dann stellt man unumgänglich deren Beitrag zu Einsichten in die soziale Konstitution des menschlichen Wesens fest. Bei Gryphius ist sie jedenfalls ein Ergebnis der Geschichte. Der Wertgehalt von Reuters dichterischem Ansatz ergibt sich allerdings nicht aus einer metaphysisch gedeuteten Welt; er beschäftigt sich auch nicht mit Fragestellungen und Konflikten im wirklichen Leben, welches eine allgemeine Gültigkeit anstrebt. Allgemeingültige Realität wird es erst mit den aus Reuters Leben abgeleiteten Werten, mit den Werten, deren Realitätsgehalt sich darauf manifestiert. Die Art und Weise, wie die Wirklichkeit bei Reuter dargestellt wird, entspricht ausschließlich seinen Wahrnehmungsfähigkeiten und greift über die eigene Person nicht hinaus. Als Folge davon kommt es in der Rezeptionsgeschichte von seinem Werk oftmals zu sich wiederholenden Stillephasen. Grund dafür könnte vielleicht der Umstand sein, dass sich Christian Reuter seinerzeit der Rolle eines gewissen dichterischen „Individualismus" angenommen hat. Doch lässt seine Rolle sich als ein soziales Widerstreben begreifen, weshalb Reuters dichterischer Erfolg nicht sofort sichtbar wird. Sofern sich sein Werk als Gegentext entwickelt, sollte die Erscheinung Christian Reuter beziehungsweise sein Leben dementsprechend als Gegenbild zu den konventionellen Vorstellungen in der Gesellschaft verstanden werden.

Die Welt von Andreas Gryphius ist keinesfalls diejenige, wie sie Christian Reuter gesehen hat. Weder unterschiedliche historische Umstände können vollkommen übereinstimmende Inhalte herstellen noch können es Interpretationen verschiedener spezifischer Fragestellungen und Probleme, die Ergebnis eines bestimmten historischen Zeitpunkts sind. Gryphius Verständnis über zeitgenössische Verhältnisse wird vor allem von seiner gesellschaftlichen Position bestimmt. Gleiches gilt natürlich auch für Christian Reiter. Sagen ließe sich ebenso noch, dass ihnen die Herkunft gemeinsam ist, die sich in den Raum zwischen zwei Ständen verlegen lässt.

Aufgrund der unterschiedlichen historischen Umstände, in denen Andreas Gryphius und Christian Reuter schöpferisch tätig waren, sollte bei der Erforschung daher kontrastiv verfahren werden. Das Maß der sich äußernden Kritik bei den Dichtern, die für beide doch charakteristisch ist, dürfte ein Ausgangspunkt sein, um den Grundsätzen ihrer Motive nachzugehen. Diese Arbeit beabsichtigt im Ansatz also, die formbildenden und formalisierenden Verfahren beschreibend zu erforschen, wovon man sich neue Einsichten in das Veränderungen ausgesetzte Gesellschaftsbild versprechen kann.

Christian Reuters Anteil an der Geschichte der deutschen Literatur, seine literaturgeschichtliche Bedeutung sowie sein Beitrag zur Ausformung eines Gesellschaftsbildes sind noch immer Gegenstand zahlreicher Diskussionen. Da seine Werke in einer Übergangszeit entstanden sind, lassen sie sich nur mühsam einer literarischen Epoche unzweifelhaft zuordnen. Der Umstand jedoch, dass Reuters literarisches Werk eng mit seinem Lebenslauf verbunden ist, bedingt außerdem einen Ansatz, der zumindest die wichtigsten Augenblicke in Christian Reuters Leben mitberücksichtigt. Das lässt sich mit dem Bedarf begründen, zunächst eine stellenweise wiedergegebene Lebensbeschreibung zu vermeiden und in Zusammenhang gesetzt mit der Erforschung seiner literarischen Werke einzeln sowie als Zweites den Bedarf, einem in beinahe allen einschlägigen Titeln vorhandenem Grundkonzept vorwegzugreifen. Es lässt sich ein gleichsam ausdifferenzierter Forschungsstand zu den Werken von Christian Reuter missständigerweise auch nicht vorfinden. Es besteht leider auch nur eine begrenzte Zahl an Arbeiten zu seinem dichterischen Werk. Hindernisse bauen sich weiterhin dadurch auf, dass manche Arbeiten anderssprachlich verfasst wurden und nur in Bibliotheksbeständen außerhalb des deutschen Sprachgebiets sich befinden.

Als Hauptquellen dienen insbesondere die Arbeiten von Friedrich Zarncke,[14] die später mit von Ferdinand Josef Schneider aufgesuchten Daten ergänzt wurden.[15] Ungeachtet der Tatsache, dass diese Arbeiten keine Angaben zu Christian Reuters Geburt enthalten, können wir aus ihnen schließen, dass Christian das vierte Kind war, aus der zweiten Ehe von Stephan Reuter mit Anna Catherina Rode, in die sie am 22. Januar 1656 eintraten. Drei Jahre nach Christians Taufe vom 9. Oktober 1665 in Kütten bei Halle verstarb sein Vater (1668). Christian war angeblich 20 Jahre alt, als er am 23. Oktober 1685 sich das erste Mal um ein Stipendium zwecks Universitätsstudiums bewarb. Auf der Sitzung vom 27. Februar 1689 genehmigte der Zörbiger Gemeinderat Christian Reuter das beantragte Stipendium (das 1623 sonst von Andreas Rode, seinem Urgroß-

---

14   Friedrich Zarncke: *Christian Reuter, der Verfasser des 'Schelmuffsky', sein Leben und seine Werke*, Abh. d. kgl. sächs. Gesellschaft d. Wiss. zu Leipzig, Bd. 21 (philosophisch-historische Kl. Bd. 9), Nr. 5 (1884), S. 455-660; ders.: *Neue Mitteilungen zu den Werken Christian Reuters*. 5. Bibliographisches [zur „Ehrlichen Frau" und den beiden Nachspielen]. In: Berichte 40, 1888, S. 134

15   Ferdinand Josef Schneider: *Christian Reuter* (Hallische Universitätsreden, 69), Niemeyer, Halle, 1936; ders.: *Christian Reuters Komödien und die Bühne*. In: Zeitschrift für deutsche Philologie 62 (1937), S. 56-78.

vater mütterlicherseits, eingerichtet wurde).[16] Peter von Polenz geht davon aus, dass Reuter mit seinem Studium an der Universität Leipzig im Wintersemester 1688 begonnen hat, nachdem er im selben Jahr seinen Bildungsgang am Merseburger Gymnasium zum Abschluss gebracht hatte. Man kann aus der erschließenden Literatur zwar nicht deutlich nachvollziehen, warum angenommen wird, Reuter hätte zunächst ein Theologiestudium immatrikuliert. Fest steht allerdings, dass er, zum Zeitpunkt als seine Mutter (1691) sowie auch der älteste Sohn in der Familie verstarben, Rechtswissenschaften studierte.[17] Den ländlichen Besitz der Familie Reuter, die 1531 nach Kütten bei Halle umzog, ererbte Christians jüngerer Bruder Stephan.

Einen grundsätzlichen Unterschied zwischen den beiden in der vorliegenden Untersuchung behandelten Dichtern bilden jedenfalls deren persönliche gesellschaftliche Verhältnisse.[18] Gryphius gesellschaftliche Situierung, die ihm Kontakte zu führenden gesellschaftlichen Strukturen ermöglichte, verlangte verständlicherweise eine gewisse affirmative Haltung gegenüber sozial gefestigten Werten. Dessen ungeachtet zog Gryphius aber schon zu Beginn seiner sowohl juristischen als auch literarischen Karriere mit seiner auch lyrisch untermalten Berichterstattung in *Fewrige Freystadt*[19] die Aufmerksamkeit durch einen kritischen Positionsbezug auf sich. Neueste Aufschlüsse darüber bietet uns Johannes Birgfelds Edition, der damit eine wichtige Lücke schließt im für das Barockzeitalter so wichtigen Verhältnis von Geschichte und Dichtung.[20] Doch Gryphius' Bestreben wiederum, sich mit den ihn umgebenden Erscheinungen objektiv zu beschäftigen, forderte gewiss sein diplomatisches Können, was er zweifellos auch unter Beweis stellte.[21] Es verlangte zusätzlich noch seine Entschlossenheit in der Übergangsphase von der Ständegesellschaft zum Absolutismus, gerade bei gesellschaftlich heiklen Themen Stellung zu beziehen. Und literarisch scheint es eben, dass er hierzu zwangsläufig auf Verdecktheit angewiesen war. Bei Christian Reuter dagegen entsteht jegliche kritische Tendenz aus einem ihm eigenen Rezeptionszusammenhang. Klägliche Lebensumstände, gezeichnet von den unmittelbaren und künftigen, fatalen Folgen auf dem Gebiet des Deutschen

---

16 F. J. Schneider spricht vom Urgroßvater, während Peter von Polenz der Ansicht ist, es wäre Christians Großvater gewesen.

17 *Schelmuffsky von Christian Reuter*, (Hrsg.) Peter von Polenz, Max Niemeier Verlag, Tübingen, [2]1956

18 Ungeachtet des bei beiden übereinstimmenden Verlustes des Vaters in jungen Jahren.

19 *Fewrige Freystadt/Andreae Gryphii*. Gedruckt zur Polnischen Lissa/bey Wigand Funken. Im Jahr 1637

20 Anderas Gryphius: *Fewrige Freystadt* (Birgfeld J. Hrsg.) Hannover: Wehrhahn Verlag 2006

21 Marian Szyrocki: *Andreas Gryphius. Sein Leben und Werk*. Tübingen 1964, S.26 f.

Reichs mögen noch nicht überwunden sein. Noch weniger sind sie spurlos verschwunden, aber ein Zeitraum von einem halben Jahrhundert nach der Verkündung des Westfälischen Friedens dürfte eine ausreichende Spanne sein, um neue Ordnungsprozesse im gesellschaftlichen Leben ausfindig zu machen. Seit Gryphius' frühen Werken – das Sonett *Trawklage über das verwüstete Deutschland* aus dem Jahr 1636 respektive später metaphorisch umgewandelt in *Thränen des Vaterlandes* – und Christian Reuters Komödie *Graf Ehrenfried* (1700) haben sich nicht nur die Grundlagen der Wirklichkeitswahrnehmung geändert, sondern auch die damit in Zusammenhang stehenden Themen und Motive.

Aus den vorstehend ausgeführten Verhältnissen scheinen für den weiteren Verlauf selbst, grundsätzliche Fragestellungen an neuer Qualität gewonnen zu haben. Hier verbinden sich die tatsächlich reale Annäherung von lebensechten Personen an allgemeingültige soziale Inhalte und ein dichterischer Ansatz, der menschliche Verhaltensformen typisiert und damit Prozesse gegenseitigen Handelns und Wirkens von Mensch und Gesellschaft definiert. Löst man Schelmuffsky aus der Familie Müller heraus, aus der Welt neuentstandener bürgerlicher Werte eines gesellschaftlich erstarkten Standes also, dann begibt man sich auf eine Reise durch eine nun neue Welt, die in ihrer Hauptfigur symbolisiert wird, dem Schelmuffsky. Das wirtschaftlich erstarkte Bürgertum gelangte zur Möglichkeit, sich eigene Wiedererkennungsmerkmale zu schaffen. Am Vorabend der Aufklärung lässt sich das Konfliktpotenzial an den ausgeführten Kulturmerkmalen deutlich abzeichnen. Deren Evolution sollte im 17. Jh. gesellschaftliche Veränderungen auslösen.

I Die Komödien des Andreas Gryphius im gesellschaftlichen Wertegefüge

1. Herr Peter Squentz oder das Erwachsen einer Sprachgemeinschaft

Während Andreas Gryphius in der Sekundärliteratur zu den Hauptrepräsentanten des hohen Barockstils zählt, sind seine Komödien dahingegen in der einschlägigen Literatur nahezu unberücksichtigt geblieben. Es lässt sich im Übrigen bemerken, dass für das Lustspiel *Absurda Comica oder Peter Squentz* kein sachlicher Beweis darüber vorliegt, dass Andreas Gryphius dessen Autor ist. Der wohl urschriftliche Druck befindet sich in der sog. Faber du Faur – Edition.[1] Eine Titelseite der Komödie ist in der Sammlung allerdings nicht ausfindig zu machen, weshalb ein kritischer Apparat eingangs Informationen zum Titel, Autor und dem Erscheinungsjahr gibt, ohne jedoch einen Ausgabeort zu benennen. Den Beginn des Werks bildet eine Vorrede, die unterzeichnet ist mit *P. Sq.*, wonach ein Personenverzeichnis folgt. Bei der Autorenbestimmung wurde in der fachkundigen Literatur mittlerweile die Gewohnheit, sich bei mittelbaren Verweisen aufzuhalten, zur Praxis, sodass eine Kontextualisierung zur Rezeption des Stücks hauptsächlich durch die Herstellung von Parallelen bedingt ist, die auf Gryphius als den Verfasser des Stücks verweisen.[2]

Begibt man sich an die Analyse der Komödie *Absurda Comica oder Peter Squentz*[3] so ergeben sich noch im Vorfeld der Untersuchungen und Vorbereitungen zahlreiche Schwierigkeiten. Grund dafür ist nicht die Tatsache, dass das Werk nie als eine integrale Ausgabe erschienen ist, unterzeichnet von Andreas Gryphius als dessen Autor, sondern die Anwesenheit spärlich vorhandener Quellen, in denen dieses Werk anzutreffen ist, unter einer ebenso vorausgesetzten Annahme der Verfasserschaft Andreas Gryphius'. Für die anstehenden Untersuchungen soll die Mikrofilm-Ausgabe in der erweiterten Faber du Faur – Edition als Grundlage dienen.[4] Diese stützt sich wiederum auf die Nennung der

---

1   German Baroque Literature, A Catalogue of the Collection in the Yale University Library vol. 1, by Curt von Faber du Faur, New Haven and London, Yale University Press, 1958.

2   Nicola Kaminski: *Andreas Gryphius*. Reclam, Stuttgart, 1998 (RUB 17610).

3   Zz. des Entstehens dieser Arbeit existieren zwei Ausgaben:
     • *Absurda Comica oder Herr Peter Squentz*. Schimpfspiel. Modernisierte Ausgabe. Hrsg.: Cysarz, Herbert. Stuttgart 1986.
     • *Absurda Comica oder Herr Peter Squentz*. Schimpfspiel. Kritische Ausgabe. Hrsg.: Dünnhaupt, Gerhard; Habersetzer, Karl-Heinz. Stuttgart 1986.
     Diese waren im freien Handel, leider, nicht erhältlich.

4   Gryphius, Andreas, 1616 – 1664, *Andreas Gryphii Freuden und Trauer-Spiele, auch Oden oder Sonnette sampt Herr Peter Squentz Schimpff-Spiel*. Bresslau, In Verlegung Johann Lischken und Veit Jacob Treschers Buchh: 1658. In: Bibliography-Index to the

Komödie im Titel einer Sammlung von Andreas Gryphius Texten, die, von Andreas Gryphius vorab wohl autorisiert,[5] 1658 von Johann Lischken und Veit Jacob Trescher herausgegeben wurde.[6] Die Titelseite der Komödie respektive des Schimpfspiels, wie es als Stück charakterisiert wird, verweist weder auf Andreas Gryphius als Verfasser noch enthält das Werk eine Erklärung, die auf dessen Autor schließen lässt. Sonst bestehen keine Schriften aus dem 17. Jh., so auch keine neueren Arbeiten, die auf Abfassungen aus dem hier zu behandelnden Zeitraum stammen und die sich mit diesem Werk oder mit dessen Verfasser beschäftigen. Aus allem bisher Angeführtem lässt sich schließen, dass die Autorenschaft zur *Absurda Comica oder Herr Peter Squentz* bis Heute nicht zweifelsfrei festgelegt worden ist.

Mit Blick auf die erschließende Literatur und hinsichtlich der hieraus zu schöpfenden Informationen wird sich das Bild nicht sonderlich verbessern. Als *Herr Peter Squentz* gemeinhin bekannt, wird dieses Theaterstück selten und nur in einer minderen Anzahl an Sammelwerken mit aufgenommen,[7] tatsächlich auch Andreas Gryphius zugeschrieben, doch keines dieser bietet eine Erklärung oder eine Grundlage für solch eine Entscheidung. Thematisch bearbeitet findet man den *Herrn Peter Squentz* in der erschließenden Literatur, mit einer kleinen Anzahl an Titeln vor und lediglich im Zusammenhang mit einer weiter gefassten

Microfilm Edition of the Yale University Library Collection of German Baroque Literature, research publications, Inc., Woodbridge, CT Reprinted, 1988.

5   Eberhard Mannack: *Gryphius Dramen*. Hrsg. v. Eberhard Mannack und Conrad Wiedemann. Bibliothek deutscher Klassiker Bd. 67. Bibliothek der Frühen Neuzeit. Deutscher Klassiker Verlag. Frankfurt am Main 1991

6   *Andreas Gryphius: Absurda Comica oder Peter Squentz. Schimpfspiel*. In: Andreae Gryphi Freuden und Trauerspiele und Oden und Sonette Samp Peter Squentz Schimpff-Spiel – Breszlau; Lischke 1658.

7   Für die vorliegende Untersuchung wurden insgesamt vier Sammelbände aufgefunden: (a) *Andreas Gryphius Werke*, Band I, Lustspiele, Georg Ohms Verlagsbuchhandlung, Hildesheim, 1961; (b) *Die Dramen des Andreas Gryphius*. Eine Sammlung von Einzelinterpretationen, (Hrsg.) Gerhard Kaiser, J. B. Metzlersche Verlagsbuchhandlung, Stuttgart, 1968; Gerhard Kaiser: *Absurda Comica*, S. 207-225, welches als einziges Sammelwerk eine selten anzutreffende Interpretation enthält; (c) *Andreas Gryphius, Gesamtausgabe der deutschsprachigen Werke VIII*, (Hrsg.) Marian Szyrocki und Hugh Powell, Lustspiel II, Max Niemeier Verlag, Tübingen, 1972 und (d) Eberhard Mannack: Gryphius Dramen. Hrsg. v. Eberhard Mannack und Conrad Wiedemann. Bibliothek deutscher Klassiker Bd. 67. Bibliothek der Frühen Neuzeit. Deutscher Klassiker Verlag. Frankfurt am Main 1991, als kritische Ausgabe, die alle vorher erschienenen Ausgaben berücksichtigt und Gryphius als Verfasser der Komödie in einem Kommentar würdigt.

oder einer allgemein gehaltenen Erscheinung,[8] wobei das Stück, neben der kommentierten kritischen Ausgabe von Gryphius Dramenstücken insgesamt, nur in einem Titel aus dem 19. Jh. stammend, kontextualisiert wird.[9] Eben dieser soll durch seinen vergleichenden Charakter die Bildung eines Zusammenhangs im Ansatz unterstützen, weil er Elemente auf denen die Sprach- und Literatur-geschichte beruhen mit Andreas Gryphius als möglichem Verfasser verbindet, obgleich es in der angeführten Arbeit nirgends ausdrücklich erwähnt wird.

Nur in der Untersuchung von Nicola Kaminski kann eine indirekte Ver-bindung zwischen den Komödien von Andreas Gryphius ausgemacht werden aufgrund des Auftretens von Peter Squentz in Eigenschaft eines Trauzeugen in Gryphius späterer Komödie *Horribilicribrifax*, dessen Beliebtheit bis in die heu-tigen Tage anhält. Neben den gegenseitigen Verweisen auf verschiedene Werke von Andreas Gryphius untereinander stellt Nicola Kaminski noch eine indirekte Verbindung zwischen dem *Herrn Peter Squentz* und Weises Lustspiel *Tobias und die Schwalbe* her. Im Spiel, welches hier ebenfalls innerhalb der Auf-führung selbst erscheint, wird der Peter Squentz zusätzlich aber noch im Titel namentlich als Autor der Vorstellung dieses Spiels angegeben: „Schreiber und Schulmeister Peter Sqventz."[10] Nicola Kaminski geht von Peter Squentz Vor-rede aus und sucht sich, an die hierin enthaltenen Andeutungen zu lehnen. Die Verweise 'Quince – Squentz – Schwenter/Schwender – Swendenwalt – den walt swenden - Speerschüttler' werden als eine Reihe an sprachlichen Zeichen ge-wertet, die etymologisch mit dem literarischen Zeigefinger auf die verdeckte fremde Herkunft verweisen in der der „Squentz eine aus 'Schwenter' und Shakespears 'Quince' abgeleitete Kontamination ist."[11]

Fasst man Andreas Gryphius Lebenswerk zusammen aufgrund des histori-schen Themas, das in jedem einzelnen Werk von Gryphius anzutreffen ist, so lässt sich dann bemerken, dass die Erscheinung des Dreißigjährigen Krieges in nahezu jedem Lustspiel von Gryphius anwesend ist, nicht jedoch in seinen Trau-erspielen. Auch die verschiedenen Motive, die in der deutschen Literatur des 17.

---

8   Z. B. das Motiv des Komischen in: *Form und Funktion des Komischen von Andreas Gryphius*, Peter Lang Verlag, Bern, 2000, oder literarische Praxis allgemein bei: Roland Elsner: *Zeichen und literarische Praxis. Theorie der Literatur und die Praxis des Andreas Gryphius im »Peter Squentz«*, Wilhelm Fink Verlag, München, 1977

9   F. Meyer von Waldeck: *Der Peter Squenz von Andreas Gryphius eine Verspottung des Hans Sachs*. In: VjsfLg. I, 1888, S. 195-212

10 Christian Weise: *Lustiges Nachspiel / Wie etwan vor diesem von Peter Squentz aufgeführet worden / von Tobias und der Schwalbe*, 1682

11 Der 'Speerschüttler' als ein aus dem englischen Namen buchstäblich abgeleitete 'Shake-speare', Nicola Kaminski: *Andreas Gryphius*. Reclam, Stuttgart, 1998 (RUB 17610), S. 163

Jh. geherrscht haben, findet man bei Andreas Gryphius gleichsam wieder. Doch wegen der von den Komödien ausgeübten Funktion, definiert noch in der Antike, drängt sich der Rückschluss auf, Gryphius hätte den Dreißigjährigen Krieg als ein Ereignis gewertet, das von den Problemen in feudalen Gesellschaftsverhältnissen motiviert wird und nicht als eine religionsgeschichtliche Erscheinung. Deshalb sind die diachron verfolgbaren Motive deutscher Literaturgeschichte, die man in der Komödie des *Herrn Peter Squentz* antreffen mag, nicht nur im Zusammenhang der deutschen Kultur, sondern als deutsches Kultur- und Traditionsgut zu verstehen.

Über die Geschichte der deutschen Literatur wird demnach eine Verbindung zu verschiedenen Formen und Erscheinungen aus der deutschen Literatur- und Kulturgeschichte vermittelt, welche im Lustspiel *Herr Peter Squentz* den hier behandelten Problemkreis ausweiten. Bedeutende Erscheinungen in der deutschen Literatur- und Kulturgeschichte – der Meistersang und die Fastnachtsspiele, die Schwankdichtung sowie der Minnesang im hohen Mittelalter, ganz bis zu den archetypischen Liedergattungen im frühesten Mittelalter zurückgreifend – werden sie mit dem Spiel im Spiel zusammengefasst zu einer Einheit, welche die Theateraufführung des *Herrn Peter Squentz* zum Exempel erhebt für die Vielfalt deutscher Tugenden und deren Tradition. In ihrem Mittelpunkt steht, zusammengesetzt aus den künstlerischen Errungenschaften des Mittelalters, die Fähigkeit des deutschen Geistes, sich durch Arbeit, Organisierung in ein Verhältnis zu Inhalten zu setzen, das dadurch einen Ausdruck an Institutionalisierung erlangt.

Vornehmlich Squentz, der Nachname der Hauptperson Peter, bietet ein auf Kontinuität ausgerichtetes Element, das im geistigen Moment historisch zurückverfolgt werden kann. Nun besteht aber keine Kontinuität vom antiken Theater über das Mittelalter bis in die Neuzeit. Sowohl die mittelalterlichen Spiele als auch die damaligen geistlichen Prozessionen übernahmen die Funktion, wie sie das Theater in der Antike innehatte. Die Bezeichnung „Sequenz" selbst, die noch aus dem 10. Jh. bekannt war, als sie den Einbau eines klassischen kirchlichen Textes in eine bestimmte weltliche Handlung benannte, stellt das „Drama" insofern als eine dichterisch ausgeschmückte Form der Lithurgie dar. Ihre Verselbstständigung durch die ab ende des 9. und zu beginn des 10. Jh. vom Benediktinermönch Notker Balbulus Tutilo geschaffenen Sequenzen ist hinlänglich bekannt. Außer dem lateinischen Wort „sequens", des veralteten Ausdrucks mit der Bedeutung einer Reihe, ist eine sonst andere Abstammung dieser Bezeichnung und eine andere Bedeutung bisher nicht belegbar.

Weder Claus-Michael Ort (auch er verbindet dieses Werk mit Weises *Tobias und die Schwalbe*) noch Nicola Kaminski stellen in ihren etymologischen Ansätzen eine Verbindung des Namens „Squentz" mit dem Begriff „Sequenz" her.

Claus-Michael Ort konzentriert sich zwar auf die für ihn wichtigen und zentralen Themen des „Medienwechsels" und der „Selbstreferenz". Die Dramatisierung von Stoffen aus dem „Bereich der Schreibkundigkeit", was in Weises Drama als grundsätzlich Gegebenes erkannt wird, dürfte die asymmetrische Theateraufführung „à la Squentz" aber nicht nur reflektieren oder parodieren, sondern sie als eigenständige Konstante zum Ausdruck bringen bzw. „Die zu vermittelnde Bedeutung wird von ihrem Signifikanten überdeckt, das Medium droht sich zu verselbstständigen." [12] Es erscheint deshalb durchaus gerechtfertigt zu sein, wenn man die Untersuchungen in eine diesbezüglich etymologische Richtung leitet. Für die Ausformung eines literarisch dramatischen Ausdrucks sollte die kulturelle sodann auch literarische Bedeutung der Kirchen- und Volkstradition nicht unberücksichtigt bleiben. Denn die erwähnten Untersuchungen haben in ihrem erschließenden Unterfangen weder den Umstand berücksichtigt, dass die Hauptperson in Gryphius' Komödie mit einem für Lehrer archaisch gehaltenen Ausdruck als „Schulmeister" bezeichnet wird, noch die Tatsache, dass das Spiel in Weises Theaterstück in der Regie eines Kirchenschreibers namens Bonifatius steht.

1.1. Verortung des dramatischen Geschehens

1.1.1 Der gesellschaftliche Kontext

Die nun grundlegende aristotelische Unterscheidung von Geschichtsschreibung, welche uns über die tatsächlichen Ereignisse in der Geschichte berichtet und von Dichtung, die uns an potenzielle Wirklichkeiten heranführt, erscheint im 17. Jh. in alchimistischer Synthese abstrahiert zu sinnlichen Affekten, in der die Handlung auf Welt und die Sprache auf Projektion referiert. Dennoch lassen die deutschsprachigen Barockkomödien sich nicht von den schaurigen „Hauptaktionen" trennen. Eingeflochten als ein die Empfindungen stabilisierendes Zwischenspiel, zeichnet sich ein kontrastierender Geltungsbedarf ab, der sich in Andreas Gryphius' *Geliebter Dornrose* in Form eines Gegenstücks zum Schau-

---

12   Claus-Michael Ort: *Medienwechsel und Selbstreferenz. Christian Weise und die literarische Epistemologie des späten 17. Jahrhunderts.* Max Niemeyer Verlag, Studien und Texte zur Sozialgeschichte der Literatur, Bd. 93, (Hrsg.) Wolfgang Frühwald, Georg Jäger, Dieter Langewiesche, Alberto Martino, Rainer Wohlfeil, Tübingen, 2003, S. 153

erspiel im Martyrerkleid manifestiert.[13] Peter Squentz hält sich in der einleitenden Beschreibung seines Vorhabens an eben diesen Kontext, positioniert er damit doch das bevorstehende Geschehen zentral in eine Art europäischen Kontext und verlangt sogar den Anschluss an solche Prozesse:

> P. Sq. (...) daß Ihr Majest. unser Gestrenger Juncker König ein grosser Liebhaber von allerley lustigen Tragoedien und prächtigen Comoedien sey/ als bin ich willens/ durch Zurbauung eurer Geschicklikeit eine jämerlich schöne Comoedi zu tragiren/ in Hoffnung nicht nur Ehre und Ruhm einzulegen/ sondern auch eine gute Verehrung für uns alle und mich in specie zuerhalten.[14]

Mit der Unfähigkeit, das zur Aufführung erwünschte Stück, gattungsspezifisch zu umschreiben, wirft der sich daraus entwickelnde komische Effekt ein dementsprechendes Licht zunächst auf die Personen im Stück. Und dies mag sich ggf. auch auf Stände oder gesellschaftliche Gruppierungen übertragen lassen. Ähnlich wie in der *Geliebten Dornrose* lässt die Komik im *Peter Squentz* sich schon an der Namensgebung für die Personen im Stück erkennen,[15] mehr noch verbindet beide aber, dass sie als Zwischenspiele konzipiert wurden. Als Kunstgriff des Autors ist dieser wirkungsspezifisch gelungen; er steht allerdings auch im Zusammenhang mit der Situation in einem Theater und dem Aufführungsplan. Wurden während einer Theateraufführung Komödien als Zwischenspiele gleichzeitig neben den Tragödien ausgeführt[16], so spiegelt Peter Squenz' Wunsch „eine jämerlich schöne Comoedi zu tragiren" den barocken Antagonismus von Schein und Sein wieder. Es hält sich also der Grundtenor im Vanitas-Motiv, das es mit der Übung im Humor zu überwinden gilt. Überwindung der zeitgenössischen Wirklichkeit bezog sich auf die alltägliche Lebenswelt, die von Krieg, Hunger, Krankheiten und Tod geplagt war. Die menschliche Gemeinschaft sah sich mit der Geschichte als dem Resultat der politischen Entscheidungen konfrontiert. Das Bild des Lebens ist hier Weltbild. Galt es einige Jahr-

---

13 Vgl. Willi Flemming: (Hrsg.): Deutsche Literatur, Sammlung literarischer Kunst- und Kulturdenkmäler in Entwicklungsreihen. Reihe Barock, Barockdrama. *Die deutsche Barockkomödie*, Bd. 4, Verlag von Philipp Reclam jun., Leipzig, 1931, S. 6

14 Andreas Gryphius: *Absurda Comica oder Peter Squentz*, S. 3

15 Siehe dazu die Beispiele von D. Toscan, die sich auf die Bauern Bartel Klotzmann und Jockel Dreyecke beziehen, die als „klotzig" und „eckig" und damit als streitsüchtig bezeichnet werden, ähnlich dem Meister Klotz-George, der ebenfalls eine streitsüchtige Person darstellt. Vgl. Daniela Toscan, Form und Funktion des Komischen von Andreas Gryphius, Peter Lang Verlag, Bern, 2000, S. 182/183. Siehe dazu auch Abschnitt 2.2.3

16 Vgl. hierzu: Gerhard Kaiser (Hrsg.), Die Dramen des Andreas Gryphius. Eine Sammlung von Einzelinterpretationen, J. B. Metzlersche Verlagsbuchhandlung, Stuttgart, 1968 oder Flemming, Willi: Andreas Gryphius. Eine Monographie, W. Kohlhammer Verlag, Stuttgart/ Berlin/ Köln, Mainz, 1965

zehnte zuvor noch, die Vergänglichkeit zu überwinden, das Konkret-liebliche minutiös-zierlich ausgedrückt, zur Feier der Schönheit nach damaligem Zeitgeschmack für die Ewigkeit zu manifestieren, so gilt es jetzt wohl in kritischer Gegenhaltung der Gesellschaft als System gegenüber, das durch eigene menschliche Unzulänglichkeit und Fehlerhaftigkeit verursachte Leid zu überwinden. Unverkennbar ist die Tendenz, nach antikem Rezept den Humorbegriff deutend, einen Einblick in die Wahrheit zu erhalten.[17] Trotzdem bestehen weitere Ansichten, die das Komische zusammen mit den Erscheinungen des Lächerlichen und des Lustigen hiervon kategorisch trennen möchten.[18] Das hängt erst einmal von der Begriffsklärung ab. Je nach Interpretationsansatz kann der Humorbegriff, neben der angeführten Deutung in antiker Tradition, gleichfalls in Anlehnung an die mittelalterliche Temperamentenlehre interpretiert werden.[19] Das mag in manchen Fällen auch gerechtfertigt sein. Es sollte dabei aber eine Absicht der Komödie, die sie zweifelsohne nun auch hat, nicht sogleich unterbewertet werden. Beachtet man zudem alles, was Heute zu einem Theater gehört: Vorhang, künstliche Beleuchtung oder technische Apparate und wenn man weiß, dass eine komplette Ausstattung des Theaters erst in der hier behandelten Zeit stattfand[20], festigt sich in der Äußerung von Bulla-Butän der Eindruck, dass es die Meister um Peter Squentz mit ihrem Vorhaben eher ernst meinen, wenn der Vorgenannte sagt: „Das ist erschrecklich wacker! Ich spiele mit/ und sollte ich 6 Wochen nicht arbeiten."[21] Er wird zwar seinem eigentlichen Beruf nicht nachgehen, doch die Idee an der Vorbereitung und Ausführung von einer Vorstellung mitzuwirken, ist ein Unterfangen, welches sich eben im 17 Jh. gesellschaftlich etablierte.[22]

Kulturgeschichtliche Zusammenhänge bzw. Rückschlüsse auf die zeitgenössische Empfindung einer eigenen Geschichtlichkeit in jener Zeit lassen sich sonst schon an der Buchstaben-Setzung in der *Absurda Comica* ablesen. Hier sollte es nicht hinderlich sein, eine literaturgeschichtliche Kontinuität auszu-

---

17   Siehe u. a. Das Herkunftswörterbuch. Die Etymologie der deutschen Sprache. Duden Bd. 7, Dudenverlag, Mannheim/ Leipzig/ Wien/ Zürich 1989

18   Worauf die Komödie im 17. Jh. ausgerichtet ist, soll im nachstehend ausgeführten Kontext der praktischen Darbietung von Theaterstücken eingegangen werden.

19   Historisches Wörterbuch der Philosophie. Bd. 3, (Hrsg.) Joachim Ritter, Darmstadt, 1974

20   Vgl. Willi Flemming: *Der Sieg der Kulisse*. Das deutsche Theater: Jahrbuch für Drama und Bühne, Bd. 2, (Hrsg.) Kurt Schroeder et. al., o. O., 1924, S. 109 ff.

21   *Peter Squentz*, S. 3

22   Siehe *Deutsche Literatur, Sammlung literarischer Kunst- und Kulturdenkmäler in Entwicklungsreihen*. Reihe Barock, Barockdrama. *Das schlesische Kunstdrama*, Bd. 1, (Hrsg.) Willi Flemming, Verlag von Philipp Reclam jun., Leipzig 1930

machen. Die unterschiedliche Schriftsetzung in Gryphius' *Peter Squentz*, Rotunda und Fraktur, soll offensichtlich parallele Entwicklungsstränge evozieren, die einerseits eine eigene, volkstümlich geprägte Kontinuität bilden und andererseits aber einen weiter gefassten zeitlichen Ablauf berühren, der auf einer „übernationalen" Ebene Inhalte anspricht, welche, kontrastierend zum intellektuell-künstlerischen Schaffen der Nachbarvölker, das deutsche Schrifttum in eine ebenbürtige Stetigkeit erhebt. In der erschießenden Literatur zu den Barockkomödien und namentlich zu Andreas Gryphius' *Absurda Comica, oder Herr Peter Squentz* findet sich freilich eine einhellige Meinung über das Bestreben des Theaterlebens im 17. Jh. wieder, den gesellschaftlichen Kontext aus den mittleren Schichten zu angesehenem Rang zu erheben. Sich dabei mit großen Namen im europäischen Kontext, wie es ein Shakespeare ist, vergleichend, werden solche Auffassungen nachdrücklich unterstrichen und zusätzlich legitimiert. Die Möglichkeit in dieser technischen Hervorhebung von Bedeutungen durch unterschiedliche Schriftsetzungen, eine grundlegende Funktionszuweisung zu erkennen, erlaubt in solcher Richtung weiter zu denken. Ganz zu Beginn, nämlich schon am Titel, wird die beabsichtigte literaturgeschichtliche Kategorisierung erkennbar. Zum einen wird der Eindruck einer vermeintlichen Wissenschaftlichkeit erweckt dadurch, dass Gryphius mit der lateinischen Rotunde, die nicht aus dem Deutschen stammenden Ausdrücke, kennzeichnet. Daher verknüpft eine Gegenüberstellung der Schrifttypen am Namen der Titelperson Peter Squentz die eigene historische Verwurzelung in einem Wertesystem mit der Forderung nach dessen akademischer Rechtfertigung. Andererseits haben die europäischen Kulturen schon ihre entsprechende Figur gefunden,[23] die in einer sozial definierten Typenkomödie, das gesellschaftliche Konfliktpotenzial in sich umbrechen lässt.

Dementsprechend wird, auf gut Deutsch gesagt und mit fremdem Titel veredelt, gerade der Pickelhering in der Hauptrolle „agieren", der Titelheld dagegen, konsequent ordnend, zu Werke greifen. Wie es im MA sonst üblich war, das Publikum zur Ordnung zu rufen, den Beginn eines (Gesellschafts-) Spiels und die Rollenverteilung per Expositor anzukündigen sowie die Versammelten nach dem Ende durch den Praecursor auszuschreien, werden diese Vorgehensweisen nun planmäßig abgesteckt und wissenschaftlich benannt. Gleichzeitig führt Peter Squentz aber nicht nur die sprachliche Kategorisierung ins Deutsche über, er bildet vielmehr noch eine kulturgeschichtliche Kontinuität zwischen seinem Vorhaben und ausgesprochen dem mittelalterlichen Spiel:

P. Sq. Ey Nein! Mons Pickelhering muß ein Hauptperson agiren. P. H. Habe ich den Kopff genug zu einer Hauptperson? P. Sq. Ja freylich. Weil aber vornehmlich ein

---

23 Z. B. der spanische Bramarbas oder Picarro

tapfferer ernsthaffter und ansehnlicher Mann erforderet wird zum Prologo und Epilogo, so will ich dieselbe auff mich nehmen/ und der Vorreder und Nachreder des Spils/ daß ist Anfang und das Ende seyn.[24]

Solche literatur- und kulturgeschichtlichen Zusammenhänge lassen sich aber nur auf der Textebene ausmachen, also im Text eigenen Zusammenhang. Geistesgeschichtlich kann man solch einen Kontext nur bedingt gelten lassen. Nicht nur die Mitberücksichtigung der sprachlichen Stilmittel ist unabdingbar, berücksichtigt man die Rahmenbedingungen für eine Aufführung dieser Komödie.[25]. Der Sprachstil und die rhetorischen Mittel gehören sicherlich zur Haupteigenschaft, die den tragenden Moment eines ästhetischen Empfindens Epochen kennzeichnend, ausbilden, darüber hinaus aber noch auf die ethische Wertebestimmung schließen lassen. Die offensichtlich nicht eingehaltene aristotelische Ständeklausel in Gryphius Komödie muss dann anscheinend im sozialgeschichtlichen Sinne interpretiert werden. Nun kann anhand der in Curt Faber du Faur's Sammlung[26] enthaltenen Version der *Absurda Comica* einerseits unmittelbar auf Andreas Gryphius als den Autor geschlossen werden, da das Stück ihm hier zugeschrieben wird; auf das Erscheinungsjahr kann man jedoch nicht direkt aus dem Stück schließen, was vermuten lässt, dass die Komödie zunächst anonym erschienen ist. Und es ist vor allem durch die Nähe zum *Horribilicribrifax Teutsch* tatsächlich belegt, dass erst nach einer anonym erfolgten Pulsfühlung, der Name des Autors unter dem Werk erschien. Wenn nun beide Arten der Dichtungsgattung Drama gleichzeitig vor demselben Publikum aufgeführt wurden, dann ist die Intention von Gryphius folglich Stände übergreifend, zu suchen.

Eine Antwort auf die Frage ob denn Gryphius Shakespeares *Midsummer-Night's Dream* gekannt hatte oder nicht, bietet hierbei keine letztendlichen Aufschlüsse über den rezeptionsbedingten Kontext auf gesellschaftlicher Ebene. Eine Verbindung zu Shakespeares Werk findet sich neben den inhaltlichen Referenzen aufgrund der Erwägung durch die Handwerker, das „Pyramus und Thisbe-Spiel" aufzuführen,[27] zwar auf textueller Ebene wieder. Der darin begründete Vergleich zum *Sommernachtstraum* gibt zudem aber einen weiter gefassten Aufschluss über die kontextuelle Einbettung. Da es sich nicht zweifelsfrei ausmachen lässt, mit welchem Trauerspiel die *Absurda Comica* gleichzeitig

---

24 *Peter Squentz*, S. 4
25 Siehe Anmerkung 16
26 German Baroque Literature, A catalogue of the collection in the Yale University Library vol. 1, by Curt von Faber du Faur, New Haven and London, Yale University Press, 1958
27 Angesichts der Theateraufführung selbst als einen Handlungsteil des Schauspiels siehe ebenso S. 43, Anm. 41 sowie die Seiten 62 f. bezüglich der Geschichtlichkeit.

aufgeführt wurde, ist es zunächst hilfreich von Gerhard Kaisers grundlegender Feststellung auszugehen: „Durch die Isolierung des Handwerkstheaters aus dem Sinnganzen verliert das Motiv seinen Beziehungsreichtum, der bei Shakespeare im Dreiklang von Handwerkerposse, Liebeshandlung und Geisterspiel liegt."[28] Die Beziehungen, die im deutschen Theater des 17. Jh. zwischen einer Komödie und im Zusammenspiel mit den märtyrerischen Staatsakten gebildet werden, ergeben sich mit unter anderem aus dem Zweck, den der jeweilige Charakter eines dramatischen Stücks verfolgt. Vom unterhaltenden Ziel der englischen und französischen Wandertruppen, der italienischen Comedia dell'arte bis hin zu den Gelehrtenspielen des Jesuitentheaters, ist die Facettenbreite der verschiedenen Bühnenkonzeptionen im Barock reich abgedeckt.

Aus der Biografie von Andreas Gryphius darf man schließen, dass seine dichterisch-dramatischen Kenntnisse zunächst an das Schultheater zu binden sind. Der über die angesehenen gymnasialen Bühnen verbreitete Bildungsbegriff stand nicht nur im Werk der Hofpoeten erheblich im Rahmen ständischer Grenzen. Brauchten die Schriftsteller im 17. Jh. doch die Unterstützung des fürstlichen Mäzenatentums, so verloren sie dadurch aber einen Teil ihrer geistigen Freiheit und die Möglichkeit, ihre Ansichten zum Objektiven hin auszuweiten. Gryphius verstand es hingegen, in seinem gesamten Werdegang, seiner gesamten Bilduns- und Studienzeit, unter diesem Druck die Eigenständigkeit zu wahren. Sein Reichtum an Erfahrungen und ein außerordentliches Wissen über politische und gesellschaftliche Verhältnisse, nicht weniger ein daraus gewonnenes Vermögen, die richtige Entscheidung zu treffen, brachten Gryphius später die Einberufung zum Syndikus ein. Solch ein Amt führte im Spätwerk nicht nur zur Zuspitzung der Wahrnehmung von Bezügen in der feudalen Gesellschaftsform, sondern wurde zusätzlich von den Ansprüchen sowie Zuständigkeiten jeweils entsprechender gesellschaftspolitischer Bereiche bestimmt und definiert. Als Beispiel dazu können die allgemein bekannten und zahlreichen Geschichtsdramen von Gryphius hinzugezogen werden.

Da sie auf Unterhaltung ausgerichtet sind, passen sich die Komödien scheinbar ganz einem herkömmlichen Schulablauf an. Indem sie das „Aufhören aller Affekte"[29] als etwas „zweckloses" erklärt, das damit den komischen Effekt ermöglicht, deutet Daniela Toscan die Ansichten von Max Wolff über den komischen Effekt dahin, dass „der Betrachter des Komischen" mit dieser „Zweck-

---

28 *Die Dramen des Andreas Gryphius.* Eine Sammlung von Einzelinterpretationen, (Hrsg.) Gerhard Kaiser, J. B. Metzlersche Verlagsbuchhandlung, Stuttgart, 1968, S. 208
29 Max J. Wolff: *Zum Wesen des Komischen.* In: Germanisch-romanische Monatsschrift 9 (1921), S. 65-75. S. 73

losigkeit [...] vom Druck der dauernden Zweckmäßigkeit befreit wird.“[30] Die Komödien sind als solche, als nämlich in den Pausen aufgeführte heitere Zwischenspiele, nun vielmehr zweckdienlich, ähnlich den Schulpausen oder einem entsprechenden schulischen Stundenplan, wo die Möglichkeit vorgesehen ist, gedanklich sowie geistig zu entspannen und neue Kräfte zu sammeln. Mittel und Zweck werden so zu grundsätzlichen Problemen, die sich in den Künsten wiederfinden. Noch bei Horaz galt, aut prodesse volunt aut delectare poetae – „Die Dichter wollen entweder nützen oder unterhalten“[31] – und das ließ sich seinerzeit ebenso auf die römische Gesellschaftsform übertragen, in der die Senatoren dem Reichsnutzen dienten und die Gladiatoren andererseits zur gesellschaftlichen Unterhaltung aufwarteten.

In diesem Sinne stehen die Inhalte des Gryphiuschen Lustspiels im Zusammenhang mit den Bedingungen für die Entstehung des deutschen Barockdramas im Allgemeinen. Trotz seiner Sonderstellung, die es aus der Formenvielfalt des Theaterlebens und der daraus folgenden sozialen Funktion erhält,[32] ist der von Gryphius sonst geübte *genus grande* hier zwar ein distinktives Merkmal zum Schimpfspiel, aber in seiner Zielsetzung gleichzeitig auch die Grundlage für das Verständnis der Ableitung des *theatrum mundi* aus der herrschenden Weltauffassung. Auch bei Daniel Casper von Lohenstein z. B. als dem Nachfolger von Gryphius' Stil, bildeten ständische Grenzen weiterhin den Rahmen über die Bildungsansichten und sein Werk definiert sich dadurch ebenfalls noch stark durch die feudale Gesellschaftsform.

Um noch einmal auf die sprachliche Ebene zurückzukommen. Sie bildet offensichtlich Verhältnisse zu den angrenzenden Sprachfamilien ab, die hier unmittelbar zu sozialer Bestimmung dienen. Die sich daraus ergebende Kategorisierung entlehnt die Begriffsbildung aus dem sozialgeschichtlichen Verlauf mancher Sprachfamilie. Und dazu gab es eine Fülle von verschiedensprachigen ausländischen Einflüssen.[33] Gryphius wählt die französische Sprache für soziale Abstufungen in seinem Stück, die sich, in diesem Sinne angewendet durch die Anredeformel „Monseigneur“ im Bereich dessen bewegt, das mit dem franzö-

---

30 Daniela Tosacan, a. a. O., S. 23. Siehe auch auf S. 68, Anm. 139

31 Q. Horati Flacci Epistularum Libri II: *Ad Pisones* (Epist. II, 3). Deutsche Ausgabe: *Horazens Brief an die Pisonen*. Autor: Friedrich Klinger, Hirzel, Leipzig, 1937.

32 Siehe dazu Bornscheurer, Lothar: Trauerspiele, in: Steinhagen, Harald (Hrsg.): *Zwischen Gegenreformation und Frühaufklärung: Späthumanismus, Barock. 1570-1740*, in Horst Albert Glaser (Hrsg.): Deutsche Literatur. Eine Sozialgeschichte, Bd. 3, Reinbeck 1985, 268-294.

33 Siehe o. g. Bühnenkonzeptionen

sischen Ausdruck „peuple" geschaffen wurde, da dieses als „Pöbel" aus Frankreich entliehen wurde.[34]

1.1.2 Soziale Festlegung von Hof und Stadt

Gottscheds Hang zum Französischen bewegte ihn möglicherweise dazu, die Beweggründe des literarischen Wirkens in höfischer Umgebung bezogen auf das 17. Jh. vielleicht überspitzt zu formulieren, vielleicht aber treffend mit den Worten, gewiss sei „die Poesie eine von den wichtigsten freyen Künsten, ja der vornehmste Theil der Gelehrsamkeit"[35]. Genauso erkennt Francis Fergusson aber auch, dass „in seinem tatsächlichen Bestand das Vernunfttheater ein Ausdruck des barocken Geschmacks war, [...] Spiegelbild menschlichen Lebens und der Handlung, erschaffen zu einer bestimmten Zeit auf einem bestimmten Ort."[36] Den Theorien der Antike folgend, Aristoteles allen voran, boten sich im 17. Jh. Mechanismen, die auf soziale Gegebenheiten bezogen werden konnten und das aktuelle Geschehen zur Grundlage für das künstlerische Schaffen erhoben[37]. Das Theater war eine „öffentliche Einrichtung [...] mit einer Bühne, Schauspielern, Publikum, allgemeinem Beistand und Verständnis."[38] Die Bedeutungen von Begriffen und Ausrücken folgten entsprechenden Konventionen, die im Verhältnis Autor – Rezipient bekannt gewesen sein sollten.

Es lässt sich natürlich nicht bestreiten, dass sich der soziale Charakter einer Barockkomödie grundlegend von einem Fastnachtspiel unterscheidet. Sozial eingebettet werden die barocken Spiele halt nicht mehr durch „Gevatter Schuster oder Schneider", wie sie Willi Flemming nennt,[39] sondern durch Gelehrte. Fraglich wird eine sozialgeschichtliche Deutung der Standeszuweisungen an Personen jedoch, wenn man Andreas Gryphius nun unterstellt, er beabsichtige eine

---

34   Vgl. Flemming, Willi: *Andreas Gryphius. Eine Monographie*, W. Kohlhammer Verlag, Stuttgart/ Berlin/ Köln, Mainz, 1965, S. 103

35   Gottsched, Johann Christoph: *Versuch einer critischen Dichtkunst,* a. a. O., S. 67

36   Fergusson, Francis: *The idea of a theater.* Copyright by Princeton University Press, 1949/ 1969, S. 85

37   Vgl. dazu auch Volker Klotz: „Das Drama der geschlossenen Form spielt in der höfischen Sphäre. Seine Personen sind hohen Standes. Es folgt damit den antiken Regeln von den Höhenlagen der literarischen Darstellung, die besonders stark auch von den Theoretikern und Autoren des Dramas im 16. und 17. Jh. betont wurden." In: *Geschlossene und offene Form im Drama.* Carl Hanser Verlag, München 131992, S. 59

38   Fergusson, Francis, a. a. O. S. 85

39   Deutsche Literatur, Sammlung literarischer Kunst- und Kulturdenkmäler in Entwicklungsreihen. Reihe Barock, Barockdrama. *Das schlesische Kunstdrama,* Bd. 1, (Hrsg.) Willi Flemming, Verlag von Philipp Reclam jun., Leipzig, 1930, S. 8

Verspottung von beispielsweise Hans Sachs.[40] Wie Daniela Toscan zwar aufmerksam feststellt, entspricht das gewählte Versmaß nicht dem einer Tragödie, die von Squentz und seinen Handwerkern aufgeführt wird. Hinsichtlich des komödiantischen Charakters des hier eigentlichen Stücks, nämlich der *Absurda Comica*, dürfte das wirkungsästhetisch dennoch einen kontrastierenden Effekt gehabt haben, womit der bekannte Antagonismus von Schein und Sein herbeigerufen wird.[41] Wird die poetologische Unkenntnis von Peter Squentz dadurch auch der Lächerlichkeit preisgegeben, so entspricht der Knittelvers doch der allgemeinen Hauptkomposition. Es mag durchaus der Fall sein, wie es Daniela Toscan voraussetzt, dass die Volksdichtung und Hans Sachs im 17. Jh. nicht sonderlich hoch gewertet wurden. Die literaturgeschichtlich deutlich bestehenden Kontinuitäten zum mittelalterlichen Spiel und den sich daraus entwickelten Fastnachtsspielen können jedoch nicht außer Acht gelassen werden, vor allem nicht, wenn man bedenkt, dass ein Jahrhundert später Goethe sich dieses Volksgutes annimmt.[42] Ganz unbeachtet blieb das Traditionsgut also nicht. Auch nicht im 17. Jh., worüber die vielzähligen Emblemata sprechen mit Inhalten, die aus dem Volkstümlichen abgeleitet werden, oder die in den sonst üblichen Reyen anzutreffende germanische Götterwelt.

In der Komödie des 17. Jh. finden sich verschiedene Beispiele, die vor dem sozialen Hintergrund der Ständegesellschaft keineswegs dahin neigen, niedere Stände bloßzustellen. Herzog Heinrich Julius von Braunschweigs Komödie *Vincentius Ladislaus* könnte als solche, in Nachfolge von Plautus' *Miles gloriosus* stehend, welches in der erschließenden Literatur in einer Vorbildfunktion gedeutet wird, bedingt durch den Kontext stellenweise dahin gehend interpretiert werden, dass sich die höheren Stände über deren Unterstellte erhaben sehen.[43] Vincentius Ladislaus mag sich im situationsgegebenen Kommunikationsgefüge auch noch so bemühen, Handwerker oder jegliches Hofpersonal niedrig zu schätzen. Aber die ausgeprägte Wahrnehmungsstärke der Sinne schon bei Pferden, wie er es mehrfach exemplifiziert, übersteigt die menschlichen Fertigkeiten. Dass Johan Bouset die angebliche Anmaßung eines Knechtes zum misslichen Umstand relativiert, zeigt anhand der Stille, die darauf eintritt, eine Zuwendung zum allgemein Menschlichen.

40 Siehe F. Meyer von Waldeck: *Der Peter Squenz von Andreas Gryphius eine Verspottung des Hans Sachs*. In: VjsfLg. I, 1888, S. 195-212
41 Im Zusammenhang mit der Geschichtlichkeit siehe auch S. 39, Anm. 27 sowie die Seiten 62 f.
42 Johann Wolfgang von Goethe: *Hans Sachsens poetische Sendung*, 1776
43 Vgl. dazu Abschn. 3.

Vincentius Ladislaus. Dasselbe Pferd wollte einmals unser Knecht reten/ Und es ein
wenig mit den Spohren angreifen/ Unnd weil es niemandts als uns leiden konnte/
Warff es denselben Knecht auß dem Sattel und Stiefeln herauß/ Das die Stiefel und
Sporen in den Steigbügeln stehen plieben/ Unnd der Knecht viel drey ribben im Lei-
be entzwey.

    Johan Bouset. Der Knecht muß mit den Füsen vheste in die Bügel getreten/
Oder sonsten lose gesessen haben.

    (Silentium.)[44]

Mit der natürlichen Empfindung von Gut und Böse und ihrer Unterscheidung
kann sich der Zuschauer, wie es Lessing später folgerichtig ausführte,[45] unmittelbar zu einer der Seiten zuwenden, wobei aber der Inhalt einer Theateraufführung das Fundament stellt, „welches in dem Inhalt die Tugend belohnet / und
die Laster bestraffet"[46]. Die Dichtung war schon Harsdörffer zufolge „ein
wolgefaelliger Betrug"[47], eine Erfindung, in welcher der Betrug die Mittel
heiligt. Hieraus erwächst im Folgenden auch der bei Aristoteles fehlende
moralische Aspekt, der wiederum den Menschen und dessen Gefühlsleben als
gesellschaftliche Kategorie verstanden, über die Geschichte und damit das
dramatische Geschehen hinaus auf eine höhere Ebene erhebt. Der Zuschauer
erhält dadurch eine gewisse Höhe in seiner Funktion und kann aus dieser
Perspektive das Dargebotene miterleben. In diesem Zusammenhang sind die
Menschen als Zuschauer unabhängig ihres gesellschaftlichen Standes, man
möchte sagen, gleichgeschaltet. Aus verschiedenen gesellschaftswissenschaft-
lichen Bereichen stammende Feststellungen hielten bei der Beschäftigung mit
dem 17. Jh. für diese Zeit allesamt fest: die Welt sei ein Theater[48], was sich als
Vorstellung über die Vergänglichkeit alles Irdischen wieder findet. Mit dem
Verweis auf die unterschiedlichen Stände in einem Dramenstück wird gleichzeitig die Ständeklausel relativiert.

---

44   Heinrich Julius von Braunschweig: *Vincentius Ladislaus*. In: Deutsche Literatur, Samm-
    lung literarischer Kunst- und Kulturdenkmäler in Entwicklungsreihen. Reihe Barock,
    Barockdrama. Die deutsche Barockkomödie, Bd. 4, (Hrsg.) Willi Flemming, Verlag von
    Philipp Reclam jun., Leipzig, 1931, S. 104

45   Siehe seine *Hamburgische Dramaturgie*. Gotthold Ephraim Lessing: *Hamburgische
    Dramaturgie*. In: Lessings Werke. Vollständige Ausgabe in fünfundzwanzig Teilen.
    (Hrsg.) Julius Petersen u. Waldemar von Olshausen. Teil 5. (Hrsg.) Julius Petersen.
    Bong, Berlin/Leipzig/Wien/Stuttgart, 1925

46   Harsdörffer, Georg Philipp: *Poetischer Trichter*, 2. Teil, Nürnberg 1648-53, S. 81

47   Ebda.

48   Vgl. dazu Heinz Schütz: *Barocktheater und Illusion*. Peter Lang Verlag, Frankfurt am
    Main, 1989, S. 117

Zwar kann die Lebenszeit auf der Erde durchaus verschieden gestaltet sein – Gryphius weist auf die unterschiedlichen Stände hin -, aber letztlich sind doch alle Menschen gleich, denn durch nichts können sie die Vergänglichkeit des Irdischen überwinden.[49]

Bezieht man letztlich die sog. *Fallhöhe* auf den Einzelnen[50], dann ist die Standesfrage analog zum Theaterstück zu verstehen, in der „je höher der Stand des Menschen auf der Erde, desto höher auch die „Fallhöhe", die Verluste, die dieser Mensch zu erleiden hat"[51], was dieses Prinzip als ein gesellschaftliches Problem darstellt.[52] Nach dem kulturellen und materiellen, wirtschaftlichen Aufstieg des Städtewesens im 15. und 16. Jh. sah sich der Zivilisationsfortschritt anschließend mit den Folgen des 30-Jährigen Krieges konfrontiert, was dazu führte, dass „im Barock [...] die Stadt vom Hof kulturell überholt" wird und darauf lernt, „sich an ihm zu orientieren."[53]

Deshalb ist es sehr aufschlussreich, über die literarischen Tendenzen auf allgemein kulturgeschichtliche Zusammenhänge zu schließen. Eine für den heutigen Geschmack grobe, süffige und ungehobelte Ausdrucksweise ist kontinuierlich vom MA bis zum Barock bisweilen schon dokumentiert.[54] Dabei wirft sich die Frage auf nach der Funktion und einem eventuellen Funktionswechsel solch einer Ausdrucksweise. Es lässt sich zunächst einmal feststellen, dass die Sprache hier im Zusammenhang mit den gesellschaftlichen Umwälzungen steht, die das ständische Bewusstsein der Bevölkerung vom ausgehenden MA über die Renaissance bis hin zum Barock beeinflussten. Aus Eckehard Catholy's Folgerung, der emporgestiegene Städter des 16. Jh. habe den Bauern in sich selbst verspottet[55], schließt Gerhard Kaiser eine symbolische Rolle des Handwerkertyps im 17. Jh., der nun „in die gleiche Rolle einrückt, die im Fastnachtsspiel des 16. Jh. der Bauer einnimmt."[56]

---

49 Daniela Toscan, *Form und Funktion des Komischen von Andreas Gryphius*, S. 80 f.
50 Siehe dazu ebenso Abschnitt 1.2.3
51 Daniela Toscan, a. a. O., S. 81
52 Siehe im einleitenden Teil und in vorstehend ausgeführter Prämissenklärung unter der in diesem Kontext stehenden stoischen Ethik.
53 Gerhard Kaiser, *Die Dramen des Andreas Gryphius*. Eine Sammlung von Einzelinterpretationen, (Hrsg.) Gerhard Kaiser, J. B. Metzlersche Verlagsbuchhandlung, Stuttgart, 1968, *P. Squenz*, S. 211
54 Siehe Eberhard Mannack, *Andreas Gryphius' Lustspiele – ihre Herkunft, ihre Motive und ihre Entwicklung*. In: Euphorion 58 (1964), oder Gerhard Kaiser, *Die Dramen des Andreas Gryphius*.
55 Eckehard Catholy, *Das Fastnachtspiel des Spätmittelalters, Gestalt und Funktion*. Tübingen, 1961, S. 258 ff.
56 Gerhard Kaiser, a. a. O., S. 210

Die zu der Zeit aufgestiegenen Stände brachten ein Eigenbild über sich mit, welches es verstand, gesellschaftliche Normen umzubewerten. Unterstützt durch die neu aufgekeimten Ideen, die aus dem gesamten europäischen Raum im Deutschen Reich Fuß fassten, ist ein Rahmen für eine allmähliche Zuwendung zu den „heimischen" Problemen gegeben. Luthers Bibelübersetzung ebnete zudem den Weg der Eröffnung von Diskussionen über geistige Inhalte für die deutsche Volkssprache, die mithilfe des Buchdrucks und der einhergehenden Vereinheitlichung der Schriftdialekte, einem breiteren sozialen Publikum in neuer Qualität zugänglich wurde. Diese zivilisationsgeschichtlichen Abläufe erhärten sich kulturgeschichtlich in der Erscheinung des Kirchenliedes, des Meistersangs oder der Schwankliteratur. Dass sich damit auch soziologische Komponenten literarisch äußerten, ist mit dem allgemeinen wirtschaftlichen Aufschwung bei den Mittelständen nicht unerwartet. Es überrascht eher die Feststellung, dass die höheren Stände abgesondert erscheinen, mit ihrer eigenen Gelehrtheit, der Wissenschaftlichkeit ihrer neulateinischen Sprache.

Verbindet man diese Aussonderung auf gesellschaftlicher Ebene mit den Absichten, die auf ebenso „höherer" Gesellschaftsebene abgesteckt sind und vergleicht dies mit den Inhalten aus der vermeintlich niederen volkssprachlichen Literatur, so kann man sich nur schwerlich dem Eindruck entziehen, dass sich die Denkkategorien der breiten Volksschichten einen unmittelbaren Zugang zu gesellschaftsorientierten Problemen über das immanente Sprachverständnis verschaffen. Die an Subjekte gebundene, plastische Ausdrucksweise spiegelt dabei unmissverständlich die Alltagswelt mit ihren Problemen wieder.

Auf den ersten Blick scheint es damit, dass Gryphius die sozialen Strukturen in einer allegorischen Weise der Parodie unterzieht, indem er Handwerker ein antikes Stück aufführen lässt. Die Dinglichkeit im Ausdrucksvermögen, die sich im Handlungskern wieder findet, nämlich im Pyramus-Thisbe-Spiel, referiert gleichzeitig aber noch auf das allgemein subjektiv ausgerichtete Sprachverhalten in der Barockliteratur. Im Gegensatz zur „ernsten" Literatur werden die zentralen Motive des *carpe diem* und der *vanitas* hier mit einem sprachlichen Antagonismus verbildlicht. Die abstrakt zu fassende Ebene der Empfindungen schlägt sich in visuell wahrnehmbarer Form nieder. Der schwangere Bauch von Thisbe versinnbillicht das lebensbejahende Liebesritual (nutze (lebe), genieße den Tag), er erschlafft wieder nach der Neuschöpfung von Leben und wendet sich dem Neuen zu (Vergänglichkeit). Die menschlichen Empfindungen werden konkretisiert, sie werden greifbar, zerren sogar am Leib (memento mori), der da aber siegen wird:

Thisbe. [...] Die Liebe hat mich gantz besessen
Vnd wil mir Lung vund Leber fressen /
Jch weiss nicht / wie sie mir den Bauch
Gemacht so pucklicht und so rauch![57]

Ob es sich bei diesem Beispiel um lediglich eine Reduktion handelt, wie es Daniela Toscan festlegt oder ob es eine grundsätzlich negierende Haltung enträtselt, die Gerhard Kaiser interpretiert, die Absicht des Komischen ist jedenfalls gewährleistet. Anstatt aber von einer Geringschätzung des Geistigen oder gar des Körperlichen in der Gegenüberstellung von Ständen auszugehen, finden sich vielmehr Anhaltspunkte wieder, die thematisch eine feste Verwurzelung in literatur- und kulturgeschichtlichen Aspekten haben. Für Andreas Gryphius ist die Geschichte nämlich als wissenschaftliche Disziplin, näher an die Naturwissenschaften gebunden als an die Literaturwissenschaft.[58] Eine Deutung, die im Werk von Gryphius sozial bestimmte Prämissen ausfindig macht, ist sicherlich nicht abwegig. Doch bleibt solch ein Ansatz mehr den zeitgenössischen Verhältnissen in der Gesellschaft verpflichtet, wie sie der Autor geschaffen hat und die sich aus historischen Abläufen ergeben, als dass sich daraus die literaturwissenschaftliche Intention im Vorhaben von Andreas Gryphius erkennen ließe.

Die Erscheinung von typisierten Figuren mag sich schon aus den ausländischen Einflüssen ergeben, aber die Ausbildung eines Typs lehnt sich noch an eigene traditionelle Vorstellungen an. Das Thema der Völlerei entnahm Gryphius zweifelsohne dem normativen Gefüge des MA. Mit der thematischen Anspielung an die 7 Kardinallaster ist sogar ein innerer Rahmen im Spiel gegeben, denn selbst Pyramus erklärt es als von Gott gesegnet, der leiblichen Sättigung zu gedenken:

P y r a m. [...] Nun gesegne dich Gott Trincken vnd Essen /
Jhr Byrnen und ihr Aepffel / ich muss eurer vergessen [...].[59]

Neben dem karikierenden Bild, dass von den Handwerkern geschaffen wird, überträgt sich die Vorstellung der leiblichen Fülle zugleich aber auf das Publikum, das darüber ethisch zu richten hat. Eine Selbstverkennung und falsche Selbsteinschätzung insbesondere gegenüber dem eigenen Stand, welche Gerhard Kaiser als zentrale Komödienmotive des Barockzeitalters erachtet[60], leiten im ersten Schritt zu den Handwerkern hinüber, die es sich anmaßen, einem könig-

---

57 *Peter Squentz*, III, S. 23
58 Vgl. dazu Slobodan Grubačić, *Aleksandrijski svetionik. Istorija tumačenja od aleksandrijskog doba do danas*. Izdavačka knjižarnica Zorana Stojanovića, Sremski Karlovci, 2006, S. 430
59 *Peter Squentz*, III, S. 44
60 Gerhard Kaiser, *Die Dramen des Andreas Gryphius*, S. 215

lichen Publikum ein antikes Bühnenwerk vorzuführen. Im Weiteren wird die Aufmerksamkeit zeitgleich auf das höfische Publikum erneut zurückgelenkt, das sich gesellschaftlich und sozial herabstuft, indem es der Darbietung zuschaut. Standesgemäß verweist der Schimpfspiel-Autor allerdings auf gesellschaftliche Barrieren, dadurch dass er im Textapparat das kritische Publikum, den Hof, kommentierend einen Rahmen für die ethischen Prinzipien bilden lässt[61] und damit der allgemein belehrenden Absicht des Barocktheaters näher kommt. Der von Roland Elsner vertretene Standpunkt, dass „die 'Lust am Verweisen', das heisst, die Aussicht, den nur im Lachen beantwortbaren Unsinn als Provokation des Sinns, als 'Kehrseite des Ideals' zu erfahren"[62], zur Grundlage der ungehobelten Obszönitäten gelegt wird, ermöglicht fernerhin den Rückschluss, dass sich das thematische Bild der Völlerei in satirischer Manier auf das Motiv des *carpe diem* überträgt. Der zeitgeschichtlich motivierte Drang zur überschwänglicher Lebensbestätigung, die sich aus der die menschliche Existenz negierenden Grundstimmung aufgrund der Geschichtsereignisse ergibt, führte bekanntermaßen zu einem ästhetischen Empfinden im Barock, dass sich u. a. in der leiblichen Korpulenz wieder spiegelt. Auf diese Weise wird das Bild des ungesättigten Bauern und Handwerkers im MA, der sich das Essen verschlingend, ernährt, mit dem üppigen Schönheitsideal des 17. Jh. gleichgesetzt. (Zugleich manifestiert sich das Spiel - im - Spiel jedoch als antithetisches Spiel im Schein – Sein – Verhältnis.)

1.2. Literarische Projektion

1.2.1 Sozialsystem Literatur

In der Feststellung des Königs, wenn die Verse „besser wären / würden wir so sehr nicht darüber lachen"[63], steckt einerseits die Erkenntnis Elsners, es sei „das Kunstlose und Kunstwidrige [...], das den Hof amüsiert."[64] Zum anderen zeigt dies mit dem Auftreten der selbst ernannten Schauspieltruppe und „daß die Handwerker sich untereinander und mit dem Hofnarren überschwänglich be-

---

61 Siehe dazu: Elsner, Roland: *Zeichen und literarische Praxis. Theorie der Literatur und die Praxis des Andreas Gryphius im „Peter Squentz"*, Wilhelm Fink Verlag, München, 1977, S. 139
62 Ebda.
63 *Peter Squentz*, II, S. 17
64 Elsner, Roland, a. a. O., S. 138

komplimentieren,"[65] mehr noch Gerhard Kaisers durchaus richtige Feststellung über „die im sozialen Absinken verzerrte höfische Barockkultur."[66] Die Kommunikationsweise des höfischen Publikums entspricht einem Müßiggang, der abendlichen „Kurzweil", also dem Zeitvertreib von dem man „müder vom Lachen / als vom Zusehen"[67] geworden sei. Demnach wird Sinn und Zweck der Unterhaltung durch die gesellschaftliche Position definiert. In den gelehrt unterrichteten Adelskreisen schickt es sich ansonsten, das nicht immer fest sitzende Bildungswissen, zum Ästhetischen zu erheben:

> Theodorus. Unsere Comoedianten verziehen ziemlich lange.
> Cassandra. Gut Ding wil Zeit haben.
> Serenus. Ich zweiffele / daß bey ihnen das erste / derowegen
> halten sie sich an das letzte / vielleicht wird aus der Tragoe-
> di von Piramo und Thisbe der Carolus quinqz oder Ju-
> lius unus.
> Violandra. Herr P. Sq. schiene sonst ziemlich leichte: Wo
> ihm die andern nicht Gegenwage halten / dürffte ihn der
> Westwind so weit hinwegführen / daß er von Ritter Arto
> nicht leicht zu ereylen.
> Eubud. Mich bedaucht sie kommen. Ich höre ein gepolter vor
> der Thür.
> Seren. Es ist nicht anders / Herr P. Sq. beginnet sich zu
> reuschpern.
> Violand. Die Morgenröte bricht an / die Sonne wird bald
> auffgehen.[68]

Indem Gryphius den Figuren im Stück eine äußerst freizügige Konversationsweise in den Mund legt, „Ey Thisbe, es schickt sich nicht also / die Weiber müssen unten liegen"[69], projiziert er aufgrund der aufgeführten Personen, eine Situation, die nicht lediglich gegen die vorgeschriebene Poetik verstößt[70], sondern zusätzlich die herrschenden Dichtungsmotive überschreitet. Der erstere Verstoß, also die Einführung von Repräsentanten des hohen Geschlechts in eine Komödie, relativiert sich in dem Umstand, dass es sich im Stück um Zuschauer handelt, die eigentlich an der Aufführung ja nicht teilnehmen. Obwohl sie gelegentlich dennoch in das aktive Geschehen eingreifen, unterstreicht Gryphius seinen Standpunkt mit der Tatsache, das Personenverzeichnis nicht der Standeshierar-

---

65 Gerhard Kaiser, *Die Dramen des Andreas Gryphius*, S. 214
66 Ebda.
67 *Peter Squentz*, III, S. 37
68 *Peter Squentz*, III, S. 16
69 Ebda.
70 Martin Opitz, *Buch von der deutschen Poeterey*. In Verlegung David Müllers Buchhändlers, Breaslau/Brieg, 1624, S. 20

chie nach aufzustellen. Er teilt die Personen nach ihrer Funktion und führt im Register zuerst die handelnden Personen an. Zum einen ist es das gemeine Volk, hier durch Peter Squentz und die Handwerker dargestellt, das mit seinem Handeln das Geschehen ermöglicht. Die Frage nach dem, was den Handlungsablauf bestimmt, ist aber in der Wechselwirkung zwischen den „Personen im Stück" und dem adeligen Publikum zu suchen. Damit wird Gryphius der poetologischen Ständeklausel in mehrfacher Weise gerecht: Die „"Zusehenden Personen" betreten [...] den Schauplatz eigentlich nicht, und doch scheinen sie in einer Rolle, die das blosse Zusehen bei weitem übersteigt, mitzuspielen."[71] Entsprechend ihres Standes weist die vom sozialen her bestimmte Bedeutungszuweisung den Dramenfiguren ihre Funktion zu. Die Literatur manifestiert sich dadurch, kulturgeschichtlich betrachtet, als Wiedergabe eines sozialen Systems, dessen normatives Verständnis dichtungsspezifisch erfasst wird. Sich daraus ergebende Motive, werden im Folgenden zu einem Ausdruck des Weltverständnisses, welches eine ästhetische Form gewinnt.

Die dazu dienende antike Grundlage nutzt Gryphius nun in der Weise, dass er das herrschende kulturelle Werteverständnis sozial konfrontiert und daraus einen deutlich ironischen Rückschluss zieht. Mit dem zu den Toten geweihtem Phyramus versinnbildlicht Gryphius über den Liebesakt einen Lebenswillen, der in sprachlicher Abstufung als allgemein zugrunde gelegt, den Todesgedanken aufhebt. Damit ändert sich zugleich aber noch das Motiv der *vanitas*. Es ist daher nicht die ästhetische Bekräftigung, eines überschwänglich zum Ausdruck kommenden Lebenswillens, der antithetisch auf die Vergänglichkeit verweist. Der volksübliche Sprachgebrauch der Handwerker wird durch die Beobachtungsgabe des königlichen Publikums als inhaltlich relevant aufgezeigt und damit gut geheißen. Ein gesellschaftliches Werteverhältnis wird auf diesem Wege umgekehrt. Die von den unteren Schichten kommenden Impulse, bieten der ästhetisch verwöhnten Perzeption der Königsfamilie eine Aussicht, aus den noch nicht geformten Inhalten, ein grundlegendes Werteverständnis erkennen zu können. „Gryphius' Absicht scheint vielmehr zu sein," meint Elsner, „den Scharfsinn der Zuschauer walten zu lassen und zu zeigen, wie dieser die wunderlichen Erfindungen der Handwerker durchschaut und die "Einfalt der guten Leute" erkennt."[72]

Die Umkehrung der Blickrichtung, die sich von der Beschäftigung mit der Faszination des Jenseitigen abwendet hin zu einer anderen Gegenständlichkeit, die gesellschaftshistorisch eine Tradition hat, scheint im Bodenständigen eine neue Lebensquelle gefunden zu haben. Dieser literarische Eingriff in das norma-

---

71   Roland Elsner, *Zeichen und literarische Praxis*, S. 140
72   Ebda.

tive Verständnis eines Gesellschaftssystems wirft natürlich die Frage nach seiner standesgemäßen Legitimität auf. Gleich zu Beginn der Aufführung von Peter Squentz „traurig Lust≈Spiel" lässt sich im Dialog zwischen Serenus und Peter Squentz Gryphius' Ansatz bei der Rollenverteilung erkennen, der konform ist mit den gesellschaftlichen Konventionen. Der Adelsstand ist sich seines antithetischen Ansatzes im künstlerischen Ausdruck bewusst. Ihm steht die gesellschaftliche Bürde der Kommunikation mit der objektiven Sphäre im Leben und auf der Welt zu:

> Die geistlose Dinglichkeit der Handwerker-Inszenierung durch das Erkennen selber bereits zu überwinden, das heisst, durch verweisende Zwischenbemerkungen unumstösslich mit der objektiv richtigen Weltanschauung in Verbindung zu setzen, das scheint die Rolle der 'Zusehenden Personen' zu sein.[73]

Andererseits ist ein auf das Subjekt ausgerichtetes Ausdrucksvermögen ein Prozess, der die objektive Vorstellungswelt konkretisiert, nach seiner Form aber noch sucht:

> Seren. Der Vers, hat schrecklich viel Füsse.
> P. Sq. So kan es desto besser gehen. Jhr werden noch mehr
> dergleichen folgen: nun Stille! und macht mich nicht mehr
> Jree.[74]

Und eben die entsprechende Form ist es, welche im zusammenhanglosen Durcheinander eine Bedeutung entstehen lässt, bzw. bestehende Bedeutungen absteckt und sie ebenfalls konkret werden lässt. Es geht dem Publikum also gar nicht darum, „den Angesprochenen seine Rolle vergessen zu lassen und damit aus der Welt des Scheins in die Wirklichkeit zu locken"[75], mehr aber darum, wie es Elsner feststellt, sich einer „urtümlichen" Welt und damit Wirklichkeit zu vergegenwärtigen und – :

> (...) darin unterscheidet sich die Haltung des Hofs grundsätzlich von derjenigen Pickelhärings, der aus urtümlicher, das heisst, sinn- und zweckloser Narrheit zu Unsinn reizt und treibt – die durch die vergegenständlichende Darstellung verdrängt Bedeutung wieder bewusst zu machen.[76]

Insofern erfolgt die Verwirklichung der normativen Werte zweigleisig. Die Richtigkeit beider Werteebenen bestätigt sich jedoch erst in ihrem Zusammenspiel. Die historisch gewachsene Identität dient als Grundlage, um in der Perspektive eine die Stände übergreifend, neue Form zu erhalten. Doch diese muss

---

73 Ebda.
74 *Peter Squenz*, S. 17
75 Eberhard Mannack, *Motive*, S. 11
76 Roland Elsner, *Zeichen und literarische Praxis*, S. 140

naturgemäß von „oben" erfolgen, da es der hier anwesende Formenreichtum ermöglicht, die Bedeutungskonstanten entsprechend einzuordnen.

1.2.2 Semantische Deutungsebenen

Die unterschiedlich konzipierte Lebenswelt der verschiedenen Stände sollte von Andreas Gryphius folgerichtig ausgeglichen werden. Zunächst einmal handelt es sich um verschieden gestaltete normative Gefüge, die sich in ebenso abgestuften Ebenen intentional unterscheiden. Der erste Schritt, wie es Roland Elsner feststellt, ist die gesellschaftliche Nivellierung, mit der auch niederen Ständen gesellschaftliche Bedeutung zugesprochen wird.[77] Daher erscheint es, dass die Handlungsmotivation im Stück durch eben die Angleichung der Stände bzw. durch das Verschwimmen der Standesgrenzen erreicht wird. Auf diese Weise werden die normativen Denkkategorien der jeweiligen Stände zum tragenden Moment, aus deren Verhältnis sich das Stück entwickelt. Insofern lässt sich jedes literarische Werk seinem Text zufolge als „struktureller Definitionszusammenhang"[78] deuten, dessen Konstituenten Wertevorstellungen repräsentieren, und „durch die Festlegung ihrer Relation wird die Gültigkeit der durch sie repräsentierten Wertesysteme entschieden."[79]

Solch ein Ansatz versteht es allerdings, dass man die Deutungsmöglichkeiten eines Textes schon in den Prämissen unterscheidet, d. h., dass man hier vom Text als einem Produkt ausgeht, das ein bestimmtes Verständnis über Normen mit einschließt, einerseits, ungeachtet des Standpunktes, der diesen gegenüber bezogen wird, und andererseits der projizierten Beziehungen zwischen den präsentierten Wertevorstellungen, mit denen diese problematisiert werden. Die so gestaltete semantische Unterscheidung stuft zugleich die Deutungsebenen ab. In Elsners Ansatz erkennt man diese Differenzierung nicht. Er meint:

„(…) wo wie im Theater durch die sinnlich wahrnehmbare Realität hindurch Sinn zu erkennen oder zu setzen erforderlich ist, da können die als einfältige Leute konzipierten Figuren ihrem Wesen gemäss nur Dinglichkeit sehen oder setzen, wodurch diese Einfalt sogleich als Mangel, als Beschränktheit bestimmt wird (…)"[80]

Der vom Autor geübte Abstraktionsschritt bleibt in dieser Denkfolge unerkannt, wobei die Abstraktions- oder Deutungsebenen, die das Stück bietet, doch dazu führen, dass sich die Rezipienten und die agierenden Personen im Bühnenstück angleichen.

---

77   Ebda.
78   Roland Elsner, a. a. O., S. 104
79   Ebda.
80   Roland Elsner, a. a. O., S. 142

Ausgangspunkt für die Bestimmung eines gültigen Normenverständnisses ist grundsätzlich die Ebene der gesellschaftlich herrschenden Wertevorstellungen. Damit erhalten die ästhetisch bestimmten Vorstellungen, die sich aus der Barockkunst und –Literatur ersehen lassen, eine zentrale Rolle, denn sie sollten ja das Kunstempfinden der Zeit nachdrücklich geleitet haben. Auch der „Peter Squentz" bewegt sich also im gesellschaftlichen Kontext in der Sphäre des Ästhetischen. Diese konkretisiert sich zuerst oder letztgültig in der „Kommunikations-Problematik, die auf zugrunde liegende divergente gesellschaftliche Voraussetzungen verweist."[81] In diesem Zusammenhang finden sich bezeichnender Weise gerade Handwerker der auf Ästhetik geübten Hofgesellschaft gegenüber. Verstanden sich die damaligen Dichter als eben Handwerker, deren Werke wie gemacht erschienen und berücksichtigt man ihr gesellschaftliches Potenzial, da sie sich zu Vereinigungen zusammenschlossen, so liegt es auch nahe, die herrschenden normativen Tendenzen im 17. Jh. der Textgenese von Gryphius' *Absurda Comica* zugrunde zu legen.

Wenn auch die Dichtung als Handwerk verstanden wurde, so bildet das Geistige die Materie, welche anhand der Sprache konkrete Form erhält, die es zu bearbeiten gilt. Es nimmt nicht Wunder, dass eben im Expressionismus Gryphius' Scherflein im Bereich des Sprachlichen erschlossen wird. Die Wahrnehmung von Gryphius Leistung bewegt sich aber nach wie vor nur im Bereich des Sprachlichen.

Sein Verdienst in der Geschichte des deutschen Dramas bleibt also nach wie vor ein sprachliches: daß er überhaupt ein geistiges Element, die gepflegte deutsche Sprache, in das Drama eingeführt hat, einerlei mit welchen Inhalten er sie belud.[82]

Es ist allerdings der historische Zeitpunkt, der Friedrich Gundolf dazu verleitet, literarische Reflexionsprozesse zu verkennen, die Mitte des 17 Jh. und am Anfang des 20. auf vermutlich ähnlicher Grundlage aufbauten. Vielleicht war es die Nähe zu Krieg und Verwüstung, die Aussichtslosigkeit, sich aus einer gedrungenen Situation einen Artikulationsraum zu verschaffen, welches vergleichbare Lebenserscheinungen dank der Möglichkeit ihrer Bewältigung unterscheidet. „Der dichterische Wert, Ausprägung eines einmaligen tragischen Lebens"[83], welches Gundolf „nirgends" bei Gryphius ausmachen konnte, deutet darauf hin, dass Dichtung und Tragik in einem bestimmten Zusammenhang zueinander stehen. Ist ein Text aber die „Ausprägung eines einmaligen tragischen Lebens", dann geht es nicht an, ganz einfach am Text verhaftet zu bleiben, um aus ihm

---

81   A. a. O., S. 110
82   Friedrich Gundolf: *Andreas Gryphius*, Weiss'sche Universitäts˜Buchhandlung, Heidelberg, 1927, S. 30
83   Ebda.

jegliches Leid oder die Größe der Erfahrungen ersehen zu wollen. Insofern ist die ästhetische Norm des 17. Jh. zwar wesentlich für Gryphius' Komödie, vielleicht ist sie auch der Ausgangspunkt für sein schöpferisches Werk, stützt aber nicht dessen Kernaussage. „Anstatt die konstitutive Leistung des Textes zu analysieren," wie es Elsner erkennt:

> „(…) folgt sie [die vorliegende Forschung] den vom Text selbst erstellten Bedeutungen, indem sie in ihrer durch die entsprechende Poetik überhöhten Form als gültige Kriterien anerkennt."[84]

Die im Text hergestellten Beziehungen referieren demnach auf eine Auseinandersetzung mit der gesellschaftlich gültigen Norm und nicht diese umgekehrt mit den Bedeutungen im Text, wie es in der Literatur zumeist erschlossen wird.

1.2.3 Die Textstruktur

Gerhard Kaisers jedenfalls richtige Feststellung über „die im sozialen Absinken verzerrte höfische Barockkultur"[85] stellt in Verbindung mit Gundolfs Charakterisierung von Andreas Gryphius' Werk, dass dieser als „Komödienschreiber (...) vor allem Sittenschilderer und ~eiferer"[86] ist, dieses durchaus in den Kontext einer Kritik an der Gesellschaftsmoral. Hierbei handelt es sich zu allererst um eine Hinterfragung der Tradition. Die durch „Beobachtung der Sitten und vor allem typischer Sitten"[87] erlangte Einsicht sowie den allgemeinen Einfluss unterschiedlich gearteter europäischer Kulturkreise berücksichtigend, nutzte Gryphius, „bei dem die Entrüstung und die Beobachtung von vornherein mit einem ausgesprochenen dialektischen und dialogischen Vermögen gepaart war"[88], um kulturgeschichtlich als deutsch gekennzeichnete Inhalte, formgerecht zu bilden. Den anderen europäischen Vorbildern (Joost van den Vondel, William Shakespeare, Lope de Vega) folgend sah Andreas Gryphius „den ganzen Schatz klassischer Bildung und volkstümlicher Ueberlieferung dramatisch verwertet."[89]

Dieser von Opitz eingeführte europäische Zusammenhang zeugt von einer humanistischen Bildung, die vor allem von Senecas Lehre über formale Aspekte der Dichtung gekennzeichnet ist.[90] Daher liegt es nahe, die Motivation des

---

84 Roland Elsner, a. a. O., S. 111
85 Siehe auch Anm. 64
86 Friedrich Gundolf, *Andreas Gryphius*, S. 21
87 Ebda.
88 Ebda.
89 Friedrich Gundolf, a. a. O., S. 22
90 Vgl. dazu Albrecht Schöne: „Denn bei Seneca sind diese Autoren in die Lehre gegangen, seine epigrammatischen Stichomythien haben sie studiert. Treffen unterschied-

Humanismus in der italienischen Renaissance und deren Rückbesinnung auf die antiken Werte zu berücksichtigen, zumal die Bevölkerung der Apenninischen Halbinsel zu der Zeit ebenfalls unter starkem Druck stand, welcher ihre traditionelle Identifikation zu gefährden drohte. Übertragen auf die deutschsprachigen Gebiete bot sich hier ein ebenso bedrohliches Bild, das eine Krise im Wert des Überlebens verrät.

Mit dem Übernehmen von formalen und technischen Mitteln aus dem Humanismus gingen gleichzeitig auch implizit die Inhalte an die künstlerische Intention über. Die aristokratische Haltung, welche sich stets im Plural an den Gesprächspartner wendet, bekommt in der dichterischen Aufarbeitung einen neuen Gehalt, der neben den sich ethisch manifestierenden Bedeutungen gleichsam einen funktionalen Zweck erfüllt. Eine repräsentative und zugleich führende Rolle in der Gesellschaft lässt mit der von Aristoteles geforderten Distanz und der so geschaffenen Fallhöhe der Protagonisten den Aspekt der Verantwortung sichtbar werden. „Es ist die Sprache des 'hohen Stils', die Sprache der Fürsten," so Volker Klotz, „die den Höhenregeln entsprechend allein tragikwürdig sind."[91] Veranschaulicht wird die Bürde einer solch hohen gesellschaftlichen Position mit ihren folgeschweren Konsequenzen; und neben dem moralischen Gefüge der Gesellschaft kommt Wolfgang Kayser zufolge aber auch die dichterisch erwirkte Atmosphäre zur Geltung:

Auffälliger ist jener Fall, in dem der logische wie der formale Bezug beiseite geschoben wird zugunsten eines mehr emotionalen (...) Es ist ein Fall, der zugleich die Mehrdeutigkeit einer Sprachfigur auf das klarste zeigt, gebraucht man doch zur Bezeichnung desselben Phänomens die sich ausschließenden Ausdrücke «Plural majestatis» und «Plural modestiae». Beidemal handelt es sich um die Ersetzung der logisch und formal zu erwartenden Einzahl durch den Plural. Aber zu den beiden sich widersprechenden Funktionen tritt noch eine dritte mögliche. Das «Wir», mit

---

liche Ansichten und Absichten ihrer dramatischen Figuren aufeinander, so wird der Meinungsstreit als ein Duell mit Sentenzen ausgetragen. Je heftiger die Gegensätze, desto länger leisten die Sprecher einander Widerstand, desto länger werden auch die Sentenzreihen. Die Entschiedenheit der Standpunkte bezeugt und bewährt sich weniger in der Überzeugungskraft der einzelnen Argumente als im langen Atem des Sprechenden, der um immer neue Paraden nicht verlegen ist und den Widerspruch zu ersticken, den Widerstand zu erdrücken sucht unter der Last der aufgeschichteten Sentenzen." Aus: *Emblematik und Drama im Zeitalter des Barock,* Verlag C. H. Beck, München, 31993, S. 151

91 Klotz, Volker: *Geschlossene und offene Form im Drama.* Carl Hanser Verlag, München 131992, S. 72

dem ein Erzähler sein Ich verdeckt (...) verstärkt die Verbindung mit dem Publikum, das der Erzähler neben sich stellt und gleichsam mitverantwortlich macht.[92] Gleiches lässt sich in der deutschen Ersetzung der 3. Person Plural durch die zweite erkennen, womit gleichzeitig Macht suggeriert wird. Die gesellschaftliche Konstitution des Menschen wird dadurch bestimmend. Im *Carolus Stuardus* wendet Andreas Gryphius das im Gespräch Karls mit seinen Kindern und dem Bischof Juxton an, als der König hier in der Vaterrolle glaubt, seinen Nachkommen die Natur des höchsten Willens zu übermitteln. So wird im Wahren der Hierarchie tugendhafte Achtung ausgedrückt, was die Gesellschaft zum ausschlaggebenden Faktor objektiviert: „C a r o l. Nun Kinder! Lernt euch stets vor Gott dem Hoechsten neigen /"[93] Im *Peter Squentz* soll die Anredeform, die wohl eben aus solch einem Kontext abgeleitet ist, wobei sie zusätzlich noch eine strenge soziale Sitte, die im Feudalsystem und der Ständegesellschaft verankert ist, verkörpert, nun das ins soziale Wanken geratene Gesellschaftsbild erhellen.

Ein weiterer Gesichtspunkt ist in diesem Zusammenhang das Entstehen einer Gesinnung von einer Besonderheit, im Gegensatz zu den anderen sprachlichen Gemeinschaften, was abermals mit der Übernahme von Grundbegriffen zum äußeren Aufbau eines Theaterstücks aus dem Humanismus bemerkbar wird. Wurde der antike Chor noch vom aus dem germanischen Kulturkreis stammenden niederländischen 'Reyen' verdrängt[94], so ist die den Akt bezeichnende 'Abhandlung' zumal verständlicher und „darüber hinaus erachtete Gryphius seine Bühnenstücke als kleine wissenschaftliche »Abhandlungen« angemessen, um über den Zustand in der Gesellschaft, über alledem belehrend und autoritär zu sprechen."[95] Damit entfernte sich Gryphius von der „bloßen Volks~ oder Hoflustbarkeit" der Bühne und machte „sie zur aesthetisch~moralischen Anstalt (...) mittels der neuen deutschen gelehrt~dekorativen Redekunst."[96] Er unternahm hiermit den wohl entscheidenden Schritt, um normative Elemente in die deutschsprachige Dramendichtung einzuführen.

Der *Peter Squentz* als solches, nämlich als heiteres Zwischenspiel, ist ja selbst solch ein Reigen, dessen Struktur man allenfalls in der inhaltlichen Abfolge suchen kann. Eine solche das Weltbild repräsentierende Struktur wird hier

---

92   Kayser, Wolfgang: *Das sprachliche Kunstwerk. Eine Einführung in die Literaturwissenschaft*, Francke Verlag, Tübingen und Basel, 20_1992_, S. 142

93   Gryphius, Andreas, *Ermordete Majestät. Oder Carolus Stuardus. König von Groß Britanien. Trauer~Spil.* S. 44, Z. 469

94   Zur Funktion der Reyen-Spiele siehe u. a. auch auf S. 63

95   Grubačić, Slobodan, *Istorija nemačke kulture.* Izdavačka knjižarnica Zorana Stojanovića, Sremski Karlovci/ Novi Sad, 2001, S. 172

96   Friedrich Gundolf, a. a. O., S. 46

durchaus mit der eigentlichen Aufführung des *Phyramus-Thisbe*-Spiels manifest. Dieses verbindet als Spiel im Spiel gemeinsam mit dem durch den Knittelvers gebildeten sprachlichen Kontext, kulturgeschichtliche Inhalte des deutschen
Sprachraums mit gesamteuropäischen Tendenzen, die zivilisationsgeschichtlich
an die hellenische Wiege anknüpfen.[97]

Eine weitergehende kategorische Unterteilung von Gryphius' dramatischem
Werk gibt einerseits ein aktuelles Bild über das damals herrschende Theater-
leben ab, und andererseits zeigt sie auch die konstitutiven Merkmale von Gryphius' Dramen auf. „Indem wir das Gryphius'sche Drama aus der rhetorisch-
dialektischen Schulpoesie, dem stofflichen Komödiantenapparat und der Sitten-
schilderung eines vergrämten und entrüsteten Zeitgenossen ableiten," fasst Gundolf zusammen, „haben wir es beinah gekennzeichnet."[98] Aus dem Werk des
Dramatikers lässt sich ohne Zweifel für jeden hier gebildeten Kontext ein Beispiel anführen.[99] Ungeachtet der Richtigkeit von etwaigen Urteilen über den
Charakter von Gryphius' Bühnenstücken auch hinsichtlich des vorab Erwähnten[100], lässt sich aus der aus der Unterscheidung zwischen der Tragödie, die
„vor allem Handlung" sei und der Komödie, die als „Geberdung" bezeichnet
wird, schließen, dass eine wie auch immer geartete Struktur in diesem Fall um
der Lehre Willen eingeführt wird.[101]

1.2.4 Erzeugung von Werten

In der Literatur des 17. Jh. erscheinen dichterische Absicht und Geschichte im
Zusammenwirken verstanden als Bestandsaufnahme herrschender Verhältnisse.
Und mehr noch stellt dieses in allen Künsten aufwendig stilisierte Zeitalter insbesondere den beschriebenen Versuch einer Ergründung von geltenden lebens-
widrigen Umständen und deren Ursachen dar.[102] Die in den vorherigen Ab-
schnitten angesprochene Auffassung von Geschichte findet sich just bei den Au-

---

97 Die Wirkung, die mit der im Spiel eingesetzten Vorstellungen erzielt wird, lässt sich als
    Gegentext deuten im Verhältnis zur Theateraufführung des *Herrn Peter Squentz* ins-
    gesamt.
98 Friedrich Gundolf, a. a. O., S. 26
99 „Carolus Stuardus wegen der Aktualität des Stoffs, *Peter Squentz* wegen der Beziehung
    zu Shakespeares *Sommernachtstraum*, *Horribilliceibrifax* wegen der Abenteurerfratzen
    aus der Zeit der Sprachmengerei, die *Geliebte Dornrose*, das Zwischenspiel des Ver-
    liebten Gespenstes, wegen des Dialekts und der künstlerischen „Volkstümlichkeit"
    (...)", sind die von Friedrich Gundolf angeführten Beispiele, a. a. O., S. 31
100 Siehe S. 20 dieser Arbeit.
101 Vgl. Friedrich Gundolf, a. a. O., S. 31
102 Siehe Einleitung.

toren dramatischer Werke bestenfalls „als Nacheinander und Nebeneinander trauriger, niederschmetternder Geschehnisse"[103] wieder. Grund dafür kann auch der bei Gryphius angesprochene 'eitle Schauplatz' sein, welcher mit der höfischen Welt das damalige Leben anachronistisch repräsentiert. Der Komödie fielen daher wohl mehrere Aufgaben zu. „Moralische Belehrung und Sinnenreiz, Spannung, Unterhaltung",[104] die Gundolf als dichterische Absicht bei Gryphius festmacht, deuten auf eine ausgewogene Komposition hin, die ein Gegenstück zur Wirklichkeit bildete.

Theater bedeutete bis ins 18. Jh. hinein, bis Lessings *Minna von Barnhelm* aber immer noch 'Tragödie'. Opitz forderte für eine gelungene Tragödie, sie solle in diesem Zusammenhang als didaktische Institution einen Zustand anhand einer doch realen Darstellung an das Publikum weitergeben. Erkannte das Publikum damit eine Unbeständigkeit, die zum Leben zählt, erhielt und schuf es sich dadurch ebenso einen innerlichen Schutz. Dazu ist die Voraussetzung allerdings, dass es nicht nur die gebotene Aufführung als solche, nämlich in künstlerischer Form, auffasst, sondern auch ihren Realitätsgehalt wahrnimmt. Der Zuschauer bekam mit der Tragödie eine Anschauung des Übels vorgetragen, das „mit grosser Leute / gantzer Stätte und Länder"[105] einen jeden umgeben sollte. Andreas Gryphius' Verbindung des damals aktuellen zeitgeschichtlichen Geschehens mit den ebenso herrschenden Theorien eines Trauerspiels spiegelt hier nicht nur die gegebenen Lebensbedingungen seiner Zeit wieder und bezieht sich nicht einzig auf die zeitgemäßen gesellschaftlichen Ereignisse; sie wird vielmehr durch die vorab erwähnte, humanistisch suggerierte Kontinuität zum 15. und 16. Jahrhundert erwidert, in der die Rückbesinnung auf intellektuelle Errungenschaften aus der Antike und deren Geist vom Wert eines Menschen nun zu ihrer theoretischen Aufarbeitung in der Literatur beitragen.

Es ist daher zu einfach, aus diesen Zusammenhängen den pauschalen Rückschluss zu ziehen, dass der Standesunterschied gleichzeitig unterschiedliche Lebensqualitäten versteht, im Hinblick auf den Zweck, dem die Angehörigen eines Standes in ihrem Gesellschaftssystem dienen. Zwar ist der Ansatz Friedrich Gundolfs konform mit der Vorstellung über die Zuständigkeiten der Stände im 17. Jh., und er zeigt vielleicht die sozialen Verhältnisse im 17. Jh. auf.[106] Viel-

---

103 W. Vosskamp: *Untersuchungen zur Zeit- und Geschichtsauffassung im 17. Jh. bei Gryphius und Lohenstein* (Literatur und Wirklichkeit I), Bonn, 1967, S. 131

104 Friedrich Gundolf, a. a. O., S. 48

105 Vgl. Opitz, Martin, *L. Annei Senecae Trojaneinnen*. An den Leser (1625). In: Weltliche Poemata. Erster Teil. Faksimile-Neudruck. (Hrsg.) Christine Eichner und Erich Trunz, Tübingen 1967., S. 314 – 315, S. 315

106 „Das Mittel der moralischen Lehre bei Komödien waren Sitten und Zustände niederer Personen und der Sinnreiz war Gelächter." Friedrich Gundolf, *Andreas Gryphius*, S. 48

leicht stimmt er auch mit den Poetiken überein, die aus der Arbeit verschiedener Sprachgesellschaften erschienen. Doch schon die eingangs erörterte Grundkonstellation seines Stücks, die Gryphius im *Peter Squentz* bildet, gestattet es nicht, die Definition der Komik, im Einhergehen mit der gültigen Standeshierarchie im 17. Jh., vom gesellschaftlichen Stand abhängig zu machen. Andreas Gryphius nutzt sicherlich das konventionelle Verständnis über standesgemäße Verhältnisse in der Gesellschaft, um zu seiner Aussage zu kommen. Diese ist somit auch durch die sozialen Verhältnisse motiviert. Berücksichtigt man jedoch die Entstehung der deutschen Nationalsprache zu der Zeit, so ist es gerade sie, die eine innere soziale Auflösung verhindert. Es sind eher die traditionellen Verhältnisse in der Gesellschaft und deren Beziehung zu anderen Sprachgemeinschaften, die sich durch Sprache herausbilden und so die Lachwirkung provozieren, im Gegensatz zu anderen Formen der Komik, die sich aus dem Handlungsablauf ergeben können.[107]

1.3. Text und Dichtung

1.3.1 Das Konflikt- (Problem-) Potenzial

Komik definiert sich bekanntermaßen als Missverständnis.[108] Ob es sich nun um ein Missverständnis unter den Personen im Stück handelt und der Zuschauer die Möglichkeit erhält, durch Einsicht in das Missverständnis sich ein Gefühl von Überlegenheit anzueignen, oder ob Störungen für das Verständnis seitens des Publikums bzw. ein Missverständnis zwischen den handelnden Personen d. h. der Handlung und den Zuschauern gebildet wird, ist für das Wesen der Problematik von etwas Komischem gar nicht ausschlaggebend. Es geht dabei offensichtlich nicht immer um das, was unmittelbar aufgeführt wird. „Auf einer abstrakteren Ebene", so Daniela Toscan, „geht es also um eine Kollision von Werten bzw. Normensystemen, die durch die handelnden Personen verkörpert werden."[109] Erst im Wertekonflikt ergibt sich also die Möglichkeit, verschiedene Positionen zu erkennen, die entweder aufeinander zustreben oder weiter divergieren oder aber sich in der divergenten Haltung verfestigen. Die Schlüssigkeit

---

107 „(...) statt plastischer Charakterkomik oder reliefartiger Eigenschaftskomik oder räumlicher Situationskomik kennt Gryphius fast nur scheckige Rede- und Wortkomik: entweder unflätig gehäufte Schimpfreden, oder läppische Sprachmengerei, oder Verdrehung von Fremdworten." A. a. O., S. 51
108 Zum Humorbegriff siehe Seite 37, Anm. 17
109 Daniela Toscan, *Form und Funktion des Komischen von Andreas Gryphius*, S. 18

dessen, was eine der so gebildeten Positionen abbildet, ob sie mit einer konventionellen Vorstellung übereinstimmt oder nicht, ermöglicht die Herausbildung von Situationen, in welcher die verschiedenen Positionen durch ihre Kollision die Handlung bewegen. Das Geschehen, welches mitverfolgt wird, ist also die Folge von Missverständnissen und bildet die Komik ab, die sich jedoch in den herrschenden Vorstellungen über gesellschaftliche Werte begründet, da diese nicht immer kompatibel sind in der geltenden gesellschaftlichen Kommunikation. Im Ideenverkehr, im sozusagen Verkehr von Vorstellungen in einer Gesellschaft ist demnach die Möglichkeit gegeben, in einer Konfliktsituation Position zu beziehen und eine Erkenntnis aus der Wertekollision zu gewinnen. „Komik ist nie das Resultat einer Handlung oder eines Ereignisses an sich", sagt Daniela Toscan, „sondern erst die Folge der Interpretation."[110] Das sich auf der Bühne ereignende Missverständnis unter den Personen in einem Stück ist für den Zuschauer der Preis seiner Klugheit, das Missverständnis zu erkennen, ganz gleich, welcher Seite er im Konflikt zugeneigt ist.

Natürlich ist es aber von ebenso wichtiger Konsistenz, wie die Kräfte in der Konfliktsituation verteilt sind, und wo im Kräftemessen die als gültig empfundene Norm positioniert wird. Dieses Abwägen der Kräfte im Kampf um Wertvorstellungen umschreibt Friedrich Georg Jünger wie folgt:

> In diesem und allen anderen Fällen gehört das Missverhältnis, das in den ungleichen Kräften sichtbar wird, zu den Bedingungen des komischen Konfliktes. [...] Die Komik liegt darin, dass der Kampf überhaupt stattfinden konnte, dass bei der offenbaren Unterlegenheit des einen, der offenbaren Überlegenheit des anderen Gegners der Unterlegene überhaupt den Gedanken fassen konnte, sich auf einen Kampf einzulassen.[111]

Geht man also von einem ungleichen Kräfteverhältnis aus, so ist die Vorstellung über die stärkere Seite im Konflikt stets die wohl konventionelle, d.h. die, welche dem gültigen Normenverständnis entspricht. Fraglich bleibt indes, inwiefern der Interpretationsstandpunkt eines Rezipienten mit dem des Autors bzw. seiner Absicht übereinstimmt. Genauer genommen ist die zur Konvention ausgebildete Norm die Grundlage, innerhalb welcher die sich gegenüber stehenden Parteien eigentlich Extrempunkte darstellen.

So wären es drei Elemente, die Daniela Toscan in Anlehnung an F. G. Jünger zu den Bestandteilen der Komödie zählt. Zunächst das Missverhältnis der Kräfteverteilung unter den im Konflikt stehenden Parteien, dann die „Provokation des Unterlegenen"[112] und zuletzt die „Unangemessenheit der Provo-

---

110 Ebda.
111 Friedrich Georg Jünger: *Über das Komische*. Zürich 1948, S. 9
112 A. a. O., S. 11

kation"[113]. Folglich bestimmt die dem Zuschauer eigene Prämisse seine Deutung des Geschehens wie auch seine Entschlusskraft, sich einer der Parteien anzuschließen.[114] Es ist jene Situation in der *Absurda Comica*, wie sie sich im letzten Akt unmittelbar vor dem Ende des Stücks findet. Sie entspricht eben dieser Komposition, als Peter Squentz nach Ende der Aufführung um ein Honorar bittet und sich vom König Theodorus entgegenhalten lassen muss, dass er und seine Schauspieltruppe Teile der Aufführung gekürzt oder ausgelassen haben. Aus der vorgegebenen Komposition der Bestandteile einer Komödie ergibt sich im Folgenden auch die unmittelbare komische Wirkung, wenn Peter Squentz versucht, seine Wissenslücke durch Zuweisung der ursprünglichen Rollen wieder aufzuholen. Nach der lakonischen Feststellung wendet er sich recht wirsch aber nicht unwirsch an den König und würdigt dennoch die herrschaftliche Position in Form seiner rhetorischen Frage nach der Stimmung des Königs, wodurch die sozialen Vorgaben beachtet werden sollen. Doch mit seiner Haltung schafft er ein ebenso ausgeglichenes Verhältnis, in dem er das Prädikat des Närrischen verwendet in Bezug auf den König. Dies ist sicherlich eine Anmaßung, die jetzt mehr dem Charakter einer Komödie zuzuschreiben ist.

> Theodor. Wie/ wenn wir es mit demselbten Actu machten/ wie ihr mit der Geburt der jungen Löwen? das ist/ denselbten gar außliessten.
> P. Sq. Ey das müste der Teuffel haben! Ey Herr König/ was Narret ihr euch viel? Ich weiß wol ihr könnets nicht lassen/ ihr werdet uns ja was geben müssen?[115]

Es finden sich demnach mehrere Abstraktionsebenen, die das Konfliktpotenzial folglich auffächern. Dass solch ein Vorgehen von Gryphius beabsichtigt ist, kann man aufgrund der poetologischen Bemühungen aus der Zeit durchaus begründet annehmen. Die verschiedenen Poetiken dienten als theoretische Grundlage, welche es ermöglichte, die literarische Praxis nun in eine gesellschaftsfähige Reflexion zu überführen.

---

113 A. a. O., S. 13

114 Daniela Toscan neigt bei der Deutung von Jüngers Komikbegriff zur Tendenz, die menschliche Eitelkeit als Grundlage zu erkennen, welche sich grundsätzlich im Auslachen einer Person befriedigt: „In dieser Ohnmacht der komischen Figur liegt nach Jünger auch die Freude der Betrachter, die unbedenklich die Partei des Überlegenen ergreifen und sich mit ihm identifizieren, wodurch sie genussvoll ihre eigene Überlegenheit erleben." Daniela Toscan, a. a. O., S. 19

115 *P. Squentz*, S. 40 f.

1.3.2 Literarische Relativierung

Betrachtet man die einzelnen Deutungsmöglichkeiten, die sich im *Peter Squentz* ergeben, dann sind diese in Form von Deutungsebenen in einem literarischen Werk auf der einen Hand als zum Inhalt gehörend, und auf der anderen als ein formales Kennzeichen zu fassen. Natürlich ist diese herkömmliche dualistische Unterscheidung zwischen Form und Inhalt mehr als erwartet; sie gehört zum konstitutiven Merkmal der Literatur. Anhand der Unterscheidung zwischen nun einer literarischen Absicht und einer dichterischen, ist die erste Tendenz folgerichtig mehr der wissenschaftlichen Technik zuzurechnen, wobei der Dichter seine Ideen zweckgerecht umformt, um uns im Inhalt ein Exempel zu statuieren. Und die Beispiele, die Gryphius dazu erwählt, dem Publikum als Spiegelbild des gesellschaftlichen Lebens zu präsentieren, reichen von kulturgeschichtlich zusammengewachsenen Motiven, die literaturgeschichtlich zum Ausdruck kommen, über sozialgeschichtliche Spannungen, die im literarischen Diskurs zur Diskussion gestellt werden, bis hin zu Beispielen aus der literarischen Praxis, welche in Theorie und Praxis die Literatur systematisieren. Und das gleicht nahezu an moderne Unterscheidungen zwischen literarischen Wissenschaftsbereichen.

In Gryphius' Werk findet sich also einerseits eine historische Dimension, dargestellt durch die formalen Versmittel, welche, aufgrund der Tatsache, dass sie (der Knittelvers) im Spiel im Spiel benützt werden, sich mittels Kontrast hervorheben. Diese Dimension bezieht sich vor allem auf die Dichtungsebene. Andererseits wird solch eine dichterische Funktion, da sie unmittelbar mit den führenden Nachbarkulturen korreliert, durch Geschichte unterstützt. Diese fundamentale Unterscheidung von Geschichte und Dichtung ist Heute aber auch der Grundstock für die weitere Differenzierung zwischen Literaturtheorie und – Kritik innerhalb der Literaturwissenschaft. In Zusammenhängen des Formalen, nicht weniger durch den Einfluss der Poetiken im 17. Jh., wird die Dichtung und besonders das Werk Andreas Gryphius zur kritischen Auseinandersetzung mit dem gesellschaftlichen Konfliktpotenzial.

Somit ist es zunächst einmal die Ausgangsposition, die anhand der gesellschaftsüblichen Positionszuweisung das Werk *Absurda Comica* als Komödie bestimmt. Peter Squentz' Provokation des Königs, die in diesem Fall vom vermeintlich Schwächeren ausgeht, liegt ganz im Geiste von Jüngers Definition: „Nur wenn die den Konflikt veranlassende Provokation vom Schwächeren ausgeht, von dem klar ist, dass er unterliegen wird, kann Komik entstehen."[116] Da das Ende eines Dramenstücks letztlich sein unverkennbares Wesen wiedergibt,

---

116   Daniela Toscan, *Form und Funktion des Komischen von Andreas Gryphius*, S. 20

ist es nötig den Konflikt für die Gesellschaft annehmbar zu begleichen. Erwartungsgemäß muss es zu einer Reaktion des Überlegenen im Konflikt kommen, welche den Anstoß zum Konflikt kanalisiert. Wenn die sich gegenüberstehenden Seiten also irgendeinen gemeinsamen Punkt haben, an dem man anschließen kann, und sollte dieser Punkt eine Referenz im Hinblick auf das konventionelle Gesellschaftsgefüge bieten, dann lässt sich insofern eine Angleichung der Normen erkennen: „Zur Beendigung des Konfliktes braucht es eine Entgegnung des Überlegenen, in der sich die Regel, das Normensystem, mit dem sich auch der Betrachter identifiziert, zeigt.“[117] Schlüssig geht Daniela Toscan in diesem Zusammenhang auf die Hauptfrage bezüglich dieser Feststellung ein. Sie stellt eben fest, es sei nicht entscheidend, „dass sich das betrachtende Subjekt mit der Norm identifizieren kann,“ sondern „dass es das komische Objekt als ein von der Norm abweichendes erkennt.“[118] Doch ist es gar nicht so wichtig, nun darauf einzugehen, wann es zur Erkenntnis kam, dass „die Überlegenheit des Siegers, der dem Unterlegenen nicht mit maßloser Härte begegnet, sondern der Provokation entsprechend reagiert,“[119] damit er in der Replik der Provokation angemessen wäre. Viel wichtiger erscheint es festzuhalten, dass aus der o. g. Folgerung der Toscan jener Prozess deutlich wird, der dazu verhilf, aufgrund der Entscheidungsfreiheit Stellung zu beziehen und damit zur Relativierung der Bezugspunkte beizutragen. Als Beispiel dafür kann das von der Schauspieltruppe verteilte Theaterprogramm in diesen Kontext gestellt werden. Das zu Anfang des „Andern Auffzug“ verteilte „Verzeichnüß“ enthält wohl zur Auffüllung des Programmblattes mehrere aufgelistete Stücke, deren Gattungszuweisung und Kontextualisierung im manch elaboriertem Titel höchst verwirrend erscheinen. In Bezug zum königlichen Publikum im Stück mag das die von den Akteuren repräsentierten Positionen bekräftigen. Eine Meinung darüber fällt aber das betrachtende Publikum.

> Eub. Ein schön Spiel von der Verstörung Jerusalem. Die Belägerung von Troja. Die Comœdia von der Susanna. Die Com. von Sodom und Gomorrha. Die Trag. von Ritter Petern mit dem Silbernen Schlüssel. Vom Ritter Pontus. Von der Melusina. Von Artus und dem Ostwind. Von Carolus quinque. Die Comœdie von Julius unus. Vom Herzog und dem Teuffel/ ein schön Spiel lustig und traurig/ kurz und lang/ schrecklich und erfreulich. Von Piramus und Thisbe hat hinten und forn nichts/ niemals vor tragiert und noch nie gedrucket/ durch Peter Squentz Schulmeistern daselbst.[120]

---

117 A. a. O., S. 20 f.
118 A. a. O., S. 21
119 Ebda.
120 *Peter Squentz*, S. 11

Solche Beispiele, die wesensgemäß zum formalen Aufbau einer Theaterauf-führung zählen, nutzt Gryphius als Momente der Handlung, welche auf diese Wiese verdichtet wird. Man könnte dies sicherlich zum inneren Movens des Spiels zählen und das fiele dann der Dichtungsebene zu. Ähnlich gestaltet es sich mit dem Ausklingen des Pyramus und Thisbe – Spiels. Sich als Schulmeis-ter und Kirchschreiber bezeichnend, zusammen mit den verwendeten lateini-schen Ausdrücken, verbindet sich Peter Squentz' Schlusssatz in einer kritischen Auseinandersetzung mit dem gesellschaftlichen Konfliktpotenzial. Die im Ver-gleich zu den Angehörigen des Adels- und der höheren Ständen besser gestellte Bildung, wird im kultur- und literaturgeschichtlichen Sinn relativiert. Der an die Schwank- und Meistersangesliteratur erinnernde Zug wird auffallend deutlich:

> Wündscht euch zu guter Nacht der Schulmeister und Kirschschreiber zu Rumpels-Kirchen Herr Peter Squentz. Telos, Amen, dixi, finis, Ende.[121]

Auf die Dichtung bezogen und diese diachron betrachtet, lässt sich feststellen, dass die Parallele zur Handwerksdichtung der Meistersänger nicht unbeachtet bleiben darf, zumal die sich die Hofpoeten des 17. Jh. selbst in einer Dichtungs-werkstätte glaubten und Gryphius zur Bekräftigung dieses Umstands, aus eige-ner Erfahrung eines Syndikus, eine Konfrontation der ständischen Werte aus der Adelswelt eben mit kulturgebundenen Werten aus der niederen Schicht der Handwerker im literarischen Kunstspiel anstrebt. Damit erscheint eine Gesell-schaftskritik jedenfalls gewährleistet. Kritik im Zusammenhang mit der ange-strebten Dichtungsgattung Komödie greift erneut zurück auf die im 17. Jh. be-kannten antiken Richtungslinien, wiedergegeben in den zahlreichen „Poetiken".

Aristoteles allen voran war in der Überlieferung durch die italienischen Hu-manisten zweifellos die maßgebliche Grundlage. Die sich dabei aufwerfenden Fragestellungen stehen allerdings im Zusammenhang mit den Problemen der Übersetzungstätigkeit. Martin Opitz' Übersetzung von Senecas *Trojanerinnen* und seine Befassung mit der stoischen Ethik ist dabei nur ein Beispiel für die Schaffung von Wertekategorien, an denen sich die Literatur im Weiteren orien-tiert. Als Beispiel für das Vorgenannte lässt sich der Reyen nach der ersten Ab-handlung in Gryphius Tragödie *Carolus Stuardus* anführen, in dem die ermorde-ten Könige Englands ein Ereignis melden, das auf gesellschaftliche Abläufe hin-weist, welche sich nunmehr in ihrer Regelmäßigkeit zur Geschichte erheben. Diese bleibt wohl aber irdisch behaftet und negiert damit die Überzeugung von der Natürlichkeit eines von Gott berufenen Souverän, da ein friedvolles Leben noch immer nicht in Aussicht steht:

---

121 A. a. O., S.40

Auffruehr /.../ Will nach den Buergerlichen Krigen / Auff Stuards trueben Mord-
Platz sigen. (...)

   Habt ihr wol je nach unseren Wunden Ihr Koenigs Moeder Ruh gefunden?"[122]

Triftig erscheint in diesem Kontext auch die aristotelische *'anagnorisis'*, die
Wiedererkennung, mit deren Hilfe als „Erstaunen (...) gleichsam ein kalter
Angstschweiß verursacht"[123] wird. Angesichts eines bevorstehenden Leides wird
demnach das 'Grausame' erzielt, dessen effektvolle Wirkung Empfindungen
erweckt. Roth nennt es "Schroecken":

   wenn man ein solch Unglueck bevorstehend einfuehret / da ein Schmertz oder der
   Tod selbst verursacht werden kann (...)[124]

Dieses leitet sich demzufolge als ein Schaudern aus Aristoteles' *'phobos'* ab,
welches zur Reinigung der Affekte verhelfen sollte. Allerdings ist das Harsdörf-
fersche Staunen hier nicht beachtet worden. Dieses bezeichnet nunmehr die
Qualitäten des Protagonisten, mit welchen abermals ein normatives Gefüge veranschaulicht wird. Wie angemerkt, der in den Barocktragödien abgebildete
ethisch-moralische Kodex besteht dagegen in der Kontinuität noch seit dem Mittelalter. Die ehemals von der Kirche gestraften Kardinallaster boten jetzt einen
gedeihlichen Boden, um in der Auseinandersetzung mit den christlichen Werten
näher betrachtet zu werden. Gerade in Verbindung zur Wirklichkeit bestand
gleichfalls das Bestreben, ein irdisches Glück ausfindig zu machen, das den
Lebenswillen sicherlich bekräftigen sollte. Die ehemalige Todsünde der Eigen-
liebe ausdrückenden Melancholie (tristia) stieg zum Aufruf der christlichen
Nächstenliebe empor, angesichts dem sich durch den 30-jährigen kriegerischen
Akt manifestierenden Glaubensbekenntnis. Und mehr noch geht durch die
christliche Tugend der Vergebung der noch an die germanische Vorzeit erinnernde 'Stolz' nun an die Tapferkeit über. Schon im ersten Akt knüpft die
weibliche Empfindsamkeit eine Verbindung von patriarchalen und christlichen
Tugenden. Im Gespräch mit seiner Gemahlin hinterfragt Fairfax die mit seiner
gesellschaftlichen Rolle verbundenen Verpflichtungen, was diese aber aus den
hierarchischen Bindungen löst und zu allgemein-gesellschaftlichen erhebt.

   F a i r f. Worinnen soll ich doch die Tapferkeit erweisen?
   G e m. In dem daß er verzeih und Gnad uns lasse preisen[125]

Die Rolle des Fairfax statuiert mitunter auch hinsichtlich seiner Feldherrn-Posi-
tion einen unweigerlich moralischen Gehalt, welcher sich im weiteren Verlauf

---

122 Gryphius, Andreas, *Carolus Stuardus*, S. 25, Z. 307 – 312 u. Z. 319 f.
123 Nach Harsdörffer, Georg Philipp, *Poetischer Trichter*, S. 83
124 Vgl. Roth, Albrecht Christian: *Vollständige Deutsche Poesie*. 3 Bände, Leipzig 1688,
     Band 2, *Von der rechten volkommenen Tragoedie*, S. 218
125 Gryphius, Andreas, *Carolus Staurdus*, S. 16, Z. 89 f.

auf die Konstitution eines heldenhaften Charakters ausweitet. Beispielhaft werden nach Harsdörffer somit Tugenden dargestellt, die helfen, reale Schicksalsschläge zu überwinden:

> Der Held / welchen der Poet in dem Trauerspiel auffuehret / sol ein Exempel seyn aller vollkommenen Tugenden / und von der Untreue seiner Freude / und Feinde betruebet werden; jedoch dergestalt / daß er sich in allen Begebenheiten großmuetig erweise und den Schmertzen / welcher mit Seufftzen / Erhebung der Stimm / und vielen Klageworten hervorbricht / mit Tapferkeit ueberwinde.[126]

Diese Überwindungsbereitschaft erinnert unumgänglich an ein Moment der Verzögerung durch die gleichzeitig mit eingeschlossene Bedeutung einer Duldungsbereitschaft. Versteht sich das Theater im 17. Jh. als Leben, so bewegt es sich, um Mendelssohn zu folgen, in der „Erinnerung, daß es nichts als ein künstlicher Betrug sey", der „einigermaßen unseren Schmerz lindert"[127]. Und wenn Käte Hamburger hierzu „die emotionale Teilnahme am Tragödienhelden"[128] ausmacht, so wäre die Vorbildfunktion eines Barock-Helden wohl die Manifestation eines ebenso vergänglichen Leidens.

Andreas Gryphius' Verbindung des aktuellen zeitgeschichtlichen Geschehens mit den damals herrschenden Theorien eines Trauerspiels spiegelt hier nicht nur die gegebenen Lebensbedingungen seiner Zeit wieder, und bezieht sich nicht einzig auf die zeitgemäßen gesellschaftlichen Ereignisse, die im englischen Thron als einem Blutgerüst symbolisiert werden. Maßgebend ist hier „insonderheit" die *Poetica Aristotelis*, in der „Er von der Tragoedie so Umstaendig und schoene redt / daß Er es fast nicht schoener haette machen koennen."[129] Zentral für den Verlauf einer Tragödie ist nunmehr das Verständnis von Aristoteles' Peripetie-Begriff als einem Unglücksfall. Im Unterschied zur antiken Auffassung über diesen inhaltlich zu fassenden Moment des Umschlages, des Glückswechsels, erscheint die Tragik hier, wie eben angeführt „auch nicht eben deliberatio animo", nicht aus freiem Wissen, „sondern offt zum voraus geschehen ausgesetzet"[130].

Durch diese perspektivische Änderung erscheint im Inhalt jetzt die Funktion des Tragischen ebenso abgewandelt, und überhaupt erklärt sich dadurch auch die Erscheinung *Trauerspiel*. Wenn nun „fromme und gerechte in Unglueck gerathen" und dies „vielmehr einen Wiederwillen und Zorn / als Furcht bey den

---

126 Harsdörffer, Georg Philipp, a. a. O., S. 84
127 Mendelssohn, Moses: *Über die Empfindungen*. In: Jubiläums-Ausgabe I, Stuttgart 1971, S. 110
128 Hamburger, Käte, *Das Mitleid*, S. 74
129 Vgl. Roth, Albrecht Christian: *Vollständige Deutsche Poesie*. 3 Bände, Leipzig 1688, Band 2, *Von der rechten volkommenen Tragoedie*, S. 211
130 Roth, Albrecht Christian, a. a. O., S. 212

Zuschauern" erweckt, sowie wenn man im Weiteren den „Gottlosen (...) ihr Unglueck" gönnt, dann wird das dargestellte tragische Geschehen zum Beispiel ein
„errore tragico", welcher „aus gewissen Ursachen (...) als aus ihrem Brunn" her-
rührt.[131] Ausschlaggebend ist für die Tragödie demnach die Ansicht und Vorstellung vom Tragischen als einem beschlossenen Zustand, der damit notgedrungen
die Wirklichkeit abbildet. Auf diese Weise ist auch das Absolute vorausgesetzt,
welches alles Relative übersteigt. Der Glückswechsel wird zum funktionellen
Gesichtspunkt; denn obwohl er stattfindet, folgt ohnehin der Tod:

> Gesetzt auch / daß die Welt offt in dem Wechsel geh'
> Was mag gewuendschter seyn / als wie von einer Hoeh'
> Das Spil der Himmel schaun / und da wir auch was leiden:
> Was ists das man verleurt / als was ohn diß muß scheiden?[132]

Mit den Überlegungen zum Aufbau einer Tragödie erweitern die theoretischen
Schriften im Barock die technischen Unterweisungen des Aristoteles insofern,
als dass die formalen Grundlagen nun den Lebensbedingungen angepasst werden. Man kann an diesen Beispielen aber auch die Probleme wahrnehmen, die
sich in einer nachfolgenden Kategorisierung ergeben sollten. Doch dürfte eine
genauere Detailanalyse der Ausdrücke „phobos", bzw. „Schrecken", „Schaudern" nicht Gegenstand dieser Arbeit sein und sollte dabei nur auf eine künftige
Gelegenheit verweisen. In Bezug auf die Komödie und das Komische bleibt eine
Ausdifferenzierung des „Humorbegriffs" im 17. Jh. jedoch aus. Erst jüngere
Übersetzungen von Aristoteles' Poetik gehen auf eine im Begrifflichen liegende
Problematik ein. In Fuhrmann's Übersetzung aus 1976 heißt es:

> Das Lächerliche ist nämlich ein mit Hässlichkeit verbundener Fehler, der indes
> keinen Schmerz und kein Verderben verursacht, wie ja auch die lächerliche Maske
> hässlich und verzerrt ist, jedoch ohne den Ausdruck von Schmerz.[133]

Solche Abstufungen des Komischen weisen ihm gleichzeitig unterschiedliche
Funktionen zu. Demzufolge ist es mehr eine Definitionssache, wie man das
Komische fassen möchte. Wegen der Antikerezeption ist die Absicht des Komischen erwartungsgemäß im, wie vorstehend angeführt, antiken Humorbegriff zu
suchen.[134] Doch das vom Autor jeweils umrissene Thema seines Werks gibt
diesem den Charakter.

---

131 A. a. O., S. 213
132 Gryphius, Andreas, *Carolus Stuardus*, S. 71, Z. 575 - 578
133 Aristoteles: *Poetik*. Übersetzt von M. Fuhrmann. München 1976, S. 17
134 Siehe Anm. 17 u. 19 sowie S. 37 f.

1.3.3 Herausbildung sozialer Strukturen in der Literatur

Jüngers Definition des Komischen ist offensichtlich eng gefasst, da er sich an Aristoteles hält und, wie es Max J. Wolff deutet, „einseitig von den Charakteren"[135] auffasst. Diese Vereinfachungen hängen mit dem Wesen des Komischen zusammen und damit, in wie weit die gesellschaftliche Reichweite des Komischen zu erkennen ist. In einer weiter gefassten Definition des Komischen, worauf Daniela Tosacan verweist, „die auch Phänomene wie Satire" versteht, „ist die Harmlosigkeit sicher nicht das wichtigste konstituierende Element."[136] Man darf also davon ausgehen, dass die Reichweite des literarisch gebildeten Konfliktes solche Abstufungen im Verständnis über das Komische bedingen. Geht man von den im Sozialen gebildeten Konflikten aus, dann dürfte auch der angestrebte Zweck zum Bestandteil der literarischen Absicht zählen. In diesem Kontext betrachtet, erscheint Gryphius' *Absurda Comica* als eine Gesellschaftskritik, womit die herkömmlichen kulturwissenschaftlichen Tendenzen neue Rahmenbedingungen erhalten würden. Zusätzlich erhärten Analogien zum *Horribilicribrifax* diesen Eindruck, aufgrund der analog abgebildeten Personen im Stück. Ist der Capitain Daradiridatumtarides Windbrecher von Tausend Mord, so ist der Blasebalgmacher Bulla Butäin ein „tugendsamer auffgeblasener und windbrechender Mester."[137]

Der Umstand, dass die Komödien ein Privat- oder politisches Leben in seinem realistischen Rahmen vorstellen, begründet sich in der Tatsache, dass mithilfe der Sprache ein Erfolgszwang vermittelt wird, was sowie für das höfische Leben mit seinen Kabinetten gilt als auch für das Alltagsleben, in dem die Beherrschung von sprachlichen Fertigkeiten eine praktische Bestätigung des eigenen Wesens sichert. Das würde sich mit Wolffs Ausführungen in dem Teil decken, wo er nicht mehr von Unschädlichkeit und Harmlosigkeit spricht, sondern vom Zweck, den eine Komödie verfolgt. Wenn er in diesem Zusammenhang auch von Zwecklosigkeit spricht, die das Komische kennzeichnet, dann kommt er zunächst nur zum inneren Ablauf beim Rezipienten, der die unmittelbare Wirkung, die Manifestation der Wahrnehmung behandelt. Sein „Aufhören aller Affekte"[138], „wodurch der Betrachter des Komischen vom Druck der dauernden Zweckmäßigkeit befreit wird"[139], wie es Daniela Toscan formuliert, verbindet sich dennoch mit Annahmen, die grundsätzlich zunächst an die

---

135 Max J. Wolff: *Zum Wesen des Komischen*. In: Germanisch-romanische Monatsschrift 9 (1921), S. 65-75, S. 67

136 Daniela Toscan, *Form und Funktion des Komischen von Andreas Gryphius*, S. 22

137 *Peter Squentz*, S. 2

138 Max J. Wolff, a. a. O., S. 73

139 Daniela Toscan, a. a. O., S. 23. Siehe auch S. 41, Anm. 30

Tragödie gebunden werden. Dieser im Inneren des Rezipienten gelegene Reiz erklärt sich ja aus der Unmittelbarkeit der Reaktion auf das Wahrgenommene. Dies sollte sich prinzipiell mit der ausbleibenden Distanz des Betrachters beim Tragischen eigentlich doch decken. Unabhängig davon, ob die Protagonisten eine Entwicklung erleben oder nicht, ob sie aus ihren Fehlern lernen oder nicht, sie bieten ein bestimmtes Bild über die Gesellschaft. Insofern ist es auch überhaupt nicht so wichtig, dass die komische Figur am Ende genauso einfältig ist wie zu Beginn. Das zählt zwar alles zu den konstitutiven Bestandteilen einer Komödie und definiert sich durch die Ständeklausel, die geachtet werden muss. Doch schon die Zusammensetzung der Personen im Stück, dann die Unmittelbarkeit, durch die sich die Protagonisten ebenfalls kennzeichnen und die sich in der Rezeption der Zuschauer wiederfindet, zeugt dabei ebenso von ausbleibender Distanz zum Betrachten, die als Merkmal der Tragödie angesehen wird. Eine Daniela Toscan zugewendete Kritik wäre in diesem Zusammenhang das von ihr festgehaltene unterschiedliche Identifikationsmerkmal bei Tragödien und Komödien.[140]

Da diese Vorgänge ein gewisses Abstraktionsvermögen voraussetzen, ist die emotionelle Teilnahme am Stück erst der Ausgangspunkt, um eine im Stück verborgene Absicht zu erreichen. Die Tragödie ist nämlich eine moralische Lehranstalt und die gewonnene Erkenntnis ihr beabsichtigtes Resultat. Insofern ist es nicht eindeutig klar, wenn behauptet wird, dass beim Tragischen jede Distanz zum Betrachten fehlt.[141] Denn es wirft sich die Frage der aristotelischen Fallhöhe auf, die als funktionelles Merkmal die Empfindungen beim Zuschauer nachdrücklich leiten. Insofern ist das Merkmal, welches eine Identifikation mit bestimmten Inhalten auslöst, in einer Tragödie auf sehr unterschiedlichen Ebenen zu suchen. Nur die Motive im 17. Jh. lassen sich auf allgemeine Grundsätze ausweiten. Aus Toscans Ausführungen geht hervor, dass sich damit auch die Ständeklausel relativieren würde.

> Zwar kann die Lebenszeit auf der Erde durchaus verschieden gestaltet sein – Gryphius weist auf die unterschiedlichen Stände hin –, aber letztlich sind doch alle Menschen gleich, denn durch nichts können sie die Vergänglichkeit des Irdischen überwinden.[142]

---

140 Siehe dazu ihre Kapitel 2.1.1 und 2.2, ihre Bezugspunkte bei einer Identifikation im Hinblick auf eine leidende Person (wo das Mitleiden sich aus dem Trostempfang definiert) und auf eine Person, mit der wir uns nicht identifizieren, da sie Objekt des Lachens ist und somit eigentlich ausgelacht wird. Doch findet dabei nicht gleichzeitig auch ein Trostempfang statt?

141 Vgl. Daniela Toscan, a. a. O., S. 25

142 Daniela Toscan, a. a. O., S. 81

In diesem Sinne ist die Fallhöhe des Einzelnen ein Gesellschaftsproblem. Und gerade sie schafft eine gewisse Distanz, um die eigene Position im Gesellschaftsleben fassen zu können. Erst auf allgemeine Grundsätze des Lebens ausgeweitet, fügt sich das Erkenntnis bildende Moment ein. Daniela Toscans Feststellungen dazu sind sicherlich richtig, doch widerspricht sie sich damit den eigenen Prämissen.

> Das „gluck", die Fortuna, nimmt keine Rücksicht auf die Stellung der Menschen in der Welt, niemand kann sich – auch durch noch so grosse Anstrengungen und Leistungen – in eine Position versetzen, die weniger unbeständig ist. Im Gegenteil, je höher der Stand des Menschen auf der Erde, desto höher auch die „Fallhöhe", die Verluste, die dieser Mensch zu erleiden hat, wenn sich das Rad der Fortuna unbarmherzig dreht, ihn fallen lässt und einen anderen erhebt.[143]

Die im Sozialen herausgebildeten Strukturen sind folglich im außerliterarischen Bereich festgelegt, und der Literatur verbleibt es, mögliche Konfliktbereiche zu problematisieren. Da die soziale Wirklichkeit aber nicht nur im Wirkungsbereich des irdisch Manifesten liegt, wird das gesellschaftliche Konfliktpotenzial der sozialen Strukturen sowie im Gesellschaftssystem, sprich in der Ständegesellschaft, als auch in der Literatur auf den Wirkungsbereich des Sakralen verwiesen. Hierzu wurde in den gesellschaftlichen Umgangsformen im 17. Jh. ein Weg gewählt, der den sozialen Geltungsbereich zunächst sprachlich manifestiert. Dieser Umstand gestattet es, den Kommunikationsverkehr daher als von Gott gewollt zu erklären, wie es das Zitat von Kaspar Stieler zeigt: „GOtt hat die Stände auch selber geordnet / und einen Unterschied unter den Menschan gemacht / welcher aus den Titeln erkant wird."[144]

Um das Entstehen eines Werks, wie es der *Peter Squentz* ist, zu verstehen und dessen gesellschaftlichen Kontext zu fassen, muss man sich ganz einfach die Umwandlungsprozesse in einer Gesellschaft vergegenwärtigen. Obwohl das Werk Gryphius' anonym erschien, darf man nicht der Versuchung erliegen, die Rückschlüsse pauschal aus der damals geltenden Ständegesellschaft zu ziehen. Die Tatsache des Kaufs und der Aneignung von Titeln, die in der Zeit der Postkonfliktgesellschaft aufblühte, zeigt einen allmählichen Formverfall, der unter der üppigen Formenvielfalt erschien.

> Gewiß, der Titel Comte und Marquis haben ihren Glanz verloren durch die vielen kleinen Leute, die ohne Herkunft und sogar ohne Grundbesitz sich diese Titel angeeignet haben, so daß sie derart wertlos geworden sind, daß Leute von Stand, die

143 Ebda.
144 Kaspar Stieler: Secretariat-Kunst [1673]. I, 2, S. 409. Zitiert nach Eberhard Mannack, *Politisch-gesellschaftliche Strategie der Peter Squentz-Komödie*, S. 315

tatsächlich Marquis oder Comte sind – sie mögen gestatten, daß ich es ausspreche – sich lächerlicherweise verletzt fühlen, wenn man sie mit dem Titel anredet.[145]

Deshalb lässt Andreas Gryphius den *Peter Squentz* die Anredeformeln häufen, variieren und kennzeichnet so die belanglos gewordene soziale Komponente dieser Umgangs- und Kommunikationsform. Als sprachliche Komponente des Gesellschaftslebens benützt die Literatur diese allerdings nun als Text. Andererseits findet sich im Gesellschaftsleben z. Zt. des Barock ein Kompensationsbedürfnis, das sich über die sprachliche Verhaltensnorm hinaus auf eine Umgangsnorm ausweitet. „Der Rang des Höflings wird im Zeremoniell inszeniert und macht ihn dadurch öffentlich sichtbar", hält Heinz Schütz fest, „ohne Zeremoniell und Etikette existierte der Rang nicht."[146] Wird eine höfische Etikette der Unterscheidung zwischen den Welten und der gesellschaftlichen Relevanz der Angehörigen jeweils eines Standes eingeführt, dann stellt sich erneut das Problem der Distanz. Die Distanz dient demnach zur sozialen Differenzierung und musste sich, um den Konventionen zu genügen, auch im Literarischen ausdrücken. Aus Schütz' Feststellung lässt sich schließen, dass jede Komödie, die öffentlichkeitsbezogen eine Wirkung und auch Erfolg haben wollte, sich, ähnlich den Tragödien, an diese Vorgaben halten musste: „Der Wunsch nach Distanz ist das Movens, das den Höfling am Hof hält und das ihn darauf beharren läßt, den Vorschriften der Etikette genüge zu tun."[147]

Die Verwendung von Titeln ist also als ein durchaus passendes modisches Merkmal aufzufassen, und sollten sie verwendet worden sein, um eine Rede zu verlängern, dann sind sie dem Text zuzuschreiben. Dieser birgt dadurch seine Komik, dass die Titulierungen ausschließlich dem Text dienen, vollkommen unabhängig von der Handlung im Text. Verschiedene Zusammenhänge, die in den Anredeformen entstehen können, wenn sie unsachgemäß verwendet werden, findet man bei Daniela Toscan im Detail elaboriert. Auch der soziale Geltungsbereich, der eine komische Wirkung beim damaligen Publikum, das geübt war im Umgang mit Titularbüchern, hervorruft, ist hierbei umrissen. In diesem Fall stellt der Kontrast zwischen den Versuchen Squentz', den Höflichkeitsnormen zu entsprechen und seinem Scheitern, für das Publikum den Nährboden ihrer eigenen Eitelkeit dar. Nach der Bergsonschen Definition entspricht die Eitelkeit zuerst dem Auftreten von Peter Squentz, indem er sich der tugendhaften Be-

145 Eduard Devrient: *Geschichte der deutschen Schauspielkunst*. Henschel, Berlin, 1967, S. 44
146 Schütz, Heinz: Barocktheater und Illusion, Peter Lang Verlag, Frankfurt a. M., 1989, S. 117
147 A. a. O., S. 127

scheidenheit nicht annimmt.[148] Eine Interpretation in diese Richtung setzt jedoch noch einen eitlen Charakterzug beim Publikum voraus. Dadurch wird eine kritische Absicht des Werks reflektiert, welches die Stände nicht nur formal gleichsetzt. Diese Situation könnte bei Bergson zusammengefasst und beschrieben aufgefunden werden: „Man könnte also sagen, das spezifische Heilmittel gegen Eitelkeit sei das Lachen, und der spezifisch lächerliche Charakterfehler sei die Eitelkeit."[149] Beweggrund der Komödie dürfte folglich eine satirische Absicht Gryphius' sein, da er sich mit seiner provokativen Kritik unzweifelhaft an den adeligen Rezipienten wendet.

In der Anredeformel „Woledelgeborner Herr König" stecken offenkundig die sozial gebundenen Verhältnisse zur Diskussion, aber mit der gleichzeitig naiven und vollkommen unerwarteten Forderung eines Entgelts, „und mangelt nichts mehr als das Tranckgeld"[150], ergibt sich im Folgenden eine Angleichung der Parteien. Auf der Textebene stellt sich Peter Squentz als anmaßend und aufdringlich vor, durch die Tatsache, dass er sich in seinem nicht zu unterbrechenden Rechenversuch, immer mehr verliert. Seine Forderung nimmt jedoch mit zunehmender Verwirrung immer mehr ab. Dass die Bezüge in dieser Szene nicht nur auf kulturhistorische Abläufe bauen, erkennt man im Übrigen auch in der Funktion des Geldhandels beziehungsweise des Geld – Warenhandels. Gleichzeitig bedeutet das, dass die Zeit, in der ein Waren – Geld – Tausch als Gesellschaftsproblem erschien, in einem gewissen Maße auch eine Zeit ist, in der die Werte von Symbolen sich überdeckten. Die Begrifflichkeit Claus-Michael Orts (Medienwechsel und Selbstreferenz) dürfte eher, man möchte sagen, im Zeichen einer Zivilisationsgeschichte stehen. Mit diesen Beispielen legitimieren sich vollkommen die von ihm erstellten Zusammenhänge, die symbolische Werte „im Geldtausch konvertieren", als Allegro, eine Figur aus Weises Drama *Masaniello* die sterblichen Überreste des Fischers Aniello auf dem „Markt" zum Verkauf ausstellt.[151]

An diesem Beispiel lässt sich eine – für die deutsche Philosophie und für die Geisteswissenschaften auf deutschsprachigem Boden allgemein – doch so bezeichnend dualistische Trennung von Kultur und Zivilisation bestätigen. So sollen die historischen Aspekte bei der Berücksichtigung einer zivilisatorischen Entwicklung sonst in fortgeschrittenem Stadium dieser Untersuchung weiter zu

---

148 Das Lachen als korrigierendes Mittel in: Henri Bergson: *Das Lachen. Ein Essay über die Bedeutung des Komischen* [1941]. Übersetzt von Roswitha Plancherel-Walter, Zürich 1972, S. 116-118

149 A. a. O., S. 118

150 *Peter Squentz*, S. 40

151 Claus-Michael Ort, *Medienwechsel und Selbstreferenz. Christian Weise und die literarische Epistemologie des späten 17. Jahrhunderts*, S. 131

Worte kommen. An dieser Stelle dürfte gleichsam zureichend auf die Entwicklungstendenzen hingewiesen sein, die sich noch Mitte des 17. Jh. ankündigen. Die Bedeutung der angeführten Veränderungen für die Verhältnisse in der Gesellschaft ist zunächst im Bereich der gesellschaftlichen Einrichtung erkennbar. Deshalb finden sich implizit Anzeichen sozialer Inhalte, die vom kulturellen Wesen des Menschen reflektiert werden. Gesellschaftlich exemplifizierte Tugenden kommen zu Ausdruck als der König durch seine Geduld, das Resultat von Squentzens Rechenversuchen abzuwarten und die Schauspieler zu honorieren, im selben Maß an Konstitution gewinnt. Gryphius bricht im Kontext der von den Poetiken aufgestellten Wertmaßstäbe, diese durch einen diachron bedingten literarischen Ansatz. Gleichzeitig konfrontiert er sie mit der historischen Manifestation der aktuellen ethischen Werte auf gesellschaftlicher Ebene. Daraus kann der unmittelbare Bezugspunkt für Gryphius' Kritik festgehalten werden, der sich somit auf die Konstitution des gesellschaftlichen Ideals bezieht, welches Roland Elsner im Zusammenhang von Komödie und Literaturtheorie deutet:

> In der konkreten gesellschaftlichen Wirklichkeit erweist sich das „Ideal" als Gesichtspunkt einer Schicht, die es allerdings zu allgemeiner Gültigkeit erhoben sehen möchte. Als Basis der Bestimmung von Komik erscheint somit nicht ein theoretisch begründetes Kriterium, sondern die Theorie erhebt das Ideal der Zeit und einer bestimmten Schicht zu wissenschaftlicher Allgemeingültigkeit. Die kritiklose Gleichsetzung von theoretischem Ideal und konkreter historischer Manifestation verstellt den Blick auf die gesellschaftliche Funktion der Komödie, ihre historische Bedeutsamkeit und Bedingtheit.[152]

Die Perspektiven zu einer unterschiedlichen oder vielleicht indifferenten Interpretation der Gesellschaftsbezüge in Andreas Gryphius' *Absurda Comica* ergeben sich aus der ebenso unterschiedlichen Prämissengestaltung im Verhältnis zur Gesellschaft. Erst die unvoreingenommene Beziehung einer im Gesellschaftskonflikt, der hier ja unweigerlich offengelegt wird, neutralen, von affirmativen Tendenzen befreiten Position, ermöglicht Gerhard Kaiser eindeutig zu sagen:

> Zwar ist auch die Hofgesellschaft (...) des derben Tones fähig, und überhaupt ist ja der Spaß am rohen Vergnügen die voraussetzung der ganzen Veranstaltung, wie offensichtlich auch die Komödie als Ganzes in einem zweideutigen Verhältnis zum Obszönen und Grobianischen steht, das im Handwerkerspiel zugleich mit Genuß vorgeführt (...) wird.[153]

---

152 Elsner, Roland: *Zeichen und literarische Praxis.* S. 276
153 Gerhard Kaiser, *Die Dramen des Andreas Gryphius,* S. 214

Es stellt sich also die Frage, inwiefern die Literatur dazu hat beitragen können, mit bestehenden Werten zu manipulieren. Bei einer Interpretation ist, wie wir gesehen haben, eine klare Auflösung in einzelne Abstraktionsebenen unumgänglich, damit eine eindeutige Positionierung der literarischen Absicht durchgeführt werden kann. Andreas Gryphius verweist recht offen auf literaturgeschichtlich auszumachende Konstituenten, die sich gleichsam sozialkritisch äußern. Es ist demnach durchaus legitim, für Roland Elsner zu fragen:

> „Gerade der bezug auf die historische Entwicklung müßte nahelegen, nach den Gründen zu fragen, die dazu geführt haben, daß Grobianismen als Zeichen gelten, durch die ein sozial niederer Bereich signalisiert wird. Dagegen wird ihr Zeichencharakter als gegeben angenommen, so daß die wissenschaftliche Argumentation die zeitgenössisch konstituierte Bedeutung von Grobianismen als allgemeine Kategorie übernimmt."[154]

Die von Gryphius projizierten sozialen Verhältnisse dürften aus einer ausgesprochen an Klischees verhafteten Denkweise entspringen, der sich Gryphius offensichtlich widersetzt, und die es in einer Deutung seines Werks zu überwinden gilt. Die im Werk festzustellende kritische Haltung bekräftigt sich nicht nur durch die im Textuellen manifestierten Bezüge zur gesellschaftlichen Umgangsnorm; es deutet sich vielmehr die Einnahme einer kritischen Position gegenüber der Kultur an, die im Prozess der Selbstreflexion zur Herausbildung von Stereotypen geneigt ist, deren Vorbilder in intolerantem Abwerten von sozial schwächer Gestellten aufgefunden wurden.

---

154 Roland Elsner, a. a. O.

2. Horribili oder Gegenentwürfe

2.1 Erzeugung von Stereotypen

2.1.1 Bezugspunkt Gesellschaft

Im Gegensatz zur *Absurda Comica* ist die Verfasserschaft der Komödie *Horribilicribrifax*, zweifelsohne der Feder von Andreas Gryphius zuzuschreiben und es ist schon eine gewisse Zahl an Titeln veröffentlicht worden, die sich mit der Komödie beschäftigen. Ungeachtet dessen bauen sich in Untersuchungen Hindernisse auf, mit genauen Daten zu arbeiten, da Entstehungsdaten für die Komödien von Gryphius nicht präzisiert wurden. Wolfgang Hecht[1] und Walter Hinck[2] nennen 1657 als das Entstehungsjahr für *Peter Squentz*, während sie beim *Horribilicribrifax* mit dem Jahr 1663 operieren. Es bestehen allerdings auch Ansichten wie bei Eberhard Mannack[3] und Armin Schlienger[4], die davon ausgehen, dass die Komödie *Horribilicribrifax* unmittelbar nach Ende des Dreißigjährigen Krieges, also 1648/ 49 entstanden sei.

Über eindeutige Zuweisungen an fremde Quellen bzw. das Ausmachen der Einflüsse, die auf Andreas Gryphius gewirkt haben während des Entstehens von *Horribilicribrifax*, ist bisweilen genügend geschrieben worden, sodass die Rahmenbedingungen für den Entstehungsprozess und seine Lokalisierung präzise gefasst werden können.[5] Auch eine Zahl an Kontextualisierungen wurde bisher veröffentlicht.[6] Mehr als das sollten die intertextuellen Bezüge unter den Texten Andreas Gryphius' im Folgenden einen Aufschluss über Aspekte des

---

1   Wolfgang Hecht: *Christian Reuter.* Metzler Verlag, Stuttgart, 1966

2   Walter Hinck: *Gryphius und die italienische Komödie. Untersuchung zum Horribilicribrifax".* In: Germanisch-Romanische Monatsschrift 44 (1963).

3   Eberhard Mannack: *Andreas Gryphius' Lustspiele – ihre Herkunft, ihre Motive und ihre Entwicklung.* In: Euphorion 58 (1964)

4   Armin Schlienger: *Horribilicribrifax Teutsch. Das Komische in den Komödien des Andreas Gryphius: ein Beitrag zu Ernst und Scherz im Barocktheater,* Herbert Lang & Cre AG, Bern, 1970

5   Siehe hierzu Walter Hinck, a. a. O. oder Eberhard Mannack, a. a. O. sowie Armin Schlienger, a. a. O.

6   Vgl.: Armin Schlienger, a. a. O. oder: Daniela Toscan: *Form und Funktion des Komischen von Andreas Gryphius,* Peter Lang Verlag, Bern, 2000. Auch: Erik Lunding: *Assimilierung und Eigenschöpfung in den Lustspielen des Andreas Gryphius.* In: Festschrift für Hans Heinrich Borcherdt. München 1962.

Gesellschaftslebens, seine Tendenzen und Perspektiven gleichwohl auch Konfliktbereiche geben. Anhand der Gryphius'schen Kontextualisierung seines Werks, der Typisierung seiner Personen[7] soll versucht werden, über den Ansatz des Autors zu den Fragen der textlichen Manifestation von sozialen Umwandlungsprozessen zu kommen.

Durch die verschiedenen Bezeichnungen für den Charakter eines Dramenstücks wird die Absicht des Autors scheinbar vorweggenommen. Doch das zählt ebenfalls zu der Absicht des Autors, da er die Bezeichnung jeweils selbst wählt. Als Schertz-Spiel wäre der *Horribilicribrifax* demnach ein heiteres Unterhaltungsstück, das der Gesellschaft Erscheinungen entnimmt, sie durch eine Konfrontation mit Gesellschaftskonventionen problematisiert und dies in den Bereich des Alltagslebens abstellt, womit wir uns in diesem Zusammenhang an die aristotelische Bedeutungszuweisung halten. War die *Absurda Comica* noch ein Schimpfspiel, so wäre wegen der nun konnotativ abgeschwächten Bedeutungszuweisung, von einem weniger kritischen Schauspiel auszugehen. Zwar gestaltet es sich teils hypothetisch, diese beiden Werke zusammenzubringen, da die Autorenschaft von Andreas Gryphius am *Peter Squentz* mancherorts immer noch bezweifelt wird, so sind die Verweise, die wir im *Horribilicribrifax* finden, aber kennzeichnend genug, um von der Federführung eines selben Autors ausgehen zu können. Parallelen sind allerdings nicht nur im formalen Aufbau anzutreffen; es finden sich mehr noch inhaltliche Verweise, die zwar über in der Gesellschaft verankerte Vorstellungen sprechen, gleichzeitig jedoch diese Vorstellungen im Kern ihrer Bedeutung zusammenführen und dadurch eine Kontinuität im Inhalt und dem kritischen Ansatz des Autors darstellen.

Früher galt allein die Erwähnung von Peter Squentz im *Horribilicribrifax* noch als Beweis für Gryphius' Autorenschaft. Und auch die Anspielung Peter Squentz' auf das Pyramus-Thisbe-Spiel sollte als solches diesen Umstand belegen. Die Wahl eines Hanwerkers als Zeugen, der bei der Unterzeichnung eines Ehevertrags erscheint, weckt nun die Vorstellung, sollte das Publikum die *Absurda Comica* gekannt haben, das der Wunsch zum gesellschaftlichen Aufstieg der Handwerker geglückt sei. Seine Bildungslücke hat Peter Squentz anscheinend nachgeholt, was sich mit seinem nun erlangten Wappen, wo sich neben einem Bücherregal Pyramus und Thisbe auf einer Bühne befinden, bestätigt:

---

7   Zu erkennen am Titel *Horribilicribrifax Teutsch* als dem deutschen Ebenbild zur italienischen Capitano-Gestalt.

dessen Signet ein gevierdter Schild / ... in dem untersten Felde zur rechten ist ein Schauplatz / auff welchem Piramus und Thisbe, zu der Linken aber ein Repositorium voll Bücher.[8]

Nur die Anwesenheit von Herr Peter Squentz als Trauzeugen wahrzunehmen, heißt, ihn zum Bestandteil des formalen Aufbaus im Bühnenstück zu zählen, ohne auf die im Formalen gebundene Bedeutungszuweisung einzugehen. Der Hinweis auf die von den Akteuren im Spiel damals im Peter Squentz noch nicht begriffene Metaphorik beispielsweise mit dem Liebespfeil, den Thisbe abschießen soll und die damit ausgedrückte Dinglichkeit, werden von Andreas Gryphius im Sinne einer gesellschaftlichen Relevanz überwunden. Diese besagt nämlich, dass der Bildungsanspruch eine gesellschaftstragende Kategorie ist, die standesgemäße Positionen bestimmt. Dass Peter Squentz als rechtlicher Bürge erscheint, stellt eine deutsche Tradition, das Handwerk, in eine konstitutive gesellschaftliche Ebene. Und das macht sich natürlich im gesamten Stück bemerkbar.

Zum Gebrauch von Fremdsprachen und deren Bedeutung im Gesellschaftsleben soll nun an anderer Stelle mehr gesagt sein.[9] Hier soll nur auf den inhaltlichen Zusammenhang hingewiesen werden, der sich aus der gleichzeitigen Betrachtung der *Absurda Comica* ergibt. Camillas Selbstbezeichnung als Herrscherin der erst 1594 entdeckten Insel vor der russischen Arktikküste, „neu Zembla"[10], die im Barock als Inbegriff eines Fabellandes galt, zusammen mit der Verwendung des aus dem Russischen abgeleiteten Namens, steht zunächst im Kontext der Sprachmengerei. Als Wissen ist es sicherlich auch ein Merkmal der Allgemeinbildung. Der Verweis findet sich schon vorher noch im *Peter Squentz* und bildet so eine inhaltliche Verbindung anhand der übereinstimmenden Bedeutung, die verwendet wurde. Doch im *Peter Squentz* war die Kritik nicht auf eine mangelnde Bildung oder ein Unwissen der unteren Schichten ausgerichtet. Auch im *Horribilicribrifax* geht die Verwendung nicht aus Unwissenheit hervor. Camilla hängt noch die „Graefin von Nirgendsheim"[11] an. Es geht demnach um eine Dimension, die schon in der *Absurda Comica* außerhalb des Irdischen liegt, für Camilla jedoch im *Horribilicribrifax* eine abstrakte Konstruktion des Wunsches ist.

Bezeichnend ist nun, dass neben der Vielzahl an verwendeten Fremdsprachen, der Sprachen aus der klassischen Philologie, das Lateinische, Griechische und Hebräische, der Sprachen, die in der heutigen Wissenschaft zu den

---

8   Gryphius, Andreas: *Horribilicribrifax Teutsch*, S. 119, Z. 11 u. 15-17
9   Siehe dazu im Folgenden noch Abschnitt 2.2.2.
10 Horribili, S. 35, Z. 5
11 Ebda.

Neuphilologien zählen, das Französische, Italienische, Spanische usw., letztlich das Polnische nicht aufzufinden ist, obwohl Gryphius dieser Sprache mächtig gewesen sein sollte, wie es aus seiner Biografie hervorgeht. Umso mehr verwundert diese Tatsache, wenn man berücksichtigt, dass der Anspruch auf Bildung, der sich thematisch durch das Werk erstreckt, doch ein zusätzliches Motiv sein sollte, eine Sprache mehr aufzuführen. Aber die vor allem zu der Zeit unsicheren Verhältnisse in den deutsch-polnischen Beziehungen zeigen, inwieweit Andreas Gryphius die von ihm im Werk angesprochenen Themenbereiche deutlich abzugrenzen versuchte und daher diskutable Themen ausließ.[12] Doch gerade im immer wieder aufflackernden deutsch-polnischen Verhältnis birgt sich eine nicht minder klischeehafte Vorstellung über den jeweils anderen, womit Gryphius gesellschaftspolitische Feinfühlung bewies sowie sein ernstes Anliegen, nicht in einer eigenen abwertenden Haltung und Intention missverstanden zu werden. Funktionell soll durch diese Haltung nachdrücklich das provokative Vorhaben gewahrt werden. Hatte sich Gryphius an deutsche Gelehrtenkreise wenden wollen[13], so musste seine Provokation klar ausgerichtet sein und sich innerhalb der eigenen konventionellen Schranken bewegen. Das Ziel zeichnet sich mit unter anderem auch durch die falsch verwendete lateinische Sprache ab, durch sozusagen den Missbrauch der Wissenschaftssprache, womit die Gelehrten direkt angesprochen wurden. Horribili stellt sich in seiner herausfordernden Wendung an Sempronius mit Gelehrten gleich und setzt diese wiederum durch die falsche Verwendung des gemeinten Ausdrucks „Orator" mit dem „Arator" gleichzeitig in einen Stand mit den Bauern.

> Horrib. (...) doch damit ich euch Schamroete abzwinge / und beweise / daß ich ein besser Arator bin / als ihr; so wil ich eine Roration halten / die ich gethan / als Pappenheim Magdeburg einnahm (...)[14]

Eine Provokation dieser Schärfe weist gleichsam durch Horribilis Zwang, sich zu beweisen, womit er aber das Gegenteil erreicht, auf den Bildungsanspruch der Gelehrten und Adeligen hin, die ihre Bildung gesellschaftswirksam hervorbringen müssen. Eine damit einhergehende Intention ist die Qualifizierung einer aus der heutigen Sicht klassischen Bildung als Quasi-Bildung, die unmittelbar

---

12 Armin Schlienger deutet Gryphius Anliegen als den Willen, den Friedensschluss von 1645 zu kennzeichnen, da die Komödie wohl 1648 entstanden sein sollte (vgl. Eberhard Mannack, *Motive*, S.15), und geht auch davon aus, dass der *Peter Squentz* Gryphius zuzuschreiben ist, da er dessen Wirkung hätte abwarten wollen (vgl. Mannack, Vorwort zum unveröffentlichten photomechanischen Nachdruck von Hermann Palms Edition der Werke von Andreas Gryphius, Darmstadt ²1961 (?), S. IX und H. Palm, S. 57)

13 Vgl. dazu Dünnhaupt, Gerhard (Hrsg.): *Nachwort* zu „Horribilicribrifax Teutsch. Scherzspiel". Reclam Verlag, Stuttgart, 2002, S. 138

14 Horribili III, S. 67, Z. 6-9

an einen Stand gebunden ist. Gryphius qualifiziert auf diese Weise die Werte und Normen dieses Standes ebenso als Quasi-Werte. Die Worte, die als solche in diesem Werk eine zentrale Rolle spielen, spiegeln den Bildungsstand wieder ebenso wie die „Rhetorik als Medium im Kampf um Ich-Repräsentation."[15] Die Rhetorik als solche in Verbindung gebracht mit dem Bildungsanspruch der höher gestellten Stände erscheint, wie Kühlmann es nennt, „ohne soziale Verbindlichkeit"[16], nämlich als „Rhetorik der der blossen Worte."[17]

Hier ergibt sich im Sinn oder Unsinn der Worte der eigentliche Zweck des Stücks. Geht man von Luthes Prämisse aus, in der Sprache „das Fundament jeglichen Sinnes" ist und den „kategorialen Rahmen zur Ordnung und Wahrnehmung, Erfahrung und Kommunikation"[18] bereitstellt, dann ist die einhergehende Kritik an den höheren Ständen und ihrer Sprache leicht erkennbar, die Kritik an einer Sprache, die wirklichkeitsfremd erscheint aufgrund des letztlich Erlebten oder aber nicht.

2.1.2 Differenzierungstendenzen in der Ausbildung einer Gesellschaft

2.1.2.1 Distinktionen eines Glaubensbekenntnisses

Für Armin Schlienger ist es das Groteske, wenn Gryphius literarische Motive wählt, um die von Liebenden zueinander empfundene Gefühle metaphorisch darzustellen. Horribilis „rasen" lehnt sich dabei an das Vorbild Lodovico Ariosto's *Rasendem Roland* an, wenn er sein „Jch werde rasend"[19] zum Schutze „ihrer [Coelestina's] Liebe" er „wuerdiger"[20] ist, verwednet. Der im ursprünglichen Werk enthaltene Zusammenhang zu Kirche und Glauben steht hier im Dreiecksverhältnis zwischen Kirche – Mentalität – Liebe. Seine Ausrufe, „siehe da / meine sonne! mein leben! meine Göttin erscheinet"[21], denen das Italienische beigemischt ist, „Signora mia bella, bella di corpo, bellissima d'animo!"[22],

---

15 Kühlmann, *Der Pendant in der Komödie*, S. 419: Zitiert nach Toscan, Daniela: *Form und Funktion des Komischen von Andreas Gryphius*, Peter Lang Verlag, Bern, 2000, S. 143
16 Ebda.
17 A. a. O., S. 420
18 Luthe, Heinz Otto: *Komik als Passage*. München 1992, S. 67
19 *Horribili*, III, S. 64, Z. 12
20 A. a. O., S. 65, Z. 14
21 A. a. O. II, S. 32, Z. 2/3
22 A. a. O., Z. 3 f.

sollen ihn als entflammten italienischen Liebhaber erscheinen lassen, der südländischen Temperaments ist.

Horribili symbolisiert einen Zusammenhang, der größtenteils bisher nicht beachtet wurde und der erst in Bezug zu Cyrilla sichtbar wird. Da sich die Rolle der Cyrilla aber zuerst im Dialog mit Sempronius entwickelt, entsteht hier das Abbild des vorab erwähnten Dreiecksverhältnisses in der Beziehung zwischen Sempronius – Horribili - Cyrilla. Horribilis Position wird im Kontrast zu Sempronius gebildet, als der Gegensätze zwischen lateinischer Gelehrtheit und italienischem Temperament. Dies führt unmittelbar zu einer gesellschaftlichen Unterteilung, die Sempronius in versuchter Bescheidenheit selbst ausspricht:

> Jch der ich nicht bin der andere Marcus Tullius Cicero, der nicht erreichen kan lactifluam eloqventiam Titi Livii, qvi non adspiro ad gravitatem Salustianam, neqve asseqvor Cornelii Taciti divinam Majestatem. Jch / sage ich / der ich gleichwohl diese Discursus vor die treflichsten halte / οἵτινες περὶ μεγίστων τυγχάνουσιν ὄντες, χαὶ τούς τε λέγοντας μάλιστα ἐπιδεικνύουσι [Gespräche, die von den höchsten Dingen handeln und die Sprecher ins hellste Licht stellen], will euch mit vielen Worten nicht auffhalten / cùm alias die Zeit kurtz / & jus sit in amis: Remittiere mich also auff die / die bißanher geschwiegen haben / und noch de facto schweigen. Dixi.[23]

Sein emotionsgebundenes Handeln und nicht weniger sein sprachliches Verhalten nähern Horribili an Cyrilla an, die in der Person einer alternen Dame ebenso mehr von Emotionen geleitet wird als von einem klaren sprachlichen Rationalisieren. Ihr Versuch, Wissenschaftlichkeit und damit Gelehrtheit zu suggerieren, gleitet in kirchliche Glaubenskategorien ab und zeigt ihre Flucht in eine geschlossene Welt. Weil ihr Name aber an die oströmische Kirchengeschichte gebunden ist[24], bewegt sich die Kritik von Gryphius in eine bisher für die Welt unter dem weströmischen Machtbereich unbekannte Sphäre. Die Konfliktsituation zwischen West- und Ostrom spiegelt sich in den Spannungen zwischen Cyrilla und Sempronius wieder. Sie bewegen sich auf verschiedenen Ebenen, wodurch eine sachliche Kommunikation verhindert wird. Daniela Toscan erkennt in Cyrilla's Sprache „eine Mischung aus Kirchenlatein (...) und volkssprachlichen Elementen."[25] Das Latein wird zur Verbindungslinie zwischen der Sprache Sempronius und der Cyrilla, knüpft bei Sempronius dagegen aber klar

---

23   A. a. O., III, S. 70/71
24   Der Akzent dieser Komödie steht jedenfalls im Zusammenhang mit dem Sprachengewirr, weshalb es als ebenso wichtig erscheint, Andreas Gryphius' Bildungsstand mitzuberücksichtigen. Das gestattet nur eine Interpretationsmöglichkeit hinsichtlich dieses Namens, welche sich aus dem Namen von Apostel Kyrillus ableitet, eines der beiden Reformer der Kirchenschrift in der orthodoxen Kirche.
25   Daniela Toscan, a. a. O., S. 144

an die antik-römische Tradition an, welche für die volkstümlich (un-)gebildete Cyrilla unbekannt ist.

In Analogie zur Sprachmengerei werden in dieser Beziehung die Verhältnisse durcheinandergebracht. Eines der Missverständnisse entsteht, als Cyrilla, die im Stück volkstümlich als Kupplerin qualifiziert wird, aus dem Latein des Sempronius wegen ihrer Unkenntnis schließt, sie würde eine „Hure" genannt werden. Die nachstehende Richtigstellung Sempronius', er würde „ξωμαϊστί [römisch], Lateinisch"[26] reden, negiert Cyrilla's Rezeption nicht, sie wird vielmehr in einen Bezugsrahmen gestellt, der ihr eine konturierte Funktion zuweist. Noch im ersten Aufzug versteht Cyrilla das Lateinische purè, die reine Wahrheit, als „Hure", als eine Bezeichnung für das wohl älteste Gewerbe der Welt.

Gryphius stuft damit die Bedeutung des Gesprächs zwischen Cyrilla und Semronius zweifach ab. Zum einen wird ein Bedeutungszusammenhang gebildet, der im antik-kulturellen Rahmen verwurzelt ist, und dieser weist zurück auf Sempronius, der die Rolle eines antik-römischen Kulturträgers für sich beansprucht. Cyrillas Anteil an diesen Wertvorstellungen wird dahingegen vom religiösen Kontext bestimmt.

Neben dem Einfluss der Geschichtsereignisse, die Gryphius' dazu veranlasst haben sollten, das Stück überhaupt zu schreiben, lässt sich auch aus der Perspektive kulturhistorischer und dadurch literaturgeschichtlicher Zusammenhänge ein geschichtskritisches Vorgehen bei Gryphius erkennen, das die unter dem Geschichtseinfluss aufgebauten Klischees in der Gesellschaft anprangert. Nach dem Westfälischen Frieden wurden die zerstrittenen Parteien innerhalb des weströmischen Kulturkreises zwar befriedet, aber der globalere Konfliktherd im Verhältnis zum oströmischen Kulturkreis bestand immer noch. Es ist ein Verhältnis zu Kultur- und Sprachgemeinschaften, die scheinbar als, wenn nicht wesensfremd, dann doch aber als etwas anders Geartetes empfunden wurden. Der Bezug der Person Cyrilla zu Byzanz, das hier offenbar als Gegenstück zu wiedererkennbaren Vorstellungen über eigene Forminhalte benützt wird, spitzt eine solche Polarisation durch die Tatsache noch zu, dass sie alles Fremdsprachige als Polnisch glaubt. Im Stück wird die polnische Sprache zwar nirgends gesprochen, doch bleibt sie nicht unerwähnt. Es verbleibt damit lediglich die Verbindung Cyrillas zur polnischen Sprache, da sie diese doch letztlich erwähnt. Eigentlich lässt sich dadurch nur ein Zusammenhang in dieser Verbindung erkennen, dass nämlich die polnische Sprache als etwas Fremdes überhaupt hier den anderen romanischen Sprachen und auch dem Griechischen gegenübergesetzt wird. Zusammen mit der evozierten Bedeutung durch Cyrillas Namen,

---

26 *Horribili*, II, S. 51, Z. 26

entsteht eine Bedeutungszugehörigkeit, die dem Slawischen zuzusprechen ist. Auf diese Weise wäre ein sicherlich kulturell aber vor allem konfessionell unterschiedlicher Raum gemeint.

Im folgenden Gespräch zwischen Sempronius und Cyrilla, der sich als einer der längsten Dialoge im Spiel kennzeichnet und das Verhältnis der beiden Figuren zueinander dadurch in einen zentralen Zusammenhang stellt, entstehen Missverständnisse, weil Cyrilla fremdsprachig ungebildet ist und Sempronius seiner Manier nicht entsagen kann, sich dem Bildungsstand seiner Gesprächspartnerin anzupassen. Bezogen auf die Gesellschaftsnorm verstößt Sempronius gegen manierliches Sprachverhalten. Lötscher beschreibt das mit folgenden Worten:

> Sempronius mit seinem Gelehrtendünkel verstösst gegen mehrere Regeln des sprachlichen Decorums. Er vernachlässigt das Gebot adressatenbezogener Sprechweise und verstösst gegen die Forderung nach Klarheit und Reinheit der Sprache.[27]

Es dürfte bei einer Person seines Standes verwundern, dass ihm solche Misslichkeiten unterlaufen. Seine nüchtern formale Haltung referiert demgemäß auf die Missverständnisse, welche formal zu fassen sind, basierend auf der verschiedensprachigen Kommunikation. Nach einem Inhalt im Gespräch würde man vergeblich suchen. Auf der reinen textuellen Ebene ist dadurch der Anlass zur Komik gegeben, aber es ergibt sich keine direkte Mitteilung, die sich aus dem Gespräch unter den Personen folgern ließe. Es ist also eine Unterhaltung im regelrechten Sinne sowohl für die Gesprächspartner als auch für das Publikum. Aus der Beziehung Sempronius - Cyrilla lässt sich nicht mehr schließen, als dass aus diesem Verhältnis eine Bipolarität aufgebaut wurde, die sich in der Unterschiedlichkeit der beiden Gegensätze bekräftigt.

Der einzige Inhalt des Gesprächs von Cyrilla mit Sempronius kann nur aus dem Dreieckverhältnis zu Horribili erklärt werden. Um die Person Cyrillas letztendlich zu umreißen, ist ihr funktioneller Bezug zu Horribili am Ende ausschlaggebend. In diesem Falle soll es aber nicht entscheidend sein, von welcher Person man im Verhältnis ausgeht, da jedes Verhältnis letzten Endes doch auf Gegenseitigkeit gründet, also reaktiven Charakters ist.

Vornehmlich auf der Ebene des Textes macht sich das literarische Vorbild für die Gestaltung der Horribili-Figur bemerkbar. Sein inbrünstiges Liebeswerben ist wie schon so manch anderes Beispiel in Gryphius' Texten[28], kultur-

---

27 Lötscher, Jolanda: *Andreae Gryphii, Horribilicribrifax teutsch: Formanalyse und Interpretation eines deutschen Lustspiels des 17. Jahrhunderts im soziokulturellen und dichtungstheoretischen Kontext.* Deutsche Literatur von den Anfängen bis 1700, Lang, Bern, 1994, S. 267 f.

28 Siehe dazu die Verbindung der *Absurda Comica* zum Meistersang.

geschichtlich verwurzelt und hat seine literaturgeschichtlichen Vorbilder. Die Zeit vom beginnenden 12. bis ins 14. Jh. hinein dient Andreas Gryphius, um aufgrund der damals äußerst bemerkenswerten, in Westeuropa gedeihenden soziokulturellen Erscheinung, in der Gestalt des Horribili die Charakteristiken zu vereinen, welche sich im Dreiecksverhältnis Sempronius – Horribili – Cyrilla einen Ausdruck verschaffen. Horribilis südländisches Temperament weist räumlich auf kulturhistorische Tendenzen, die sich von der Lyrik der Trobaires (Provence) über die Trouvères (Nordfrankreich) bis hin zu den Minnesängern (Deutschland) bewegten. Damals erschien der Ausdruck „höfischer Liebe" im deutschsprachigen Raum in der sozialen Form des Minnedienstes, in der dichterisch-musikalischen Form des Minnesangs. Hauptmerkmal dieser literaturgeschichtlichen Erscheinung ist die Rezeptionsperspektive, die im gesellschaftlichen Spiel geschaffen wurde.[29] Gingen wir nämlich von der Funktionszuweisung, wie vorab angekündigt, von der textuellen Ebene aus, also aus Perspektive der rituellen Gemeinschaftsaktivität, die im gemeinsamen Ausdruck, durch Handlung mit geistigen Ideeninhalten kommunizieren möchte, dann erhalten wir einen rituellen Kommunikationsaustausch. Dieser war zunächst sicherlich durch ständische Schranken begrenzt. Während zuvor und im späteren Verlauf die Lyrik wesentlich eine Sache der Lyriker war, d. h. einer bestimmten Kaste, die sich zur Hervorbringung von Gedichten ausgestattet und befugt glaubte und sich der Gesellschaft gelegentlich anpasste, hat die Kunstübung des Minnesangs Produzenten und Konsument nicht nur gleichgestellt; sie deckten sich vielmehr und die konstitutive Antithese von Künstler und Publikum galt als aufgehoben. Die Rollen waren austauschbar geworden. Mehr noch: Die führende Gesellschaftsschicht brauchte zur eigenen Bestimmung gewisse Zeichen, Formen, die den Besitz von Privilegien signalisieren. Die höfische Gesellschaft des hohen Mittelalters bediente sich dieser neuen Sangeskunst als einer Standesbeglaubigung.[30] Nicht nur, indem sie gemäß alter und auch im Mittelalter geübter Tradition den Dichter mäzenatisch förderte, sondern indem sie sich mit ihm identifizierte, ihn und seine lyrische Kunstwelt „lebte". Das Bild der Gesellschaft ist „offensichtlich als Gegenentwurf zur Realität konzipiert worden und muss so interpretiert werden"[31]. Umso erstaunlicher erscheint es, wenn man festhält, dass die Reflexionsgabe hier als Projektion in einem gesellschaftlichen Kontext stattfindet. Die ältere Forschung hat die Darstellung des mittelalter-

---

29   Das aus dem galloromanischen Gebiet übernommene Minnekonzept des Dreiecksverhältnisses: Sänger – Frau – Ehemann.

30   Vgl. im Nachstehenden Abschnitt 2.1.3

31   Vgl. Bumke, Joachim: *Geschichte der deutschen Literatur im hohen Mittelalter*. Bd. 2, München 1990

lichen Rittertums in der höfischen Dichtung noch als Realität aufgefasst. Neuere sozialgeschichtliche Erkenntnisse dahingegen haben aufgrund besserer und detaillierterer Einsichten eine Distanzierung von den „Quasi-Lebensbeschreibungen" erfolgen lassen. Jetzt sucht man aus einer Perspektive, in der Literatur als Sozialgeste und „Erkenntnisinstrument der Geschichte" erscheint, die „Unwahrheit" des höfischen Weltbildes und die Funktion der höfischen Dichtung als Ironisierung und Entlarvung dieser Fiktion nachzuweisen.[32] Wirklichkeit und Wirksamkeit eines Ideals bedeuten dahingegen nicht auch seine Verwirklichung durch Dichter und die adeligen Auftraggeber.

Horribili knüpf an diese Tradition, an die Tradition des mittelalterlichen Minnesangs an. Auch der Untertitel des Scherzspiels, „Wählende Liebhaber", verwirklicht sich im Beziehungsreichtum des Minnesangs. Da das Minneideal eine unerfüllbare Liebe ist und sich erst im Überpersönlichen erfüllt, kennzeichnet die Beziehung Coelestina – Horribili – Selene das Minneverhältnis. Dadurch dass sich Horribili höfische Umgangsformen des MA aneignet, „übt er sich auch in ritterlicher Gesinnung"[33], schlussfolgert Armin Schlienger und präzisiert am Beispiel der Beziehung Horribili – Selene, dass diese Gesinnung „die Züge allzu hoher Minne"[34] gewinnt. Der ritterliche Züge verkörpernde, unbesiegbare Horribili preist seine „Signora mia, bella di corpo, bellissima d'animo [Meine Herrin, schöner an Körper, schöner noch an Geist][35] und zeigt sich ihr untergeben, denn sie ist ihm seine „Nobilissima Dea, Cortesissima Nimfa. Ochio del mondo. [Edelste Göttin, reizendste Nymphe. Auge der Welt][36].

Angesichts dieser zur weströmischen Kultur gebildeten Kontinuität wird das Verhältnis zur Cyrilla im oben angesprochenen Kontext deutlicher. Auf ihre Mischung von Volkssprache und Kirchenlatein wurde im oben angesprochenen Kontext, die Beziehung zur sprachlichen Norm Sempronius' schon eingegangen. Ihr volkstümliches Sprachverhalten verwirklicht sich demgegenüber im Kontext, der durch den literaturgeschichtlichen Verweis in der Figur des Horribili gebildet wird. Horribilis dienstliches Minneverhältnis zu den Frauengestalten Coelestina und Selene, das der höfischen Kultur zuzurechnen ist, bekommt durch die von Selene verwendeten Sprichwörter eine zusätzlich volkstümliche Note, die das traditionelle Volksgut dem höfischen Leben entgegensetzt: „Frau Mutter! wohl bedacht / hat niemand Schaden bracht."[37] Diese Ebene des Volks-

32   Siehe Bertau, Karl: Deutsche Literatur im europäischen Mittelalter. Bd. 2, München 1973
33   Schlienger, Armin: Horribilicribrifax Teutsch, a.a.O., S. 147
34   Ebda.
35   Horribili II, S. 32, Z. 3 f.
36   Ebda., Z. 28 f.
37   A. a. O., I, S. 19, Z. 4 f.

tümlichen und Traditionellen nimmt Cyrilla nicht nur auf. Sie ist die Figur, die durch den volkssprachlichen Grundtenor, das mittelalterliche Volksgut wahrt. Unabhängig vom Umstand, dass „innerhalb des Handlungsverlaufs (...) die nachträgliche Bewahrheitung des Sprichworts"[38] stattfindet, wie es A. Schlienger richtig feststellt, und „die völlig sinnlos verwendeten 'Sprichwörter' Cyrillas"[39] einen „Gegensatz" dazu bilden, ist zunächst festzustellen, dass bei beiden übereinstimmende formgebende Züge vorhanden sind. Wenn das volkstümliche Sprachverhalten auch „kein Beitrag zum Sinngefüge der Gesamthandlung"[40] sein soll, ist zuerst doch zu fragen, warum überhaupt solch ein Sinngehalt einen Eingang in das Stück erhält. Volksmedizinische Zauberformeln und Reimsprüche stammen ja aus den ältesten Schichten, in denen der Einfluss des christlichen Gedankenguts auf die Sprüche noch nicht zu erkennen war. Bei den frühesten Zaubersprüchen waren Form und Inhalt noch vereint und der Spruch wirkte aus seiner formgebundenen Kraft heraus, jeder mit epischem Anfang und darauffolgender Zauberformel: die Wirkung, die sich in dem erzählten Fall erwiesen hatte, sollte erneut beschworen werden. Auf diese Weise werden im Gryphius'schen Stück zumindest doch kulturelle Eigenwerte aus dem MA und aus noch früheren Zeiten vermittelt. Im Stil eines Zauberspruchs, mit rudimentären Ansätzen des Stabreims und Wiederholungen setzt Cyrilla christliche und römische Wertkategorien gleich:

Matthes gang ein / Pilatus gang aus / die eine arme Seele draus.[41]

Die Positionierung Cyrillas in den byzantinisch-slawischen Kontext und ihre Anlehnung an volkstümliche Werte spricht einerseits über die Wahrnehmung einer gesellschaftlichen Situation, die in der Hinzuziehung eigener kultureller Werte die eigene kulturelle Kontinuität und damit die Identität bewahren kann. Das dürfte auch als Aufruf Gryphius' verstanden werden. Solche Wertungen erhärten sich in dem Zusammenhang, der durch den Bezug Horribili – Sempronius gebildet wird. Die Kontinuität zum weströmischen Kulturkreis, die Sempronius für sich beansprucht, wird durch die abendländische Kulturpraxis im Minnesang bezeugt, welche Horribili verkörpert. Wird eine Gesellschaft mit Werten aus ihrer Tradition konfrontiert, dann deckt sich nun auf dieser Ebene ihr Konfliktpotenzial auf.

---

38 Schlienger, Armin, a. a. O., S. 147
39 Ebda.
40 Ebda.
41 *Horribili*, I, S. 25, Z. 15 f.

2.1.2.2 Repräsentativität der Werte

Die Frage nach den Werten in einer Gesellschaft, und auf welche Weise sie aus einem literarischen Werk herauszulesen sind, bedarf eines umfassenden Ansatzes, der versuchen sollte, die in der Gesellschaft wirksamen Vorstellungen auszuarbeiten. Diese Vorstellungen steuern ja im Übrigen die Entwicklung der Gesellschaft. Sempronius definiert sich durch seine Sprache selbst. Er drückt sein Wissen und seine Bildung aus, die ihn in seiner Gesellschaftsposition bestimmen, und er findet eine kulturhistorische Verwurzelung in der Sprache, die ihn und seinen Bestand rechtfertigt. „Die von Sempronius verwendete Sprache dient nicht der Kommunikation"[42], stellt D. Toscan fest, sie dient also der Repräsentation. Da Bildung aber nicht jemanden von Geburt an gegeben ist, im Gegensatz zum Erbstand, ist Sempronius Gelehrtheit eine angeeignete Repräsentativität. Im Alltagsleben des 17. Jh. dürften solche Erscheinungen allerdings keine Ausnahmen gewesen sein. Aus Anlass dazu schrieb Opitz in seiner Poetik:

> So stehet es auch zum hefftigsten vnsauber / wenn allerley Lateinische / Frantzösische / Spanische vnnd Welsche wörter in den text vnserer rede geflickt werden; (...)
> Wie seltzam dieses nun klinget / so ist nichts desto weniger die torheit innerhalb kurtzen Jharen so eingeriessen / das ein jeder / der nur drey oder vier aussländische wörter / die er zum offtern nicht verstehet / erwuscht hat / bey aller gelegenheit sich bemühet dieselben herauss zue werffen (...)[43]

Eine Praxis dieser Art ist sicherlich der repräsentativen höfischen Welt entnommen. Betrachtet man die regelgerechte sprachliche Normierung und Schreibweise von Gryphius, dann ist Horribili ein Ebenbild der gesellschaftlichen Tendenzen in den höheren Schichten und gleichzeitig eine Kritik an ihnen. Insofern wird es deutlich, weshalb Horribili, der A. Schlienger zufolge mit allen im Stück vorhandenen „Handlungssträngen mehr oder weniger stark in Berührung kommt"[44], erst an 14. Stelle im Personenverzeichnis angeführt wird und nicht an erster, die Titelhelden üblicherweise einnehmen. Die Position spiegelt aber zugleich die gesellschaftliche Hierarchie wieder, in der Erscheinungen wie es der Horribili ist, eine zentrale Rolle im Barockzeitalter gespielt haben dürften und er daher als Mittel- und Angelpunkt der Gesellschaft im Verzeichnis aufgelistet wird. Seiner Sprechweise, die eng zu seinem Auftreten in der Gesellschaft steht, stellt Gryphius analog dazu die Rhetorik und eine Kunstsprache gegeneinander.

---

42 Toscan, Daniela, a. a. O., S. 146
43 Opitz, Martin: *Buch von der Deutschen Poeterey.* In Verlegung David Müllers Buchhändlers, Breslaw/Brieg, 1624, S. 32 f.
44 Schlienger, Armin, a. a. O., S. 145

Es unterscheiden sich die Sprache der offiziellen Kabinette und eine kunstgewollte Präsentation. Horribilis Auftritte enthalten beides. Durch seine Rhetorik versucht er eine vermeintliche Seriosität an den Tag zu legen, glaubwürdig zu klingen. Aber seine Erscheinung ist ein Widerspruch in sich. Schon sein Name gestattet es ihm nicht bescheiden zu sein, soll er doch wörtlich bedeuten: „entsetzlicher Siebmacher; d. h. der im Kampf seine Feinde wie Siebe durchlöchert."[45] Es widerspricht sich seinem beteuerten „auffrichtigen Gemuethe" wenn er gleichzeitig davon erzählt, wie er „die Venetier laengst den Tuercken (...) aus Constantionopel vertrieben"[46] hätte.

Der Versuch Horribilis persönliche Integrität gegenüber anderen zu zeigen, scheitert, weil er seine eigenen Charakterzüge als ernsthafte Umgangsformen in seiner sozialen Kommunikation darstellen möchte. Natürlich sind die den Personen im Stück gegebenen Namen der beste Beleg für das dichterische Spiel, das Andreas Gryphius mit den sozialen Gepflogenheiten der Zeit treibt. Horribilis Wunsch, sich seriös zu präsentieren, gehört zur Gesellschaftskonvention des 17. Jh., ein bestimmtes Formideal zu erfüllen, das Paul Böckmann als „Entlarvung des Elegantiaideals"[47] charakterisiert. Die sozialen Umgangsformen hatten demnach bestimmte Formen, die Ausdruck eines ästhetischen Empfindens in der Zeit waren. Aus Daradiris Versprecher, in dem er von „prelatio" anstatt vom Lateinischen „relatio"[48] spricht, geht hervor, das jegliches Gespräch als Vorsprechen empfunden wurde, und die „Complimentirung"[49], wie er es in seiner Vorrede nennt, war ein unumgängliches Merkmal gesellschaftlichen Handelns, dadurch auch ein formales Mittel der sozialen Verhaltensnormen. Ein eigentlich erwarteter komischer Effekt entsteht, wenn selbst bei Beschimpfungen an Form gedacht und diese gewahrt wird. Die Verwendung von Fremdwörtern, um negative Züge bei anderen hervorzuheben, gehört zur Höflichkeitsform, wenn Daradiri einen Buhler als „Ce burge, Ce larron, Ce menteur, Ce fils de Putain, Ce traistre, ce faqvin, ce brutal, Ce bourreau, Ce Cupido"[50] bezeichnet.

Neben der Sprachkomik, die Gryphius zur satirischen Kritik an der Nachkriegsgesellschaft benützt, ist der formale Aufbau selbst solch ein kritischer Ansatz. Die literarisch übliche Vorrede, die von Daradiri übernommen wird, ist mit Fremdwörtern überfüllt, und die Wissenschaftlichkeit wird mit einem Anhang, der Beilage eines Ehevertrags bekräftig. Die Gepflogenheiten in der Gesellschaft haben den Charakter einer Funktionalität, deren Zweck allerdings nicht nur der

---

45   Zu den Bedeutungen der Namen siehe S. 80, Anm. 24 sowie *Horribili*, S. 13
46   *Horribili*, II, S. 34, Z. 1 u. 3-5
47   Böckmann, Paul: *Formgeschichte der deutschen Dichtung*. Hamburg 1967, S. 444
48   *Horribili*, Vorrede des Daradiridatumtarides, S. 6, Z. 13 f.
49   Ebda.
50   *Horribili*, I, S. 16, Z. 1-3

Formwahrung dienen sollte, die, wenn sie als beabsichtigtes Ziel in den Mittelpunkt der Aufmerksamkeit rückt, zersetzt wird. Aus der Form ergibt sich aber der Inhalt des Stücks, was in neueren Ansätzen häufig außer Acht gelassen wird:

> Als Gegenstück zu Daradiris von Fremdwürtern wimmelnder Vorrede, in der er die zweifelhafte Herkunft des Stücks zu erklären sucht, läßt Gryphius am Schluß den in komischer Verkehrung der üblichen Gebräuche aufgesetzten Heiratskontrakt des Semponius und der Cyrille folgen. In Verkennung der Wichtigkeit dieses inhaltlich eng mit dem Schlußakt verknüpften Kontrakts haben einige neuere Editionen denselben nicht mit abgedruckt.[51]

Die als Gegensätze projizierten Figuren der Cyrilla und des Sempronius erleben am Ende doch eine Vereinigung. Diese versöhnliche Note setzt ein Zeichen für die mögliche Überwindung historisch determinierter Unterschiede. Grundlegend für das Verständnis des im Stück enthaltenen Konflikts ist die auf den eigenen historischen Entwicklungsprozess assoziierende Sprachmengerei, welche sich im Sprachverhalten von Sempronius und Cyrilla manifestiert. Dem Annähern der beiden gegensätzlichen Pole im Stück kommt Gerhard Dünnhaupt zufolge eine „Sonderstellung" zu. Seinem Verständnis nach tragen die Dialoge zwischen den beiden als Gegensätze figurierenden Personen, deren Komik auf Missverständnissen aufbaut, „wesentlich zum Erfolg dieses Scherzspiels"[52] bei. Die Komik dient nämlich zur Überwindung sozialer Unterschiede, die in der Geschichtlichkeit der Probleme begründet sind.

2.1.3 Zeitlichkeit & Geschichtlichkeit

Ein aus dem eigenen Kulturkreis abgeleitetes Thema ließe sich ebenfalls aus den Namen ableiten. Horribili bezeichnet sich als Donnerkeil, der aus Wuestenhausen stammt. Die Anlehnung an Thor, den Donnergott, ist aus der mythischen Vorstellungswelt der Germanen abgeleitet, die in der Zwischenzeit jedoch verödete und versandete. Daradiridatumtarides evoziert nach dem Einsingen (Daradiri) die Zeit (datum), die, in lautlicher Verdrehung unkenntlich gemacht (tarides – Tirade), groß angekündigt wurde und mehr Windmacherei ist, bläst und sich beruhigt. Daradiri ist der Windbrecher, zwar von Tausend Mord und aus Unbekannt abstammend, aber zusammen mit seinem Weggefährten Horribili ein Wüstensturm, der versucht, etwas auszurichten und sich seine Opfer sucht,

---

51   Gerhard Dünnhaupt (Hrsg.): *Nachwort* zu *Horribilicribrifax Teutsch. Scherzspiel.* A. a. O., S. 137

52   Ebda.

um den eigenen Bestand zu legitimieren. Sie sind „Zwey weiland reformierte Hauptleute"[53], die aus dem Offiziersdienst entlassen wurden und nun mittellos sind.[54]

Die im Namen enthaltene Assoziierung auf den Donner mag durch den im Stück enthaltenen sprachlichen Beziehungsreichtum zwischen den Figuren mehrfach gedeutet werden wollen. Aus der Bedeutungsvielfalt schließt Gerhard Kayser, dass sich der Titelheld mit „seinem vollständigen Namen Horribilicribrifax von Donnerkeil auf Wüstenhausen (...) als ein anderer Zeus mit dem Donnerkeil"[55] einführt. Er lässt sich scheinbar vom Kontext, der eben aus der Beziehung Sempronius-Cyrilla gebildet wird, zu seiner Bewertung verleiten. Es sind aber nicht nur die sprachlichen Zusammenhänge, verstanden als linguistische Ingenieursleistung und die literarischen Beispiele, die mit dem Gebrauch von Fremdsprachen in Verbindung gesetzt werden, ausschlaggebend. Als Motiv finden wir die deutsche Kulturgeschichte in mehreren Werken bei Gryphius wieder.[56]

Neben dem Hinweis auf mythologische Aspekte wird mithilfe des implizierten Sinngehalts ebenso auf Lichtspiele Bezug genommen. Häufige Parallelen zur *Geliebten Dornrose* Gryphius' bis hin zu Übernahmen ganzer Szenen aus dem *Horribilicribrifax* im späteren Werk, rücken die Erscheinung 'Liebe' nicht zuletzt wegen dem Untertitel „wählende Liebhaber" im *Horribilicribrifax* in einen verheißungsvollen Kontext von Erwartungen. In der *Geliebten Dornrose* tritt die Liebe „als kosmische, allmächtige und Ewigkeit-erschließende himmlische Macht"[57] auf, wie es A. Schlienger treffend umschreibt, sie hat aber nicht den gesellschaftsbezogenen Charakter wie im *Horribilicribrifax*. In beiden Werken findet sich zwar eine Stände übergreifende Perspektive, aber die Wiederaufnahme des Eros-Motivs in der *Dornrose*, das sich noch bei *Peter Squentz* findet, lässt das dazwischen stehende Werk *Horribilicribrifax* als eine Elaborierung des schon zum Thema ausgeweiteten Problems erscheinen. Richtig ist Schliengers Argumentation durchaus in dem Teil, wo er die „düsteren Umstände irdischen Jammers und Elends" anspricht, „in denen sich die aufrichtige Gesinnung der Liebe zu bewähren hat."[58] Unwidersprochen sei auch die „Darstellung der Glück

---

53   *Horribili*, S. 13
54   Siehe auch S. 68, Anm. 137 im Abschnitt 1.3.3
55   Kaiser, Gerhard: *Horribilicribrifax Teutsch. Wehlende liebhaber*. In: Die Dramen des Andreas Gryphius. Eine Sammlung von Einzelinterpretationen, (Hrsg.) Gerhard Kaiser, J. B. Metzlersche Verlagsbuchhandlung, Stuttgart, 1968, S. 226-255, S. 226
56   Vergleiche dazu Gryphius' Tragödie *Carolus Stuardus*.
57   Armin Schlienger, a. a. O., S. 257
58   Ebda.

oder Unglück gewährenden Gatten-Wahl,"[59] die im Untertitel „Wählende Liebhaber" abzulesen ist. Die erkennbaren Abstufungen des Lichts, die im Spiel verschiedene menschliche Sehnsüchte beleuchten, zeigen auch im Ablauf der
Komödien von Gryphius ihrer Entstehung nach, dass diese Lichtspiele im
Dunkel der Zeit stets für die neuen Probleme der Liebe stehen, welche sich in
der Umwandlung der sozialen Verhältnisse immer neue Wege suchen muss, um
sich Ausdruck zu verschaffen.

Wie sich die sprachliche Verflechtung durch das Werk verdichtet, so gehen
auch die von Gryphius gewählten Themen und Motive ebenfalls immer mehr
ineinander über. Das Thema Liebe findet sich so auch in der kulturhistorischen
Perspektive wieder.[60] Aus dem Binnentitel folgen wie die Liebe als ein Zustand
der persönlichen Empfindungswelt eines oder einer Einzelnen als auch die
gegensätzliche gesellschaftliche Rolle der Liebe. Die zweite Aussicht verwirklicht sich im Ehevertrag, was notgedrungen an ein politisches Verhalten erinnert.
Im Minnesang war die in der Literatur weitestgehend angenommene Kompen-
sationsleistung dieses Kunstakts, ihrer Natur nach vornehmlich politisches
Kalkül. Dieses Minneverhältnis legt Gerhard Kaiser am Beispiel Daradiris aus.
Er nennt es „Liebeskrieg", was Daradiri „gegen die hochmütige adelige Jung-
frau Selene führt", welcher „nicht auf die Wahrheit, sondern auf den Sieg mit
allen Mitteln, auch des Betrugs" ausgerichtet ist.[61] Ähnlich steht es mit Horribili,
der „als Minnediener", wie ihn A. Schlienger bezeichnet, „allen weiblichen
Wesen zu Diensten"[62] sein möchte. Horribili ist schon die Parodierung des
Minneverhältnisses, die bis ins Extreme, bis zur zerstörerischen Wut der Frau
untergeben sein möchte.

Einmal mehr findet sich ein Anknüpfungspunkt zwischen den Personen im
Stück, der sich aus dem thematischen Strang des Werks ergibt. Zwischen den im
Konzept des Werks zusammengeführten Weggefährten Daradiri und Horribili
drückt sich ihre Bezeihung zueinander auch hier in mehrfacher Bedeutung aus.
Hans Emmerling findet, dass diese zwei Figuren gegeneinander sprachlich austauschbar sind, da es mit dem Tausch der sonst benützten Sprache (Horribili –
ital.; Daradiri – frz.) zur Verbrüderung kommt,[63] wobei Walter Hink zusätzlich
eine politische Anspielung darin findet:

---

59   Ebda.
60   Siehe dazu Abschnitt 2.1.2.1.
61   Zu den Zitaten siehe Gerhard Kaiser, *Horribilicribrifax Teutsch. Wehlende Liebhaber*,
      S. 232
62   Armin Schlienger, a. a. O., S. 160
63   Siehe Hans Emmerling: *Untersuchungen zur Handlungsstruktur der deutschen Barock-
      komödie*. Diss. Saarbrücken 1961, S. 81f.

In der Aufspaltung des einen Typus Miles gloriosus in zwei völlig gleiche Hälften –
bis auf die verschiedenen Fremdsprachen sind die beiden Helden gegeneinander austauschbar und auch die Sprachen tauschen sie im Augenblick der Erkennung aus, in
dem Daradiridatumdarides das Italienisch des Horribilicribrifax, dieser aber das
Französische seines Freundes übernimmt (...) – sind noch einmal die grossen Kriegs-
und Religionsparteien einander entgegen- und gleichgestellt: Die historischen und
idellen Gegensätze sind engeebnet, die feindlichen Mächte erscheinen als Zwillings-
paar, jede von gleicher aufgeblasener Nichtigkeit und Erbärmlichkeit wie die
andere.[64]

Vielleicht sollte es während der Mitverfolgung der Komödie, zu jedem Zeitpunkt zu erwarten gewesen sein, wann der Augenblick des sprachlichen Tau-
sches kommt.[65] Infolge der allgemeinen sprachlichen Verwirrung dürfte das
keine Überraschung darstellen und würde wesensgemäß den Zug einer Mensch-
lichkeit aufzeigen. Diesbezüglich macht Emmerling auf den Realitätsgehalt des
Stückes bemerkbar. Wie sich nun in Hincks Äußerung über die von ihm vorausgesetzten politische Konnotation ein geschichtlicher Bezug ausmachen lässt, so
kann man aufgrund des jedenfalls nicht abzustreitenden historischen Anlasses
für Gryphius, zur Schlussfolgerung kommen, dass beide, sowohl Realität als
auch Geschichte, ihren Platz in der Komödie haben. Beide würden sich, wie
schon an den vorab behandelten Beispielen ausgeführt, in ihrer Gegenüberstellung vervollständigen.

Allerdings kann das Maß des Realitätsgehaltes nur aus dem Maß der Erkenntnis aus der Geschichte erfolgen. Die zahlreichen Rückgriffe Gryphius' auf
literaturgeschichtliche Beispiele belegen, dass er in einer für ihn aktuellen Situation etwas Kontinuierliches bieten möchte und dadurch geschichtlich wird. Da
Geschichte aber auch Zeitgeschichte ist, Gryphius den historischen Charakter
zum Zeitpunkt seines Lebens wahrgenommen hat, stellt er im selben Schritt
aktuelle Zeitgeschichte dar. Diese scheinbare Gegensätzlichkeit ist genauso wie
in seinen Tragödien, der stetigen Aufforderung zur Überwindung entnommen.
Die immer während Frage nach dem, wann sich das Irdische zeitigen würde,
stammt noch aus den Jahren der kriegerischen Verwüstung, Tod und Vergänglichkeit. Der Mensch sollte sich aus diesem geistigen Zustand lösen und bekam
dazu eine breite Palette an Motiven, die ihm helfen sollten, die Realität zu überwinden. Schlienger nennt es die 'Zeitlichkeit', die hier gleichsam als Motiv und
Hilfsmittel dazu bereitsteht, sich aus der Aktualität zu lösen, um ihre Hinter-

---

64 Walter Hinck: *Das deutsche Lustspiel des 17. und 18. Jahrhunderts und die italienische*
Komödie (Commedia dell'arte und théâtre italien; Stuttgart 1965, Germanische Abhandlungen 8), S. 230

65 Zur Funktion der Sprache im gesellschaftspolitischen Sinn siehe auf S. 93 Abschnitt
2.2.1. Ein europäischer Kontext

gründe zu erkennen. Hink zufolge versteht es sich, in der dichterischen Absicht „dem Lustspiel zeitlichen und nationalen Hintergrund zu geben, die übernommene Form mit Realitäts- und Aktualitätsgehalt aufzufüllen"[66], weshalb man dem Dichter nicht eine „Zwiespältigkeit des Scherzspiels"[67] vorwerfen kann, weil, wie Schlienger es festhält, „Gryphius ja offensichtlich nicht darauf ausgeht 'seine Zeit' darzustellen, sondern wie in den Tragödien, die 'Zeitlichkeit' als solche, aus der ein aufrichtiger Mensch sich zu lösen bemüht sein muss."[68]

Allen Werken aus dem Zeitalter des Barock ist die Kette an Motiven und Themen gleich, die eine dichterische Tätigkeit geformt haben, und natürlich sind sie gattungsübergreifend aufzufinden. Neben dem schicksalhaften Weltbild in den Tragödien bot sich in den Komödien ebenso die Möglichkeit zu ähnlich sinnhaftem Ausdruck. Die plastische Denk- und Schreibweise, die Suche nach konkreter Manifestation beispielsweise im Syllogismus, erlaubte eine Zusammenführung von absolut unvereinbaren Begriffen, die sich diametral unterscheiden. Solche Gegensätze finden sich auch in der Person Selenas wieder. Sie weiß es, einmal mehr zu sagen: „Es sind ja Mittel vor alles Uebel / ausser dem Tode."[69] Und Coelestina versteht es, dieser Jenseitsbezogenheit zuzustimmen, die eine Lösung außerhalb des körperlich Fassbaren, außerhalb des Leiblichen in Erwartung stellt:

> Coelest. Auch unter der Aschen der erblichenen Leichen sol sie noch glimmen / und unsre auffgerichtete Grabzeichen sollen nichts anders seyn / als Denckmahle der schlafenden Liebe / biß wir auff den Tag der grossen Vereinigung in Vollkommenheit der Liebe auffs neue ewig mit einander vermaehlet werden.[70]

Wiederum erscheint Antonia, die Mutter von Selena, an anderer Stelle aber sprachlich anklingend nicht so weit stilisiert. Sie fasst die menschliche Würde in ihrer Körperlichkeit, um die Tochter in der eigenen Verdinglichung mit dem konkreten, körperlichen Wesen gleichzusetzen. Sie weiß, dass in der Brautwerbung um ihren Körper gefeilscht wird, wie es auch auf Märkten mit Vieh geschieht: „Das Kueh- und Schaaff-Fleisch gilt itzt schier mehr / als Jungfern Fleisch."[71]

Galt im MA in den unteren Ständen überwiegend noch der Warenverkehr als Handelsform, so war mittlerweile der Geldverkehr die gültige Zahlungs-

---

66   Walter Hink, a.a.O., S. 121
67   Ebda.
68   Armin Schlienger, a. a. O., S. 187
69   *Horribili*, IV, S. 85, Z. 14
70   A. a. O., V, S. 100, Z. 18 ff.
71   A. a. O., I, S. 18, Z. 31, S. 19, Z. 1

weise. Gryphius' Anliegen, ein Nachkriegsbild des gesellschaftlichen Lebens abzugeben, knüpft u. a. an den alltäglichen Problemen des Waren- und Handelsverkehrs, der menschlichen Gesellschaft als Verkehrsgemeinschaft an. Das Leben mit seinen zahlreichen Einflüssen aus verschiedenen Kultur- und Zivilisationskreisen war schon im 17. Jh. bekannt, ob Daradiri in der Vorrede vom „Fino de Hungaria"[72] spricht oder Cyrilla sich mit Fremdwährung abplagt, „Ungarische Guelden soll man zweymal zehlen. (...) 1. Reißthaler / ein halben Reißthaler / ein Guelden."[73] Kennzeichnend für diese Zeit und für das deutsche Staatsgebilde der Zeit sind die vielen Binnengrenzen, die sich aus der Vielzahl der Kleinstaaten ergeben. Die Wiederspiegelung dessen findet sich im Handlungskonzept des Spiels. In vielen Einzelhandlungen unterteilt, die thematisch miteinander verbunden werden, gibt die Komödie ein Stück Wirklichkeit wieder und reproduziert das Wirklichkeitsbild auf der Ebene eines Gegentextes, das sich im Kontrast zum Titel verwirklicht.[74]

2.2. Tradition und Tradiertes

2.2.1 Ein europäischer Kontext

Der Blick auf die eigenen Kulturwerte, die Geschichte und die Entwicklung des Gesellschaftsbildes stellt Andreas Gryphius jedoch nicht in einen Rahmen der ausgrenzenden Literatur. Seine Komödie wird heute „im Alltagsleben des enger zusammengerückten Europa"[75], das sich „mannigfaltigsten internationalen Einflüssen ausgesetzt sieht,"[76] als höchst aktuell bezeichnet. Noch zu Beginn beklagt Antonia, die Kleidung an ihrer Tochter stehe ihr als hätte sie „den gantzen Spitze Kram von Bruessel erbeigen."[77] Die Welt im *Horribilicribrifax* begrenzt sich aber nicht nur auf die Intimsphäre oder die privaten Probleme von Ständen innerhalb ihrer eigenen Welt, womöglich noch auf andere Stände im eigenen Gesellschaftssystem referierend.

Die kulturhistorischen Bezüge gestalten sich hier erneut recht komplex, da sie eine Fülle an Deutungsebenen umfassen, die neben der historischen zusätzlich eine gesellschaftspolitische, literaturgeschichtliche und letztlich eine litera-

---

72 A. a. O., Vorrede des Daradiridatumtarides, S. 7, Z. 7
73 A. a. O., II, S. 43, Z. 27 ff.
74 Vgl. dazu II. 1.1.2., S. 149
75 Gerhard Dünnhaupt, *Nachwort zu „Horribilicribrifax Teutsch. Scherzspiel".* S. 139
76 Ebda.
77 *Horribili*, I, S. 18, Z. 25 f.

turtheoretische oder, um in der damaligen sprachlichen Kategorisierung zu sprechen, eine poetologische Ebene umfassen. Der Zeitgeist, welchen wir an den verwendeten literarischen Motiven feststellen können, ist eines der Elemente, das im Stück den Kernpunkt zum Verständnis der zeitgeschichtlichen Situation ausmacht. Stellten die literarischen Motive wenige Jahre zuvor noch ein äußerst ernstes dichterisches Anliegen dar, ein Mittel, mit dem man dem Publikum Einsichten in nur schwer zu überwindende Bedingungen zu geben wünschte, verwendet Gryphius sie, um in einer weiterreichenden Abstraktionsfolge mittels dieser Motive zu Problemen zu gelangen, die zunächst auf niederer Ebene abgestuft erscheinen. Da Motive jedoch auf zeitliche Determinanten ausgerichtet sind, ist ihnen, unabhängig von der rückläufigen Abstufung, trotzdem eine unbegrenzte zeitliche Bestimmung eigen.

Gelingt es der alternen Kupplerin Cyrilla, einen Weggefährten für das Leben für sich zu gewinnen, dann überwindet sie ihren „körperlichen Vertrieb" und erinnert an das Vanitas-Motiv. Sie kennzeichnet das, als sie sich Camilla zu erkennen gibt, mit den Worten: „INRI. Mementau mauri."[78] In ihrer Äußerung verbindet sie den Todesgedanken mit der Unsterblichkeit. Aber der Auftritt gleichzeitig des jüdischen Krämers und Schriftgelehrten Isachar im Stück, gibt den im Barock herrschenden Motiven eine vollkommen neue Dimension. Isachars Abstammung ist es, die Ihn, Jesus Christus verkannte. Durch Christus Wiederauferstehung symbolisieren die Initialen den an seinen Volksstamm gerichteten fortwährenden Aufruf zur Überwindung. Auch Isachar hält sich nun an die konventionellen Vorstellungen der Zeit über Leben und Tod und begleicht damit aus seiner Position heraus die ihm übertragene historische Bürde: „Der Tod und heyrat entdecken alle dinge."[79] Dadurch dass Cyrilla und Isachar im Personenverzeichnis nacheinander angeführt werden, wird gleichfalls die Nähe der beiden Figuren zueinander herausgestellt.[80] Die Nähe definiert sich allerdings durch die Geschichte und die historische Rolle, die ihnen jeweils zufällt.

Da Cyrilla letztlich eine der Hauptrollen zukommt und sie auf diesem Wege zusätzlich mit dem Titelhelden in Berührung kommt, wird der ihr zugesprochene kulturhistorische Rahmen dadurch erhärtet. Horribilis Auftritt, gekennzeichnet von seinen Minnediensten in der Rolle eines Ministerialen, ist allen Frauengestalten im Lustspiel gewidmet. Seine Person gelangt durch die Freundschaft mit Daradiri zu noch deutlicheren Konturen. Beide Namen evozieren aufgrund der lautlichen Zusammensetzung das sängerische „Tanderadei", welches sich in den Minneliedern wiederfindet. Entsprechend dem vorstehend Angeführ-

---

78 *Horribili*, II, S. 41, Z. 10
79 A. a. O., III, S. 72, Z. 18 f.
80 Siehe dazu Abschnitt 2.2.3 Strukturierung im Element

94

ten[81] bilden Daradiris französieren und das Italienisch Horribilis Kontinuitäts-
stränge, die im westeuropäischen Kontext der Trobaire und Trouvére unter dem
Motto „Wählende Liebhaber" die Akteure in die Rolle des Minnesängers
Teutsch stellen. Horribili erhebt seine „durchleuchtigste unter allen schoenen;
beruehmteste unter den fuertrefflichsten / uebernatuerlichste an Vollkommenheit
/ unueberwindlichste an Tugenden"[82] in Schwindel erregende Höhen, ruft im
selben Zug die barocken Motive der sakralen Unbegrenztheit auf und unterwirft
sich diesen Vorstellungen als „unterthaenigster Leibeigner Sclav'."[83]

Die „unüberwindlichste an Tugenden"[84] manifestiert ein Ideal, welches als
kaum erreichbar dargestellt wird. Und Cyrilla gilt mit Sicherheit nicht als
Repräsentantin dieser Werte. Aber sie kommt ihnen durch ihre zu schließende
Ehegemeinschaft doch näher. Bevor sie sich der Camilla als Händlerin vorstellt,
kündigt sie ein neues Leben an. In ihrem sprachlichen Unwissen kommt das ent-
stellt zum Ausdruck. Man solle der Vergänglichkeit, die allein beständig ist,
dennoch gedenken und sich um einen steten Neuanfang bemühen. Als Leib-
eigene ihres Geschäfts überwindet sie sich, sie manifestiert die geforderten
Werte. Dadurch werden im Werk Kompromisslösungen in Aussicht gestellt, die
ein einvernehmliches Zusammenleben suggerieren.

Der allgemeine sprachliche Zusammenhang zwischen Cyrilla und Horribili
liegt ebenso im Sprachgemisch. Der kulturhistorisch bedingte Rahmen, aus dem
sich die beiden Personen erklären, bestimmt naturgemäß deren stückinternes
Verhältnis zueinander. Wenn sich die beiden Figuren in der Komödie auch nicht
unmittelbar miteinander in Bezug setzen, direkt zum Handlungsablauf aus einer
gemeinsamen Kommunikationsdynamik beitragen, so ist das Thema Sprache zusammen mit den kulturhistorischen Motiven ein Moment, das zum Gesamtbild
der Komödie beiträgt. Ein europäischer Kontext wird noch einmal dadurch bestätigt, dass neben der abendländischen Kulturtradition in Europa der benach-
barte osteuropäische Einflussbereich zumindest in der Rolle der Cyrilla vorhanden ist. Unabhängig von Horribilis Ernst, sich dem Frauenideal als „unterthaenigster Leibeigner Sclav'" zu ergeben, ist allein die Erwähnung, die Schaffung eines Sinnbildes in diesem Sinne zu bemerken. Gryphius war es, wenn man
den literaturgeschichtlichen Quellen Glauben schenken darf, dass er über vier-
zehn Sprachen beherrschte, sicherlich nicht unbekannt, dass die Bezeichnung
Slawen, was am englischen Ausdruck *slaves* noch ersichtlicher ist, vom Lateinischen *sclavus* abstammt, also an den Menschenhandel gebunden ist, aber an-

---

81   Siehe gleichfalls S. 83.
82   *Horribili*, II, S. 32, Z. 29, S. 33, Z. 1 f.
83   *Horribili*, II, S. 33, Z. 3
84   A. a. O., Z. 2

dererseits in den slawischen Sprachen von *slavja* abstammt und sich an den gemeinsamen Glaubensausdruck der Angehörigen dieses Volksstamms lehnt. Da jegliche Sprache aus der slawischen Sprachgruppe der Komödie erspart blieb, Gryphius aber zumindest die ein oder andere beherrschte, bleibt anzunehmen, dass er diesen Themenkreis ausließ in der Absicht, sich satirisch mit der kulturhistorischen Dimension auseinanderzusetzen und nicht allzu historisch zu werden, da dies für ihn immer noch ein Konfliktbereich war, dessen Spannungen eher in tragischen Momenten zu beschreiben wären.

Den Bereich Süd-, Mittel- und Osteuropas berührt Gryphius jedenfalls nur mit Hilfe von literaturgeschichtlichen Motiven. In ihrer Gesamthandlung orientiert sich seine Komödie am Konzept der sogenannten 'Bramarbasbomödie'. Diese Art von Komödie zählt freilich zu der Typenkomödie, zu der auch die italienischen Commedia dell'arte zuzurechnen ist. So sind der Bramarbas wie auch die Gestalt des Picaro ihrer Entstehungsgeschichte nach spanischer Herkunft[85] und an diese lehnt sich einige Jahre später der *Simplicissimus* an, was mit seinem Beinamen *Teutsch* zu erkennen gegeben wird. Es soll im weiteren Verlauf aber nunmehr der geschichtspolitische Aspekt in den Mittelpunkt des Interesses gerückt werden, der Gryphius dazu verleitet, wie schon einige Male zuvor in seinen Tragödien, aktuelles Zeitgeschehen in sein Werk mit aufzunehmen. Neben dem Dreißigjährigen Krieg, dessen Konflikte mittlerweile im Westfälischen Frieden beigelegt wurden, wobei die Umsetzung seiner Bestimmungen danach noch einige Zeit andauerte,[86] erwähnt Andreas Gryphius schließlich noch eine Problematik, die von der Territorialpolitik und der damit verbundenen Glaubensfrage auf allgemein gesellschaftspolitische oder standespolitische sich ausweitet. Erneut sind es die gewitzten Wortspiele, die Gryphius' politisches Verständnis talentiert verdecken. Nicht nur seine sprachliche Schwächen auch die politische Unkenntnis des Pagen verleitet ihn dazu, ohne Anzeichen von Betroffenheit den König von Schweden mit einem König von Schwaben zu verwechseln. Dies könnte eine Anspielung von Gryphius sein auf die den württembergischen Markgrafen unmittelbar vor dem Krieg 1663 erteilte Genehmigung durch Kaiser Leopold I., sie möchten sich mit dem Adelsprädikat *Durchlauchtig* titulieren.[87] Berücksichtigt man aber den Umstand, dass die nachträglichen Verhandlungen mit Schweden noch 1650 endeten, dann wäre den Annahmen

---

85   Mehr zum inneren Aufbau eines Dramenspiels findet man in den vorstehend angeführten Arbeiten von Emmerling, Hinck und Schlienger.

86   Während des Stücks erreicht Horribili die Nachricht, dass der Kaiser mit Schwedens König Frieden geschlossen hat.

87   Johann Heinrich Zedler: *Universal-Lexicon*, Band 9, Leipzig 1735, Spalte 2074 f, Eintrag *Fridericus VI. Marggraf zu Baden-Durlach*. Sowie: Eckart Conze (Hg.): *Kleines Lexikon des Adels. Titel, Throne, Traditionen*, München: C.H. Beck 2005

Eberhard Mannacks[88] und Armin Schliengers[89] nur bedingt zuzustimmen, die Komödie *Horribilicribrifax* wäre unmittelbar nach Ende des Dreißigjährigen Krieges, also 1648/ 49 entstanden. Man dürfte hingegen den Ansichten Wolfgang Hechts[90] und Walter Hincks[91] wohl eher ihre Übereinstimmung beipflichten, da sie beim *Horribilicribrifax* mit dem Entstehungsjahr 1663 operieren. Solches dürfte angesichts Horribilis kampferprobter Ertüchtigung, mit der er sich zum Besten gibt, dem sog. Österreichischen Türkenkrieg von 1663/ 64 entsprechen. „E che fama non m'acquistai, quando contesi col Gran Turca? [Und was habe ich nicht im Kampf mit dem Großtürken für Ruhm errungen?]"[92] Neben dem Entschluss Leopolds I., nach der gewonnenen Mogersdorfer Schlacht in Eisenburg einen Friedensvertrag zu schließen, war die Erteilung des Adelsprädikats „Durchlaucht" an die württembergischen Markgrafen fürwahr taktisch bestimmt. Es besteht also Grund zur Annahme, das Jahr 1663 dürfte als mögliche Entstehungsperiode durchaus ihre Gültigkeit haben. Damit sollten die hier angesprochenen Konflikte in ihrer potenziellen Bedeutungsfülle aber nicht überbewertet werden. Vielmehr handelt es sich zunächst nur um die sprachliche Anspielung auf Teile der eigenen Kultur, die im europäischen Umfang zum Ausdruck kommen.[93]

Zudem benützen die mehrsprachigen Figuren Daradiri und Horribili sowie der Gelehrte Sempronius stellenweise Spanisch. Allen steht die Sprache nahe, da sie alle mehrere Sprachen aus der romanischen Sprachgruppe beherrschen. Die Herrschaft des kaiserlichen Haus Habsburg über Teile Italiens und die spärliche Erwähnung der Türken im Stück sind die einzigen Anhaltspunkte, die auf Süd-, Ost- und Mitteleuropa verweisen. Lediglich der von den beiden Hauptakteuren im Stück verkörperte Capitano-Typ ist sowohl im dichterischen Ansatz ein Bindeglied als auch zwischen den Teilen Europas, die vom Dreißigjährigen

---

88   Eberhard Mannack: *Andreas Gryphius' Lustspiele – ihre Herkunft, ihre Motive und ihre Entwicklung*. In: Euphorion 58 (1964)

89   Armin Schlienger: *Horribilicribrifax Teutsch. Das Komische in den Komödien des Andreas Gryphius: ein Beitrag zu Ernst und Scherz im Barocktheater*, Herbert Lang & Cre AG, Bern, 1970

90   Wolfgang Hecht: *Christian Reuter*. Metzler Verlag, Stuttgart, 1966

91   Walter Hinck: *Gryphius und die italienische Komödie. Untersuchung zum Horribilicribrifax*. In: Germanisch-romanische Monatsschrift, Bd. XIII, 1963, Band XLIV. der Gesamtreihe, Carl Winter, Universitätsverlag, Heidelberg, 1963

92   *Horribili*, II, S. 31, Z. 17 f.

93   Letztlich soll die Deutungsmöglichkeit bezüglich der zeitweiligen Herrschaftsphasen Wilhelms I. von Baden über seine Ländereien nicht unerwähnt bleiben, berücksichtigt man dazu seine Niederlage gegen den schwedischen General Gustaf Graf Horn. Siehe dazu: Albert Krieger: *Wilhelm (Markgraf von Baden)*. In: *Allgemeine Deutsche Biographie* (ADB). Band 42, Duncker & Humblot, Leipzig 1897, S. 697–699.

Krieg nicht mitgerissen wurden. Damit wird das Thema jedoch wieder auf geschichtliche Vorfälle im deutschsprachigen Machtbereich zurückgeführt (Ermordung des Capitano-Darstellers durch einen spanischen Beamten in Pesaro).[94]

2.2.2 Gegenbilder im Gegentext

Im kaum zu überblickenden Beziehungsreichtum im Stück kann man es nur schwer erwarten, dass es nicht eine Eigendynamik entwickelt. Schon die dramatische literarische Form stellt solches in Aussicht. Da der Handlungsablauf durch verschiedene Wechselreden geleitet wird, würde es wesensfremd erscheinen, wenn der Inhalt der Gespräche nicht die Handlungen der Personen bestimmen würde. Ein Jahrhundert vor Lessing[95] vergleicht Harsdörffer zum einen die Kunstform Literatur und die in ihr zum Ausdruck kommende sprachliche Wirkung und zum anderen die bildenden Künste, welche mithilfe der sinnlichen Wahrnehmung des Sehens wirkt und sagt, die Rolle der Redenden beschreibend:

> Das Trauer- und Freudenspiel ist ein wesentliches / lebendiges und selbstredendes Gemähl / das der Poet ausbildet. Dem Gemähl ermangelt sonsten die Stimme / welche es begeistert und beseelt / dem Gedicht ermangelt die liebliche Figur (welche es für Augen stellet).[96]

Gryphius gestaltete die beiden Hauptakteure der Komödie entsprechend den zeitgenössischen Umständen im Gesellschaftsbild. Höfische Umgangsformen, das ästhetische sprachliche Empfinden der Zeit, all das findet sich im Sprachverhalten der Hauptpersonen wieder, doch ist es eine Bestandsaufnahme herrschender zeitgemäßer Normen, trotz der Tatsache, dass, wie es Gerhard Kaiser feststellt, die „herrschenden höfischen Fremdsprachen der Zeit persifliert"[97] werden. Der kritische Umgang mit den zeitgenössischen Sprachnormen trägt allerdings nichts zur eigentlichen Entwicklung des Stücks bei. Insofern ist die verwendete Sprache, gleich welche es ist, der Textebene zuzuschreiben. Nur die Vermählung zwischen Cyrilla und Sempronius ist ein Resultat, das sich aus der

---

94 Walter Hinck, *Das deutsche Lustspiel des 17. und 18. Jahrhunderts und die italienische Komödie*, S. 123

95 Vgl. hierzu Gotthold Ephraim Lessing: *Laokoon*. In: Werke Bd. 6, Kunsttheoretische und kunsthistorische Schriften, München, Carl Hanser Verlag 1970 (bis 1979), S. 9-187.

96 Georg Philipp Harsdörffer: *Frauenzimmer-Gesprächspiele*; Nürnberg 1642ff. 8 Teile V. 204 § 23, S. 26) vgl. auch Sigmund von Birkens Definition „Red-Spiel" statt 'Schauspiel' in Sigmund von Birken: *Teutsche Rede- bind- und Dichtkunst*, Nürnberg 1679, S. 318ff, XII. Redstuck

97 Gerhard Kaiser, a. a. O., S. 229

textlichen Manifestation entwickelt sowie ein Rededuell zwischen den groß-sprecherischen Daradiri und Horribili. Die Charakterisierung durch die Sprache determiniert die Rollen, die keine weitere Handlungen verstehen, außer dass sie sich im Dialog verwirklichen. Allerdings steht die Rede nicht im Kontrast zur Wirklichkeit, bis auf den Umstand, dass sie sich aus ihrer Überspitzung im Komischen manifestiert. Der Umstand, dass man sich der geltenden Konventionen durch Lachen befreien soll, ist nicht weiter im Bedeutungsgefüge verankert, weshalb im Nachstehenden die Entstehungsbedingungen des Werks an Determinanten gebunden werden, welche die Gesellschaftsentwicklung maßgeblich beeinflussen.

Ein Auslassen der Folgeerscheinungen aus dem Dreißigjährigen Krieg würde den Realitätsgehalt der Komödie sichtbar mindern. Auch die Absicht von Gryphius, dass „in souveränem Gelächter der Albtraum der fremden Soldateska der Kriegsheere, der Schrecken der 30jährigen Leidenszeit abgeschüttelt"[98] werden soll, wie es Gerhard Kaiser nennt, erweckt den Eindruck einer Bestandsaufnahme hinsichtlich der Lage, in der sich die Gesellschaft befindet. Als aus dem Dienst entlassene Offiziere sehen sich die großsprecherischen Gegenspieler Daradiri und Horribili mit einem neuen Gesellschaftsbild konfrontiert, in welchem sie nun neue Wege suchen müssen, um ihre Existenz zu behaupten. Nach getaner Arbeit besteht kein Bedarf mehr an ihren Diensten. Das äußert sich in der Realitätswahrnehmung beider Veteranen, die sich der Gesellschaft anpassend, in einen Konflikt mit den neuen Ansprüchen der Gesellschaft geraten, den sie untereinander in der ihnen bekannten Weise lösen möchten.

Die textliche Realisation stellt sie zunächst in den Kontext gesellschaftlicher Entwicklungstendenzen, die aber ein Abbild der herrschenden ästhetischen Rezeption sind. Diese wird jedoch durch eine geschichtspolitische Wahrnehmung bedingt und beeinflusst das sich in der Gesellschaft herausbildende Normverständnis. Die Situation, dass ein Repräsentant des bürgerlichen Standes, der Diener des Stadthalters, Dionysius, in den Konflikt unter den Hauptakteuren eingreift, lässt die Prozesse der gesellschaftlichen Führung in einem Ständesystem nun vollkommen umgewandelt erscheinen. Es ist gleichsam ein Verwaltungsbeamter, der das Verhalten der Gegenspieler unter Aufsicht stellt, nachdem er sie vorher noch ihrer Merkmale, durch die sie sich kenntlich machen, der Waffen, entzogen hat. Durch die Gebärde in ihrem Verhalten werden sie sozusagen vor den Kopf gestoßen, wobei die Gebärdung sich auf einer nach der ästhetischen Sprachnorm der Zeit vollkommen legitimen Ebene bewegt. Sanktioniert werden sie im Kontext des gesellschaftlichen normativen Gefüges,

---

98   Ebda.

welches die Beziehung einer bestimmten Haltung verlangt, die Gebärdung allerdings nur eine die Haltung abbildende Kategorie ist. Gerhard Kaisers Definition
sieht es wie folgt vor:

> Der Mensch des Barock ist Exponent der Gesellschaft in viel strengerer Weise als
> der moderne Mensch. Dieser will seine Individualität verwirklichen; der barockzeit-
> liche Mensch will eine gesellschaftliche Norm erfüllen. Er verwirklicht sich nicht,
> sondern er leistet sich und geht als einzelner in der Repräsentation des gesellschaft-
> lichen Ideals auf. Indem der Mensch sich selbst in die Norm überführt, zeigt er
> Haltung; indem er die Norm nur prätendiert, zeigt er Pose. Haltung ist ein Leben
> unter den Augen der Gesellschaft, Pose ein Leben vor dem Spiegel.[99]

Die gesellschaftliche Repräsentation lehnt sich an traditionell überlieferte Vorstellungen, die sich zur Geschichte in Bezug setzen. Sie werden zu gesellschaftlichen Leitbildern, quasi zur Norm. Schon dieser Positionsbezug in der Gesellschaft stellt sich also als Pose heraus. Da sich dieser Vorgang sprachlich verwirklicht und nicht die Verwirklichung des Menschen darstellt, bleibt er im Bedeutungszusammenhang des Werks auf der Textebene verhaftet und richtet sich
somit gegen die in der Gesellschaft wahrnehmbaren Prozesse. Die sprachliche
Ebene dient in diesem Zusammenhang als Gegentext, in dem sich die Haltung
erst aus der zur Gesellschaft entgegengesetzt konstruierten Handlung ergibt.

Das Bild des Dieners Dionysius, dessen Name aus der griechischen Mythologie entlehnt wurde und an den rituellen Umgang mit den Lebensvorstellungen
in der hellenischen Antike erinnert, erlaubt es über grundsätzliche Fragestellungen zur Kulturerscheinung überhaupt, gesellschaftskritisch im Hinblick auf
die höfische Kultur einzugehen. Den Diener, der im Übrigen aus dem bürgerlichen Stand stammt, konstruiert Gryphius folgerecht als Gegenbild zu den herrschenden normativen Vorstellungen in der Gesellschaft. Das Gegenbild ist hier
dem Gegentext entgegengesetzt worden, um die Gesellschaft mit sich selbst zu
konfrontieren. Dabei ergibt sich der Text natürlich als Gesellschaftsbild.

2.2.3 Strukturierung im Element

Die im *Horribilicribrifax* auszumachenden verschiedenen Bedeutungsebenen
stufen in diesem Sinne auch die Bedeutungszuweisung auf die verschiedenen
Realitäten des Gesellschaftslebens ab. Einmal mehr wird der historische
Gesamtzusammenhang deutlich. Als sie sich im Krieg gegenüberstanden, half
die Wiedererkennung alter Bekannter nur knapp, einer Tragödie zwischen den
Kriegshelden Daradiri und Horribili zu entgehen. Das wiederholte Duellieren
der beiden Wortgewalten im Stück führt jetzt auf sprachlicher Ebene zu Situa-

---

99   A. a. O., S. 230

tionen, die ähnlich der im Krieg gemachten Erfahrungen entsprechen. Die Wiederholung von Erfahrungen bekräftigt beide in ihrem Anspruch auf ein Heldentum, welches sich aber auf vergangene Zeiten bezieht. Ihr heldenhaftes Auftreten zu einem nun veränderten Zeitpunkt in der Geschichte ist der Versuch, zeitgemäß zu erscheinen. Damit wird die gültige Konvention aber überspitzt, zumal sie sich in ihrem Bewegungskreis festgefahren hat. Beide kommunizieren auf der gegentextlichen Ebene und erkennen dadurch Gemeinsamkeiten, die aber der Realität nicht mehr entsprechen, wobei sich diese ebenfalls noch nicht ausgebildet hat. Sie leben im Gegenbild.

> Horrib. Eine solche positur machte ich in der letzten Niederlage vor Leipzig.
> Darad. So lieff ich in dem Waal-Graben / als man Glogau hat eingenommen.
> Horrib. Ha! ha! Jst er nicht qvesto capitaino, mit dem ich Kugeln wechselte bey der Gula?
> Darad. O! ist er nicht der jenige Signeur mit dem ich Bruederschaft machte zu Schlichtigheim?
> Horrib. Ha mon Signeur, mon Frere!
> Darad. Ha Fradello mio illustrissimo!
> Horrib. Behuete GOtt / welch ein Unglueck haette bald geschehen sollen!
> Darad. Welch ein Blutvergiessen! massacre & strage, wenn wir einander nicht erkennet haetten!
> Horrib. Magnifici & Cortesi Heroi koennen leicht unwissend zusammen gerathen."[100]

Solche Rededuelle dürften zu den Höhepunkten im Stück zählen. Zudem wird die Handlung grundsätzlich von ihnen geleitet. Daher wird das Komödiantische von der textlichen Ebene aus gestaltet, aber die Wirkung wird mit Hilfe von strukturellen Ebenen erreicht. In dieser Hinsicht lässt sich feststellen, dass Figur und Handlung nicht übereinstimmen müssen.[101] Es können also gegensätzlich wirkende Strukturen angenommen werden, in denen sich die konstitutiven Elemente eines Dramenstücks hier in dieser Komödie entfalten. Armin Schlienger nutzt gerade strukturelle Unterscheidungen im Hinblick auf das Stück, um darauf aufbauend das Komische zu erklären, da für ihn „ebenfalls von Handlung, Handlungsführung und Spiel her auf die Wirksamkeit einer strukturbildenden Grundstellung hin zu untersuchen"[102] sei, dass man dadurch relativ sicher davon ausgehen kann „alle Gestaltwerdungs-Möglichkeiten des Komischen systematisch einzufangen, zumal gerade das Verhältnis von Figur und Handlung in *Horribilicribrifax* werthaltig zu sein scheint."[103]

---

100 *Horribili*, V, S. 106, Z. 16-24, S. 107, Z. 1-7
101 Darauf wurde bezüglich des Personenverzeichnisses vorstehend schon hingewiesen.
102 Armin Schlienger, a. a. O., S. 144
103 Ebda.

Verbindet man die Namen der Personen im Stück mit der Handlung, so kann man auf diese Weise schon einen Teil der Komik mit einfangen. Die eigenen Erklärungen zu den Namen der Figuren im Stück, die sie uns geben, stellen sie in die Beziehung zu ihrer Realität, der Welt, wie sie von ihnen wahrgenommen wird. Davon zu unterscheiden ist jedoch die Rezeption des Publikums, deren Wahrnehmung noch durch den Titel bestimmt wird. Es erkennt am Namen des Titelhelden schon etwas 'Horrendes'. Ähnliche Vorgehensweisen findet man sowie beim davorstehenden *Peter Squentz* und der späteren *Dornrose*.[104] Im Untertitel zum *Horribilicribrifax Teutsch*, *Wehlende Liebhaber*, wird der Rahmen für dessen Horrorszenario gegeben. Das dürfte gleichzeitig die erste semantische Ebene im Stück sein, die das Problem der Partnerwahl nach Kriegsende und in einem gesellschaftlichen Neubeginn darstellt. Für Selene gestaltet es sich zum wahren Horrorerlebnis. Auf der Partnersuche nach einer guten Gelegenheit trachtend, wird sie zur besseren Gelegenheit für ihren Werber, Daradiri, der sie als austauschbares Objekt in Besitz nimmt und die Partnerwahl zum regelrechten Tauschhandel degradiert.

> Jch mag euch verschenken / verkauffen / verstechen / verjagen / verschicken / verwechseln / verbeuten / ihr seyd mein avec tous ces deffauts, nicht anders / als leibeigen;[105]

Die sich für Selene zum Albtraum gestaltete Partnerwahl steht im Zusammenhang zum Titel, indem sie thematisch innerhalb des abgesteckten Rahmens stattfindet. In Bezug allerdings zu den anderen Handlungssträngen, die aus dem Titel nicht unmittelbar zu ersehen sind, ergibt sich ein Kontext erst aus den Verbindungen zu anderen Personen, die aber nur aus dem Namen und der von ihnen repräsentierten eigentümlichen Welt sichtbar werden. Neben dem im Titel enthaltenen Bezug zur Partnerwahl, der Brautwerbung, steht das Thema der Auswahl, der Wahl als einer menschlichen Entscheidungsfreiheit. Diese lässt sich an den in Gegensätzen zueinander stehenden Figuren ablesen, die Wertvorstellungen aus verschiedenen Kultur- und Zivilisationskreisen abbilden, welche sich aus ihrer Rolle ergibt und im Namen enthalten sind. Die Zusammenführung der Bedeutungen von den zugrunde liegenden Ausgangsbedeutungen Wahl und Liebe, als der dritten semantischen Ebene, soll im nachstehenden Abschnitt 2.3.1 untersucht werden.

Der erneut starke kulturhistorische Ansatz im *Horribilicribrifax* ist wie schon beim *Peter Squentz* gesellschaftskritisch ausgerichtet.[106] Aus dem zunächst unterhaltenden Thema entwickelt sich parallel ein Bedeutungsbezug, der

---

104 Siehe Abschnitt 1.1.1. Der gesellschaftliche Kontext
105 *Horribili*, V, S. 100, Z. 1-4
106 Vgl. dazu Abschnitt 1.2.2. Semantische Deutungsebenen

soziale Fragen aus der Geschichte hinzuzieht. Wurden in der *Absurda Comica* mit dem Peter Squentz und seiner Mannschaft Handwerker aufgeführt sowie kulturhistorisch deutsche Eigenwerte verwendet, um diese im europäischen Kontext zu stärken, literaturgeschichtlich ebenso auf eine Geschichtlichkeit verwiesen und die höheren Stände am Verlust bzw. kulturellen Absinken kritisiert, so finden diese Inhalte im *Horribilicribrifax Teutsch* eine Kontinuität. Beispiel dafür ist der jüdische Krämer Isaschar. Bezieht sich das Werk auf der nächsthöheren, allgemeineren Abstraktionsebene auf die Wahl und Auswahl, so ist es gerade er, der Daradiris falsches Spiel im Liebeshandel dadurch aufdeckt, dass er den für Selena bestimmten Schmuck als unecht und wertlos entlarvt. Seine Handelskenntnis ist in der Tradition verwurzelt. Die Figur ist ein Konstrukt der Geschichte. Gryphius entnimmt dem Geschichtsablauf wieder Elemente, und integriert sie in das Grundkonzept des Stücks. Im MA war den Juden das Handwerk verboten, sodass sie sich auf den Handel und den Geldhandel umorientierten. Nun wird auch die Nähe zur Cyrilla deutlich. Einerseits verbindet sie der Handel, andererseits ist das Thema des Krieges erneut angesprochen, da der 30jährige Krieg ein Glaubenskrieg war und die Personen im Stück werden in ihren Rollen durch die Religionsgeschichte definiert.(80 oben)

Letztlich lässt sich aus den Namen der Akteure ihr Charakter erraten aber, wie eben dargelegt, auch und ihre Rolle. Die Strukturen reichen zurück bis auf das Konzept der Figuren, welche aber nur begrenzt zur dramatischen Handlung beitragen. Sie tragen dem Inhalt mit ihrer Aussage im durch die Personen strukturierten Bedeutungsgefüge bei. Auf der Textebene gestaltet sich der Aussagewert jedoch durch seine Abbildung im Gegentext.

2.3. Gegentextliche Strukturierung

Die Verwendung von relativ langen Reden im Monolog bzw. Redebeiträgen im Dialog dient den Rednern, um entweder den Eindruck eines hohen Bildungsstandes zu erwecken (Sempronius) oder die eigene Rede dem Kommunikationsideal der Zeit anzupassen (z. B. Horribili). Die Rede geschieht in beiden Fällen, wie Daniela Toscan es richtig festhält, „um des Redens Willen"[107] Dass dadurch keine, wie sie sagt, hohe Qualität gewährleistet wird, hängt damit zusammen, dass die Gestaltungsprinzipien für eine rhetorische Rede gebrochen werden, was dem gebildeten Publikum ein weiteres Merkmal der Komödie sein sollte. Doch aufgrund der gegentextlichen Gestaltung der Reden

---

107 Daniela Toscan, a. a. O., S. 142

setzten sich diese in den Bedeutungszusammenhang des Gesamttextes und dürften alleine für sich genommen nur wenig Bedeutungsgehalt für den Handlungsablauf haben.

2.3.1 Kritik der Erlebniswelt

Ein Bruch mit den poetischen Regeln hat neben seinem möglicherweise komischen Effekt beim zeitgenössischen Publikum zusätzlich noch stellenweise vielleicht zu Verständnisschwierigkeiten geführt, denn nicht jeder sprach so viele Sprachen wie Gryphius und nicht jeder beherrschte gleich jede der zum modischen Ausdruck gehörenden Fremdsprachen. Es ist davon auszugehen, dass dieses Vorgehen des Dichters Gryphius ein kritischer Ansatz ist, da ihm die geläufigen Poetiken ja bekannt waren.[108] Auf die Frage von Horribili, ob Harpax es richtig vernommen habe, was Sempronius beabsichtig, antwortet ihm Harpax: „Mit diesen meinen zweyen Ohren hab ich es gehoeret."[109] Hier wird mit den gültigen poetischen Grundsätzen[110] gebrochen, und der angewendete Pleonasmus steht an dieser Stelle nicht in einer rhetorischen Funktion.

Ein im Werk auszumachender kritischer Ansatz kann aber nicht nur anhand der Kriterien der damals gültigen Poetiken belegt werden. Auch lässt sich an den Verstößen gegen allgemeine Konventionen sprachlichen Handelns beweisen, dass eine Kritik der Werte im Hochbarock stattfindet. Da die Auswirkungen von Brüchen mit Kommunikationsregeln und deren Folgen perzeptionsbedingt sind, sind solche Problemstellungen nach wie vor aktuell. Dieser Umstand spricht für die allgemeine Gültigkeit der menschlichen Wahrnehmungsfähigkeit, die sich unabhängig von der Sprache gestaltet. Für Fricke ist es die „Bindung von Behauptungssätzen an Wirklichkeit und Möglichkeit"[111], was mit Regelverstößen

---

108 Zur Präzisierung des Rhetorikbegriffs führt Daniela Toscan die Auslegungen von Joachim Dyck an, wo er von der Verärgerung des Zuhörenden spricht, im Falle eines erschwerten Verständnisses des Gesagten. Vgl., Dyck, Joachim: *Ticht-Kunst. Deutsche Barockpoetik und rhetorische Tradition*, Verlag Dr. Max Gehlen, Bad Homburg v. d. H.-Berlin-Zürich, 1966. Dyck selbst beruft sich auf Ernst Robert Curtius: *Europäische Literatur und lateinisches Mittelalter*, Bern ²1954 und auf Dockhorn, während er das Problem der literarischen Ästhetik und Grundsätze ästhetischer Standpunkte im Sinne von Einfluss und Wirkung von Kunst untersucht: „(...) pragmatisches Gewinnen von Menschen mithilfe von Menschen." In: Klaus Dockhorn: *Die Rhetorik als Quelle des vorromantischen Irrationalismus in der Literatur- und Geistesgeschichte*, Nachr. d. Akad. d. Wiss. In Göttingen, phil.-hist. Klasse, Jg. 1949, Nr. 5, S. 109-150, S. 115.
109 *Horribili*, III, S. 61, Z. 14 f.
110 Z. B. Martin Opitz' *Buch von der Deutschen Poeterey*.
111 Harald Fricke: *Norm und Abweichung*. München 1981, S. 65

gegen die Sprachstruktur im grammatischen Sinne nichts Gemeinsames hat. Bis auf Tautologien oder der Verdrehung von Lautpositionen im Silbengefüge ist angesichts des damaligen Standes in der zum Standard bestrebten deutschen Gelehrtensprache, nichts an weiteren Verstößen gegen sprachliche Strukturnormen zu erkennen. Der Bruch allerdings mit allgemeinen Regeln, die zum üblichen Sprachverhalten bzw. zur Sprachkonvention gehören, referiert auf eine Auseinandersetzung mit Gesellschaftskonventionen und ist somit eine Kritik an den Missständen in der Gesellschaft.

Diese kritischen Bezüge auf die gesellschaftliche Realität, sollten im Zusammenhang mit dem Anlass für die Entstehung der Komödie zu sehen sein. Das von den Nachkriegsfolgen gezeichnete Gesellschaftsbild spiegelt sich in den immer noch anzutreffenden Denkmustern aus der von Tod und Verderben gekennzeichneten Zeit wieder. Die Parallelen dazu finden sich in der Annäherung des Stücks an die im Früh- und Hochbarock herrschenden Motive 'vanitas' und 'carpe diem'. Im *Peter Squentz* liest sich die Unmittelbarkeit der Personen im Stück noch als ausbleibende Distanz.[112] Im *Horribilicribrifax* wird eine solche aber anhand des gegentextlichen Abstraktionshergangs dem Stück gegenüber verlangt. Sie erlaubt die Wahrnehmung der sich aus dem Gegentext ergebenden Gegenbilder, die in gegenseitiger Konfrontation zum Gesellschaftsbild führen. Die thematisch geforderte Beständigkeit liest sich dann gleichfalls als Gegentext. Stellenweise wird das in der Literatur als Tragödienmotiv in der Komödie erschlossen, und die zahlreich erarbeiteten Verwandtschaften können mancherorts im Text unbestritten ausgemacht werden.[113] Doch die an diesen Stellen angesprochene Beständigkeit ist ein Thema, dass der Tragödie entliehen wurde, um im Kontext der wankenden gesellschaftlichen Situation des aufgrund der Kriegsfolgen teils absinkenden Adels, dieses den ethischen Werten des Bürgertums anzunähern. Auszumachen ist das an der Beziehung der verarmten adeligen Sophia und dem Diener des Stadthalters Cleander, Dionysius. Diese strukturellen Momente verweisen auf ethische Werte, die erneut mit bürgerlichen Motiven in Verbindung gebracht werden und bezeichnen auf diesem Wege Prozesse, die erst im 18. Jh. ihre volle Blüte erreichen sollen.

Solch eine kritische Aufnahme von Zuständen in der Gesellschaft kann man aus dem Verhältnis des im Untertitel gegeben Zusammenhangs deuten. Die im Binnentitel enthaltene nun dritte Deutungsmöglichkeit verweist auf eine Ebene, in der die Themenstellungen aus der näheren Geschichte verbunden werden mit

---

112 Siehe dazu Abschnitt 1.3.3 Herausbildung sozialer Strukturen in der Literatur

113 Vgl. Hinck, *Das deutsche Lustspiel des 17. und 18. Jahrhunderts und die italienische Komödie.* Germanistische Abhandlungen 8, Stuttgart 1965, S. 124 f., auch Mannack a. a. O. S. 20 ff., dem sich Kaiser (a. a. O.) ebenfalls anschließt.

ihren Motiven und gleichzeitig aber auf jetzt zeitgenössische Themen referieren. Es ist die Liebe als der Wahl zwischen Leben und Tod. Cleanders Mittlerrolle, der den Verwalter der göttlichen Vorsehung spielt, führt zur Entstehung eines dualistischen Bildes über die Ehe. Für Sophia ist die Verheißung eines irdischen Glücks weiterhin unerreichbar. Sie steht immer noch im Beziehungsgefüge der Kriegsjahre. Und ihre Wahrheit liegt ebenso immer noch in der Vergänglichkeit alles Irdischen, so auch der Liebe, die im Tode manifest wird. Anders bei Cyrilla, bei der das Motiv der Vergänglichkeit ebenfalls erkennbar ist, doch überwindet sie diese, sodass bei ihr an die Stelle des Todes die Ehe treten kann: „Die Ehe steht im Bedeutungsgefüge der Komödie an der Stelle des Todes in der Tragödie – sie ist Ort der Wahrheit,"[114] sagt Gerhard Kaiser.

Cyrillas Wortkauderwelsch bildet den Gegentext ad personam. Dadurch, dass sie ihre Person und ihre Figurenrolle am Ende überwindet, überwindet und manifestiert sie zugleich den Gegentext. Das Gegenbild zu dieser Textkomposition ist jedoch Sophia, die sich sprachlich aus dem stückinternen Text abhebt und damit selbst einen Gegentext zu allen anderen Reden bildet. Aufgrund ihres Festhaltens an Wertvorstellungen, die in den historischen Ereignissen unterdessen überwunden worden sind, manifestiert sie überholte Wertvorstellungen, die nur aus neu erschaffenen Kategorien heraus überwunden werden können. Erst in Konfrontation mit dem Tod kann ihr Wesen zum Ausdruck kommen, aber nur im neuen Wertesystem kann sie gerettet werden. Gerhard Kaiser überführt die Gestalten in die Helden des jeweiligen Dramenkonzepts, die im *Horribilicribrifax* beide vorhanden sind:

> Wenn die barocke Dramenfigur überhaupt in die Spannung von Sein und Schein gestellt ist, so wird der Tragödienheld daran gemessen, ob er fähig ist, durch den Schein des Irdischen zum jenseitigen, wahren Sein der religiösen oder sittlichen Werte durchzustoßen. Der Komödienheld hingegen empfängt sein Urteil aus dem Abstand seines wahnhaften Bewußtseins von der praktischen Wirklichkeit des Lebens.[115]

Damit entsprechen die Gegensätze der beiden Figuren Sophia und Cyrilla den stückinternen Gegensätzen, die entgegen dem Gegentext gebildet werden. Auf diese Weise werden Gegensätze von Werten präsent, die jeder in einer ihm oder ihr eigenen Erlebniswelt abbildet. Die Existenz verschiedener Wertekategorien erklärt sich aus den unterschiedlich konzipierten Figuren; sie werden ihrem Charakter gemäß verwirklicht, deuten aber auf die gemeinsame Erlebniswelt hin. Die Kritik richtet sich somit gegen ihre Deutung innerhalb ihres Existenzbereichs.

---

114 Gerhard Kaiser, a. a. O., S. 238
115 A. a. O., S. 230

2.3.2 Textliche Manifestation

Der Bezug der verschiedenen Ebenen zueinander, denen allen eine gewisse Komik immanent ist, wird für den Leser bzw. das Publikum dahingehend verschleiert, als dass sich die Realität und ihr Abbild im Text durchdringen. Ein zusätzlich verwirrender Moment ist die Textstruktur, in der sich eine große Zahl an Bedeutungen gegenläufig verhält. Das heißt für den Text als solchen, dass er sich in den Gegensätzen bisweilen aufhebt. Das ist auch das letztgültige Rezept, um zum „Happyend" zu kommen. Durch die gegenseitige Aufhebung der Bedeutungen mittels gegensätzlich konzipierter Bilder, die sich aus der Textstruktur ergeben, zum einen in Bezug zur Realität und zum anderen in Bezug auf die Negativfunktion für die abgebildeten Gegenbeispiele gelingt es, die Existenz der Figuren moralisch zu rechtfertigen. Aber nur in der gegenseitigen Negation der Figuren kann ihre Existenz gerechtfertigt werden. Gerhard Kaiser argumentiert in der entgegengesetzten Reihenfolge:

> [...] solche spiegelfechterische Existenz im Spiegelbild ihrer selbst [wird] ihrer selbst komisch gerichtet [...], wobei in der spiegelbildlichen Verdopplung beide Figuren sich aufheben, denn Urbild und Spiegelbild sind nicht zu unterscheiden, jeder hat nur das Spiegelbild der Nichtigkeit des anderen Existenz.[116]

Inwieweit man Gryphius eine Kritik zusprechen kann, die gegen das gesellschaftlich genormte Sprachverhalten gerichtet ist, hängt offensichtlich von der Perspektive ab, welcher der Strukturebenen man zugeneigt ist. Dies sollte der hier vertretenen Meinung nach aber nicht vom damals gültigen Formverständnis aus geschehen, da dieses ein ästhetisches Empfinden der Zeit, also, salopp gesagt, der Zeitgeschmack war. Die vor der Komödie stehenden früheren Werke von Gryphius[117] stehen zeitgeschichtlich in einem vollkommen anderen Kontext und lassen einen Kontinuitätsstrang eher zum Werk von Daniel Casper von Lohenstein erkennen.[118] Wollte man die sprachliche Norm untersuchen, auf ihren ästhetischen Gehalt und die damit verbundene Aussagekraft hin, eventuell

---

116 Gerhard Kaiser, *Horribilicribrifax Teutsch. Wehlende liebhaber*, S. 231

117 *Leo Armenius oder Fuerstenmord* und *Carolus Stuardus* z. B. aber auch *Catharina von Georgien*. Das Trauerspiel *Cardenio und Celinde* weist schon erheblich bürgerliche Motive auf und zeigt damit eine richtungsweisende Entwicklungstendenz im Kontext von Gryphius' Komödien auf.

118 Das Werk seines Sohnes Christian wird dahingegen in der Literatur kaum im Bezug zu Vater Andreas behandelt, obgleich sich daraus neue Einsichten in das streng normative Hochbarock gestellte Gesamtwerk Andreas Gryphius' ergeben dürften. Solches würde aber den Rahmen dieser Arbeit sprengen, da es auf den pädagogisch-didaktischen Zusammenhang verweist. Siehe: Dietrich Eggers: *Die Bewährung deutscher Sprache und Literatur in den deutschen Schulactus von Christian Gryphius*, Meisenheim am Glan, 1976

ein System von Bedeutungen, dass die menschliche Innenwelt präsentiert, dann würde man mit Sicherheit zur konstitutiven Leistung der dichterischen Sprache in der Gesellschaft kommen. Wirkungsabsichten dieser Art zeichnen zwar ebenso realistische Wirklichkeitsbilder nach, widersetzen sich dem zerstörerischen Faktor der Natur, der auch hier in gegenläufigen Prozessen überwunden werden soll, allerdings durch die schöpferische Innenwelt des Menschen. So werden mithilfe dieser geistigen Anstrengungen einerseits die Naturgewalten bewältigt, welche die Gesellschaft zersetzen und andererseits wird, im Menschen möglichen Kraftakt und in der ihm eigentümlichen Natur seiner Innenwelt, beide zusammenführend, der funktionelle Beitrag für eine Gesellschaft im Mobilisieren der Affekte deutlich.

Freilich berührt der *Horribilicribrifax* zu einem Teil Fragen der Definition einer Gesellschaft, aber eben nur zu einem Teil. Konträr gestaltete Bezugspunkte auf der textlichen Ebene und in den abgebildeten Bedeutungen führen in letzter Konsequenz aber nicht zu einer im Geistigen vereinten Gesellschaftsdynamik. Die an sehr vielen Stellen erwähnten Gemeinschaftsmähler legen den Verdacht nahe, dass die Gesellschaft als Bestandteil der menschlichen Integrität vielleicht doch ein zentrales Anliegen ist. Sehr unterschiedliche Zusammenhänge in der Verwendung dieses rituellen Beisammenseins von Menschen, von verschiedenen Personen ausgesprochen[119], evoziert den Tisch als Sinnbild, das im Kontext der Redner im Einklang mit ihrer Rolle steht und zur Herausbildung ihrer Figur beiträgt. Deshalb ließe sich die Gesellschaft im *Horribilicribrifax* eher als Gemeinschaft von durch ihre Lebensgeschichte determinierte individuelle Erscheinungen deuten, die auf einen gesonderten Gesellschaftsteil referieren. Das im Text gebildete Gesellschaftsbild ist gerade deswegen auch ein Bild der individualisierten Typen. Klarer wird es im Gegentext, aus dem Gegenbilder der Gesellschaft abgeleitet werden. Armin Schliengers Interpretation mag zwar Anhaltspunkte geben, um einen anprangerten allgemeinen modischen Umgang mit der Sprache zu deuten; sie finden sich aber nur auf der textlichen Ebene, nicht auf der Ebene des Gegentextes. Daher ist die von Schlienger angezweifelte Fragestellung bezüglich der Fragwürdigkeit der Kunstformen durchaus legitim.

Die Feststellung Lötschers, in der er den Horribili als Extrempunkt einer in sich hineingesteigerten Sprachquelle erschließt, schafft eine Parallele zum Schöpfertum der Dichter. Die Verstöße gegen sprachliche Normen sind ein Resultat der grenzüberschreitenden Unbändigkeit der Sprache; sie quellt aus dem Schöpfer und beherrscht ihn; sie ist die Natur, er ihr Mittel.

Gerade Horribili erweist sich als überaus sprachschöpferisch. In dieser Fähigkeit liegt aber eine weitere Quelle für normwidrige Spracherscheinungen. Horribili lässt

---

119 Isaschar, S. 75; Cleander, S.57, 75; Horribili, S. 37; Harpax, S. 71

sich von der Sprache zu vernunftübersteigenden Dimensionen hinreissen. Er selbst wird von der Sprache beherrscht. Auch in der Sprachwendung äussert sich also Horribilis reines Affektwesen.[120]

Der von Lötscher gebildete Kontext stellt Horribili als Ebenbild seiner schöpferischen Kraft dar. Er ist aber auch Abbild des Gegentextes, der sich in seinem Gebaren jedem entgegensetzt. An einen Tisch zusammensetzen, möchte er sich mit dem Gelehrten Sempronius. Die Beziehung des Schöpfertums zur Gelehrtheit wird zur Perspektive, aber auch zur literarischen Selbstkritik.

Vorgänge dieser Art bezeichnen das Selbstverständnis des dichterischen Schöpfertums als eine Entfernung von der Vorstellung des göttlichen Sprachrohres. Es würde jedoch zu weit gehen, das als einen Ansatz von beginnenden Säkularisierungsprozessen zu deuten. Richtig ist doch aber die Verbindung zu der Abstufung von gesellschaftlichen Machtbereichen. Eine leitende Position im Bereich der Gesellschaftsführung entspricht nicht mehr dem Bedarf an standesgemäßen Definitionen. Die Entscheidungen, die Gesellschafts-bestimmend in das Einzelleben individualisierter Personen eingreifen, bedürfen zwar weiterhin der göttlichen Rechfertigung, werden aber nicht mehr von einem gottgewollten Souverän geleistet. Emmerlings Interpretation, die von einem 'Säkularisierungsprozess' in der Gestalt des bürgerlichen Cleanders spricht, da sie als „Richter der Welttheaterspiele" auftritt,[121] findet sich ja bei Kaiser auch wieder. Eines seiner früher erwähnten Zitate wieder aufgegriffen,[122] welches sich ebenfalls auf Cleander stützt, wie er sagt:

im Sinnhorizont der Komödie der Statthalter Gottes, der die Guten belohnt, die Bösen bestraft, indem er im großen Hochzeitsreigen die einen ins irdische Paradies der Liebeserfüllung führt (...) die anderen in die irdische Hölle der schlimmen Ehe verweist,[123]

wird von Schlienger insoweit relativiert, als dass er bemerkt, dass „Cleander nirgends Züge eines 'Strafenden' trägt"[124] und um auf die ins Sakrale verweisende Ästhetisierung zu sprechen zu kommen, „man muss sich hüten, eine 'schöne Figuration' hineinzulesen."[125]

Die in das Gesellschaftssystem der Ständegesellschaft eingreifenden Ansätze werfen im Weiteren die Frage nach den in Abschnitt 2.2.1[126] angespro-

---

120 Lötscher, *Andreae Gryphii*, S. 277
121 Vgl. Emmerling, *Untersuchungen zur Handlungsstruktur der deutschen Barockkomödie*, S. 193
122 Siehe S. 106, Anm. 114
123 Gerhard Kaiser, *Horribilicribrifax Teutsch. Wehlende liebhaber*, S. 238
124 Armin Schlienger, *Horribilicribrifax Teutsch*, S. 193, Anm. 157
125 Ebda.
126 Siehe S. 96, Anm. 85

chenen Kategorisierungstendenzen der Komödie auf. Friedrich Gundolf liest in dieser funktionsorientierten Gestaltung der Figuren eine dichterische Absicht heraus, welche auf die Handlung ausgerichtet ist. Es bleibt aber weitestgehend unklar, wie er es sich erklärt, dass die zentralen Eigenschaften einer Komödie, die personen- bzw. charaktergebunden sind, dafür sprechen, von einer Handlungskomödie auszugehen.[127] Doch betrachtet man die im selben Maße zum Ausdruck kommende gesellschaftliche Tragweite dieser Komödie, dann stellt man fest, dass die Personen im Stück, wenngleich sie auf historisch verankerte Verhältnisse referieren, nur bedingt dazu fähig sind, gesellschaftsträchtig in Bezug zu den normgebenden Dynamisierungsprozessen zu treten. Der Teil, in dem sie dazu fähig sind, bezieht sich auf die sozial kleinstmögliche Ebene, die Ehegemeinschaft, die sich wiederum ebenso aus der Lebensgeschichte eines oder einer Einzelnen, der generationsübergreifenden Familientradition im Sinne einer familiengeschichtlichen Verankerung ergibt. Die Handlung bzw. das Beeinflussen der Handlung liegt nicht im Ermessungsbereich der Personen. Es ist eine Kategorie, die über die Personen hinaus und auch deren soziale Bindung übergreifend zum Ausdruck kommt, in der sich die Charaktere einfügen, um zum Teil eines unausweichlichen Geschehens zu werden

.

---

127 Diesbezüglich sagt Gundolf: „In den Komödien sind die Charaktere oder vielmehr Karikaturen, das heißt die Eigenschaften die Hauptsache, und die *Handlung* ist nur dazu da, diese Erscheinungen in eine groteske Erscheinung zu bringen." Friedrich Gundolf, *Andreas Gryphius*, Heidelberg 1927, S. 31

3. Kontur oder en face. Gryphius' *Majuma*

Über das Werk *Majuma* ist in der Sekundärliteratur bisher nur wenig geschrieben worden. Grund dafür kann die tatsächlich seltene Aufnahme des Werks in einen Sammelband von Gryphius' Werken sein. Genauer genommen findet das Stück eine Aufmerksamkeit nur, wenn es in eine thematische Ausgabe der Werke von Andreas Gryphius aufgenommen[1] und mit eventuell einer Erwähnung im Vorwort gewürdigt wird.[2] Für das Spiel *Majuma* möchte man also sagen, dass bei dessen Rezeption jegliche Kontextualisierung ausbleibt, da man auch nur bedingt von einer Wahrnehmung des Werks überhaupt reden kann. Als einziger bisher ausgemachter Titel, der sich im Spezifischen nur mit diesem Werk beschäftigt, ist zumeist vergriffen, ausgeliehen, da es sich um einen Beitrag in einer Zeitschrift handelt, deren weitere Titel vermutlich zur Auslastung des Sammelwerkes führen. Die kurzen Inhaltsverweise, die man zum Beitrag über das Festspiel findet, geben, wie man sonst schon aus dem Titel schließen kann, einen knappen und deutlichen Hinweis darauf, dass es sich um einen ersten, grundlegenden Ansatz handelt, der uns den verwendeten Wortschatz im Werk in positivistischer Manier wiedergibt.[3]

Als einzig mögliche Vorgehensweise, sich mit dem Werk *Majuma* zu beschäftigen, bleibt eine Kontextualisierung des Werks, die sich zunächst auch an die technischen Merkmale hält, um im Folgenden daraus Rückschlüsse aus dem gesellschaftlichen Rahmen zu erhalten, der als maßgebliches schöpferisches Umfeld verstanden wird. Da das Thema 'Geschichte' in allen Werken von Gryphius anzutreffen ist, wird dieser Aspekt zusätzlich als Prämisse miteinbezogen.

3.1. Die Verortung von Bedeutungen

Nun soll die Ansatzweise in der vorliegenden Arbeit nicht versuchen, aufgrund der spärlichen Werkausgaben einen kritischen Apparat zu schaffen. Es ist ebenso wenig das Anliegen dieser Untersuchung, etwaige Unterschiede zwischen den Ausgabeversionen, wie sie von 1657, 1663 und 1698 bestehen, aus-

---

1   Z. B.: Dietrich Walter Jöns: *Majuma, Piastus.* In: *Die Dramen des Andreas Gryphius. Eine Sammlung von Einzelinterpretationen,* (Hrsg.) Gerhard Kaiser, J. B. Metzlersche Verlagsbuchhandlung, Stuttgart, 1968, S. 285- 304

2   Hermann Palms Vorwort zu „Majuma" in seiner Ausgabe der *Werke* des Andreas Gryphius, Bd. 1: *Lustspiele* (Fotomechanischer Nachdruck der Ausgabe Tübingen 1878), Darmstadt 1961, S. 173 f.

3   Gabel, Gernot Uwe: *Andreas Gryphius, Piastus, Majuma: ein Wortindex.* In: *Indices zur deutschen Barockliteratur 1,* Hamburg, 1972

findig zu machen. Im Nachstehenden liegt die 1657 abgedruckte Erstausgabe vor, zum einen in der Ausgabe von Marian Szyrocki und Hugh Powell[4] und zum anderen die auf Mikrofilm bereitstehende Ausgabe, die in der Faber du Faur Edition enthalten ist und derzufolge zitiert wird.[5]

Wie schon bei den vorstehend behandelten Werken kennzeichnet auch in diesem Fall der Autor selbst den Charakter seines Dramenstücks. Die damit verfolgte Absicht kann aus dem historisch belegten Anlass zur Entstehung des Stücks einwandfrei entnommen werden. Das Freuden≈Spiel entstand zur Feier des am 31. Mai 1653 zum römischen König gewählten Ferdinand IV. Der Geschichtsschreibung zufolge fanden die zur Krönung gehörenden Festlichkeiten zu Ehren des ältesten Sohnes von Kaiser Ferdinand III. vom 8. bis 18. Juni 1653 in Regensburg statt.[6] Mercurius ist in der Rolle eines Götterboten eine Nebenperson, die im Personenregister zunächst nicht angeführt wird, und würdigt zum Ende des Spiels hin die Erhebung Ferdinands ins Königsamt unmittelbar mit den Worten:

/ der grosse FERDINAND
Gibt vor sich diesem Reich sein Hertz zum hoechsten Pfand
Das Haupt der Czechen Schutz / der Hunnen Zuversicht /
Das so viel Voelker hat durch Maejestaet verpflicht
Wird heut mit Carols Schmuck und Kronen Gold geziert
Und von acht Fuersten selbst auffs Vatern Thron gefuchrt /[7]

Das Schicksal wollte es nicht, dass der Erzherzog von Böhmen und Ungarn den Thron seines Vaters besteigt. Er stirbt knapp ein Jahr später, nämlich am 9. Juli 1654. Das Stück wurde dann anlässlich der Vermählung von Pfalzgräfin Elisabeth Maria Charlotte mit dem Herzog Georg III. zu Liegnitz und Brieg im Jahre

---

4   *Andreas Gryphius*, Gesamtausgabe der deutschsprachigen Werke VIII, (Hrsg.) Marian Szyrocki und Hugh Powell, Lustspiel II, Max Niemeier Verlag, Tübingen, 1972

5   *German Baroque Literature*, A catalogue of the collection in the Yale University Library vol. 1, by Curt von Faber du Faur, New Haven and London, Yale University Press, 1958. Interessant ist, dass in einer weiteren Edition, die ähnlich umfassend ist, German Baroque Literature, A descriptive catalogue of the collection of Harold Jantz, Vol. II, New Haven, 1794, Research publications, Inc., das Werk nicht erwähnt wird.

6   Siehe *Allgemeine Encyclopaedie der Wissenschaften und Künste* ..., bearbeitet und herausgegeben von J. S. Ersch und J. G. Gruber u. a., Section I, 43. Theil, Leipzig 1846, Artikel *Ferdinand III.*. Und Constand Wurzbach von Tannenberg: *Biographisches Lexikon des Kaiserthums in Oesterreich*, Bd. 6, Wien 1860, Artikel *Habsburg*, S. 189. Zur allgemeinen Verwirrung, die bei der genauen zeitlichen und örtlichen Bestimmung des Ereignisses entstehen kann, vgl. Anm. 13 u. 18.

7   Andreas Gryphius: *Majuma*, III, S. 20, Vers 116-121. Siehe hierzu auch S. 115, Anm. 18 und das darauffolgend Angeführte.

1660 in Glogau aufgeführt. Schließen lässt sich das aus der nachträglich verfassten Widmung von Andreas Gryphius', wo er ausdrücklich sagt, er habe das Stück ausschließlich für dieses Ereignis „auffgesetzet".

Angesichts dieser eindeutigen Hinweise ist der Festspiel-Charakter schließlich doch auch vorauszusetzen. Tatsächlich ist die Rede Chloris' festlichen Charakters. Zwar nicht ganz durchgebildet, nähert Gryphius ihre Sprache dem Alexandriner: „MAtuta schau vons Himmels≈Festen nieder/."[8] Dazu im Kontrast wird die Spannung, aus der sich die Kernhandlung entwickelt, durch die Sprache des Kriegsgottes Mars geschaffen. Die Sprache wird so als tragendes Moment genutzt. Er spricht in dynamischen Daktylen, die seiner Rolle entsprechen. Die abfallende Metrik entspricht dabei dem zugrunde liegenden Thema des vergangenen Krieges. Anhand der Sprache kennzeichnen sich so formale Gegensätze im Spiel ab, die innere Umschläge erwarten lassen und die Personen gleichzeitig funktional zu Typen ausbilden.[9]

Im Vergleich zum Schimpf- oder Scherzspiel definiert der eine Gelegenheit bietende Anlass, den Ansatz demzufolge als Gelegenheitsdichtung. Dietrich Walter Jöns interpretiert dieses Vorgehen von einem Erlebnis ausgelöst:

> „(...) die Gelegenheit als auslösendes Moment für ein den konkreten Anlaß transzendierendes und in seines Bedeutung aufschließendes individuelles Erlebnis, aus dem heraus das Gedicht gestaltet wird."[10]

Er geht dabei von der Goetheschen Definition aus, welcher sich dieser zur Beschreibung seiner Arbeit bediente. Nämlich,

> „daß sie alle, durch mehr oder minder bedeutende Gelegenheiten aufgeregt, im unmittelbaren Anschauen irgendeines Gegenstandes verfaßt worden, deshalb sich nicht gleichen, darin jedoch übereinkommen, daß bei besonderen äußeren, oft gewöhnlichen Umständen ein Allgemeines, Inneres, Höheres des Dichter vorschwebte."[11]

Das dürfte auch die Erklärung dafür sein, weshalb sich die Sprache in der *Majuma* im Vergleich zu seinen Trauerspielen gleichsam leicht und erheiternd präsentiert. War die Tragödie *Carolus Stuardus oder Ermordete Majestaet* auch aus einem aktuellen Anlass geschrieben worden, der Hinrichtung des englischen Königs Karls I., und schrieb Andreas Gryphius dazu im Alexandriner, liest sich das Werk aber natürlich in Anbetracht der hoch stilisierten Sprache recht schwer, mit vielen innersprachlichen Unterbrechungen, welche auf diese Weise das Unverständnis gegenüber den Zeiten solcher Ereignisse festhalten. Anders

---

8   *Majuma*, I, S. 7, Vers 1
9   Siehe dazu Abschn. 3.3.1. Literatur aus Ausdruck eines Gesellschaftsbildes
10   Dietrich Walter Jöns: *Majuma*, a. a. O., S. 285
11   *Johann Wolfgang von Goethe, Werke*, Hamburger Ausgabe I, Erich Trunz u. Hermann August Erich (hrsg.), Hamburg : C. Wegner, 1952, S. 393

verhält es sich dagegen beim Stück *Majuma*, welches schon im Titel den Anschein einer gesanglichen Tendenz erweckt. Die Verwirrung um den Entstehungszeitpunkt des Stücks, welche Hermann Palm noch als „die Lösung des Widerspruches (...) dahin gestellet sein lassen"[12] will, weil er davon ausgeht, dass dies nichts zum Verständnis beitragen würde, wird er von Jöns im Zusammenhang der bei Gryphius bekannten Vorgehensweise gelöst, dass dieser nämlich die Daten in Abhängigkeit von der Bedeutung verwendet.[13]

Neben der gesanglichen Tendenz ist die Verlegung des Stücks in den „Mayinmond des Jahres 1653" offensichtlich im Titel wieder zu finden und steht ganz in Bezug zum Frühlingserwachen der Natur. Der dargestellte Neubeginn eines Jahreszyklus' soll wohl an die Wiedergeburt und das neue Leben, das man sich erhofft, erinnern. Gott selbst lässt das durch seinen Boten Mercurius ankündigen:

Im ersten Fruehling Trotzt: Wenn sie den Knopff entschleust
Wenn sie der Perlen Tau / anmuttigst uebergeust
Und ihr Fleisch Farben≈Glantz ein wundernd' Aug anlacht
Schwermt die bemuethe Bien um ihrer Bletter Pracht;[14]

Der wahrzunehmende allegorische Aufbau des Spiels kann insofern zweifach interpretiert werden. Zum einen gestattet er Jöns, bloß eine „symbolische Spiegelung"[15] des Anlasses wahrzunehmen, zum anderen hält er aber im gleichen Schritt fest, dass der allegorische Charakter „den Anlaß selbst thematisiert"[16] und dadurch „entweder ins Spiel hineingenommen wird oder aber das Spielgeschehen in mehr oder weniger deutlicher Form den Durchblick auf die gemeinte Realität offenhält [...]."[17] Diese zwei sprachlichen Funktionen, die mit dem Symbolgehalt, der in der Sprache abbildend enthalten ist, einerseits den festlichen Anlass zu kennzeichnen und andererseits die Bedeutung des Ereignisses im barocken Stil auszuschmücken, sind beide inhaltlich durchaus belegbar. Die symbolische Manifestation des Ereignisses spricht erneut Mercurius

---

12 Hermann Palms Vorwort zu *Majuma*, a. a. O., S. 174
13 Im Einzelnen dazu bei Dietrich Walter Jöns: *Majuma*. Bei Hermann Palm findet sich eine solche Terminwahl als die sonst übliche Praxis im Gesellschaftsleben. Hieraus geht hervor, dass das Krönungsfest in Glogau auf den 24. Juni gelegt wurde, und man deshalb vom „Krönungsfest Johanniter" spricht, welcher der Johannestag, der Feiertag zum Gedenken von Johannes dem Täufer ist, und die von Gott berufene Salbung zum Staatsoberhaupt ins Gedächtnis ruft.
14 *Majuma*, III, S. 20, Vers 112
15 Dietrich Walter Jöns: *Majuma*, a. a. O., S. 286
16 Ebda.
17 Ebda.

aus. Er bekräftigt damit noch einmal den Anspruch auf die göttliche Vorsehung, die einen Repräsentanten Seines Willens bestimmt.[18]

Ein weiteres Problem, das sich aus der zum symbolischen Zweck stattfindenden allegorischen Einkleidung ergibt, ist die klare Trennung zwischen der Symbolik der verwendeten Ausdrücke und Bezeichnungen zum einen und dem allegorischen Gesamtzusammenhang auf der anderen Seite. Mercurius Aufruf: „Spuert einen euen May in dem Augustus Stadt"[19], verleitet Palm dazu, die Krönung ausschließlich nach Regensburg zu verlegen, wo zwar die Feierlichkeiten zeitlich nach der Wahl stattfanden, sie aber im Mai 1653 in Augsburg durch die Wahl beschlossen wurde. Gryphius bezieht sich freilich auf das Wahlereignis sowohl zeitlich als auch örtlich. Die Stadt Augsburg hat für Gryphius noch einen zusätzlich symbolischen Gehalt. Es stand ihm nahe, diesen Termin zu wählen, da sich die Krönung mit der römischen Krone vereinbaren ließ, zusammen mit dem Städtenamen Augsburg, und er dadurch auf Kaiser Augustus sowie auf die römische Tradition verweisen konnte. Man sollte es daher nicht unterbewerten, dass die Bedeutungsträchtigkeit der verwendeten Symbolik Verwirrung stiften könnte, wenn man nicht zwischen den Festlichkeiten einerseits (siehe Glogau, 24. Juni, Johannestag), wobei sich Palm an die in Regensburg abgehaltenen Feierlichkeiten orientiert, die für sich genommen ein Ausdruck an symbolischer Zeremonie sind, und andererseits der Verwendung Augsburgs als symbolischen Ort für das Römische Reich.

Ganz etwas anderes ist die allegorische Funktion des Zeitpunktes, den Gryphius wählt. Die Frühlingszeit dient ihm offenbar, um zum einen Teil durch häufig verwendete Blumenmotive, „Kom / denn / komm und laß uns eylen [/] Jn das Blumenreiche Feld"[20], das Ereignis gebührend mit einem ästhetischen Sinnbild auszuschmücken und zum anderen um dem gesamten Spiel allegorisch einen Inhalt zu verliehen. Der Schauplatz ist dementsprechend in den technischen Angaben als Lustwald und Blumengarten beschrieben.

---

18 Siehe vorstehend ebenso S. 112, Anm. 7
19 *Majuma*, I, S. 8, Vers 55 ff.
20 *Majuma*, II, S. 11, Vers 19 f.

3.2. Kulturgeschichtliche Einflüsse

3.2.1 Sozial bedingte Ansprüche

Durch die Gestaltung in drei Akten, mit der einleitenden Vorrede eines Waldgottes und dem das Stück abschließenden Tanzreigen, wirkt das Spiel dynamisch und erhält einen thematischen Rahmen. Das sich aus den früheren Werken fortsetzende Thema Geschichte kehrt in der *Majuma* zu ursprünglichen Vorstellungen über die eigene Kultur zurück, erinnert jedoch mittels der verwendeten grundsätzlichen Motive an historisch vorhandene Gegensätze. Gryphius' Leben in den östlichen Gebieten des Reichs sieht sich mit einem Umfeld konfrontiert, welches in der habsburgischen Dynastie zusammengefasst wird. Der ebenfalls von slawischen Völkern besiedelte Raum von Breslau hinunter nach Böhmen in Richtung Ungarn war teils Macht-, teils Einflussbereich der Habsburger. Es ist umso erstaunlicher, dass gerade Gryphius dazu erwählt wurde, aus seiner Position als Syndikus der Glogauer Landstände, aus einer Gegenposition also, zur Krönungsfeier im Haus Habsburg ein Stück zu verfassen. Da das Stück letztlich aber während der Hochzeitsfeierlichkeiten zur Heirat von Pfalzgräfin Elisabeth Maria Charlotte und Herzog Georg III. zu Liegnitz und Brieg im Oktober 1660 aufgeführt wurde, lassen sich im Stück später erfolgte Eingriffe von Andreas Gryphius zweifellos annehmen. Die prachtvolle Hochzeit kam im Übrigen auf Initiative von Kurfürst Friedrich Wilhelm von Brandenburg zustande.[21] Ihm gelang es 1657, auf Vermittlung von Leopold, Erzherzog von Österreich und König von Ungarn, die Hoheitsgewalt Preußens zurückzugewinnen. Im Gegenzug unterstützte er Leopold bei dessen Wahl zum König und Kaiser.[22] Wohl um das Haus Habsburg diesbezüglich zu ehren, knüpft Gryphius an den zivilisationsgeschichtlichen Zusammenhang der römisch-deutschen Krone an.

Der Beginn liegt allerdings im Wald. Im ersten Erscheinungsbild tritt ein Waldgott auf, der zunächst eine historische Gegenwartsaufnahme leistet. Er erinnert an die eigene deutsche geschichtliche Leistung und stellt diese als Ausgangsposition dar:

21   Johann Samuel Ersch: Band 60 von Allgemeine Encyclopädie der Wissenschaften und
      Künste in alphabetischer Folge von genannten Schrifts bearbeitet und herausgegeben
      von J. S. Ersch und J. G. Gruber, Johann Samuel Ersch, J. f. Gleditsch, 1855, S. 101

22   Duchardt, Heinz, Bogdan, Wachowiak: *Um die Souveränität des Herzogtums Preußen.*
      Der Vertrag von Wehlau 1657. In: *Studien zur internationalen Schulbuchforschung.*
      Band 82/BV. Verlag Hahnsche Buchhandlung, Hannover 1998

Unsere zeiten haben bißhero nichts als die blutigen Traurspiele des Krieges bejammert / und bey den Flammen der verloderten Städte ihre Wunden und der ihrigen Leichen beseufftzet:[23]

Die gesellschaftliche Lage findet sich bei jedem einzelnen Gesellschaftsmitglied wieder. Die Menschen haben nicht in der Gunst der Götter gestanden und sind von den Kriegsfolgen gezeichnet. Im inhaltlichen Kurzabriss wird klar, dass die Situation am grundlegen sozialen Wesen des Menschen gerüttelt hat, dass dem sozialen Mikrokosmos zweier Liebenden arg Leid zugeführt wurde. Des Menschen Leben ist ausschließlich in den Händen der Götter: /das keine Bestaendiglеit bey den Goettern zu hoffen.“[24] Versucht der Mensch schließlich aus dem ihm gegebenen Rahmen herauszutreten, so gerät er in das Spannungsfeld der göttlichen Kräfte, die er in seinen Gefühlen zu überwinden hat. Die Menschen sind das Abbild der Götter, die ihnen die Parallelen zwischen ihrer pathetischen Kraft und der Gefühlsstärke vorführen und aufzeigen, in wieweit der Hang zur Macht denjenigen regiert, der regieren möchte und die Stärke der Gefühle andererseits ein Ausdruck von Regieren ist. Die Beispiele dazu entnimmt Gryphius aus der römischen Mythologie und spielt sie im Stück nach.[25]

Auf der Gegenseite des grundlegen sozialen Wesens des Menschen steht der Soldat, dessen Rolle im Verhältnis zu Mars steht. Er ist eine Folgeerscheinung des Krieges, an dessen Beispiel die Bezüge zwischen der Gesellschaft und der Realität aufgezeigt werden. Der „verlähmte Soldat“ steht in mehrfacher Hinsicht im Bezugsverhältnis des Stücks. Sein mitunter symbolischer Charakter steht für die Gesellschaft nach dem Krieg. Sein Handicap ist die Folge des Krieges, die das „Schema für einen Blick in die tatsächliche brutale Wirklichkeit des Krieges öffnet.“[26] Genauso ist er aber das menschliche Bild des Krieges. Sein dennoch menschlicher Charakter zieht ihn zur Chloris hin, wodurch im Spiel das Kriegsresultat mit dem Wert des Lebens, verstanden im ästhetischen Sinne, konfrontiert wird.

---

23 *Majuma*, S. 4
24 *Majuma*, S. 5
25 Zur römischen Mythologie und den daran angelehnten Verhältnissen unter den im Spiel aufgeführten Göttern, siehe Dietrich Walter Jöns: *Majuma*.
26 Walter Hinck: *Das deutsche Lustspiel des 17. und 18. Jahrhunderts und die italienische Komödie* (Germanistische Abhandlungen 8), Stuttgart 1965, S. 128

3.2.2 Tradition und Identifikation

Den Grundton im Freudenspiel bildet Gryphius' Rückgriff, wie eben angedeutet, auf eigentümliche Motive der traditionell mythologischen Vorstellungswelt. Er verlegt die Einführung in das Stück in die Vorstellungswelt des Waldes, indem er den Waldgott mit den unmittelbar vergangenen Geschichtsereignissen an das Publikum wenden lässt, um es mit dem allegorisch eingekleideten Anlass bekannt zu machen. Die vor der prämissenartigen Inhaltsskizzierung in Aussicht gestellte versöhnliche Lösung, lehnt sich an einen parallelen Strang, der zum in der Allegorie stehenden Inhalt gebildet wird. Das im germanisch-deutschen Kulturkreis verankerte Grundmotiv wird im Spiel mit einer zusätzlichen Bedeutungsebene verbunden. Die Zuschauer werden darauf hingewiesen, diesen Kontext wahrzunehmen:

„Vergoennet uns denn / Großguenstige Zuseher / diesen Eintritt: Vielleicht wird Mercurius den Außgang mit mehr fröhlicher Zeitung schlissen."[27]

Gleich der Spielbeginn legt es nahe, sich der Ursprungsformen der Festspiele zu vergegenwärtigen. Wie schon beim *Peter Squentz* und dem *Horribilicribrifax* liegen bei der *Majuma* ebenfalls literaturgeschichtlich Kontinuitäten vor, die bei allen drei Werken von Gryphius ein Grundkonzept zu erkennen geben. An diesem in Gryphius' Werk selten beachteten Spiel mag sich die gesellschaftliche Konstitution hinsichtlich ihres kulturellen Lebens, mit eindringlicher Deutlichkeit zu erkennen geben. Themen und Motive scheinen sich zudem auch über die Sprachgesellschaften verfestigt zu haben.

Einst kam der festliche literarische Ausdruck der Form „carmen" zu. Im Barockzeitalter und vor allem durch den Übergang zur absolutistischen Herrschaftsform dient sie der Präsentation und Selbstrepräsentation, um letztlich zum Singspiel und der Oper im Rahmen der Festspielgattung aufzusteigen. Das Freudenspiel *Majuma* mag sich also in eine Reihe stellen lassen angeführt von Martin Opitz' Libretto zur *Tragicomoedia von der Dafne* (1627) als der ersten deutschen Oper in Komposition von Heinrich Schütz[28] und über die erste eigentlich deutschsprachige Oper *Das geistliche Waldgedicht oder Freudenspiel, genannt Seelewig* (1644) von Georg Philipp Harsdörffer und Sigmund Theophil Staden.[29]

---

27 *Majuma*, S. 4
28 Otto Brodde: Heinrich Schütz. Weg und Werk. Kassel 1979
29 Mara R. Wade: *The German Baroque Pastoral Singspiel.* Peter Lang, Bern 1990 (Berner Beiträge zur Barockgermanistik, Bd. 7).

Formen, die in eine entsprechende Entwicklungsrichtung weisen, sind nicht nur der Schlussreyen in der *Majuma*, und dass auch der Titel im Klangbild daran anschließt, sondern das Auftreten eines weiteren Chores, der aus allen Personen im Stück gebildet wird. Die für die Tragödien klar vorgeschriebenen Leitsätze würden diese Reigen nach jedem Akt aufgeführt wissen, doch sind in diesem Spiel sogar die gebildeten Akte in sich nicht einheitlich nach Szenenaufführungen eingeteilt. Die unterschiedliche Szenenabfolge kommt mehr der Figurengestaltung näher. So z. B. beim Auftritt des „verlähmten Soldaten", dessen an Chloris gerichteter Vortrag aus sechs Strophen im Daktylus besteht und mit ihrer Antwort im alexandrinischen Trochäus ihm unmittelbar im Kontrast folgend, abgeschlossen wird. Den Unregelmäßigkeiten hinsichtlich der Form kommt die dem Anlass dienende dynamische Kurzform entgegen, da sie die Symbole allegorisch im Inhalt miteinander verbindet. Der an eine archetypische Liedgattung anschließende Kontext steht im Zeichen der thematischen Handlung, der Ereignisse, deren Movens die Liebesempfindungen der Personen sind. Das Festspiel kann daher als Lied im Sinne von „carmen" erwähnt werden, weil es vor allem die Bedeutung eines Liebesliedes trägt. Chloris' in diesem Sinne verstreut eingesetzte Wendungen, finden ihren Ausdruck stets in zwei Zeilen, was durch die Wiederholung dieses Hergangs, auch in sich geschlossen, den Eindruck eines Refrains weckt, unterstützt durch die Anrufung der Götter:

> Du der du Flamm und Plitzen ab kanst werffen
> Der du den Recht pflegst ueber uns zu schärfen[30]
> (...)
> Recht Götter! schafft mir recht! Ist die Gewalt zu loben?
> Recht Götter! schafft mir recht! steurt diesem grimmen toben![31]

Der im *Piastus* anzutreffende Säbeltanz und die über das Stück verstreuten Tanzeinlagen, die im Text nicht festgehalten werden, also „eine pantomimische Darstellung"[32] sind, wie es Jöns treffend formuliert, stehen im Gegensatz zu *Majuma* und dürften deshalb sprach- und kulturgeschichtlich zum sog. *leich* zählen. Aufgrund solcher Analogien verweisen die aus der noch gemeingermanischen Zeit bestätigten Formen auf den kommunikativen Gesellschaftscharakter eines Festspiels, welches auch im Zusammenhang mit den rituellen Bräuchen zu betrachten ist. Der soziale Charakter solch eines Spiels drückt sich im Bestreben aus, die Sprachgemeinschaft kommunikativ mit der kollektiven Vorstellungswelt zu vereinen.[33]

---

30 *Majuma*, I, S. 12, Vers 51 f.
31 A. a. O., S. 13, Vers 77 f.
32 Dietrich Walter Jöns: *Majuma*, a. a. O., S. 297
33 Siehe in diesem Zusammenhang auch Abschnitt 1.1.1., S. 35

Bemerkbar ist doch der Wunsch von Andreas Gryphius, etwas „Deutsches"
zu bieten, was sich aus den kulturgeschichtlichen Zusammenhängen ergibt. Insofern fügt sich das Schäfermotiv beispielhaft in Andreas Gryphius Intention
ein, da deutschsprachige Schäferdichtungen in eigenen Gegenden und nicht im
vom Mythos umwobenen Arkadien spielen. Von nachdrücklichem Interesse
könnte der Umstand sein, dass die soziale Tendenz zur gesellschaftlichen Vereinigung tatsächlich in enger Verbindung zur Schäfereidichtung steht. Neben
Martin Opitz, dem Verfasser der *Schäfferey von der Nimfen Hercinie* (1629), der
gerade im Erscheinungsjahr dieses Werkes in die Fruchtbringende Gesellschaft
aufgenommen wurde, Georg Philipp Harsdörffer, dem Gründer des Pegnesi-
schen Blumenordens, ab 1641 ebenfalls Mitglied der Fruchtbringende Gesellschaft und Sigmund von Birken, dessen *Fortsetzung der Pegnitzschäferei* (1645)
einen Höhepunkt darstellt in der Arbeit des Nürnberger Pegesischen Blumenordens, wurde Andreas Gryphius 1662 in die Fruchtbringende Gesellschaft aufgenommen.[34]

Insgemein sind gerade aus der literaturgeschichtlichen Leistung von Gryphius die Kontinuitätsstrange zwischen Kultur, Literatur und Kunst, exemplarisch zu erkennen. Dietrich Walter Jöns arbeitet zwar die kunstgeschichtliche
Weiterentwicklung der Dramenform in deren Teilerscheinungen aus, die sich
heute als Musikstücke ausformen; er geht aber nicht auf den literaturgeschichtlichen Zusammenhang ein, sondern bleibt im Rahmen der repräsentativen Festlichkeit. Der sich daraus ergebende Zusammenhang erschließt sich aus dem
symbolischen Gehalt und führt ihn in kunst- und kulturgeschichtlich künftig
neue Entwicklungsrichtungen.

> Was sie zeigen, ist, daß und wie Gryphius sich in der großen Form der Gelegen-
> heitsdichtung, dem Festspiel, den neuen Gattungen des Singspiels und der Oper zu-
> gewandt hat.[35]

Gänzlich unerkannt von ihm bleiben dabei die literaturgeschichtlichen Ur-
sprünge, die in der *Majuma* deutlich zum Vorschein kommen, dass nämlich die
literarische Form „carmen" in der Oper aufging und sich, da er selbst das Beispiel *Piastus* heranzieht, die Form des Tanzliedes „leich", sich im Ballett entfaltete. Die Ausnutzung von Bühneneffekten, die später eine Forderung an die
Opernlibrettisten wurde,[36] findet sich zwar bei der *Majuma* in Form der im Text

---

34   Christoph Stoll: Sprachgesellschaften im Deutschland des 17. Jahrhunderts. Fruchtbrin-
      gende Gesellschaft, Aufrichtige Gesellschaft von der Tannen, Deutschgesinnte Ge-
      nossenschaft, Hirten- und Blumenorden an der Pegnitz, Elbschwanenorden. List,
      München 1973
35   Dietrich Walter Jöns: *Majuma*, a. a. O., S. 301
36   Willi Flemming, *Barockdrama* 5 (Die Oper), S. 28

durchaus miteinbezogenen und vermutlich üppig ausgestatteten Blumendekoration, bleibt aber doch dem Festspiel-Charakter in seiner symbolischen Funktion treu.

3.3. Interferenzen im Parallelismus

3.3.1 Literatur als Ausdruck eines Gesellschaftsbildes

Die in früheren Zeiten erarbeiteten ursprünglichen Formen, die Gryphius nutzt, um dem Spiel den Charakter eines Festspiels zu geben, sind aus dem Symbolgehalt des Spiels zu erschließen. Im allegorisch zum Ausdruck gebrachten Inhalt unterscheiden sich allerdings zwei Strukturebenen, welche die Motive an den germanischen Ursprung angelehnt, deuten und symbolisch mit der römischen Götterwelt miteinander verbinden. Andererseits gründet das gesamte Spiel in der archetypischen Form des Dramas, das sich hauptsächlich auf der sprachlichen Ebene äußert. Einen ersten unmittelbaren Hinweis darauf finden wir im ersten Dialog zwischen Chloris und Maja, als sich Erstere darüber beklagt, dass ihr Geliebter, Zephir, sich nicht mehr lieben würde. Maja nimmt das mit Entsetzen entgegen und lässt Chloris wissen, dass solches, nämlich die Liebe, etwas ist, worüber die Götter zu entscheiden haben, und dass diese ihre Entscheidungen in Abhängigkeit von den Zeiten treffen, in denen sich die menschliche Welt befindet, d. h., wer von ihnen jeweils die Zeit bestimmt. Dies erinnert natürlich an die Jahreszeiten und an den jahreszeitlichen Zyklus, dessen Abfolge von der Herrschaftszeit eines jeweiligen Gottes abhängt.

> Maja. Der Götter Sinn / es ist doch nur zu wahr /
> Verkehrt sich stracks / und wechselt Jahr für Jahr![37]

Vor dieser Szene erwähnt der statt des Vorredners erscheinende Waldgott, an die Schrecken des 30jährigen Krieges besinnend, die Leichname, welche auf den Feldern lagen, und ruft dem Publikum, den Teilnehmern des Festaktes ins Gedächtnis, dass der Tod das Ende eines Zyklus darstellt:

> Stat schoenester Blumen haben wir die Felder / mit Faeule der von Pest / Hunger und Wehmut auffgeriebenen Coerper / und die anmuttigsten Gaerte mit Todtenbeinen bedecket gefunden.[38]

Damit greift der Waldgott dem allegorischen Inhalt, der dem symbolischen Festakt dient, einen mythologischen Aspekt vorweg, der sich aus dem Agrar-

---

37 *Majuma*, I, S. 8, Vers 41 f.
38 *Majuma*, Ein Wald-Gott / stat deß Vorrders, S. 4, siehe dazu auch Anm. 23

zyklus ergibt. Die schon seit dem antiken Griechenland bekannten Jahreszeiten-spiele sind nämlich der Ursprung solcher Festakte, wie es dieser ist, zu dem das Stück verfasst wurde. Das zum Dionysosfest bekannte Vierteilen eines Haus-viehs, welches darauf auf alle vier Seiten der Welt ausgerichtet auf die Felder verteilt wurde, bot eine gleichfalls allegorische Manifestation der anbrechenden Winterzeit ebenso wie die Feiern zum anstehenden neuen Agrarzyklus', der eine Wiedergeburt des Lebens und der eintäglichen Zeiten nach der Fastenzeit dar-stellt.

So dürfen wir dem Zusammenhang zum Dionysosfest, dem herbstlichen Weinfest bezüglich der anfangs zum Festaktsymbol zählenden Blumenmotive zusätzlich noch das Motiv der Wiedergeburt, des neu entstandenen Lebens hin-zunehmen. Ein Neubeginn, an den der Titel und der Frühling als vermeintliche Entstehungszeit assoziieren, hängt somit eng mit den agrarzyklischen Vorstel-lungen zusammen. Und das Frühlingserwachen ist auch in diesem Kontext zu verstehen. Auf der sprachlichen Ebene, die all diese Zusammenhänge in sich bergen soll, werden zunehmend auch neue Begriffszusammenhänge benötigt, die einen ebenso neuen sprachlichen Zugang abverlangen, um letztlich neue Sachverhalte auszudrücken. Martin Opitz forderte dazu ja auch in seiner jeden-falls zu der Zeit maßgeblichen Poetik ein schöpferisches Werken in deutscher Sprache.[39]

3.3.2 Geschichtsauffassung und Gesellschaft

3.3.2.1. Sprachverständnis und Natur in der Geschichtsbildung

Solch ein Vorhaben, für eine festliche Gelegenheit etwas zu verfassen, war für Andreas Gryphius nichts, was er schon nicht unternommen hatte. Seine gesell-schaftliche Position, die ihm den Zugang zu aktuellen Informationen ermög-lichte, und dass er aufgrund seines Postens politische Beziehungen zumindest mitverfolgen konnte, waren für ihn scheinbar stets Anlass, sich in seinen Werken mit Geschichte auseinanderzusetzen und seine Vorstellungen dabei zu reflektieren. Der starke Bezug zur Natur, den man in der *Majuma* feststellen kann, sollte hinsichtlich des kultur- und zivilisationsgeschichtlichen Zusammen-hangs, der neben der Anlehnung an die römische und römisch-deutsche Geschichte besteht, gleichfalls im Geschichtsverständnis des Griechentums mitberücksichtig werden. Dies zumindest wegen der Verbindung zwischen Natur- und Geschichtsauffassung und deren Verwurzelung im menschlichen

---

39   Opitz, Martin: *Buch von der Deutschen Poeterey*. In Verlegung David Müllers Buch-händlers, Breslaw/Brieg, 1624

Sprachverständnis, welches später bei Vico und Herder zur Definition einer Geschichtlichkeit führte.

Der gesamte Fragenkreis, der sich um den Kenntnisbereich einer Geschichte bildet, greift auf eine Fülle von Fragestellungen aus den Wissenschaftsbereichen der Philosophie und Theologie zurück, oder sie ergeben sich aus ihnen. An dieser Stelle ließen sich die allseits bekannten Worte zitieren: "Im Anfang war das Wort" (Johannes 1, 1). Mit Blick auf Gryphius ist eine Verbindung zwischen dem Geschichtsverständnis des antiken Griechenland und der christlichen Auffassung von Geschichte vorauszusetzen. Ansatz dazu ist die in der griechischen Antike entstandene Idee, die Geschichte in Analogie zur Natur zu verstehen. Ursache dafür ist das Ansetzen an mündlicher Überlieferung im Volksgut, welches traditionsgemäß über Generationen hinweg weitergegeben wird. Von den Sagen, Heldengedichten, epischen Erzählungen über große Taten und bemerkenswerte Ereignisse und deren chronologische Aufzählung kommt es, wie im Vorstehenden schon angeführt[40], einerseits zu einer Individualisierung der Geschichtsereignisse, aber andererseits fassten die altertümlichen Griechen diese zusammen und bildeten geographische und volkskundliche Themenkreise.

Schon diese Anfänge einer Geschichtsschreibung lehnten sich an die Volkssprachen und das Traditionsgut von den ihn bekannten Völkern an und sind somit die Grundlage für die im 18. Jh. artikulierten Synthesen dieser Vorgehensweise. Herders Hang zur Geschichtlichkeit ergab sich aus seinen Sympathien für das gemeine Volk, die auch den plebejischen Schichten der im Süden Europas unterdrückten Völkern galt, da er in ihren Balladen die Kunst schöpfende Kraft der einfachen Menschen erkannte. Die Probleme hinsichtlich einer Definition der nicht selten umstrittenen Kategorisierung dieser dichterischen Ausdrucksform oder gar einer ihr zugewendeten Gattungszuweisung ist ein gültiger Hinweis für die auch im Deutschen präsenten Prozesse, die unabhängig von einer römisch-christlichen Tradition sind.[41]

Diese Vorgänge sind vornehmlich im Bereich des Sprachlichen aufzufinden, weshalb Rudolf Bultmann dazu feststellt: „Die Anfänge der griechischen Geschichtsschreibung sind die Darstellungen der sogenannten Logografen, bei

---

40 Vgl. Abschn. 2.3.2. Textliche Manifestation, S. 107 f.
41 Zu der Balladenforschung siehe u. a. *Das große Balladenbuch. Aus drei Jahrhunderten deutscher Dichtung*. Verlag Neues Leben, Karl Heinz Berger und Walter Püschel (Hrsg.), Berlin 1965; *Deutsche Balladen*. Ausgewählt und mit einem Nachwort versehen von Dr. Rupert Hirschenauer und Dr. Albrecht Weber, Schnell & Steiner Verlag, München ²1964; *Deutsche Balladen*. (Hrsg.) Hartmut Laufhütte, Reclam Verlag, Ditzingen 2003; Winfried Freund: *Die deutsche Ballade. Theorie, Analysen, Didaktik*. Paderborn 1978

denen sich diese Interessen verbinden."[42] Ausgehend von der Sprache werden Besonderheiten gesammelt, und ihre Systematisierung geschieht nach ihrer Abweichung von dem bis dahin Bekannten. Die Frage nach dem Nutzen dieses Vorgehens folgt aus den Absichten, die damit verfolgt werden. „Alles Interesse liegt auf der Erforschung der Tatsachen (...), und damit verbunden ist die Frage nach den Ursachen des Geschehens"[43], so Bultman, die Motivation für die antiken Forscher dazu war, zu Schlüssen zu kommen. Für diese Ansätze ist der Grund also im Rationalen zu suchen, die Geschichte als eine Abfolge von Ursachen und Folgerescheinungen aufzufassen.

Das dürfte dann das grundsätzliche Unterscheidungsmerkmal zwischen der Geschichtsschreibung im Griechentum im Gegensatz zum Christentum sein. Die christliche Geschichtsschreibung hält die den Christen eigene Geschichte fest. Sie ist keine Erkundschaftung von Ursachen historischer Ereignisse, auch kein Versuch, die Folgerescheinungen solcher zu erklären. Die Ursache ist im Erscheinungsbild Jesu gegeben und die Folgen ergeben sich aus seinen Worten. Es mag zunächst den Anschein erwecken, dass Ähnlichkeiten im Ansatz zur Festschreibung einer Geschichte bestehen, da das Christentum auch am Wort ansetzt. Und tatsächlich ist im Christentum mit dem Neuen Testament gleichfalls eine sprachliche Grundlage gegeben, welche die kausalen Zusammenhänge jedoch a priori als gegeben voraussetzt. Infolge der Generationen übergreifenden, ausbleibenden Erfüllung der Ankündigungen Jesu entsteht die Institution Kirche, die nun selber eine Geschichte erlebt und sie konstitutiv kennzeichnet oder wie Rudolf Bultman sagt:

> Hier kommt es nur auf sie Tatsache an, daß infolge der Parusie und infolge der Entstehung und Organisation der Kirche als eines historischen Phänomens und schließlich, weil diese Kirche nun selbst eine Geschichte erlebte, die christliche Geschichts-Schreibung entstand.[44]

Aufgrund der vorgegebenen kausalen Zusammenhänge im Neuen Testament mündet die christliche Geschichtsschreibung in einer Erwartungshaltung, welche alles Geschehene zu erklären versucht. Dieser Umstand sollte erneut eine Parallele zur antik griechischen Geschichtsschreibung sein, die im Streben nach rationaler Erkenntnis ebenfalls von einer Erwartungshaltung geleitet wird, dass es nämlich möglich ist, zur Erkenntnis zu gelangen. Doch die christliche Geschichtsschreibung zeigt anhand der festgehaltenen, der dem Christentum eigenen Geschichte und der Geschichte seiner Institutionen, dass es die Erwartungs-

---

42 Rudolf Bultmann: *Das Verständnis der Geschichte im Griechentum und im Christentum.* Universität Marburg, Universitas, 1969, Heft 11, S. 1155 f.

43 A. a. O., S. 1156

44 A. a. O., S. 1162

haltung ist, welche versucht, den Ursprung seiner Lage zu rechtfertigen. Anlass dafür ist die Erwartungshaltung aber selbst, die sich als solche und wiederum ihren Anlass versucht durchzusetzen.

Sucht die griechisch antike Geschichtsschreibung nach einem rationalen Wesen und dem Beweis für seinen Bestand, so ist die christliche Geschichtsschreibung von einer emotiven Haltung gegenüber der bei den Menschen geweckten Gefühle selbst gezeichnet, wobei die in Verheißung gestellte Lösung ebenfalls eine bestimmte Gefühlslage ist. Ihr Eintreten ist zugleich der Beweis für die Argumentationsfolge, wobei der Beweis sich durch die zu erwartende emotionale Lage selbst rechtfertigt. Die deutlich gegensätzlichen Motivationen in den beiden Formen der Geschichtsschreibung setzen unterschiedliche Perzeptionsebenen voraus. Geht die griechisch antike Geschichtsschreibung von der Voraussetzung aus, dass die Erkenntnis empirisch beweisbar ist, dann geht sie von der Perzeption aus, die den Menschen möglich ist. Ihre Möglichkeiten spiegeln sich dabei im Verhältnis zur Natur wieder, woraus sich auch die Geschichte der Menschen erklärt, nämlich in der Reaktion auf die von ihnen wahrgenommene Realität bzw. Natur. Die christliche Geschichtsschreibung macht sich dagegen selbst zur Geschichte, indem sie die Perzeption des Menschen aus der Argumentationsfolge ausschließt. Der Mensch und seine Fähigkeit, die Natur wahrzunehmen und zu beschreiben, wird auf sein Innenleben gelenkt, welches dann zur Natur erklärt wird. Sie selbst, die Geschichte seines Innenlebens, wird von der Kirche, die aufgrund der Erwartungshaltung zum Glaubenssymbol erwächst, erklärt und gedeutet.

3.3.2.2. Von der Geschichtsschreibung zum Christentum

Im Kontext der Werke von Gryphius soll der Diskurs über das Verständnis der Geschichte in der griechischen Antike und im Christentum dazu dienen, um zur Einsicht in Gryphius' Geschichtsbild zu gelangen. Die Bezüge zur Natur in der Geschichtsauffassung von Gryphius werden insofern deutlich, als dass sie die Vorstellung über die Ansiedlung der mitteleuropäischen Wälder durch die germanischen Stämme enthält. Im *Leo Armenius oder Fuerstenmord* erinnert nur der Titel an die Schlacht im Teutoburger Wald. Das Blutgerüst des byzantinischen Königsthrons ruft neben der Märtyrerrolle des byzantinischen Königs und des darin enthaltenen Motivs der Vergänglichkeit, eine ebenso starke Anlehnung an das Bezwingen der römischen Heere, den Siegesakt mit dem abgeschlagenen Kopf des römischen Statthalters Varus markierend, ins Gedächtnis. Dieses historische Ereignis greift Daniel Casper von Lohenstein später noch einmal auf. Sein zeitlebens nicht vollendeter Roman *Arminius und Thußnelda* soll im Folgenden dazu beitragen, dem Zusammenhang von Geschichtsthematik und dichterischer Absicht näher zu kommen. Gleichzeitig soll es dadurch gelingen, ein Verständnis dafür aufzubringen, warum historische Themen überhaupt genutzt wurden und was sie, zu gleich welchem Anlass, dem Publikum vermitteln sollten.

Daniel Casper von Lohenstein versuchte in einer Nachfolge von Andreas Gryphius, die in seinen Werken behandelten historischen Exempel gleichfalls an eine Tradition anzulehnen, die schon seit der hellenischen Antike bekannt ist. Wie vorab erwägt, ist das Streben nach rationaler Erkenntnis aus dem Festhalten von geschichtlichen Ereignissen und der Erinnerung an diese noch ein Erbe aus der antiken griechischen Geschichtsschreibung, so auch die Erkenntnis über den Nutzen, den man aus ihr gewinnen kann. Dem entsprechend galt noch zu Thukydides Zeit, dass als alleiniges Ziel der Nutzen gilt, den man aus einer Überlieferung gewinnen kann.

> allen, denen es daran gelegen ist, von dem Geschehenen das Deutliche in den Blick zu fassen, und ebenso vom Künftigen dasjenige, das, dem menschlichen Wesen entsprechend, wieder derartig und ähnlich sein wird, - ihnen wird es genügen, ein Urteil über den Nutzen der erzählten Dinge zu gewinnen.[45]

Auch in diesem Sinne führt Lohensteins *Arminius*-Roman eine antike Tradition fort und knüpft gerade an die Idee der hellenischen Philosophen im Sinne eines Geschichtszyklus an, dass nämlich alles, was die Zukunft bringt, ein Abbild dessen ist, was in der Vergangenheit dem Wesen nach und in Bezug auf den Menschen schon geschehen ist. Aus diesem Zusammenhang ergibt sich, dass die bei Lohenstein anwesenden mythologischen Motive, die mit dem vorherrschenden allegorischen Sprachstil im 17. Jh. eng verknüpft sind, doch mehr im Rahmen einer Kritik stehen, so wie es bei den ionischen Naturforschern zu finden war. Dadurch wird „mit jenem Forschungsfanatismus, wie ihn die Naturwissenschaft hervorbringt,"[46] eine Kontinuität der sachlichen Darstellung gebildet, und die sprachlichen Verzierungen sind dem zu Folge immer noch der formalen sprachlichen Ebene zuzuordnen. Man sollte es darum eher als eine enzyklopädische Geschichtskenntnis verstehen, wenn die Gesellschaftsverhältnisse analog zur Natur dargestellt werden.

Das hat dabei zur Folge, dass man Lohensteins unvollendetes Werk in zweifacher Hinsicht als Bildungsliteratur im 17. Jh. verstehen kann. In der Erzählung des in der Kriegsschlacht gefangen genommenen Königs von Thrazien, Rhemetacles, erhält der Leser zum einen eine Beschreibung der Verhältnisse auf

---

45   Rudolf Bultmann: *Das Verständnis der Geschichte im Griechentum und im Christentum*, S. 1158
46   Ernst Howald: *Vom Geist antiker Geschichtsschreibung*, Oldenbourg, München, 1944, S. 82

seinem Hof und im Tempel. Die erotisch aufgewärmte Atmosphäre, in die der Rezipient versetzt wird, erscheint vielmehr als ein von Lohenstein geschaffener Hintergrund, mit dem der Leser zu Informationen über ein Herrschaftsverständnis gelangt, das sich im Diskurs zu einem allgemeinen herrschenden Prinzip manifestiert, welches sich wiederum aus dem Hintergrund abhebt und mit dem Postulat der geburtsständisch und von Gott gegebenen Regentenrolle gerechtfertigt wird.

> Ohne den Geschmack der Wollust wäre alle Empfindligkeit des Menschen stumpf/ im Frauen-Zimmer aber gar todt; welche in allem andern den Männern nachgaben/ in dieser Ergötzlichkeit aber alleine überlegen wären. Diesemnach wäre die nicht recht bey Sinnen/ die der Zeit/ der Gelegenheit/ und dieses Vortheils sich nicht bediente. Wenn aber ja die Beliebung der Liebe eine Thorheit seyn solte/ wäre es die geringste. Denn man wäre darmit nur ihm selbst nicht klug/ gleichwohl aber nicht gram/ worinnen die größte Thorheit bestünde; Andern aber klug seyn/ wäre schon eine auskommentliche Weißheit. Überdies verhinge das Glücke über uns auch in der Liebe so seltzame Tage und Zufälle/ aus denen die Tugend sich selbst nicht auszuflüchten wüste. Unter diesen aber wären dis die wichtigsten; wenn Fürsten über uns was gebäthen. Denn weil diese über unsere Güter/ Ehre und Leben/ Gewalt/ und aller Dinge oberstes Eigenthum hätten/ gehörete ihnen auch der Gebrauch unsers Leibes. Königlich Geblüte hätte Verwand- und Eigenschafft mit dem der Purpur-Schnecken/ welche wol färbten/ aber nicht fleckten. Weswegen ihnen was versagen keine Keuschhiet/ sondern ein Frost der Seele/ ja gar ein Laster wäre.[47]

Andererseits wendet Lohenstein mit dem *Arminius*, neben dieser gesellschaftspolitisch motivierten Haltung, die historiografischen Erkenntnisse geradezu Analogien bildend an und wird dadurch selbst historisch, dass er nämlich eine germanisch-deutsche Kontinuität an die römische Tradition knüpft.

> Denn ein bald ausleschendes Licht giebt einen desto grösseren Strahl von sich/ und die Winde/ die bald auff-hören wollen/ rasen desto heftiger.[48]

Damit weckt er den Eindruck eines neuen Geschichtszyklus', der die Geschichte des eigenen Volkes in eine Kontinuität stellt, die nach antikem Vorbild darauf zurückgreift, dass bestimmte Gesetzmäßigkeiten aus der Geschichte die künftig folgenden Geschehnisse bestimmen werden. Für Klaus Günter Just ist das zugleich ein pädagogischer Ansatz, berücksichtigt man die ständische Abstammung Lohensteins.

---

47 Daniel Casper von Lohenstein: *Arminius und Thusnelda*. In: Schöne, Albrecht: *Die deutsche Literatur. Texte und Zeugnisse*, Bd. III, (Hrsg.) Albrecht Schöne, C. H. Beck-Verlagsbuchhandlung, München, 1963, S. 414

48 Casper von Daniel Lohenstein: *Arminius und Thusnelda*. A. a. O., S. 402

Die Ausgangsposition ist eindeutig pädagogisch (man bedenke stets die letzte Distanz, die Lohenstein, den geadelten Beamten, vom Adel trennte, die ihn aber auch besonders scharfsichtig dem höfischen Leben gegenüber machte): der Welt Roms wird die – durchaus römisch interpretierte – germanisch-deutsche Welt entgegengesetzt.[49]

Lohensteins römische und türkische Spiele werfen im Übrigen auch ein Licht auf seine Kulturreisen, die ihm dazu dienten, sich weltmännische Kenntnisse anzueignen. Dabei hat die räumliche und zeitliche Nähe von anders gearteten Gemeinschaftsformen[50], betrachtet in Anlehnung an die Geschichte des eigenen Kultur- und Zivilisationskreises[51], aber aus der zeitlichen Distanz heraus, die Möglichkeit einer rationalen Auseinandersetzung mit dem ethisch-moralischen Wertgefüge einer Gesellschaft geschaffen. Durch die erfolgte Auseinandersetzung mit den entsprechenden Wertinhalten definiert sich weiterhin eine sog. 'Weltkenntnis' als kulturgeschichtliche Bildung. Bei Klaus Günter Just ließt man dazu:

> Bereits die Erwählung eines türkischen Themas in seinem ersten Drama war mehr als modischer Nachahmungstrieb, war Wahlverwandtschaft. Seine weiten Reisen durch die Länder Europas unterschieden Lohenstein von den beiden anderen repräsentativen Dramatikern der spätbarocken Epoche: John Dryden und Jean Racine. Schöpften diese ihre Menschen- und Weltkenntnis aus großstädtisch-höfischem Umgang, sei es in London, sei es in Paris, so Lohenstein aus geographisch-ethnologischen Eindrücken[52]

Und es kommt noch eine Reflexion über Lohensteins Auffassung vom Charakter, den eine Bildung haben muss, hinzu. Sie spricht unter Berücksichtigung des Schultheaters über den Bildungsgehalt der führenden Stände, aber man darf dem aufsteigenden Bürgertum nicht mindere Beachtung schenken. Dies wird vor allem wichtig, wenn man die wenig wahrgenommene Rolle von Andreas Gryphius' Sohn Christian Gryphius im Rahmen des Schultheaters beachtet.[53] Daniel

---

49   Klaus Günther Just (Hrsg.): *Daniel Casper von Lohenstein, Türkische Trauerspiele.* Bibliothek des literarischen Vereins in Stuttgart, Hiersemann Verlag, Stuttgart, 1989, S. XXVIII

50   Siehe dazu die Verbindung Lohensteins zum Haus Habsburg und das angrenzende Osmanische Reich.

51   Zum Einfluss der antiken Tradition über das Bildungswesen siehe dazu : „Auch die Antike war nicht romantisch überhöhtes Bildungsziel, sondern – und darin liegt die Bedeutung der Breslauer Schulzeit für Lohenstein – nüchternes Vorbild zu bewußt gestraffter und zusammengefaßter Lebensführung." In: Klaus Günther Just, a.a.O., S. XIV

52   Klaus Günther Just, a.a.O., S. XX

53   Da dieser Diskurs schon über den Rahmen des zu behandelnden Werks hinausweist, ist, leider, nicht genügend Raum gegeben, um auf die Erscheinung Christian Gryphius' ein-

Casper von Lohensteins Bildungsansichten standen allerdings noch erheblich im ständischen Rahmen und definierten sich dadurch weiterhin stark durch die feudale Gesellschaftsform. Weitaus größeres Gewicht kommt jedoch einem gemeinbildenden Aspekt zu, der in diesem Falle jedoch nicht als Allgemeinbildung zu verstehen ist, sondern als eine Ansatzweise, die an einem gesellschaftsbedingten Kollektiv ansetzt. Lohenstein orientiert sich am Volk oder genauer gesagt an der Geschichte eines Volkes, aus der er Gesetzmäßigkeiten erkennen möchte, welche zum pädagogischen Nutzen dienen sollen. Wenn er auch nicht gebürtig dem Adelsstand abstammte, so ist seine Bildung dennoch von Denkkategorien dieses sozialen Gefüges bestimmt. Lohensteins literarische Werke lassen sich also zum Kreis der höfischen Literatur hinzuzählen und sind dadurch ein Abbild des gesellschaftlich gültigen Werteverständnisses, das auf die allgemeine Unterstützung der Herrschaftsfunktion ausgerichtet ist. Die Bildungsziele fasst Klaus Günter Just folgendermaßen zusammen:

> Den Kern des Unterrichts bildeten die Sprachen: Deutsch, Lateinisch und Griechisch; die Schulung zielte auf Beredsamkeit, d. h. auf das Vermögen, diese Sprachkenntnisse im politischen, juristischen und sozialen Leben geschickt zum Einsatz zu bringen. Die übrigen Fächer dienten entweder – wie Geschichte und Physik – der Zufuhr von Stoff, oder aber – wie Rhetorik und Logik – dem Schliff des Stils. In der Prima war eine Unterrichtsstunde für Politik angesetzt; das macht das zweckbestimmte Wesen der Schule besonders deutlich.[54]

Um nun doch wieder zum Ausgangswerk zurückzukehren. Andreas Gryphius Ansatz ergibt sich natürlich nicht aus dem Zusammenhang des Bildungsanspruches und noch weniger aus dem Wesen des Schultheaters. Seinen Tragödien ist der Festspielcharakter trotzdem zuzurechnen; das ist zumindest aus dem hochbarocken Sprachstil zu schließen. Die *Majuma* wendet sich ebenso an das höfische Publikum, steht dennoch nicht in der Tradition seiner Trauerspiele, da sie keine Staatsaktion in dem Sinne darstellt. Waren jene noch Ausdruck eines Lebensbildes, welches sich in den charakteristischen Barockmotiven verwirklichte und kleideten sie die Hauptakteure ins Märtyrergewand, so ist das festliche Merkmal in diesem sich schon formal unterscheiden Spiel von den regelgerechten Tragödien, lediglich aus dem Anlass, der zur Entstehung des Spiels geführt hat, abzulesen. Ein weiteres Merkmal, das sich parallel zu den Trauerspielen herausbildet, wäre allerdings noch das historische Thema, in welches das Spiel in seinem allegorischen Zusammenhang verlegt wird. War der Cheruskerfürst Arminius selbst ein Befehlshaber behelfsmäßiger Truppen mit germanischen

---

zugehen. Deshalb sei hier im Kontext der aktuellen Diskussionen verwiesen auf Abschnitt 2.3.2 dieser Arbeit, S. 107, Anm. 118.

54 Klaus Günther Just, *Daniel Casper von Lohenstein, Türkische Trauerspiele*, S. XIV

Kriegern, der sich um das Römische Reich Verdienste erworben hat, so wandte er sich gegen die römischen Legionen und kennzeichnete auf diese Weise einen weiteren Moment, den Andreas Gryphius in sein Freudenspiel mit aufnimmt. Es ist das Motiv der Freiheit, das die germanischen Heere in der Varusschlacht wahrten. Die an mehreren Stellen in dieser Arbeit erwähnte Öffnungsszene der *Majuma* mit dem Waldgott[55] verbindet die im antiken Griechenland entstandene Grundidee des Geschichtsbegriffs im Sinne der Geschichtsschreibung, die aus der Sprach- und Naturrezeption folgt, und die römische Tradition durch Augustins Definition der individuellen Freiheit. Gekennzeichnet in der römisch-deutschen Krone des Haus Habsburg, die nach den Kriegen, der Verwüstung und Tod nun ein neues Leben in Aussicht stellt, bedeutete das nun Freiheit, da es ein friedvolles Leben erwarten ließ, in dem sich der Mensch seinen Veranlagungen nach entfalten könne.

> Er [Augustin, Anm. d. Verf.] sieht, daß die Menschengeschichte grundsätzlich vom Naturgeschehen unterschieden ist, daß in ihr im Lauf der Zeit nicht immer das Gleiche in ewigem Kreislauf geschieht, sondern stets Neues und Entscheidendes. Denn die Geschichte ist die Geschichte des Menschen. Der Mensch aber ist nicht, wie die Antike es sah, ein Glied des Kosmos, sondern er ist grundsätzlich von der Welt unterschieden. Er ist eine Individualität, eine freie Person. Wie die Antike keine Geschichts-Philosophie entwickelt hatte, so war für sie der Begriff der Person kein Thema der Reflexion gewesen, und das philosophische Problem der Freiheit des Willens hatte es für sie nicht gegeben.[56]

In der Zusammenführung der aus der Antike stammenden Gedanken ist an sich schon ein Mehrfaches gesagt. Zusätzlich ergibt sich nämlich noch eine gesellschaftlich bedingte Komponente, die eine Folge von sprachlicher Rezeption und dem sozial bedingten Faktor ist, der sich aus Augustins Formulierungen ergibt. Ein Eingriff in das immer noch am Kollektiv ansetzende Verständnis einer hierarchisch gegliederten Gesellschaftsform hat aufgrund der Individualisierungstendenz, die in den Tragödien von Gryphius freilich noch nicht zu ersehen ist, in der Folge eine doch schon zu erkennende Aufsplitterung der Ständegesellschaft zum Ergebnis. Es wäre damit eine Kontinuität gegeben, die an die Lustspiele von Gryphius anschließt und einen parallelen Entwicklungsstrang zu der Weiterentwicklung des barocken Historienspiels darstellt.

---

55 Vgl. dazu Abschnitte 3.2.1 und 3.3.1.
56 Rudolf Bultmann, *Das Verständnis der Geschichte im Griechentum und im Christentum*, S. 1164

Lohenstein baute später seine Wertevorstellungen auf einer Geschichts-kenntnis auf, die in der Analogiebildung zwischen den Geschichtsereignissen und der politischen und gesellschaftlichen Situation des 17. Jh. seine Forderung nach politischer Bildung durchscheinen ließ und seinen unvollendeten *Arminius*-Roman als einen mit führenden gesellschaftlichen Ansprüchen seiner Zeit kon-formes Werk präsentieren. Dessen Bildungsanspruch legitimiert sich aber nur durch die stilgerechte Aufnahme von historischer Kenntnis, dessen Umfang sicherlich nicht in Frage gestellt werden sollte:

> Denn ob zwar das benachbarte Griechenland darinnen lange vorher derogestalt zerfloß: daß die Persen aus unersättlicher Begierde ihre überdrüßige Wollüste mit neuen zu verzuckern über den Hellespont setzten / die Etolier auch durch Ver-schwendungen arm / die Macedonier gar in Persien darmit angesteckt worden waren / hatten doch die alten Sitten der Thracier sich bis dahin eben so wenig / als der strenge Rhodan mit dem Wasser des Lemanischen Sees vermischen lassen.[57]

Gryphius dagegen ging es offenbar nicht um einen Geschichtsdiskurs in seinem Werk. Ihm ist wohl mehr daran gelegen, die Gesellschaft und ihre Probleme als ein Abbild der Geschichte darzustellen. Daher können in Gryphius Komödien und in diesem Spiel aber nicht zuletzt auch in *Cardenio und Celinde* Entwick-lungen festgestellt werden, die im 18. Jh. das Bild vollkommen beherrschen werden. Das Bild des Soldaten, der sozusagen verhaftet und abgeführt wird, ent-spricht der heiteren Grundstimmung, die gesellschaftliche Leitbilder etwa eines „gloriosus", wie Jöns es sagt, "entlarvt", dadurch dass „der im Kriege unüber-wundene Soldat nach der Abweisung seiner Werbung „von den Wald=Göttern erwischt und mit viel Geschrey weggetragen" wird"[58]. Der Soldat wurde nun im Frieden überwunden, womit der Krieg als solcher ebenfalls überwunden sein sollte. In diesem Kontext ist das Komödienschema bekannt aus dem *Vincetius Ladislaus* von Herzog Heinrich Julius von Braunschweig.[59] Das aus der an-gesprochenen Ständeproblematik folgende Thema hängt hier auch mit der Auf-splitterung des Einheitsgedankens zusammen, die hier schon als der von Gott gegebenen Vielfalt aufzufassen ist. Daran erinnert die römisch-deutsche Krone nicht weniger als das Haus Habsburg mit seinem über mehrere europäische Monarchien verteilten Geschlechtshaus.

Diese Zusammenhänge erlauben es, Friedrich Heers Überlegungen an dieser Stelle anzuführen, der es als eine der Aufgaben der christlichen Geschichts-schreibung erachtet, die angesprochenen neu erkannten Aspekte der gesell-

---

57 Daniel Casper von Lohenstein: *Arminius und Thusnelda*. S. 407
58 Dietrich Walter Jöns: *Majuma*, S. 293
59 Siehe dessen Vebindung zu Plautus' *Miles gloriosus*,

schaftlichen Aufsplitterung als göttliche Eingebung anzusehen ist, die außerdem Ausdruck des „göttlichen wahren Wesens"[60] ist:

> Dieser Zerfall des christlichen Elements in nicht gezählte Individualitäten und in vielfältige Gezeitungen hinein ist nicht zu beklagen. Sogleich hat ihn der christliche Historiker nachzuspüren und seine Fruchtbarkeit aufzuzeigen.[61]

3.4. Historisches und literarisches Motiv

Die im symbolischen Miteinander vereinten allegorischen Inhalte sind allerdings ein Zeichen dafür, dass der abgeschlossene Dreißigjährige Krieg nur ein Schritt ist zur Wiederherstellung des christlichen Abendlandes. Die im Mythologischen verankerten Symbole sind gleichzeitig ein Aufruf zur RESTITUTIO ROMANI IMPERII CHRISTIANI, welches als Rahmenbedingungen für diesen Anlass bzw. dem Verständnis, welches Andreas Gryphius diesem Anlass entgegenbringt, verstanden werden sollten. Die Idee der ideellen Nachfolge des christlichen Römischen Reiches durch das deutsche Volk ist trotz der politischen Schwächung aufgrund der nicht einheitlichen staatlichen Strukturierung des deutsch-germanischen Volkes dennoch legitim und vor allem historisch begründet. Gryphius bettet das in die Beziehung zwischen Zephir und Chloris ein, die ihre von Gott verbürgten Banden als unzerreißbare beschreibt und die für die Zukunft eine gleichsam nicht aufzuhaltende Beziehung darstellt:

> Dein hoher Eyd de mich gebunden / Viel staerker denn die Gordianische Schnur![62]

Das Symbol, welches diese eine in dem Maße starke Verkettung abbildet, die auf den historischen Aufruf von Andreas Gryphius hinweist, ist der Adler in den Mars zum Ende des Stücks hin verwandelt wird sowie die Kaiserkronen, in die Zephir, Chloris und Maja sich verwandeln. Um die gesamte Bedeutungsfülle dieses Symbols zu fassen, ist eine dreifache Bedeutungszuweisung zu erkennen. Noch in der Schlacht im Teutoburger Wald trugen die Soldaten Standarten, auf denen der Legionsadler abgebildet war, welches ein Zeichen für die Stärke und herrschende Macht des Reiches sein sollte. Auch ist der Adler ein Symbol, das den Germanen zz. der Völkerwanderung zugeschrieben wurde, dass sie nämlich, nach einem Gemälde aus 1890[63] bzw. ihr Häuptling einen geflügelten Helm trug. Doch das bleibt im Bereich der Vermutungen, sicher ist, dass der Adler,

---

60   Heer, Friedrich: *Der Bildungsauftrag des christlichen Historikers*. Die Neue Rundschau, Frankfurt am Main, 1954, S. 160

61   Ebda.

62   *Majuma*, I, S. 7, Vers 18 f.

63   Abgedruckt in: Wagner, Wilhelm J.: *Neuer Bildatlas zur deutschen Geschichte*. Wiss. Beratung: Imanuel Geiss, Chronik-Verl., Gütersloh/ München, 2002

was zusätzlich hinzukommt, ein Symbol der Freiheit und Macht ist durch seine Beherrschung der Lüfte. Die auf ewig verbundenen Chloris Zephir sowie Maja erheben die Kaiserkrone, da sie sich in Kronen verwandeln, zum Zeichen, welches sich mit dem Adler unmittelbar verbindet. Auch hierin lässt sich erkennen, inwiefern Gryphius Jöns zufolge „sein erstes Festspiel »Majuma« als allegorisches Spiel in mythologischem Gewand verfaßt"[64] hat.

Im Hinblick auf die traditionsreichen Bezüge, die Gryphius angesichts des Anlasses herstellt, nutzt er damit die Gelegenheit, um darauf hinzuweisen, dass es gilt, die mit den Generationen überlieferten Tugenden weiterzuführen. Dazu der Aufruf der Schlussreigen:

FERDINAND deß Vatern Fried' / Deß Groß≈Vatern stetes Siegen / Was uns Ahnen Glid auff Glid / (Klug im Herrschen / frisch im Kriegen)...65

Für den Regenten ist auf diese Weise ein klares Ziel gesteckt. Die Geschichte und seine Abstammung verpflichten ihn, sich nicht nur der Lorbeeren seiner ahnenreichen Herkunft zu besinnen, sondern deren Vorstellungen weiter zu verfolgen und sie zu erfüllen. Mercurius kündigt gleich im ersten Akt an, es würden Aufgaben auf den Herrscher warten, die es nicht zu bedauern gilt. Es gilt sie nach Zeiten der Stille, was in Anlehnung an die Jahreszeiten erneut das zyklische Zeitmodell evoziert, durch neue Taten zu bewältigen, um daraufhin den Preis der Lorbeeren genießen zu dürfen. Im Oxymoron: „Schaut / ob der Winter sich in ihren Lentz gemacht/"[66] hebt sich durch die Doppeldeutigkeit des Ausdrucks „Lenz" auf, die in Abhängigkeit von seiner Verwendung auf der jeweils dazugehörenden Sprachebene entweder /Frühling/ oder /Faulheit/ bedeuten kann, und verweist auf die stete Wiederkehr von Aufgaben, die nach Zeiten der Kräftesammlung zu lösen sind, um neues Leben zu erwecken. „Dass sie was mehr denn roth / ruehrt nur von Weinen her"[67], kommt der homonymen Bedeutung Ausdrucks „Weinen" insofern nahe, als dass ein Farbe bekennen zu den bevorstehenden Aufgaben zur späteren Siegesfeier verhelfen kann; nach getaner Arbeit kommt der Lohn, auch die Weinlese soll ein ausharrendes Warten der Verzweiflung rauben.

Für Ferdinand steht es aber an, einer ruhmreichen Tradition gerecht zu werden, und das versteht sich nicht nur dieser Verantwortung, sondern auch ihrer Ehren anzunehmen. Das Bild des heldenhaften Kaisers, das hier entworfen wird, ist neben dem Adlersymbol das zweite Sinnbild, welches durch Zephir und Chloris symbolisch in den Kronen am Ende festgehalten wird und sich als ein

---

64   Dietrich Walter Jöns, *Majuma*, S. 287
65   *Majuma*, III, S. 21, Vers 140 ff.
66   A. a. O. I, S. 9, Vers 74
67   Ebda., Vers 75

Handlungsstrang durch das Stück entwickelt. Zephirs Abwesenheit ist nicht in seiner Entschuldigung, er sei eingekerkert gewesen, zu deuten; es ist mehr das Spannungsverhältnis zwischen ihm und Chloris, das zum Verständnis der Gesamthandlung beiträgt. Seinem Wunsche in die Blumengärten von Chloris geführt zu werden, entgegnet diese, sie seien durch die Kriege nun verödet. Das Symbol der einst blühenden Liebe hat die Geschichte zugrunde gerichtet und ist tatsächlich der Trennungsgrund der beiden. Zephirs Wiederkehr gestaltet deren Beziehung zueinander in einem 'Minneverhältnis', welches sich zum Schluss hin in den Kronen erhärtet. Ferdinands Rolle erscheint vor diesem Hintergrund, in einen Bezug zur ritterlichen Ehre gerückt zu sein. Thematisch scheint sich in diesem Zusammenhang ein Bezug zum *Horribilicribrifax* zu finden, außer dass das Dienstverhältnis hier in zwei Ebenen aufgeteilt wird. Den Minnedienst gegenüber der Frau übernimmt Zephir, den Dienst des *miles glorius* übernimmt jedoch Ferdinand, der gegenüber den Vorfahren seinen Dienst erweisen muss. Ihm steht es noch bevor, das Christentum auf die ihm angestammten Grenzen auszuweiten, womit er die Rolle des Ritters im Kreuzzug übernehmen muss. Dazu gleich ein Beispiel aus Mercurius' Visionen:

> Ich schaue / daß dein Arm deß Bosphers Bogen bricht / Daß Tapferkeit und Muth / dich Sternen≈hoch erhebt / Daß Stambols Monden Tieff dir unter Fuessen schwebt / Daß dich der Palm Wald in Jdumaea regt / Und dir Jerichus Thal / weit schoener Rosen traegt.[68]

Dennoch ist der Anlass nicht in dem Ernst zu bewerten, der sich aus dem vorstehend Geschilderten interpretieren mag. Zweckgemäß erhält das Stück eine Wendung zum Komischen in gerade der Verbindung zu den literaturgeschichtlichen Motiven, zu denen die Heldenhaftigkeit der Personen zählt. Die Analogie der Soldatenrolle zum Bild aus Plautus' *Miles gloriosus* weitet sich der Rahmen über die Grenzen von Minne und Kreuzrittertum aus. Die den Krieg versinnbildlichende Rolle des Mars' wandelt sich in die Rolle des Gärtners der neuangelegten, ehemals infolge der Kriegsgeschehen verwüsteten Blumenanlagen. Vom Götterboten Mercurius wird er in einen kritischen Nexus zwischen Krieg und Ironie gestellt, in satirischer Manier romantisch ausgemalt und mit Symbolen der ewigen Ruhe auf der Ausrüstung versehen:

> Die Biene zieh hinfort in seinen Sturmhut ein
> Der Feder≈Pusch mag nun der Voegelschrecken seyn /
> Der Dolch ist gut / im fall man etwa Baeume ritzt
> Die Zaeune gleiche macht / und junge Reben schnitzt.
> Das Schwerdt taug nicht vor uns. [...]
> Und den behertzten Schild mit weissen Rosen ziert.[69]

---

68   A. a. O. III, S. 16 f. Vers 28 ff.
69   A. a. O., S. 16, Vers 13 ff.

In diesen Zeilen greift Gryphius u. a. auf das Emblem zurück, dass im konventionellen Bild der Bienen und Blumen mit dem Verlassen der verblühten nur die in Blüte stehenden Blumen umschwärmen nicht in der „Zusammengehörigkeit von Liebe und Jugend"[70] verwendet wird, wie es Dietrich Walter Jöns erkennt. Zentral bezieht sich das zwar auf das bekannte Motiv der *Vanitas* und spielt auf die Vergänglichkeit der Schönheit an. Ganz im Gegenteil zum herkömmlichen Sinngehalt der Unbeständigkeit richtet sich das hauptsächliche Augenmerk hier aber auf die Beständigkeit, denn die Blumensymbolik schließt hier dennoch mit weißen Rosen.

3.4.1 Geschichte und Christentum in der Wiedererkennungsfunktion

Die Umwandlung gleich ganzer Komplexe von Bedeutungszusammenhängen, wie es das Emblem ist, liest sich in der *Majuma*, wie auch beim *Horribilicribrifax*, als ein Gegentext. Die Wendung in Mercurius Rede stellt den immer möglichen Gesinnungswandel bei den Göttern in Aussicht, was Gryphius in den Zusammenhang seines Aufrufs stellt zu gleichfalls einem Sinneswandel bei der Rezeption der eigenen geschichtlichen Rolle. Insofern sind die späteren Worte von Mars in Gestalt eines Gärtners nicht auf der Textebene zu interpretieren, als eine Sinneswandlung mit der er eine Bekehrung erlebt. Seine nachfolgende Verwandlung in einen Adler neben der Verwandlung von Zephir, Chloris und Maja in Kronen, bildet eine Einheit vom Symbol des Adlers, welches einer Taube nicht gleich ist, mit der Kaiserkrone, die nun in dessen Zeichen von der Dreieinigkeit, der drei zusammengeführten Liebenden charakterisiert ist. Gryphius verlässt damit den mythologischen Aspekt, um in der Perspektive auf das sich ausweitende Christentum zu zeigen.

Durch die Liebesbeteuerungen von Mars, wodurch er in Anlehnung an Jöns „nicht nur als Bestrafer, sondern als gebesserter"[71] erscheint, könnte zwar dahin gehend gedeutet werden, dass er „seine neue Tätigkeit, Hüter der Kaiserkronen und Schützer des Friedens zu sein,"[72] bestätigt wissen will. Doch lag es ja schon nahe, diesen Kontext, da er ja durch die Blumenmotive mit dem Frühling und dem neuen Lebenszyklus der Natur korrespondiert, auf den antik griechischen Einfluss zurückzuführen.

---

70 Dietrich Walter Jöns, *Majuma*, S. 294
71 A. a. O., S. 292
72 Ebda.

Anscheinend greifen solche Zusammenhänge wieder auf das zurück, was in ähnlicher Ansatzweise bei Lohenstein aufzufinden war, und zwar in dessen Verbindung zur antiken Naturforschung. Sein minutiöser bis zierlicher Ausdruck verlagert sich in eine Haltung, die an die antike Kritik erinnert. Projiziert diese sich gegenüber der Natur und bezieht sie sich darauf auf den Menschen, wird dieser als ein die Natur nachzueiferndes Abbild dargestellt. Beide, Gryphius und Lohenstein, dürften sich von den motivischen Inhalten, die zu ihrer Zeit maßgeblich waren, leiten lassen haben. Und selbst die herrschenden Motive sind doch auf die griechische Antike zurückzuführen. Einer immer breiter werdenden Bildungsöffentlichkeit waren die immer mehr rezipierten antiken Schriften ja auch zugänglich. Es wundert also nicht, wenn bei Thukydides gelesen wird:

Es ist meine Absicht, ein Werk von dauerndem Bestand zu liefern und nicht ein Schmuckstück zu zeitweiliger Unterhaltung.[73]

Das gesamte System von Bedeutungen, die in Motiven ausgedrückt die Vorstellungen von Leben und Tod, Mensch und Welt beeinflussten, zeigt in den selten rezipierten Werken von Gryphius allerdings schon für das Barock geltende neue Sichtweisen. Am Beispiel des Dramas lassen sich die stilistischen Merkmale als Elemente einer hohen Gattungsform erkennen, weshalb sie im Freudenspiel unablässlich sein sollten. Losgelöst jedoch von dem jahrzehntelangen bedrückenden Gefühl der Todesnähe, werden diese Momente zum Zweck der Festlichkeit abgewandelt und dienen als Ausgangspunkt zu einer Andächtigkeit, die im Festspiel neue Perspektiven bereitet. Einerseits ist die Verwandlung von Mars in einen Gärtner in dem Kontext zu deuten, dass er eine Wandlung der zerstörerischen, vernichtenden Kräfte erlebt, um neues Leben zu bieten. Zu seinem Vermächtnis zählt jedoch die Weitergabe seiner Qualifikationen, Krieg zu führen, die Ferdinand IV. in eine traditionsreiche Erbfolge gesetzt hätten. Die schwermütigen Motive aus der Zeit des Hochbarock werden in diesen Gegenbildern also zu einer Andächtigkeit umfunktioniert, die durch eine leichte und flexible Sprache, die in einem Kontinuitätsstrang zu seinen Komödien steht, mit einer aus ihnen gewonnenen Erheiterung des Gemüts versehen wird.

Bestandteile seiner Komödien erlauben es Gryphius, sich an die literarisch von ihm geschaffenen Typen anzulehnen, die aus den formal kontrastierenden Gegensätzen[74] einen Umschlag im Handlungskern ermöglichen. Ansatzweise lässt sich sogar ausweisen, dass, den Worten Palms zufolge, die Personen an ihre mittlerweile bekannten Vorgänger erinnern:

---

73 Zitat aus Rudolf Bultmann, *Das Verständnis der Geschichte im Griechentum und im Christentum.* S. 1158 (siehe gleichfalls S. 124, Anm. 42).

74 Vgl. dazu die jeweils der Laune entsprechend verwendete Metrik (Abschn. 3.1).

(...) die freilich nur in kurzen umrissen zu komischer wirkung eingeführte persönlichkeit eines lahmen, aber großsprecherischen soldaten als eines verehrers der schönen Chloris [streift] an die beiden maulhelden im Horribilicribrifax.[75]

Gryphius geht es aber nicht um Typen, um in einer komödiantischen Gestalt, womöglich kritisch anzusetzen. Der Kontext wird anhand literarisch gattungs-spezifischer Eigenheiten ausgeweitet. Im Rahmen des aus der Mythologie ge-wonnenen historischen Themas greift er auch hier auf Motive zurück, die in der Schäferidylle von Opitz bis in die deutsche Romantik des 19. Jh. angewendet werden. Aus Jöns Konstatierung:

> Das für die Umstilisierung der Realität erforderliche Material lieferte, wie zu den Schäferspielen, die antike Mythologie, die für das Barock zur Schatzkammer seiner Personalallegorien geworden war,[76]

kann man auf die Idee von Gryphius schließen, die mythologischen Quellen aus der Antike in zweifacher Weise zu nutzen. Neben der allegorischen Darstellung, die auf Geschichte verweist und die eine Grundlage bildet, aus der traditionelle Werte geschöpft werden, welche auf das Volk bzw. das soziale Wesen des Men-schen übergreifend sich darauf konkretisieren, stellt sich das in der zweiten Ab-handlung eingeführte Motiv eines Schäfers in die Reihe der Schäferidylle. Es wird ersichtlich, dass Gryphius' Kunstgriff darin besteht, die in der Mythologie verankerten Vorstellungen mit literatur- und kulturhistorischen Formen zu ver-binden. Er nutzte die antike Mythologie nicht nur zur zweckgerechten Um-gestaltung, um dem Anlass literarisch die gebührende festliche Form zu geben. Das historische Ereignis ist durch die allegorische Darstellungsweise sowohl thematisch als auch mit den Motiven gegenwärtig. Wie die Personen im Stück ihrer allegorischen Rolle gerecht werden, wird klar, dass die Funktionswandlung der Personen hinsichtlich ihrer angestammten Rolle, die sie im sozialen Gefüge präsentieren, sich typologisch zum Komischen hin entwickelt. So ruft Zephirus den Schäfer Pan, Mars zu inhaftieren und ruft damit ein scheinbar paradoxes Bild auf. In der Rolle eines Gefängniswärters soll der Schäfer, der ursprünglich nur Unschuldige, symbolisiert in den Schafen, bewacht, hier auf einen Verurteil-ten aufpassen, bei dem man von einer zu verbüßenden Schuld ausgeht. Zuge-spitzt wird die Situation dadurch, dass sein Arbeitslager zur Strafe ein Blumen-garten ist:

> Komm Pan gib ihn deinen Schaaren (Weil zu strafen wir bedacht).[77].

---

75   Hermann Palms *Vorwort* zu *Majuma*, S. 176
76   Dietrich Walter Jöns, *Majuma*, S. 286
77   *Majuma*, II, S. 15, Vers 165

Der ironische Inhalt schafft in den verschiedenen Figuren deutlich wahrzunehmende Kontraste, die in den Typen, welche sie verkörpern sollten, Gegenbilder enthalten. Diese erleben jedoch keine Entfaltung, da sie vom Zweck des Spiels bestimmt werden. Angesichts des Anlasses zur Aufführung hat die gesellschaftlich bedingte Wahrnehmung des Spiels eingangs auch ihre politische Dimension. In diesem Zusammenhang verfolgt die *Majuma* Inhalte, die dem Schultheater der Zeit nahe standen. Und diese sind wiederum auch bei Lohenstein anzutreffen. Die von ihm zu Schulzwecken entworfenen Dramen verfolgten Bildungsziele, welche mit dem Erlernen und der Anwendung eines bestimmten Ausdrucks und Stils zunächst einmal erreicht waren, das als ein Mittel zum Zweck der politischen Erziehung diente. Der Rückgriff auf den pädagogischen Zweck der Erscheinung „Geschichte" als Mittel zur Erziehung zu Verantwortungsbewusstsein ist allerdings der nächst denkbare Schritt, der die zweckbestimmte Rolle der damaligen Funktion einer Schule dadurch verdeutlicht, dass ein zweckdienliches Dasein und die Einsicht in dasselbe die Grundlage der Bildung ausmachen.

Ein Verantwortungsbewusstsein definiert sich bei Gryphius durch die historische Rolle eines Einzelnen, wie es seine Komödien belegen. Jedes Mitglied der Gesellschaft ist ein Träger von gewissen sozialen Merkmalen seiner Gemeinschaft. Und an die Stelle der kritischen Aufnahme von Geschichtsereignissen und deren Folgeerscheinungen tritt nun die Übermittlung von Erfahrungswerten aus der natürlichen Umwelt, wofür man selbst Verantwortung zu tragen hat. Ferdinand in die Rolle des Mars rückend, wird gesagt, dass sich der Mensch, organisiert wie er ist, den Vorgängen in der Natur kritisch gegenüber zu verhalten hat und dann auch sich selbst gegenüber, soll die Natur ihrer Aufgabe gerecht werden und der Mensch selbst in seinem Vorhaben erfolgreich. Geschichte ist hier als Naturprozess definiert, in dem jeder seine ihm zukommende Aufgabe übernehmen muss.

Gryphius übernahm die ihm aufgetragene und im Gesellschaftsleben bedeutende Rolle auf jedem Fall bewusst im Rahmen der konventionell gesetzten Schranken. Die in der erschließenden Literatur herrschende Verwirrung um die zeitliche und örtliche Aufführung sollte den hier zugrunde liegenden Ansichten nicht sonderlich schwer in das Gewicht fallen bei der Beurteilung des Spiels, zumal Gryphius sein Spiel für nachträgliche Aufführungen im Inhalt aufgefächert zu Verfügung stellte. Die später für einen Vermählungsanlass dienende Liebeshandlung zeigt, dass Gryphius sein Spiel auf eine längere Rezeption hin ausrichtete, die dem historischen Inhalt und dem Aussagewert von Gryphius bezüglich einer Geschichtsdeutung eine weitaus größere Rolle beimisst, als es die schlicht zeremonielle Unterhaltung während eines Inthronisierungsakts ist.

So appelliert das Werk auf die Aufnahme von Wissen über das eigene historische Wesen und ist deshalb zweckgerecht mit einer Liebeshandlung verbunden, die das soziale Wesen des Menschen hervorhebt, da sich dieses in der
Generationsabfolge mit der Geschichte verbindet. Zunächst ist dadurch der Ge-
meinschaftscharakter des Menschen gewahrt sowie der durch die Natur definierte Ansatz aus der griechischen Antike. Doch fächert das Spiel durch die
Typisierung der Figuren und der anschließenden Bildung von Gegen-
(Bildern)typen, die Gesellschaft damit auf. Diese, historisch legitimiert, überträgt dadurch auch den Bedarf an Teilung der Erfahrungswerte zwischen Individuen und erzieht ein konkretes Dasein des Einzelnen in einer verdinglichten
Welt zu einem zweckmäßigen Bestehen. Dass dies ein christliches Element ist,
wird bei Comenius' Definition Gottes offenkundig, welche durch die Dreieinigkeit einen geistigen Bereich voraussetzt, der das Wesen des Menschen, der
Natur und der Welt erklärt:

> Gott. Gott ist aus sich selbst, von Ewigkeit zu Ewigkeit das allervollkommenste u.
> allerseligste Wesen; dem Wesen nach geistig und einig; der Person nach dreieinig.[78]

Die Ableitung des Bildungsbegriffs aus dem Wesen Gottes bedingt gleichzeitig
die Rolle und den Charakter des menschlichen Entwicklungsgangs. Im Prozess
der Individualisierung ist das Bewusstsein über die Eigenart des individuellen
Wesens eines Menschen ein Aspekt, der den Menschen über die Dreieinigkeit
zum Teil einer neu bezeichneten Einheit macht, und der gegenüber er seinen
wesenhaften Anteil zu rechtfertigen hat:

> Gott... dem Willen nach heilig, gerecht, gnädig, wahrhaft; an Macht der grösste; an
> Güte der beste; an Weisheit unermesslich; ein unzugängliches Licht und doch Alles
> in Allem; zugegen überall und nirgends eingeschlossen: das höchste Gut und allein
> die unerschöpfliche Quelle alles Guten; endlich aller Dinge, die wir mit einem
> Worte Welt nennen, sowohl Schöpfer als auch Lenker und Erhalter.[79]

Gryphius nutzt diese christlichen Merkmale und bindet sie an die geistige Einheit. Für ihn wird die Geschichte zum bestimmenden Merkmal, das den Gemeinschaftsgeist herausbilden lässt oder aus der entgegengesetzten Perspektive
argumentiert: Der Gemeinschaftsgeist wird von der Geschichte gekennzeichnet
und in der Anerkennung seiner selbst kann er den eigenen Fortbestand sichern.
Dazu rufen die Schlussreigen von Mercurius mit den Waldgöttern und Nymphen
Ferdinand auf, das Volk zu einen:

---

78 Jan Amos Komenského: *Orbis Pictus. Svet u slikama.* Izdavačka knjižarnica Gece
    Kona, Beograd, [2]1932, S. 13
79 A. a. O., S. 13 f.

FERDINAND der deutschen Wonn! Unser Wundsch hat eingetroffen. Leb! O lebe
fuer und fuer / FERDINAND der Erden zier.[80]

Ferdinand stellt im historischen Sinne ein Symbol für die christliche Einheit und
Tradition des Volkes dar. Für Gryphius ist das ein Anlass mehr, sein Stück ein
Freuden- und nicht ein Festspiel zu nennen. Seine Geschichtsauffassung sieht er
nochmals bestätigt.

---

80 *Majuma*, Schlussreyen, S. 21, Vers 154 ff.

II Die Werke Christian Reuters im Umwandlungsprozess des gesellschaftlichen Wertegefüges

1. Gesellschaftsnormen in der *Ehrlichen Frau zu Plißine*

1.1. Gesellschaftlich bedingter Rahmen literarischen Schöpfertums

Das Werk von Christian Reuter, dessen gesamte Entstehungszeit fünf Jahre umfasst, fällt in die Übergangsphase zwischen den literaturgeschichtlichen Epochen Barock und Aufklärung und kennzeichnet somit die Anfänge des Übergangs einer vom Adel beherrschten Feudalgesellschaft in eine bürgerliche Zeit. Seine zwischen den Jahren 1695 und 1700 angesiedelten Werke sammeln punktuell Eindrücke aus einem stark ins Wanken gekommenen Feudalsystem und verweisen schon auf Züge, die ein vollkommen neues normatives Gefüge erkennen lassen. Freilich ist die Gesellschaft zu der Zeit immer noch eine Feudalgesellschaft, doch nach dem Dreißigjährigen Krieg und den damit verbundenen historischen Umwälzungen im Gesellschaftsbild scheinen sich die Verhältnisse in der Gesellschaft, neu zu ordnen.

In der noch nicht klar ausdifferenzierten Haltung der Sekundärliteratur bezüglich einer Einordnung des Werks von Christian Reuter kann die gleichsam zur Unkenntlichkeit verbleichende Grenze zwischen Geschichte und Literatur beispielhaft nachvollzogen werden. Sprach man während der 60er Jahre noch von der „Wende vom 17. zum 18. Jahrhundert"[1], meinte mit der chronologischen Abfolge das sich umbrechende Gesellschaftsbild gefasst zu haben, und versuchte die Epochen bildenden Merkmale durch eine deutlichere begriffliche Distinktion herauszuheben im „Übergang vom Jahrhundert des Barock zum Jahrhundert der Aufklärung"[2], so werden die Prämissen zum Textbezug dadurch noch nicht deutlich. Eine nachfolgend im Sozialen verankerte Kontextualisierung kommt den Wandlungsprozessen in der Gesellschaft allerdings schon näher und versucht den zu Beginn des 20. Jh. üblichen historischen Zusammenhang, aus dem Leben und Werk Reuters gedeutet werden[3], zu präzisieren. Geschichtsdaten sind neuerdings die Grundlage, mit der man durch die Geschichte

---

1   *Christian Reuters Werke in einem Band.* Ausgewählt und eingeleitet von Günter Jäckel. Herausgegeben von den Nationalen Forschungs- und Lehrstätten der klassischen deutschen Literatur in Weimar, Volksverlag Weimar, Weimar 1962, S. (5)

2   Hecht, Wolfgang: *Christian Reuter.* Metzler Verlag, Stuttgart 1966, S. 1

3   *Christian Reuters Werke,* herausgegeben von Georg Witkowski, Band 2, Insel Verlag zu Leipzig, Leipzig 1916

zu einer die Literatur betreffenden Erkenntnis gelangen möchte. Ihr zwar begrenzter Aussagewert, finden wir bei Herbert und Elisabeth Frenzels *Daten deutscher Dichtung*, mindert aber nicht das Gemeinsame vieler Daten, das sie zusammen an einer Stelle aussagen.[4] Mittels des sich daraus ergebenden Zusammenhangs der Geschichtsdaten soll aus diesen historischen Angaben auf den allgemein geschichtlichen sowie soziologischen und philosophisch-religiösen Hintergrund geschlossen werden, der darauf Erkenntnisse über die theoretischen Ansätze zu Fragen der Kunst und Dichtung sowie das Geflecht der literarischen Kreise vermitteln soll. Deshalb ist es für Nicola Kaminski nicht annehmbar, diesen Wendepunkt im Gesellschaftsleben, ausgedrückt in der Literatur, ohne eindeutige Bezüge auch zur Geschichte zu formulieren. Ihr Ansatz geht von der literarisch-dichterischen Reflexion aus, die von einem Geschichtsereignis geleitet wird und so lange andauert, wie sich die historischen Gegebenheiten dazu anbieten.

> Hatte Martin Opitz 1624 in seiner folgenreichen Poetik das ästhetische Novum einer deutschen Nationalliteratur eben aus der Re-Inszenierung des Dreißigjährigen Krieges auf dem Feld der »Deutschen Poeterey« gewinnen können, so hat sich um 1700 dieser martialische Nährboden deutscher Literatur bereits zur abgeschlossenen Geschichte und damit seine ästhetische Stimulanz eingebüßt.[5]

Für Nicola Kaminski ist es offenbar legitim, Geschichte und Literatur zusammenzuführen. Wird die dichterische Perspektive auf diese Art und Weise erfasst, dann ergibt sich daraus eine in der Gesellschaft damals herrschende, zeitgenössische Stimmungslage. Aus dem Postulat der literarischen Reflexion auf Geschichtsereignisse folgt schließlich, dass sich die Literatur an der Geschichte orientiert und diese abbildend einen Eindruck über das künstlerisch aufgenommene Leben wiedergibt. Im Kontext der vorliegenden Arbeit soll aber einen Schritt weiter gedacht werden, nämlich im Zusammenhang von literarischer Wirkungsästhetik und ihrem Vermögen wertbildende Prozesse auszuleuchten bis hin zu Fragestellungen über ihre Möglichkeiten und Fähigkeiten gesellschaftsträchtig zu werden.

Sich nun auf ein ausgegrenztes historisches Geschehen festzusetzen, würde heißen, eine Tatbestandsaufnahme zu leisten, ohne sich auf die vorgegebenen

---

4 Vgl. im *Vorwort* von Frenzel, Herbert A. und Elisabeth: *Daten deutscher Dichtung. Chronologischer Abriss der deutschen Literaturgeschichte*, dtv-Ausgabe, München [32]1999

5 Kaminski, Nicola: *Von Plißine nach Schelmerode. Schwellenexperimente mit der »Frau Mutter Sprache« in Christian Reuters Schlampampe-Projekt.* In: Kulturelle Orientierung um 1700. Tradition, Programme, konzeptionelle Vielfalt. (Hrsg.) Sylvia Hendecker, Dirk Niefanger und Jörg Wesche, Max Niemeyer Verlag, Tübingen 2004, S. 236-262, S. 236

Rahmenbedingungen zu stützen, die eine doch zuverlässige Konstante im historischen Wechselspiel dartun. Da der gesellschaftlich gebotene Rahmen für eine literarische Rezeption, diese bedingt, darf man davon ausgehen, dass das soziale Gefüge letztlich mitbestimmend ist, um einem dichterischen Werk in der Gesellschaft seinen gebührenden Platz zukommen zu lassen. Nun sollte aber beachtet werden, dass es die Rezeptionsperspektive ist, die zu Qualifizierungen führt. Dass jemand aus der heutigen Perspektive der historischen Distanz viel mehr Möglichkeiten und Hintergrundwissen hat, die es ihm erleichtern, eine Schlussfolgerung zu ziehen, die ein Zeitgenosse aufgrund seiner Informationsmöglichkeiten nicht hatte, ist verständlich. Im Hinblick aber auf die Standeszugehörigkeit, sich eher einer Deutungsmöglichkeit zuzuwenden als einer etwa anderen, ganz in Abhängigkeit von seinem Normenverständnis, dürfte damals jedenfalls nicht unerheblich gewesen sein.

1.1.1 Normenbildung im gesellschaftlichen Gefüge

Eine große Bedeutung kommt in Reuters Werk den biografischen Momenten zu, weshalb es ein Zustandsbild der Gesellschaft zu sein scheint oder wie es Nicola Kaminski in Bezug zur Gesellschaftsrealität präzisiert, ein „inszenierter Anschein."[6] Sie fasst die Ergebnisse der positivistischen Leistungen in der Wissenschaft mit der Feststellung zusammen, das Werk *Ehrliche Frau zu Plißine*, was im Übrigen für den Zyklus von Reuters Schlampampe – Projekt insgesamt ebenso gilt, „gibt außerordentlich enge Bezüge zur Realität der Zeit wieder."[7] Dieses realistische Bild ist Grund und Anlass zugleich, einen literaturgeschichtlichen Zusammenhang für Reuters Werk herzustellen. Zu diesem Zweck wurden für Christian Reuters Werk schon einige Kategorisierungsversuche unternommen, um es in einem ausgeweiteten literarischen Zusammenhang zu seiner Zeit theoretisch zu untermauern. Georg Ellinger ist davon überzeugt, dass Reuters Komödie sich einerseits teils wörtlich an die Übersetzung von Tassos *Aminta* lehnt,[8] wobei Wolfgang Hecht andererseits nicht der ebenfalls von Ellinger stammenden Meinung ist, einzelne Szenen aus Reuters Komödie würden an Molières *Georgea Dandina ou le Mari confondu* erinnern.[9] Ähnliche Probleme erscheinen bei der Bestimmung des Rahmens, in dem sich der Titel des zweiten Teils der *Frau Schlampampe* bewegt. Im Kontext dieser Diskus-

---

6   A. a. O. S. 239.

7   Ebda.

8   Georg Ellinger: *Christian Reuter und seine Komödien*. In: Zeitschrift für deutsche Philologie 20, 1888, S. 290-324, S. 294 ff.

9   Wolfgang Hecht, *Christian Reuter*, S. 26.

sionen stellt sich die Frage, ob denn Reuters Komödien nicht als eine Parodie auf die Prinzipien einer Tragödie aufgefasst werden können. Während Karl Holl von Reuters „geschmackloser Kunst"[10] spricht, Schneider dahingegen die Abschlussszenen als „grotesk"[11] bezeichnet, nennt Paul Hankammer Reuters Lustspielzyklus „infernalisch"[12].

Eine Rezeption von Christian Reuters Werk kann angesichts seiner kurzen Schaffensphase und der relativ begrenzten Zahl an Werken, die von ihm stammen, naturgemäß nicht größeren Umfangs sein. Der nach der Hauptperson in seinem Erstlingswerk gebildete Kurztitel *Frau Schlampampe* ist wohl eines der Kennzeichen, die über die Aufnahme von Reuters Werk sprechen. Es werden auf diese Weise Hauptmerkmale und die Handlung seines ersten Werks an die vermeintliche Hauptperson gebunden.

Auf Christian Reuters leidige finanzielle Lage lässt sich aus dem Umstand schließen, er und die Mitglieder seiner Wohngemeinschaft hätten, den Angaben ihrer Wirtin zufolge, sechs Monatsmieten im Rückstand gelegen, weshalb die gemietete Wohnung den Studenten gekündigt wurde. Eben dieses Ereignis diente Christian Reuter dazu, sich der Feder Kunst anzunehmen. Das Gasthaus, in dem die Studenten untergebracht waren, gehörte im Übrigen einer aus mittelständischem Milieu stammenden Familie Müller. Diese war nach dem Tod des Vaters der Familie, Eustachius Müller, jedoch nicht der Armut überlassen. Beim „selbstständigen Bürgertum" in Leipzig erkennt Günther Jäckel Bestrebungen, in der Messestadt Möglichkeiten und Formen zu finden, um eine eigene Kultur auszubilden."[13] Der wachsende Handel ließ die Stadt aufblühen und sicherte damit auch dem Bürgertum einen gewissen Wohlstand. Nach dem Tod ihres Gatten überließ die Witwe Anna Rosine Müller dem Lehrer und Juristen George Leib das Familiengut zur Verwaltung. Später sollte Leib als Schwiegersohn in der Familie Müller seine Schwiegermutter in den Prozessen gegen Christian Reuter helfend unterstützen.

Wie es aus seiner Biografie zu entnehmen ist, sind die Ereignisse in der *Frau Schlampampe* aus dem Leben Reuters entlehnt. Die aus dem Werk übernommene Bezeichnung fungiert, so lässt sich daraus schließen, bei seiner Rezeption als ein Symbol bildender Vorgang, der Erscheinungen im Gesellschaftsbild manifestiert. Die synthetisierende Aufgabe, die dieser Bezeichnung dabei zufällt, fasst demnach die Hauptcharakteristiken der Person zusammen

10   Karl Holl: Geschichte des deutschen Lustspiels, Weber, Leipzig, 1923, S. 115.

11   Ferdinand Josef Schneider: Christian Reuter (Hallische Universitätsreden, 69), Halle, 1936, S. 10.

12   Paul Hankamer: Deutsche Gegenreformation: die deutsche Literatur im Zeitraum des 17. Jahrhunderts, Metzler, Stuttgart, ³1964, S. 361.

13   Günther Jäckel, a. a. O. S. 7.

und erhebt sie zu einer Gesellschaftsfigur, die sie als Produkt ihrer Umwelt erscheinen lässt. Damit verbunden ist natürlich ein normatives Denken, das die Hauptperson anhand ihres Gesellschaftslebens an den Tag legt. Sie figuriert als Repräsentantin eines Gesellschaftsbildes, in dem sie einen Teil des normativen Werteverständnisses verkörpert. Die sozialen Bezüge kommen bei Reuter in dem Maße stark zum Ausdruck, dass es Wolfgang Hechts Worten gemäß unabdingbar ist bei einer Deutung, die soziale Komponente in seinem Werk mitzuberücksichtigen:

> Die gesellschaftlich-moralischen Lebensformen, die Denkweise und vor allem die soziale Situation dieser Übergangszeit prägen die Physiognomie von Reuters Werk so stark, daß keine Deutung sie ungestraft vernachlässigen kann.[14]

Die nicht allzu umfangreiche Sekundärliteratur zu diesem Werk bietet in der Regel einen guten Einblick in das Leben Christian Reuters. Zu gleich welchem Aspekt sich eine Untersuchung auch äußern möchte, man kommt immer wieder auf Christian Reuters Leben zu sprechen. Das hängt zusammen mit der natürlichen Nähe zwischen Thema und Motiv sowie der Vorgehensweise. Der biografische Moment, ein Anlass aus dem eigenen Leben, verleitet Reuter dazu, eine wirkliche Person aus seinem unmittelbaren Leben zum Symbol einer gespaltenen Öffentlichkeit zu machen. Diese kontroverse Ausrichtung kann nicht und wird auch nicht einer Rezeptionsmöglichkeit gerecht werden können, denn die Titelfigur wird daher definiert, dass sie versucht, sich dem gesellschaftlichen Normenverständnis anzupassen, in ihrer übersteigerten Form sich aber lächerlich macht.

Die Beschreibung des gültigen Normenverständnisses ist einmal mehr im Titel enthalten. *L'Honnéte Femme Oder die Ehrliche Frau zu Plißine/ in Einem Lust-Spiele vorgestellet/ und aus dem Französischen übersetzt von Hilario.*[15] Man braucht nicht einmal aus dem verwendeten Pseudonym zu schließen, dass es sich um eine Komödie handelt, da der Titel die Charakterisierung selbst enthält. Es ist aber insofern nützlich, sich des Pseudonyms zu vergegenwärtigen, da er mit seiner lateinischen Bedeutung der /heiterkeit/ und /lustigkeit/ auf die Absicht des Autors gerichtet ist, der sich über das geschilderte Geschehen lustig macht. Die Verlegung der Handlung ins Fiktive erinnert an die Figur des Till Eulenspiegel, der einer sozial verzerrten Gesellschaft den Spiegel vor Augen hält. Reuters Pseudonym Hilarius kann nur bedingt in seiner verdeckenden Funktion als solches gelten gelassen werden, da Christian Reuter zu Lebzeiten als Autor bekannt war und sich jederzeit zusätzlich eintragen hätte können.

---

14 Wolfgang Hecht, *Christian Reuter*, S. 1
15 Der Untersuchung liegt die in der Faber du Faur Edition enthaltene Version aus 1695 vor, der zufolge auch zitiert wird.

Wolfgang Hechts Annahme, dies würde sich an die im 18. Jh. beginnende Praxis halten, in der Texte mit komischem Gehalt öfters mit Hilarius signiert wurden,[16] ist stichhaltig in dem Sinne, dass die lateinische Bezeichnung eine einsetzende Parodie ist auf die gesonderte Stellung des Gelehrtentums und den anwachsenden Bildungsanspruch als eines Ausdrucks, der einen sozialen Status kennzeichnet. Für Reuter sollte es aber mehr als nur ein Modeausdruck gewesen sein, der ohnehin erst einige Jahre später folgte. Er verwendete nämlich die Rolle eines im Gelehrtengewand gekleideten Satirikers dazu, sich als Gegenbild zum aufstrebenden Bürgertum zu projizieren, welches zweifelsfrei in der Titelfigur dargestellt wurde[17].

Einen zusätzlich parodistischen Hinweis enthält der Ort, Pliszine, auf den die Handlung verlegt wird. Von den einst führenden Gebieten höfisch gezeichneter Poetik und Dichtung aus dem schlesischen Raum, einschließlich Glogau und Breslau, wo Gryphius und darauf Lohenstein wirkten, verlegt Reuter die Handlung ins heimische Leipzig, das sich in eine „bürgerliche Handelsmetropole und Universitätsstadt"[18] entwickelte. Das dem Adel einige Jahrzehnte zuvor noch eigene und ihm unterstellte Gelehrtentum wurde ihm nun entzogen und das finanziell aufgestiegene Handelsbürgertum mit der Gelehrtenkrone geschmückt. Die Ortsbezeichnung geht wohl zurück auf die allerdings erst später erschienene Bezeichnung „l'Athenes d'Allemagne"[19], die bemerkenswerterweise auch französischer Abstammung ist. Erst später sollte sich daraus der deutsche Ausdruck „Pleiß-Athen"[20] für die am Fluss Pleiße gelegene Stadt entwickelt haben. Zumindest lässt es sich aber feststellen, dass diese Namensgebung aus der Zeit nach Reuters Werk stammt und bisher keine Hinweise aus der Zeit Christian Reuters bestehen. Man kann es also als durchaus gerechtfertigt betrachten, wenn diese Bezeichnung schon zur Entstehungszeit der Frau Schlampampe angenommen wird, was bisher allerdings nicht bewiesen ist. Es würde dem zwar nicht weit gelegen sein, Reuter als Mitschöpfer dieses Sinnbildes anzunehmen, da er den Namen Pleiß lautlich an das Französische und Lateinische[21] anklingen lässt, doch wären das nur hypothetische Annahmen. Zu erkennen ist allerdings

---

16 Wolfgang Hecht, a. a. O. siehe S. 57
17 Siehe dazu die Einleitung.
18 Kaminski, *Von Plißine nach Schelmerode*, S. 237
19 Die Benennung stammt aus Pierre Bayle's Dictionnaire Historique et critique, Bd. 1, Paris 1697, S. 343 (Artikel «Arnauld»)
20 Z. B. Sperontes [d.i. Johann Sigismund Scholze]: Singende Muse an der Pleisse in 2.mahl 50 Oden, der neuesten und besten musicalischen Stücke mit den darzu gehörigen Melodien [...], Leipzig 1736, IND 19641, Lied Nr. 53 über das „angenehme Pleiß-Athen"
21 „Lipßine" – Lipsiae (Pleiße – Plissa)

148

die deutlich hervorgehobene Funktion der Handlung, die insgesamt in den Kontext einer modischen Nachahmung gestellt wird. Deshalb ist der von Nicola Kaminski gebildete Kontext der aus dem Kopf ihres Vaters entstiegenen Athene[22] etwas schwerer nachvollziehbar, wenn sie daraus schließt, dies würde auf die „Kopfgeburt »Pleiß-Athen«" wie auch viele andere „literarische Kopfgeburten" im Schlampampe – Komplex verweisen.[23]

Ähnlich wie es Andreas Gryphius noch tat, verwendet Reuter die Sprache als entlarvendes Mittel, derer sich die Gesellschaft bedient, sich mit ihr einkleidet und dadurch die eigene Repräsentativität entdeckt. Selbst der Titel soll, der Ankündigung des Dichters zufolge, aus dem Französischen übersetzt worden sein. An der Namensgebung ist der Charakter der Personen sogleich abzulesen. Andreas Gryphius' *Horribilicribrifax* kommt dabei eine klare Vorbildfunktion bei der Gestaltung des Personenregisters zu. Die Hauptpersonen werden auch hier nicht hierarisch angeführt, sondern gleich in einen textbezogenen Kontext gestellt. Auf vierter Stelle folgt Frau Schlampampe hinter dem Geist der Charmante, wohl zu Recht, denn die Hauptperson sprüht nicht gerade vor Charme. Fett gedruckte Namen sollen die tragenden Rollen von ihrer untergemischten Gefolgschaft herausheben. Jean Barth, dessen französischer Name mit dem übersetzten Titel korrespondiert, führt (mit etlichen Caspers und See≈Räubern) die Spitze des Personenbestandes an. Reuters recht subtiles Verständnis von Spaß macht die zweite herausgehobene Person, den Kerkermeister Haltfeste, zur sprachlichen Befangenheit der Deutschen, die im Drang nach Exklusivität und Selbstbestätigung nach Fremdem greifen müssen, um sich kenntlich zu machen.

1.1.2 Tendenzen der Umorientierung in Übergangsphasen in der Gesellschaft

Sprachstil und Metrik entsprechen in der *Ehrlichen Frau* nicht mehr dem poetischen Wertekanon aus früherer Zeit. Ausbleibende Stilfiguren vereinfachen die Bedeutungszusammenhänge und die Metrik ist nicht oder nur kaum durchgebildet. Sätze, die sich zudem noch reimen, wie in etwa Frau Schlampampe's: „so muß ich sehen wie ichs mache/ daß ich ihnen welche schaffe,"[24] sind eher die

---

22 Nicola Kaminski verweist in diesem Zusammenhang auf die Deutung des von Pierre Bayle verliehenen Ehrennamens im Vorwort zu Axel Frey, Bernd Weinkauf (Hrsg.): Leipzig als ein Pleißathen. Eine geistesgeschichtliche Ortsbestimmung, Leipzig 1995, S. 10. Nicht vollkommen deutlich ist ihre Argumentation, wenn die Bedeutungsgenese bei Christian Reuter und die Etymologie des Namen Athens zusammengeführt werden.

23 Nicola Kaminski, *Von Plißine nach Schelmerode*, S. 237 f.

24 Christian Reuter, *Ehrliche Frau*, S. 4

Ausnahmen. Formal gestaltet sich das Werk auch sonst nicht nach dem entsprechenden Regelwerk, nur die Personen entsprechen mit ihrer Standeszugehörigkeit der geforderten Ständeklausel.

Der Beginn des Stücks beginnt ungewöhnlicherweise zugleich mit einem Chor, dessen Lied ohne Auftakt, in trochäischen Rhythmen sozusagen anklingend die Stimmung erheitert:

> Lustig! Lustig auf der See! Weil der Himmel uns geneiget / Und kein Ungewitter zeiget Sind wir ohne Noth und Weh. Lustig! Lustig auf der See![25]

Auffallend ist, was auch schon das vorherige Zitat zeigte, eine auch orthografische Angleichung, beispielsweise bei der Verwendung von /sz/ bzw. /ß/ und bei der Groß- und Kleinschreibung, welches in der davorliegenden Zeit nicht in dem Maße vereinheitlich war. Sprachlich findet hier eine stilistische Abstufung statt, die ebenso von einer Angleichung sprechen könnte, da die poetischen Normen nicht mehr als maßgeblich empfunden werden.[26] Demnach dient die Sprache nicht mehr der Kennzeichnung von Standesunterschieden, wenn auch keine Angehörigen höheren Standes im Stück auftreten. Sie ist indessen auf Klarheit ausgerichtet und dennoch standeskonform, aber gleichzeitig repräsentativ durch die Tatsache, dass sie als Deutsch auf die Bühne gesetzt wird.

Der soziale Rahmen wird vom verwendeten Wortschatz abgesteckt, der sich in der Wiederholung von bestimmten Ausdrücken zur Redewendung manifestiert. Die häufig verwendeten Formulierungen wecken den Eindruck eines Versuchs vor allem der Hauptpersonen, sich formell zu geben, durch Formalitäten oder eher durch eine Formelhaftigkeit an eine Repräsentativität im zeremoniellen Verhalten zu erinnern. Gleich am Anfang gebraucht Schelmuffsky den Ausdruck „Tebel hohlmer" und stellt ihn in die melodische Weiterführung des davor abgeschlossenen Einsingens.[27] Im anschließenden Gespräch vom Sohn der Frau Schlampampe mit einem Schiffsmann, das vom Chor umrahmt ist, wird Schelmuffsky schon an dieser Stelle typisierend dargestellt; er ist Reisegefährte und Teil der Seemannschaft. Zusätzlich wird sein im Anschluss an den Chor gebildeter Paarreim von einem Umschlungenen im Jambus abschließend hervorgehoben.

---

25 A. a. O. S. 3

26 Zum Prozess der stilistischen Abstufung siehe die angeführten Beispiele im *Grafen Ehrenfried*, Abschnitt 3.2.1 Leitbilder in der Gesellschaft

27 Es ist weitestgehend bekannt, dass Reuter den Personen im Stück Redewendungen in den Mund legt, die er zuvor bei der Familie Müller gesammelt hatte, so z. B. „tebel hohlmer", dass der ältere Sohn von seiner Mutter entlehnte.

Schel. Es nimt mich doch ietzunder
  Der tebel hohlmer großes Wunder!
  Wie daß der Wolken≈Bogen
  Sich ueberall mit Sonnenschein umzogen.

Kolon. Der Wind geht gut/
  Mein Compas zeigt auf lauter Gluecke/
  Der Himmel goennt uns seine holden Blicke/
  Druem habt nur alle frohen Muth.[28]

Dieselbe Funktion scheint der „Rabenässer" der Schlampampe zu haben. Die sehr oft in langatmigen Sätzen gebrauchte Bezeichnung soll wohl eine abschätzende Titulierung sein, die sich an das sprachlich konventionelle „Rabenaas" lehnt. Nur wird die Bezeichnung nicht, wie es üblich ist, auf Frauen angewandt, sondern, und dadurch bekommt der Ausdruck eine metonymische Bedeutung, auf Personen überhaupt. Der falsch gebildete Plural lässt den Raben als symbolischen Gehalt zwar weiter gelten, doch die synekdochische Verengung auf das Aas als das Abbild des Todes wird in der falschen Interpretation Schlampampes im Sinne von /essen/ zum Bild der Gier. Dieses und das dadurch zu erkennen gegebene Unwissen sprechen über sie selber: „die Rabenaeßer wissen daß sie ihr gut Auskommen haben drum geben sie mir kein gut Wort."[29] Dass das Stück bei seiner Entstehung nicht für eine Aufführung geschrieben wurde, kann aus der sonst einheitlichen Schriftsetzung geschlossen werden, die nur im Bedarfsfalle gebrochen wird. Der Ausdruck „Rabenässer" erfährt nämlich einige Variationen im Schriftsatz, die den misslichen Gebrauch des Wortes herausheben und dessen Wichtigkeit für die Frau Schlampampe unterstreichen.

Überhaupt ist ss auch das Essen, dass die Familie der Schlampampes kennzeichnet. Ihre Sorge um das tägliche Brot der Kinder bringt die ehrliche Frau unverhohlen zum Ausdruck. Sie kann sich deshalb nur schwer um das eigene leibliche Wohl bemühen: „will ich in meinen Hause einen Bissen Brodt mit frieden essen"[30], ist der unmittelbare Bezug auf das im Holzschnitt in der Erstausgabe der Komödie gebotene Bild einer üppigen Frau. Leibliche Sättigung hat für die unteren Schichten eine immer noch rituelle Bedeutung. Ausreichend vorhandenes Essen ist Ausdruck sozialer Sicherheit.

Verweise dieser Art, die allesamt aus der Sprache den niederen Schichten stammen, lokalisieren die Familie der Hauptakteure in den Bereich des aufstrebenden Bürgertums, das sich seine eigenen Symbole geschaffen hat. Bei der Charaktergestaltung seiner Figuren bedient sich Reuter Techniken, die schon bei

---

28 Christian Reuter, *Ehrliche Frau*, S. 3
29 A. a. O., S. 14
30 A. a. O., S. 4

Andreas Gryphius anzutreffen waren. Das sprachliche Unvermögen von Frau Schlampampe bildet von ihr eine typisierte Person, die der Cyrilla aus dem *Horribilicribrifax* entlehnt ist. Thematisch findet das seinen Anknüpfungspunkt an dem Motiv der Brautwerbung, zu der die Schlampampe in Bezug auf ihre Töchter ebenfalls zu sprechen kommt. Unglauben und Vorsicht machen sich breit, als ein unbekannter Junggeselle mit einer Flasche Wein aufwartet. Junggeselle ist auch der Hausjunge der Familie, der die Flasche Wein überreicht. Gehör finden er und die übermittelte Nachricht vom Wein schenkenden Junggesellen aber erst, als er den wahren Sender als Doktor aus Schlesien wissen lässt. Erwartungen bei der Frau Schlampampe werden geweckt, die sich für ihre Tochter eine gute Partie erhofft. Gelehrtheit und Wissen werden hier in Schlesien lokalisiert. Seine literarische Orientierung setzt Reuter offensichtlich in Bezug zu Andreas Gryphius, sowie er den kulturellen Kontrast zeitgemäß aus der Wandlung des normativen Werteverständnisses schöpft.

Charlottes Beharren, den jungen Mann zu sprechen steht im Gegensatz zum Versuch ihrer Mutter, welche den Wein durchreichend, den Anschein der geselligen Werbung mindern möchte. Doch als das misslingt, greift sie selbst zur Flasche, um ihrer Tochter vorzukosten. Das unkonventionelle Verhalten, das sie dabei zutage legt, referiert auf ein Benehmen, dass damals üblicherweise mit der Bezeichnung Frauenzimmer qualifiziert wurde. Wie schon bei den oben angeführten Beispielen handelt es sich bei diesem Ausdruck nun auch um einen Gebrauch aus Unwissenheit. Die hohe Frequenz des Vorkommens zu unterschiedlichen Anlässen zeigt die erneut ins falsche Licht gerückte Wahrnehmung des Ausdruckes. Alle weiblichen Personen im Stück werden zu Frauenzimmern erklärt. Es soll wohl eine Bezeichnung darstellen, mit der die Frauen geehrt werden, da sie sich doch nun in Zimmern bewegen, sogar ein etwa eigenes haben. Melinde bezieht sich, wenn sie von einer der Töchter im Hause spricht, von „Haus≈Frauenzimmer"[31] und Charlotte ruft ihr Hausmädchen: „Ihre Dienerin Frauenzimmer."[32]

Das *Zimmer* hat sonst seine eigentümliche Bedeutung im Spiel und steht im Zusammenhang der am Anfang des Spiels erwähnten Bedeutung des *Hauses* für die Frau Schlampampe. Fidele, einer der Hausburschen von Frau Schlampampe, gibt im Gespräch mit dem Rechtsgelehrten Cleander, dessen Name auch schon bei Gryphius erscheint, zu erkennen, dass die Diener und Hilfskräfte im Haus als ein eigener Stand im neuen gesellschaftlichen Kontext existieren:

---

31   A. a. O., S. 5
32   Ebda.

Fidel. Mons. Darff nur einen von den Zimmerleuten dieser Stadt fragen/so wird derselbe ihn nicht anders berichten.[33]

Mehrere Deutungsmöglichkeiten, die sich in diesem Zusammenhang ergeben, sind das Ergebnis einer Wandlung im Gesellschaftsbild, die den aufstrebenden Schichten Symbole für ihre neue gesellschaftliche Position bereitstellt, die diese aber nicht zu nutzen wissen. Im Konnex der neuen „Statussymbole" und der sprachlichen Verwirrung um diese kommt das volkstümliche Wesen der aufsteigenden Schichten zum Vorschein, das jedoch erst jetzt, in neuer gesellschaftlicher Position assimilationsbedürftig ist.

Verfolgt man die bisher angedeuteten Parallelen Christian Reuters *Ehrlichen Frau* zu Andreas Gryphius *Horribilicribrifax*, dann kann aus der technischen Gestaltung des Spiels sowie der inhaltlichen Referenzen die Vorbildfunktion des Zweiten für das Erreichen der satirischen Absicht erschlossen werden. Schon der angeblich aus dem Französischen übersetzte Titel liest sich als ein quasi Gegentext zum *Horribilicribrifax Teutsch*. Bei Gryphius formte sich der Komödientext im Verlauf des Spiels zum Gegentext um, und auf die dichterische Absicht kann nur aus dieser Kehrposition im Verhältnis zum Inhalt geschlossen werden. Anders dagegen bei Reuter, welcher im Prinzip des Gegentextes der Rezeptionsperspektive zunächst ihren Rahmen absteckt, um aus der gegentextlichen Vorlage, die Beispiele zu gewinnen, die einem Werteverständnis entgegengesetzt werden und sich durch Sprachkomik wiederum im Gegentext äußern. Dadurch gelingt ihm eine Wiedergabe des Wirklichkeitsbildes, dessen Bezüge aber nicht wie bei Gryphius durch Gegenbilder erreicht werden. Im Unterschied dazu werden nun Typen im Gegentext abbildet, welcher sich durch seinen Realitätsgehalt selbst erklärt. Demzufolge bildet die Textebene bei Reuter eine literarische Fiktion ab, deren Typen er durch die projizierte Übersetzung gleichfalls in einen Projektrahmen stellt.

1.2. Die schöpferische Distanz

Allein das im Titel erwähnte Entstehungsjahr 1665 erlaubt es, die persönliche Note und die biografischen Züge vorauszusetzen. Sein Geburtsjahr anführend anstatt der Druckangabe von 1695, dem eigentlichen Entstehungsjahr des Spiels, versucht Reuter den persönlichen Bezug abzuschwächen. Der deutsch-französische Titel soll Christian Reuter später bei der Verhandlung nach der

---

33   A. a. O., S. 14

Strafanzeige von der Wirtin Müller[34] dazu verhelfen, das Stück als eine Teil-übersetzung aus dem Französischen darzustellen.

Das Spiel von Realität und Dichtung wird zum Spiel von Gegentext und Fiktion. Parallelen zum *Horribilicribrifax* des Gryphius stellte Nicola Kaminski ebenfalls fest. Sie empfindet die gebärdende Haltung der Protagonisten im Werk von Gryphius allerdings als „bedrohlich"[35], da sie den Krieg als gesellschafts-politischen Zustand als manifest aufnimmt. Mag sein, dass Teile des Lustspiels noch während den Kriegshandlungen entstanden und dass die Nachkriegszeit immer noch gesellschaftspolitisch als unmittelbare Kriegsfolge lebensnah wahr-genommen wurde. Historiografisch ist allerdings belegt, dass die kriegerischen Auseinandersetzungen, außer vielleicht vereinzelten Plünderungen und gewalt-tätigen Ausbrüchen von Einzelnen, ihr Ende gefunden hatten. Deshalb ist es un-verständlich, warum sie den Kontext bei Gryphius im Durchdringen von proji-ziertem und wirklichem Krieg wahrnimmt, also „der fiktiven *und* zeitgenössisch realen Kriegswirklichkeit"[36], obgleich es durchaus haltbar ist, diesen „nicht mehr in den Grenzen der bloß literarischen Tradition der *miles-gloriosus*-Komödie"[37] zu suchen.

Dahingegen ist Christian Reuters Anliegen in seinem unmittelbar persön-lichen Leben zu suchen. Daraus erklärt es sich, weshalb sein Werk „Ausdruck einer leidenschaftlich erlebten Wirklichkeit" ist.[38] Und es ist ein Zeichen dafür, warum es Reuter schwer fällt, eine Form in seine Komödie zu bringen. Ganz im Gegensatz zu Gryphius ist die Wirklichkeit hier eng mit der dichterischen Projektion verbunden, und es ist keine regelrechte Distanz zum Inhalt vor-handen. Die Distanz wurde lediglich projiziert. Bei Gryphius dagegen kann auf-grund der Abstarktionsebenen, die sich im Werk *Horribilicribrifax* in sich über-lagernden Schichten bemerkbar machen, eine schon ausreichende Distanz zum Thema festgestellt werden.

Wegen der nicht vorhandenen oder nicht genügend vorhandenen Distanz zum wirklichen Geschehen versah Reuter sein Werk mit biografischen Zügen und verlegte seine Personen in den „Spielraum zwischen Fiktion und Faktizi-

---

34   Stellenweise wird die Frau Mutter Wirtin im realen Leben als Anna Rosine bezeichnet, bei Nicola Kaminski z. B., andernorts heißt die ältere Tochter, im Stück von der Person Charlotte dargestellt, im wirklichen Leben Anna Rosine (siehe Günter Jäckel). Um weiter Unklarheiten auszuweichen, wird hier von der Frau Mutter Wirtin und von der älteren Tochter gesprochen.

35   Nicola Kaminski, *Von Plißine nach Schelmerode*, S. 238

36   Ebda.

37   Ebda.

38   Wolfgang Hecht, *Christian Reuter*, S. 2

tät."[39] Zur Projektion einer Distanz braucht es aber eines gewissen Abstraktions-
vermögens, welches sich aufgrund der Wirklichkeitsnähe eben nicht durch-
gehend ausformen konnte und deshalb im Bereich der Improvisation zu suchen
ist. Den Bedarf einer Distanz, um zu einer möglichen Abstraktion zu kommen,
vernahm auch Wolfgang Hecht:

> Es fehlt Reuters dichterische Sichtweise jener Abstand zur Wirklichkeit, der erst
> eine künstlerische Durchformung des Stoffes möglich macht.[40]

Doch sollte aus der fehlenden Schemenhaftigkeit des Spiels nicht gleich ge-
schlossen werden, dass der Inhalt sich ausschließlich an die dem Autor eigene
Gefühlswelt richtet. Richtig bei Wolfgang Hecht ist auch, dass die Form ein
Ausdruck der zunächst unmittelbaren und noch nicht ausgereiften Reflexion ist.

> Hierin hat zunächst schon die Formlosigkeit oder richtiger gesagt: das Improvisierte
> seiner Dichtung ihre Wurzel.[41]

Doch zur Typisierung der Personen im Stück bedarf es einer gewissen Abstraktion, um den sozialen Gehalt in den gebildeten Figuren auszudrücken. Der
Abstraktionswert ist demzufolge im gesellschaftlichen Gefüge, das uns Reuter
präsentiert, zu suchen. Insofern ist die Improvisation eine Suche nach neuen
Orientierungswerten in der Gesellschaft.

Die bereits hinlänglich gewordene Diskussion, ob Christian Reuters *Ehrliche Frau* letztlich ein Pasquill, also eine Art Pamphlet ist oder vielleicht doch
eher im Bereich des Literarischen zu suchen ist, wurde in der Argumentation
von Nicola Kaminski unter Berücksichtigung eben beider Umstände, dass
Reuter Rechtswissenschaften studierte und dass er Bedeutungszusammenhänge
in literarischer Vorgehensweise bearbeitete, auf überzeugende Weise gelöst.
Reuters Erfolg besteht darin, dass die Witwe Müller auf Verschmähung nur
hätte klagen können, wenn sie „sich im Text wiedergefunden zu haben"[42]
glaubte, was sie tat und damit das Eingeständnis leistete, mit dem sie „Reuter in
die literarische Falle gegangen"[43] war.

---

39 In diesem Zusammenhang verweist Nicola Kaminski auf Eckart Oehlenschläger: *Chris-
    tian Reuter*. In: *Deutsche Dichter des 17. Jahrhunderts. Ihr Leben und Werk.* Hrsg. v.
    Harald Steinhagen und Benno von Wiese, Berlin 1984, S. 819-838. Zitat aus Nicola
    Kaminski, *Von Plißine nach Schelmerode*, S. 239
40 Wolfgang Hecht, *Christian Reuter*, S. 2
41 Ebda.
42 Nicola Kaminski, a. a. O., S. 242
43 Ebda.

Reuters später weitergeführte Kontextualisierung[44] seines Verhältnisses zur Familie Müller weist jedoch eine Zweischneidigkeit auf, die es nicht einfach macht, zwischen der Gefühlswelt von Christian Reuter und seiner Bereitschaft zur Abstraktion zu unterscheiden. Mit noch mehr Nachdruck versucht er im Nachhinein gleich im Titel der Schlampampe-Fortsetzung kenntlich zu machen, dass eine französische Quelle maßgeblich sei. Seine Autorenschaft verdeckt er nun gänzlich und lässt den Schelmuffsky und seine Mitreisenden die Geschichte aus Frankreich mitgebracht haben. Den Schelmuffsky führte Reuter kurze Zeit nach dem Erscheinen des ersten Schlampampe – Textes aber noch vor der Erscheinung des Zweiten ein, womit die Möglichkeit gegeben war, die Entstehung des Textes örtlich vollkommen aus dem heimischen Zusammenhang zu lösen. Insofern sind die beiden Werke, *Die Ehrliche Frau* und der *Schelmuffsky*, intertextuell zu lesen. Durch die Erweiterung ihrer Motive in jeweils deren Nachfolgewerken vereinen sich beide darüber hinaus noch zu einem Gesamtzyklus und lassen sich damit unmittelbar in Bezug setzen zu Reuters Leben.

Die persönliche Bindung an einen der Söhne der Wirtin Müller gestattete es Reuter sich selbst in die fingierte Nähe der Personen zueinander, die im wirklichen Leben tatsächlich ja auch bestand, hineinzuversetzen. Schwierig wird es dann gerade in diesem Zusammenhang, eine deutliche Trennungslinie zwischen Reuters wirklichem Leben und seinen Gefühlen einerseits und der Literarizität auf der anderen Seite zu ziehen. Nicola Kaminski löst dies dadurch, dass sie wieder auf den Titel zurückgreift und diesen perspektivisch einordnet. Reuter projiziert seine Empfindungswelt auf eine von ihm klar definierte Gesellschaft, in der jede Person eine eigene Rolle zugeschrieben bekommt. Insofern setzt sich der Autor zu den gesellschaftlichen Rollen der Figuren in Bezug und lässt seinen Standpunkt im Wechselspiel der nach realem Vorbild gestalteten Personen umbrechen. Er gibt den Umstand zu erkennen, der sich als Sachverhalt aus dem realen Bezugssystem in der ursprünglich ersten Schlampampe – Komödie ergibt.

> In der zweiten Komödie sind es die Personen aus dem Kreis der fiktiven Freunde und Verwandten der »ehrlichen Frau«, die in die Autor- und Herausgeberrolle schlüpfen; was sie präsentieren, ist erneut ein Porträt der »ehrlichen Frau«, das an das der ersten Komödie anknüpft. So wird im zweiten Stück die Selbstanzeige, die Beglaubigung des Porträts, die im ersten Fall noch außerfiktional durch die Klage

---

44   Während der Verbüßung der ihm auferlegten Haftstrafe schrieb Reuter noch einen zweiten Teil zu seinem Schlampampe-Zyklus unter dem Titel: *La Maladie & la mort de l'honnete Femme. das ist: Der ehrlichen Frau Schlampampe Krankheit und Tod. In einem Lust- und Trauer-Spiele vorgestellet/ und Aus dem Frantzösischen in das Teutsche übergesetzt/ von Schelmuffsky Reisse-Gefährten.* Im Folgenden als *Schlampampe II* bezeichnet.

der Witwe geleistet wurde, nun in den Fiktionsraum der Komödie integriert, die Selbstdenunziation fiktiviert.[45]

Die im zweiten Schlampampe-Teil stärker inszenierte Rolle des Cleander referiert auf die Literarisierung des Themas, indem Reuter mit dem „Cleander/ ein[en] Candidatus Juris aus Marburg"[46] sein *alter ego*[47] in das Spiel einführen lässt. Er greift dadurch unmittelbar in das literarische Geschehen ein und wird zum Akteur in seiner Gegenwelt, der das Geschehen und dessen Rezeption mitbestimmt. Das Thema dabei übergreifend aus dem Kontext der "Rezeptionsgeschichte" seines ersten Teils der Frau Schlampampe ableitend, wird Reuter so zum Kommentator des lebensnahen Nachspiels. Cleander organisiert die Grabrede, die von „der Schlampampe lustiger Hauß-Knecht"[48] Lorentz gehalten wird. Dieser wiederum will sich die Rede verfassen lassen und sie auswendig aufsagen, womit auf die gesamte Literarizität des Themas Bezug genommen wird.

> Cleand. Hört Freunde/ ich wolte nur dieses fragen/ ob eine Abdanckungs-Rede bey eurer verstorbenen Frau Begräbnüß auf den Abend auch gehalten würde.
> [...]
> Edw. Haben sie noch niemand/ der es verrichten soll?
> Lor. Ich weiß darzu noch keinen/ allein könte ichs nicht wohl verrichten?
> Cleand. Warum nicht? Ihr soltet euch vortrefflich darzu schicken.
> Lor. Wißt ihr was? Ich will mir unsern Praeceptor so ein Ding lassen auffsetzen/ und flugs auswendig lernen/ so dencken die Leute/ ich schwatze solch Zeug alles aus dem Kopffe daher.[49]

Folgerichtig liegt dem Konzept des zweiten Teils der Schlampampe – Komödie der literarische Gehalt zugrunde. Leich-Abdankungen gehören in ihrer dichterischen Gattungsform zur Gelegenheitsdichtung, zu Festschriften, die ein wirkliches Ereignis zum Anlass haben. Die lebensechte Anna Rosine Müller war zum Zeitpunkt der Entstehung des Stücks aber noch am Leben. Der im Spiel inszenierten Grabrede kommt also ihre literarische Funktion entgegen und sollte aus diesem Kontext gedeutet werden. Mit der Projektion des Todes von Anna Rosine Müller manifestierte Reuter seinen literarischen Sieg über seine juristische Niederlage und lässt die projizierte Gegenwelt Realität werden.

---

45 Nicola Kaminski, *Von Plißine nach Schelmerode*, S. 245
46 *Schlampame II*, S. 114
47 Siehe Nicola Kaminski, a. a. O., S. 244
48 *Schlampampe II*, S. 114
49 A. a. O., S. 163f.

1.2.1 Gegenwart und Gegenbild

Reuter hielt mit seiner projizierten Gegenwelt nicht ein. Nachdem er seine Realität dichterisch manifestierte, weitete er das komödiantische Thema weiter aus, indem er Personen aus dem Umkreis der lebenswirklichen Wirtin in das Spiel mit einführt. Präzeptor George, der ihr juristischen Beistand leistete,[50] wird in einer eigens abgefassten Grabrede[51], die Reuter zu einem Hochzeitsanlass als Scherzspiel verfasst, zum Autor der Todeswürdigung seines eigenen rechtlichen Unterfangens.

Absprechen lässt sich ein literarisches Talent Reuter also nicht, denn, wie es Wolfgang Hecht attestiert:

> (...) daß er sogar ein ausgeprägtes Formgefühl besaß und mit Stilformen höchst virtuos zu spielen verstand, zeigt die Parodie auf die Leichenpredigt im »Letzten Denk- und Ehrenmal«.[52]

Auf den gesellschaftlichen Charakter verweisend, entsteht mit dem Text ein wirklichkeitsbezogener Zusammenhang, der sich aus dem juristischen Kontext generiert. Für sein dichterisches Werk bedeutet dies, dass Reuter mit der an das Leben der Müllers Wirtin gerichteten Abdankung einen Gegentext verfasst hat, weil sie zu dem Zeitpunkt ja noch lebte. Der Wert dieses dichterischen Ansatzes ergibt sich aber nicht aus einer metaphysisch gedeuteten Welt und er soll nicht die Fragen und Konflikte einer wie auch immer gearteten Lebensrealität behandeln, die zu allgemeiner Gültigkeit strebt. Ihre Gültigkeit erhält die Wertsetzung aus Christian Reuters Leben im Spezifischen und wird damit real manifest. Die Wirklichkeit, wie sie dargestellt wird, entspricht ausschließlich Reuters Wahrnehmungsvermögen und geht über seine Person nicht hinaus. Als Resultat hat das zur Folge, dass es in der Rezeptionsgeschichte seines Werks immer wieder zu Phasen der Stille kommt. Seinerzeit übernahm er die Rolle eines dichterischen „Einzelgängers", weshalb Wolfgang Hecht dazu meint, dass „seine Werke [...] kaum über seine unmittelbare Umgebung hinausgedrungen" seien.[53] Doch diese Rolle darf als eine der Gesellschaft Entgegengesetzte verstanden werden, und darum blieb Reuter in seiner dichterischen Leistung zunächst unerkannt. Man kann eine deckungsgleiche Übereinstimmung erkennen

---

50 Siehe im Einzelnen dazu: *Christian Reuters Werke in einem Band.* Ausgewählt und eingeleitet von Günter Jäckel, Volksverlag Weimar, 1962, S. (15)

51 *Letztes Denck- und Ehren-Mahl/ Der weyland gewesenen Ehrlichen Frau Schlampampe/ In Einer Gedaechtnueß-Seremone/ aufgerichtet von Herrn Gergen*

52 Wolfgang Hecht, *Christian Reuter,* S. 2

53 A. a. O., S. 5

zwischen der Entwicklung seines Werks zum Gegentext und seiner Erscheinung bzw. seinem Leben, das als Gegenbild zu dem damals konventionellen Gesellschaftsbild erscheint.

Das gültige normative Wertegefüge, dass aus der *Ehrlichen Frau* abzulesen wäre, setzt sich eben nicht aus den Personen zusammen, die im Spiel ihre Positionen behaupten, sondern aus den Bloßgestellten. Denn die Intrige der Studenten setzt die gastgebende Familie auf den Prüfstein ihrer eigenen Werte. Geprüft werden die Gesellschaftsnormen anhand ihrer selbst, nämlich wie sie die Familie verkörpert. Daraus entwickelt sich im Übrigen die gesamte Handlung. Wolfgang Hecht fasst das zusammen mit den Worten: „Die Komik des Stückes besteht in dem Missverhältnis zwischen Schein und Sein."[54] Neben der in dieser Äußerung enthaltenen Ähnlichkeit zur Wirklichkeitskritik, die sich im Vanitas-Motiv wiederfindet, evoziert sie die Vorstellung einer Konfrontation innerhalb des Normenverständnisses. Die Normen müssen außer ihrer Proklamation auch angewendet werden. Für die aufstrebenden Stände, wie es das Bürgertum war, bedeutete das eine Neuorientierung, sich nicht nur den neuen gesellschaftlichen Umgangsformen nach zu geben, die materielle Manifestation der neu gebildeten Werte anzunehmen, sondern sie in konkreter Verkörperung im gesellschaftlichen Umgang auszudrücken. Erkennbar wird, dass die gesellschaftlichen Umgangsformen ein gesondertes Systemgefüge darstellen, welches hier in einer Kollision zum normativen Gefüge steht.

Abgebildet wird das normative Gefüge einer Vorstellung nach, die sich nicht aus dem eigenen Gesellschaftsbild ableitet. Die Anlehnung an außerhalb der deutschen Sprachgemeinschaft befindliche Vorbilder steht im Kontrast zu den Umgangsformen der führenden Gesellschaftsschichten. Durch den Gewinn an Bedeutung von Handel und Verkehr, welches dem Bürgertum es wirtschaftlich ermöglichte aufzusteigen, wird die Kenntnis von verschiedenen Ausdrucksformen sozialen Verhaltens zum Ausdruck sozialer Kultivierung. Und die legitimiert sich eben durch ihre Vielfalt. Eine soziale Behauptung anhand der Verkörperung dieser Werte stellt sich allerdings als problematisch heraus, da das nötige Verständnis nicht aus einem Kontrast geschieht, sich aber vielmehr im alltäglichen Umgang mit den neuen Kulturwerten äußert. Da gerät ein Versuch der Familie Müller, Kultur zu verkörpern, ins Lächerliche, als sich nach dem Mittagstisch das Dilemma stellt, was alles und wie gegessen wird. Im Gespräch mit der Köchin versuchen sich die Kinder Charlotte, Schelmuffsky und Daefftle zusammen mit ihrer Mutter, sich in Kenntnis und Neugier über Kochkünste zu übertrumpfen, haben selbst aber keine eigengebildete Vorstellung über das, was sie erzählen, sondern nur Wissen, das aus Überliefertem stammt.

---

54   A. a. O., S. 7

Schlamp. So wahr ich eine ehrliche Frau bin / hat mir doch neulicher zeit nichts so gut geschmeckt als dieser Carpffen.

Charl. Giebts denn in Holland auch viel Fisch?

Schelm. Der Tebel hohlmer da giebts Fische wie grosse Kaelber / und halben Ellen dicke Fett auff den Ruecken.

Urs. Ihr Leute muessen das nicht Fische seyn?

Schelm. In Engelland habe ich mir vor einem Jahre einen Carpffen sieden lassen der war wie ein klein Kind groß/und hatte ueber 12. Kannen Fett.

Charlott. Muessen die leute da nicht Fische essen?

Schelm. Wie wir zu Schiffe giengen / da nahemn wir ueber 20. Centner geraeucherte Hechtzungen mit/die schmeckten der Tebel hohlmer auch so delicat.

Urs. Wie werden denn die zugericht?

Schelm. Mit Bomolle werden sie zugericht / und das ist ein galant Fressen.

Daefftle. Frau Mutter/hat doch der Frantzmann auch schon vergessen was auff teutsch Baumuehl heist.[55]

Geben sich die Teilnehmer an der Tischgesellschaft zudem ihre Tischgeflogenheiten zum Besten, so ist eine unerwartete Spannung im Gespräch festzustellen. Im rituellen Brauch des gemeinsamen Speisens glüht das Verlangen nach zusätzlicher Bestätigung des eigenen Erscheinungsbildes auf. Das im Gespräch sich überbietende Wissen über Mahlzeiten zeigt neben dem erstrebten Kulturideal, das sich aus mannigfaltigen Einflüssen aus benachbarten Kulturkreisen präsentiert, ein Geltungsbedürfnis, welches von der Position in der Gesellschaft abverlangt wird. Schelmuffsky dominiert nach gut hausbürgerlicher Art und weckt dadurch Vorstellungen über seine eigentliche soziale Herkunft. Sein „galant Fressen" richtet sich nach dem Ideal des Galanten, bleibt aber im niederen Gesellschaftsbereich verhaftet und kann eventuell nur über gesellschaftliche Prozesse aus dem späten MA und dem etwas später folgenden Meistersang legitimiert werden. Ähnliche Standesverhältnisse hatte Andreas Gryphius im *Peter Squentz* geboten.

Sprachlich bemüht sich der Bote Servillo ebenso, als er die ihm aufgetragene Nachricht Charlotte übermitteln soll. Er klagt über die zeremonielle Aufwartung und seine nicht gewürdigte Leistung. Die Kreise, in denen er sich bewegt, sind für ihn nun auch schon hoch, und aus Protest wendet er die soziale Hierarchie im volkssprachlichen Wortspiel um, sich auf die Harmonie der Körpersäfte beziehend.

Servill. Es ist wohl verdrießlich hier in Plissine/ daß/ wenn man wohin geschickt wird / so langen verziehen muß/ehe man einmahl vorkoemmt/ da soll man den Maegden erstlich alles auff die Nase binden / wenn man bey der Jungfer was zu bestellen hat /alleine von mir erfaehret wohl niemand nichts / was mir verbothen ist zu

---

55 *Schlampampe*, S. 52

sagen. Ich wolte daß ich einmahl abgefertiget wuerde /daß ich wieder meine Saefte abfertigen koente.[56]

Kollisionen von Wertevorstellungen, die sich im sprachlichen Bereich äußern, legen es nahe, dies auf gesellschaftliche Konfrontationen zurückzuführen. Das durch den Aufstieg bestimmter Gesellschaftsschichten entstandene Vakuum füllt ein qualitatives Merkmal, an dem man die neue Wertsetzung erkennt. Offensichtlich ist die Sprache dabei wesensbestimmend, da sie soziale Abstufungen generiert. Aber warum? – Die Antwort darauf lässt sich aus den identitätsstiftenden Merkmalen erklären, die zeitlich ausgerichtet auf gesellschaftssteuernde Prozesse wirken. Damit wäre auch gleich wieder die Geschichte angesprochen, die perspektivisch durch die Zeit schillernd, im Formenreichtum ihrer Deutungsmöglichkeiten die Sprache dazu bewegt, vereinzelte Momente aufzunehmen. Gewohnheiten in den bis zum Westfälischen Frieden immer noch zum Heiligen Römischen Reich Deutscher Nation zählenden Ländern gehören erst jetzt zur Tagesaktualität; sie sprechen von Unterrichtetheit und Weltbewanderung. Andrerseits ist es die diachrone Perspektive der Sprache, welche die historische Dimension der sozialen Umbrüche kulturgeschichtlich zum Vorschein dringen lässt. Die Sprache, die das gesellschaftliche Vakuum formal festhält, wird dabei perspektivisch aufgesplittert und stellt die sprachliche Manifestation aktueller Prozesse einer kulturgeschichtlichen Traditionsbildung durch die in ihr wohnende Konfrontation entgegen. Sowohl Gegenwart als auch Geschichte erleben im sprachlichen Umbruch ihre soziale Manifestation; die Beschreibung herrschender Verhältnisse löst sich im Prisma ihres traditionsreichen Gegenbildes auf.

1.2.2 Typisierungsprozesse

Für die Gegenüberstellung von Prozessen sozialer Wandlung bedarf es an fixierten Einzelerscheinungen, welche in einer symbolhaften Rolle uns die in ihnen waltenden Kräfte richtungsweisend präsentieren. Christian Reuters Herkunft aus dem gesellschaftlichen Mittelstand versetzte ihn in den Raum, wo sich jene die Gesellschaft generierenden Prozesse abspielten, die im Weiteren ein neues soziales Wesen im gesellschaftlichen Gefüge heranbildeten. Fallbeispiele aus diesen sozialen Umbrüchen aufgreifend, gelang es Reuter den seinem gesellschaftlichen Umfeld entsprechenden neuen Typ Mensch festzuhalten. Seine Eindrücke spiegeln sich in der symbolisch zum Ausdruck kommenden Immanenz der Werte wieder. Den Ausgangspunkt dazu bildet Reuters normatives Empfinden, das es für ihn im Abstraktionshergang zu überwinden galt, um ein Bild von ge-

---

56   A. a. O., S. 28

sellschaftlichen Stereotypen zeichnen zu können. Wolfgang Hecht fasst Reuters Studentenleben als einen Mikrokosmos zusammen, der die sozialen Verhältnisse abbildend genügend Potenzial besaß, um daraus ein karikiertes Bild vom Gesellschaftsleben entfalten zu können:

> Stoff der Komödie ist vielmehr die bürgerliche Umwelt des Dichters, die für ihn zum poetischen Stoff wurde, als er begann, in seinen Erlebnissen im ›Roten Löwen‹ einen Symbolwert zu erkennen.[57]

Hier steht die Welt, wie sie von Reuter wahrgenommen wird, allein in der Perspektive von dessen Perzeption. Lebenswidrige Umstände gekennzeichnet von den unmittelbaren Kriegsauswirkungen und deren Folgeerscheinungen waren vielleicht noch nicht überall und spurenlos überwunden, doch eine Zeit von einem halben Jahrhundert nach Unterzeichnung des Westfälischen Friedens sollte eine ausreichende zeitliche Distanz gebildet haben, um die Prozesse der Neuordnung im Gesellschaftsleben nun fassen zu können. Geändert hatte sich die Grundlage der Wirklichkeitsrezeption und damit die dichterischen Themen und Motive. Was bleibt, ist der Mensch, verhaftet im Gefüge der sozialen Werte, dessen Reflexionsgabe seine gesellschaftliche Position bestimmt.

So ist es im gesellschaftlichen Miteinander der Individualisierungsprozess, welcher es dem Menschen ermöglicht, sein Wesen fassen zu können. Reuters biografischer Hintergrund verschafft einen Einblick in das soziale veranlagte Wesen des Menschen, der sich von barocker Abkehr von beängstigenden Existenzproblemen, die in der Gesellschaft ihren Niederschlag finden, wandelt zum individuellen Glied eines sich mehr oder minder sozial einfügenden Geistes, der nach Aufklärung sucht.

> Menschengestaltung war für Reuter zunächst gewiß ein künstlerische Problem, jedoch nicht ausschließlich. Schon daß er den Menschen als Individuum ernst nahm, daß er die Figur nicht in eine vorgegebene, christlich geprägte Welt stellte, sondern aus ihrem gesellschaftlich-sozialen Sein entfaltete, läßt eine geistige Haltung, eine Stellung zur Wirklichkeit ahnen, die sich von dem barock-christlichen Welt- und Menschenbild gelöst hat und bereits stark zur Aufklärung tendiert.[58]

Die Frage nach dem „barock-christlichen Weltbild" und dessen Entwicklung zum christlich-religiösen Geist der Aufklärung, in dem das aufgeklärte Bürgertum zusammen mit der christlichen Anteilnahme am ständischen Feudalwesen in den Mittelpunkt des gesellschaftlichen Lebens rückte[59], soll hier aber nicht

---

57   Wolfgang Hecht, *Christian Reuter,* S. 14
58   A. a. O., S. 4
59   Siehe hierzu die Entwicklung von den Anfängen eines mystischen Weltbildes bei Böhme bis hin zum Pietismus bei Lavater sowie die Entwicklung vom Historienspiel als einer hohen Gattung zum bürgerlichen Trauerspiel.

weiter untersucht werden, denn das geht am Prozess der Typenbildung vorbei. Interessant im Zusammenhang mit der hier zugrunde liegenden Fragestellung ist die Annäherung an lebensechte Gestalten, die im literarischen Prozess durch Typisierung von menschlichem Verhalten eine Definition zu den Prozessen der Wechselseitigkeit von Mensch und Gesellschaft leisten.

Dichterisches Formgefühl, mithilfe der Sprache gesellschaftsändernde Prozesse festzuhalten, entspricht dabei dem Abbild eines zeitgemäßen Normenverständnisses, welches, die gültigen gesellschaftlichen Verhältnisse abstrahierend, den Weg ebnet, das ursprüngliche Wesen der menschlichen Veranlagung zu erkennen. Eine Stellungnahme den Ausdrucksformen gegenüber mag dichterisch stilisiert werden in der einen charakterlichen Entfaltungsrichtung oder der Anderen; sie ist deutlich sichtbares Kennzeichen ihrer Zeit. Darin erkennt Wolfgang Hecht das Hauptmerkmal von Reuters Werk. *„Die Entbarockisierung der literarischen Figur ist Reuters eigentliche Leistung,"*[60] sagt er und stellt die Verbindung zu Zeittypen her.

Zur Zeit des formgeprägten Barock, dessen schemenhaftes Auftreten zwangsweise zu streng durchgebildeten Typen führen musste, zeichnete sich durch eine klar ausgebildete Begrifflichkeit aus, d. h. es verlangte eine präzise Wahrnehmung des Beschriebenen,[61] die folgerichtig ebenso klare Konturen erkennbar machen lassen musste. Für die Zeit von Christian Reuter sind allerdings schon neue normbildende Tendenzen bis zu dem Stand herangereift, dass sie die gesellschaftlichen Prozesse in ihrer sozialen Form mittlerweile erkennen, aber sie aufgrund der Tatsache, dass sie noch nicht abgeschlossen sind, ihre Funktion noch nicht in eine eindeutige Form fassen können. Dies sollte der Grund sein, warum Reuter, wie Wolfgang Hecht feststellt, „nach einer Form suchte, die sich ausschließlich in den Dienst der Figurenzeichnung stellen ließ und keine eigenen Gesetzmäßigkeiten besaß."[62] Schlussfolgern kann man daraus, dass die Charaktere als wesensbestimmend aufgefasst werden. Sie werden einer zweifelsfreien Zuordnung aber nur dann gerecht, wenn ihre standesgemäße Funktion klar abgegrenzt werden kann. Wegen der noch nicht vollkommen geschehenen gesellschaftlichen Strukturierung ist die gesellschaftliche Rolle der einzelnen Figuren im Spiel ebenfalls schwer einzugrenzen. Daher ist die Sprache Reuters nicht nur als eine absinkende stilistische Qualität zu werten, auch nicht als Kopie der „Redeweise einzelner biographischer Urbilder"[63], sondern, wie es Hecht fest-

---

60 Wolfgang Hecht, *Christian Reuter*, S. 2
61 Dieselbe Funktion übernahmen die Stilmittel des Widerspruchs oder des Oxymorons.
62 Wolfgang Hecht, *Christian Reuter*, S. 3
63 Ebda.

stellt, bildet Reuter „die Alltagssprache zu ebenso individuellen wie zeittypischen Sprachportraits"[64] aus.

Ein allgemein gültiger Wert, der sich noch aus der Zeit des Hochbarock allerdings feststellen lässt, ist die repräsentative Rolle der Sprache, die als Mittel dazu dient, einen Lebensgehalt zu bezeichnen. Dafür spricht zunächst, dass die Personen im Stück keine Entwicklung erfahren, sondern ihren Charakter entfalten, um ihre Eigenschaften zu vertiefen. Die Kollisionen im normativen Gefüge der Gesellschaft äußern sich genauso über die Sprache, wie sie auch den Akteuren dazu dient, sich aus ihrem Kommunikationskreis herauszuheben. Thematisch setzt der Sprachgebrauch hier an die hemmungslos aufstrebende Funktion an, die sie noch bei Herzog H. J. v. Braunschweigs *Vicentius Ladislaus* und in Gryphius' *Peter Squentz* hatte. Als Problem stellt sich die einhergehende Überheblichkeit, die in ihrer Funktion der Komik beitragen soll, am Ende jedoch auf die Definition von Mensch und sein soziales Wesen übergreift. So gedeutet erscheint in der Ständegesellschaft damit, leider, die soziale Abstammung bestimmt vom geistigen Wesen eines Menschen.

Beobachtet man nun die Vertiefung der Personen in den ihnen zugeschriebenen Charakteren, so wäre es dennoch falsch von einer durch die Ständehierarchie vorgegebenen Charakterzuweisung zu sprechen. Weder Herzog H. J. v. Braunschweig noch Andreas Gryphius stand es nahe, Menschen in einer herabwürdigenden Weise zur Schau zu stellen. Für W. Hecht gilt auch, dass die Bezeichnung 'Charakterkomödie' „zu hoch gegriffen"[65] sei. Deshalb sollte von einer Typisierung ausgegangen werden, in der die Personen im Stück zu Typen herangebildet werden, die gewisse ständisch gekennzeichnete Merkmale zwar in Konfrontation zueinander distinktiv ausbilden, andererseits jedoch in sprachlich perspektivischer Unterscheidung gegeneinander wieder aufheben. Folglich ist es auch in diesem Zusammenhang teils schwer von einer Typenkomödie zu sprechen, da die Personen im Stück nicht repräsentativ für Teilbereiche, noch weniger für ganze Bereiche der Gesellschaft stehen. Sie mögen sicherlich Entwicklungsperspektiven in der Gesellschaft andeuten, aber eben nur andeuten; sie führen sie nicht weiter. Nur der Schelmuffsky entwickelt sich in seinem sozialen Kreis zu einem klar definierbaren Typ, der die Kommunikation als ein gesellschaftsbezogenes Mittel versteht, das nicht nur wie bei seiner Mutter Schlampampe und seinen Schwestern Clarille und Charlotte eine gesellschaftliche Position wiedergibt, sondern vielmehr in der Gesellschaft dazu dient, die eigene Position aggressiver gegen andere zu behaupten. Dieser Charakterzug soll aber erst in den Folgekomödien stärker ausgebildet werden. Trotzdem kann

---

64   Ebda.
65   A. a. O., S. 15

164

Schelmuffsky in eine Kontinuitätslinie zu ähnlich gestalteten Figuren wie es *Vicentius Ladislaus* oder *Peter Squentz* oder aber der am nächsten stehende *Horribilicribrifax* gestellt werden, nämlich in der Typenzeichnung eines abgesunkenen Prahlhans, den miles gloriosus, dessen Welt im Fiktiven oder zumindest im Vergangenen lebt.

Entsprechend ihren Rollen vermitteln die übrigen Familienmitglieder und auch die bei ihnen untergebrachten Studenten zwar ein gewisses Verständnis über bestimmte Werte, die sie als maßgeblich empfinden. Sie verkörpern sie aber nicht. Ein deutlich konturierter Figurentyp soll dahingegen die für ihn repräsentativen Werte verkörpern, ungeachtet der Tatsache, ob er als solcher in der Gesellschaft aufgenommen wird oder nicht bzw. ob die Werte im Bezugssystem der Gesellschaft ihren Platz haben oder nicht. Dem Gesellschaftsstand, den die ehrliche Frau anstrebt, sind die von ihr erkannten Maßstäbe innewohnend. Sie sind dort manifestiert und Hauptperson figuriert demnach gemäß bestehendem Normensystem, nicht allerdings als ein Teil dessen sondern in der ihr real zufallenden Welt. Unter Berücksichtigung des Dargelegten kann gleichwohl in Anlehnung an W. Hecht gesagt werden, dass es sich hier wohl eher um ein Figurendrama handelt. Ungeachtet der sprachlichen Mittel, jedenfalls aber wegen dem strukturellen Aufbau, einer ähnlich szenenhaften Abwicklung wie im eher zur Typenkomödie zählenden *Horribilicribrifax*, lässt sich das genauso für Reuters Komödie *Ehrliche Frau zu Plißine* behaupten, ungeachtet also auch ihres inneren Aufbaus.

> Wenn auch manche Szenen ihren Erzählcharakter nicht verleugnen können und mehr Bericht statt Handlung geben, die »Ehrliche Frau« gehört doch keineswegs dem zum Epischen sich neigenden Typ des „Raumdramas" (Wolfgang Kayser) an. Schon daß die Einzelszenen ihrer Struktur nach unselbstständig sind und nur aus der Aktion der Figuren leben und von hier aus ihren Sinn beziehen, rückt die »Ehrliche Frau« näher an das Figurendrama heran.[66]

1.2.3 Abstraktionsmittel Sprache

Eine der Hauptschwierigkeiten dieser Arbeit ist es, klare inhaltliche Verbindungslinien vom Werk Andreas Gryphius' zum Werk Christian Reuters hervorzuheben. Die sollte, angesichts der grundlegen verschiedenen historischen Ausgangspositionen zu erwarten sein. Bereits aufgezeigt wurde, dass immerhin einige strukturelle Ähnlichkeiten zwischen dem zentralen Komödienstück von Andreas Gryphius, dem *Horribilicribrifax* und dem bisher in der Arbeit erfassten Werk von Christian Reuter bestehen. Zudem mag aus einigen der vorab

---

66   Ebda.

aufgestellten Behauptungen der Eindruck entstehen, dass Gryphius in gewissen technischen Ansätzen in einer Vorbildfunktion für Reuter Pate stand. Daraus lässt sich jedoch nicht schlussfolgern, dass das Werk Reuters weder seine angemessene Bedeutung aus dem Gesamtzusammenhang zu Andreas Gryphius bekommt, noch dass Christian Reuters Dichtung eine den Umständen seiner Zeit nach fortgesetzte Idee Andreas Gryphius' ist. Bei Georg Witkowski findet sich in seinem Nachwort zu einer mit Sicherheit etwas zurückliegenden Veröffentlichung der Werke Christian Reuters der Satz, dass ein gesteigertes intellektuelles Bild von Abstraktionsprozessen weniger dazu beiträgt, etwas über literaturgeschichtliche Zusammenhänge zu erfahren als die unmittelbare Kontextualisierung von Quellentexten:

> Freilich hat die Literaturgeschichte von jeher den künstlerischen Reizen, den urspruenglichen Anregern erhoeter Teilnahme an den Werken und ihren Schaffern, geringere Aufmerksamkeit zugewandt als den Legierungen, den Ursachen persoenlicher und zeitgeschichtlicher Art, die einer allzu intellektualistischen Auffassung das Werden verstaendlich machen sollten.[67]

Gänzlich unterschiedliche Sprachstile bei den beiden Dichtern sollten auf ebenso unterschiedliche Inhalte verweisen, die sich aus den verwendeten Motiven ergeben. Gemeinsam ist ihnen jedoch die Sprache, die in ihrer Konsistenz, verstanden als ein Kommunikations- und Ausdruckmittel, ihre Form zwar den sich wandelnden gesellschaftlichen Verhältnissen anpasst, ihr inneres System sich aber nicht ändert. Dies hängt vornehmlich mit ihrer Funktion zusammen, die, wie vorstehend erwähnt wurde, in ihrer zweifach orientierten perspektivischen Ausrichtung liegt. Ersteres, die Ausformung der sprachlichen Ausdrucksmittel hängt mit der Aufnahme von aktuellen Prozessen zusammen, die reflektiv ein gegenwärtiges Gesellschaftsbild widerspiegeln. Unterschiede in sprachgeschichtlichen Formen einer Sprache sind allenfalls vom synchronen Aspekt her zu erklären. Jedoch vom diachronen sprachlichen Aspekt aus betrachtet, erscheint die Sprache in ihrer Gedächtnisrolle, die eine kulturgeschichtliche Traditionsbildung unterstützt, weil sie die Geschichte einer Sprachgemeinschaft wieder- und weitergibt. Da die Sprache nun beides, sowohl Gegenwart als auch Geschichte in sich vereint, sind die unterschiedlichen sprachlichen Stilmittel, die jeweils das Werk von Gryphius und Reuter kennzeichnen, nur ein Aspekt, der ausgesondert betrachtet wird, ohne auf die diachron bedingten Gemeinsamkeiten einzugehen. Sprachliche Reflexionen auf herrschende Zustände in der Gesellschaft sind als sprachlicher Prozess jedenfalls ebenso allgemeingültig. Demzufolge sind die sprachbildenden Ansätze im Hochbarock in diesem

---

67 Witkowski, Georg (Hrsg.): *Christian Reuters Werke*, Bd. 2, Insel-Verlag zu Leipzig, Leipzig 1916, S. 450

Kontext in ihrer Gültigkeit im Vorgehen zu betrachten, weil sie gerade die Reflexion manifestieren. Und das bildet wiederum eine Kontinuitätslinie zum Spätbarock; der bei Gryphius zu erkennende dichterische Stilwandel, trägt zwar noch Merkmale barocken Stilempfindens, doch sind die Inhalte nun jene, die aufgrund des geänderten Realitäts- und damit Weltbildes reflektiv ebenso verändert zum Ausdruck kommen. Die zeitliche Distanz zu einschneidenden historischen Ereignissen mag vielleicht nicht deutlich genug sein, was nicht dazu führen sollte, dass sich die von Gryphius erkannten Entwicklungstendenzen nicht auch nach rund fünf Jahrzehnten gelten sollten.

Mittel zur Selbstbestimmung ist nun wiederum die Sprache der Familie Müller. Reuters Ansatz, die „abgelauschten Sprachgewohnheiten" zum „wichtigsten Mittel der Figurenzeichnung" zu machen, gibt den Personen, Hecht's Erkenntnis nach, ihre „individuelle Färbung".[68] Neben der Charakterisierung der Personen im Stück greift solches zurück auf die Autorenperspektive und gestaltet dessen Kritik zu einer sich teils zum Allgemeinen hin ausweitenden Gesellschaftskritik, da die Personen nicht autark, außerhalb des Gesellschaftssystems, in dem sie stehen, betrachtet werden können.

Ihr Bestreben, sich den aktuellen Normen der Gesellschaft anzugleichen, gerät durch die von ihnen tatsächlich auch verwendeten Redewendungen gleichzeitig zur Formkritik, die sich auf Assimilationstendenzen in der Gesellschaft bezieht. Verschiedene auf die Gesellschaft wirkenden Einflüsse werden auf diese Weise zum Teil des gesamten Gesellschaftsbildes. Wie es bei Georg Witkowski zu finden ist, stand die Entwicklung der einzelnen Teile des sich neu ausbildenden Deutschen Reiches, da sie absolutistisch geführt wurden, in Abhängigkeit von der Orientierung ihres Oberhaupts. Tendenzen dieser Art bildeten ein Normgefühl, das sich nach der allgemeinen Entwicklungstendenz richtete. Kulturgeschichtlich rührt diese wieder von den historischen Umwälzungen her und lässt die sozialen Umgangsformen als einen neuen Zeitgeist erscheinen, der ebenso nach seiner neuen Ausdrucksform noch sucht.

> Unter dem jungen, lebensfreudigen und prachtliebenden Monarchen [August der Starke, Anm. d. Verf.] vollendete Sachsen die Annahme der von Frankreich ausgehenden neuen europäischen Lebensauffassung, zu der von der Strenge und Derbheit des lutherischen Deutschlands keine Bruecke hinueberfuehrte.[69]

Parallel zu den sprachlichen Erscheinungen bei Andreas Gryphius' *Horribilicribrifax* führt die sich präsentierende Sprachverwirrung bei Reuters *Ehrlichen Frau* allerdings nicht in dem Maße zu Verständnisschwierigkeiten; sie charakterisiert neben den sich deckenden Bedeutungen von Cyrilla's Kupplerei-

---

68   Zu den Zitaten vgl. Wolfgang Hecht, *Christian Reuter*, S. 16
69   Georg Witkowski, *Christian Reuters Werke*, S. 451

handwerk und der Schlampampe – Bezeichnung, das Missverhältnis beider zur Sprache. Das identitätsstiftende Merkmal der Sprache wird funktionsgerecht eingesetzt, präsentiert aber keine von beiden Frauen im gesellschaftlichen Kontext, den sie darzustellen wünschen. Sprachlich präsentieren sich beide Frauen ihrer gesellschaftlicher Reichweite nach, welche sie in ihrem sprachlichen Unvermögen zusätzlich einer Parodie unterzieht.

Der Ausdrucksgehalt beider Frauen, also auch der Schlampampe bei Christian Reuter, steht im abbildenden im Verhältnis zur Gesellschaft, definiert durch ihre Rolle einer aufstrebenden Kleinbürgerin, im Gegentext. Gegentext eben deshalb, weil er nicht mit den sprachlichen Konventionen der gewünschten Repräsentativität übereinstimmt. Durch die Aufnahme von Redewendungen, die aus niederen Sprachschichten stammen, werden die Personen im Stück ihrem Sprachgebrauch nach ausdifferenziert und bilden auf der Textebene, die in diesem Fall über dem Gegentext steht, herrschende gesellschaftliche Prozesse ab. Diese werden durchaus noch von den Personen im Stück verkörpert. Beispiel dafür ist die hofierende Haltung des wirklichen Rechtsbeistandes Gerge der Müllers-Wirtin entgegen, der im Nachhinein seinen Rechtserfolg unwissentlich zur intendierten Niederlage macht und sie begräbt.

Das erwählte Beispiel stammt jedoch aus dem Gesamtzyklus zur Schlampampe und ist erst im dritten Teil der Grabrede aufzufinden, zeigt andererseits aber die Funktion der textlichen Ebene bei Reuter an. Selbst die Rolle von Schelmuffsy dürfte das im ersten Teil der *Ehrlichen Frau* aufzeigen, dessen sprachlicher Nachahmungstrieb seiner Frau Mutter versucht beizukommen. Gleichzeitig nach einer vorbildlichen Orientierung suchend wendeter sich im Verhalten von der Mutter aber ab und neigt in Richtung des weltmännischen Jean Barth. Dieser Charakterzug soll später in den nachfolgenden Werken thematisiert werden. Er ist aber insofern schon in beispielhaften gesellschaftlichen Prozessen verwurzelt, als dass dadurch die Rollen in Bilder gesellschaftlichen Verhaltens rücken, welche im Gesellschaftssystem von denen repräsentiert werden, die im Gegensatz zu den Rollen stehen. Das Verhältnis des Gelehrtentums zum normativen Gefüge der Gesellschaft zeigt sich von den in der Gesellschaft proklamierten Werten abhängig, nicht jedoch auf einer eigenen Reflexion gründend. Erwartungsgemäß hätten die Studenten im Stück für diese Verhältnisse stehen sollen. Diese beziehen aber eine Gegenposition, sodass die Rolle von Schelmuffsky ein Gegenbild zu den von ihm verkörperten Werten ist, das sich dann im Verhältnis zu den anderen ebenso im Gegenbild befindlichen Rollen auflöst. Eine Anschauung für das herrschende Gesellschaftsbild am Ende des 17. Jh. bietet Witkowski:

Noch erfolgloser zeigt sich im saechsischen Buergertum aehnliches Bestreben. Hier fehlt es an der Hilfe des Standesbewußtseins, das dem Akademiker seit Jahrhunderten die sichere aeußere Haltung, das persoenliche Eintreten fuer die Gebote eines spezifischen Ehrgefuehls zur Pflicht gemacht hatte. Hoffart und Kriechertum, toerischtes Verschwenden und Pfennigfuchserei, gezierte Worte und Gesten neben unbeherrschter Roheit, die beim geringsten Anlaß durch die duenne Oberschicht der steifen modischen Gebaerden bricht, – das sind Eigenschaften der Buerger Leipzigs im ausgehenden siebzehnten Jahrhundert, die dem Studenten, der mit ihnen lebte, reichlichen Anlaß zum Hohn und Spott geben konnten.[70]

Im Grundkonzept des Spiels, das aus dem Verhältnis der in Untermiete stehenden Studenten zur Müllerfamilie gebildet wird, steht der Text zu den aus Reuters Leben entlehnten Figuren in einem abbildenden Verhältnis. Seine Bilder sind jedoch Gegenbilder, da sie im gesellschaftlichen Kontext die Figuren als Kontrastbeispiele für eine verzerrte normative Welt aufstellen. Daher entwickelt sich der Text im Verhältnis zum konventionellen Werteverständnis zu einem Gegentext, der das normative Gefüge gegenliest, wobei der Text die dazu notwendigen Gegenbilder aufstellt. Diese konzeptuelle Vereinfachung im Vergleich zu Gryphius ergibt sich aus dem unmittelbar konkreten Bezug zu Erscheinungen im Gesellschaftsleben, die sich personifizieren lassen.

1.2.4 Die Parodie als Mittel der Selbsterkenntnis

Die Bezeichnung Figurendrama, die sich durch vereinzelte Momente auf die Charaktere der Figuren verengt, gibt noch immer nicht genügend Anhaltspunkte, um von einer Typenkomödie auszugehen. Zu den Hauptmerkmalen zählt freilich die Sprache, welche die gespielten Figuren zum Komischen hinführt. Reuter blieb aber nicht nur bei der Sprachkomik, die das Geschehen unberührt stehen lässt, sodass man nicht von einer reinen Sozial- oder Gesellschaftskritik oder einfach nur Slapstick sprechen kann; seine Biografie spricht ja dagegen.

Vom dramentechnischen Standpunkt aus betrachtet birgt die Handlung ebenfalls Momente, die zum Komischen beitragen. Zunächst einmal ist es auch die szenisch lockere Verbindung der einzelnen Szenen zueinander, welche die Figuren das Geschehen in einer Szene beherrschen lassen und dadurch ihren komischen Charakter hervorheben. Gäbe es nicht einen Moment, der die in Szenen aufgeteilte Handlung nicht zusammenhalten könnte, dann wäre die Aufbauform dieser Komödie wahrlich den niederen Theaterformen und ihrer Situationskomik zuzusprechen. Eine dazu eingeführte Intrige der Studenten, die sich gegen die Familie Müller richtet, bringt als Handlungsmoment neue komische Momente, welche die Komik im Weiteren in ein neues Licht rücken sollen.

Wegen des Höhepunktes, der traditionellerweise im 3. Akt stattfindet, bietet es sich an, dies im Handlungskonzept als Komödienelement zu untersuchen.

---

70   A. a. O., S. 452

Neben der Sprachkomik, die zur Charakterisierung der Figuren beiträgt, ist aufgrund des mithilfe der Intrige eingeführten Höhepunktes, naturgemäß ein Umschlag anzunehmen. Dieser soll dem Drama aber nicht den Charakter des Komischen nehmen, sondern stellt ein zusätzliches Merkmal dar, das die komödiantischen Züge verschärft. Bekanntermaßen hat eine Intrige doch zum Ziel, die von ihr betroffenen Personen ihres in einer Mogelpackung eingenisteten verfälschten Wesens zu entblößen. Weil die betroffenen Personen sich von der Intrige jedoch nicht Schaden zufügen lassen, trägt ihre Reaktion zum einen zwar komische Züge, zum anderen gerät die Komik nun, entgegen der oben aufgestellten Behauptung, aber doch in den Bereich der Kritik. Gezeichnet von einem Umschlag wird der Höhepunkt somit zum Träger des Handlungsrahmens, der die Komödie in eine Zeitsatire überführt.

Vollkommen ersichtlich wird ein zeitkritischer Ansatz bei der gleichzeitigen Betrachtung des zweiten Teils im Zyklus der Schlampampe. Den Raum, der im Spiel frei geworden ist nach dem Tod der Schlampampe, füllt nun die Rolle des Lorentz. Stand die Rolle der Ehrlichen Frau noch für das Kleinbürgertum, das gesellschaftlich aufstrebte, wird sie jetzt von einem ständisch unter ihr Stehenden aus dem Leben verabschiedet, der damit auch offiziell ihren Rollenplatz einnimmt. Damit ist neben dem schon herangereiften Typ des Schelmuffsky (der erste Romanteil war mittlerweile erschienen) ein nun neuer Typ herangetreten, der die Figur der Schlampampe in ein soziales Feld rückt.

Lorentz' Erscheinung treibt das Komödiantische mitunter bis zum Schwankhaften, die Szenen reichen sogar bis zum Derben und könnten fast für sich alleine stehen. Eine in sich geschlossene Handlung tendiert mehr zur Kolportage von typisierten Figuren, die ihre Welt, wie sie von ihnen verstanden wird, versuchen zu leben. Auf diese Weise bekommt die Schlampampe – Trilogie den Charakter eines Handlungsdramas, in der verschiedene Handlungen einer Individualisierungstendenz entgegen kommen. Gezeichnet von einer Vielzahl verschiedener Einzelhandlungen entsteht in der Schlampampe II ein Familiengemälde, das nicht mehr im Spannungsfeld der sozialen Bestrebungen steht. Wurde im ersten Teil noch das Missverhältnis von sozialer Rolle und erstrebtem Ideal thematisiert, so leben die Familienakteure die nun von ihnen gewünschte Rolle, die Töchter gehen auf Adelsreisen, der Sohn gibt sich seinen Abenteuerreisen hin. Letztlich löst sich die gesamte Spannung im Tod der sozialen Vorbildfunktion Mutter Schlampampe auf. Seine soziale Kehrtwendung, die das Stück mit dem Tod der Hauptfigur erlebt, wird vom „Hauß-Knecht" vollends erschöpft, dadurch dass er im Rahmen deutscher Theatertradition das Geschehen in der Rolle des Pickelhering zum reinen Lachreiz ausufern lässt.

Bei Gryphius stand die Figur mit ihrem Namen für bestimmte traditionelle Inhalte, die der Komödie *Peter Squentz* ihren kulturgeschichtlichen Rahmen absteckten. Für Reuter hat die Figur mehr eine technische Funktion, die inhaltlich erst im Bedeutungszusammenhang der Schlampampe- Trilogie zum Ausdruck kommt. Für sich genommen überschreiten nach W. Hechts Worten „die sich ungehemmt austobenden Possen nicht zuletzt auch den zeitkritischen Gehalt."[71] Damit ist das gedrungene Ausmalen dieser Figur zugleich ein schon sarkastisches Ausmalen von Bedeutungszusammenhängen, das an eine neue Schwulstbildung assoziiert.

Nicht zuletzt die Einführung der Figur Pickelhering, auch andere Verbindungen zu den barocken Poetiken lassen *Schlampampe II* an eine Dichtungstradition anknüpfen, womit das Etikett des verruchten Pamphlets abgelegt werden könnte. Der Titel *Der ehrlichen Frau Schlampampe Krankheit und Tod. In einem Lust- und Trauer-Spiele vorgestellet,* kündigt dramentechnische Variationen an, die erkennbare Vorzeichen aus dem Mitte des 17. Jh. bekannten „Trauer-Freudenspiel"[72] verwenden. Fern ab liegen jedoch Reuters Gedanken von einer historisch begründeten Todestragik, die als Mischspiel zum Ertragen der Wirklichkeit verhelfen soll. Für Nicola Kaminski ist es nun „die Komödie, die umgekehrt die Realität auf *ihren* Schauplatz zitiert,"[73] was sie dazu verleitet, dies im Zusammenhang der „Fiktionalisierung des Realen"[74] zu deuten.

Doch um nicht allzu weit zu gehen, soll es vorerst genügen, den Titel formal zu betrachten, um über diesen Gesichtspunkt an die Herkunft solcher Scheinwidersprüche anzuknüpfen. Solch eine scheinbar paradoxe Bedeutungskopplung, die im Barock zum festen dichterischen Inventar gehörte mit dem Syllogismus oder dem Oxymoron beispielsweise, nutzt auch Reuter. Das sollte wohl nicht dazu gedient haben, schwer fassbare Erscheinungen, deren Begrifflichkeit erkundschaftet wurde, zu thematisieren. Vielmehr kündigt sich in diesem Aspekt der zweifachen Ausrichtung eine beabsichtigte Kontextualisierung an, die sich auf eine vorab bestehende Aufnahmebereitschaft bei den Rezipienten auswirken soll. Diese werden daraufhin nicht mit dem Tod konfrontiert; sie erkennen nur die symbolische Funktion des Todes. Demzufolge bedient sich Christian Reuter der barocken Bühnentradition, ihre Funktionalität dabei nutzend, und schafft durch die Interpretationsvielfalt des Bühnengeschehens ein auf den Prinzipien der hohen Dramengattung beruhendes ironisches Bild.

Es mag durchaus richtig sein, dass hier eine eben zitierte „Fiktionalisierung des Realen" vorliegt. Doch steht Sie im Zeichen von Lorentz, der die versam-

71 Wolfgang Hecht, *Christian Reuter*, S. 26
72 Georg Philipp Harsdörffer: *Poetischen Trichters zweyter Theil.* Nürnberg 1648-53 [ND Darmstadt 1969], S. 98
73 Nicola Kaminski, *Von Plißine nach Schelmerode*, S. 240
74 Ebda.

melte Trauergemeinde einer Persiflage unterzieht, womit der Tod vollkommen gegenstandslos geworden ist, seinen Sinn und seine Bedeutung verliert. Worauf es dem Geschehen allerdings ankommt, ist im Verhalten und der Rolle Lorentz' festzuhalten, der in Typengestalt auf traditionelle Motive verweist. Für Günter Jäckel erscheint die Kontrastbildung in beabsichtigter Parodie auf die ehemals konventionellen Formen, die mitunter zum Ausdruck der höheren Stände geworden sind.

> Die Bedeutung der lustigen Person liegt aber darin, daß der Dramenstil der Wirklichkeit angenähert wurde, indem ein volkstümlicher Humor das hohle, deklamatorische Pathos der Barocktragödien dem öffentlichen Gelächter preisgab.[75]

Prämissenhaft sollte eine sozialkritische Haltung bei Reuter nun aber nicht vorausgesetzt werden. Bei Christian Reuter lässt die Schlüsselrolle der Figur Lorentz im Vergleich zu Gryphius eine Funktionswandlung erkennen, die in Abhängigkeit von der sich sozial wandelnden Situation infolge der Nachkriegswirkungen steht. Der kulturgeschichtliche Gehalt der Figur erlebt eine grundsätzlich unterschiedliche Ausprägung bei den beiden Dichtern. Bei Gryphius wird das Erscheinungsbild „Pickelhering" personifiziert, die Rolle konkret als lebensecht aufgeführt. Einsätze solcher dramentechnischen Merkmale können zu der häufig stattfindenden Illusionsbühne gezählt werden, die in der Tradition der barocken Bühnentechnik steht. Einen Vorgang also, der am kulturgeschichtlichen Grundmotiv ansetzt und daraus seine Funktion definiert. Hinsichtlich seiner kultur- und literaturgeschichtlichen Funktion ist bei Gryphius der Funktionswandel hinsichtlich der Pickelhering-Rolle jedoch nicht innerhalb des Spiels als ein dramatisches Moment zu erkennen, obgleich ihr eine dramentechnische Funktion zukommt. Gryphius nutzt nämlich das kultursprachliche und literaturgeschichtliche Motiv, um die kulturgeschichtliche Rolle hervorzuheben. Anders dagegen Reuter, bei dem die Funktionswandlung innerhalb des Spiels stattfindet. Als bühnentechnische Erscheinung, die den dramatisch freigewordenen Raum der verstorbenen Schlampampe einnimmt, trägt sie als ein die Handlung bestimmendes Moment zur Änderung des Spielcharakters bei. Der Pickelhering kommt hier als Rolle zum Ausdruck, die durch den Hausknecht Lorentz verkörpert wird, und behält seine ursprüngliche Funktion eines komödiantischen Originals, das die Handlung possenhaft übersteigert.

---

75 Günter Jäckel, *Christian Reuters Werke in einem Band*, S. (11)

1.3. Versetzung von Normen

Christian Reuters im wirklichen Leben verankertes Anliegen muss nicht zwangsweise als gerechtfertigt angesehen werden, da ihm und seinen Mitstudenten die Wohnung wegen ihres längeren Zahlungsverzugs gekündigt wurde. Die den Handlungskern bestimmende Intrige setzt aufgrund des biografischen Motivs eine Auseinandersetzung voraus, auf die geantwortet wurde mit der *Ehrlichen Frau zu Plißine*. Diese Umstände, die dazu führten, das Spiel als eine Streitschrift anzusehen, bilden den Rahmen für jegliche Positionierung der Teilnehmer zueinander. Kennzeichnend für das Spiel ist, dass es deshalb einen moralischen Kontext bekommt, der es wegen der jeweils einseitigen Stellungnahme einerseits im Ausgangskonflikt im wirklichen Leben und seiner Folgen und andererseits der Rezeption eines Dichtungswerks im initialen Kontext, schwer macht, eine ausdifferenzierte aber klare Stellung hinsichtlich jedweder ethischen Qualifikation zu beziehen.[76] Sollte das bei Andreas Gryphius noch verhältnismäßig einfach gewesen sein, über die historisch bedingten Lebensumstände auf den Prozess dichterischer Reflexion zu schließen, so ist die erkennbar veränderte sozialgeschichtliche Lage ein Anzeichen für ebenso veränderte Rezeptionsbedingungen. Auch die dichterische Reflexion setzt folgerichtig einen anderen ethischen Gehalt voraus, als es noch einige Jahre zuvor der Fall war.

1.3.1 Funktionelle Vereinfachung literarischer Strukturen

Der Bedarf an einem welterklärenden Bild, das zz. der Vernichtung, Seuchen und Tod die nötige menschliche Existenz verdeutlichen sollte, hat sich nun verflüchtigt. Die Welt wird nicht mehr aus dem religiösen Empfinden heraus gedeutet und das Alltagsgeschehen wird weniger von den historischen Ereignissen bestimmt, welche über das herrschende absolutistisch eingerichtete ständische System rezipiert wird. Für W. Hecht „[...] ist jetzt vielmehr ausschließlich ein intellektueller und zugleich ein rein diesseitig verstandener Wert [normgebend]."[77] Der Übergang von der feierlichen Manifestation der Vergänglichkeit, der in Gryphius' *Majuma* anhand der Verbundenheit zur Tradition und dem Aufruf aus dieser das eigene sozialgeschichtliche Wesen zu verwirklichen, ihre leidgeprägte Rolle der ins Sakrale projizierten Wirklichkeit überwunden hat, entwickelt sich im Werk Christian Reuters zur profanen Manifestation materiellen Guts. Von

---

76   Siehe dazu die im einleitenden Anschnitt erörterte Rezeptionsgeschichte des Werks.
77   Wolfgang Hecht, *Christian Reuter*, S. 18

der leiblichen und seelischen Existenz verlagert sich das Lebensbild auf die Probleme der finanziellen Existenz. Haus, Gut und Geld bestimmen die Möglichkeit, sich gesellschaftlich Ausdruck zu verschaffen.

Zur Thematisierung alltäglicher Lebenserscheinungen war spätestens seit Martin Opitz' *Poeterey* der Weg in die sog. Ständeklausel geebnet. Angelehnt an Aristoteles aber mehr noch von der Neigung geleitet, sich unter den schützenden Schatten eines wohl stiftenden Patronats zu begeben, waren die Themen und Motive auf diese Weise vorgegeben. Ein gesamter dramentechnischer Ablauf ist dementsprechend auf die Verwirklichung der Motive ausgerichtet, aus denen sich das Thema dann ergibt. Der Inhalt wird vom formalen Ansatz her bestimmt. Daher war es auch unterbunden, sich der höfischen Welt wirklichkeitsnah zu nähern, was darin mündete, die Wirklichkeit im eigenen volkstümlichen Wesen zu suchen.

Ein situationsgebundenes Handeln auf dessen ethischen Wert hin gesellschaftsbezogen zu erörtern, setzt allerdings an inhaltlichen Fragestellungen an, woraus es die Ausdrucksform zu generieren gilt. Ob und wie das im normativen Gefüge der Gesellschaft aufgenommen wird, kann man aus der Rezeptionsgeschichte schließen. Ausschlaggebend zunächst ist, dass die Form keine eindeutigen Antworten auf das sowohl wirkliche als auch erdichtete Geschehen gibt. Es ist mehr ein Fragenkreis, der sich aus dem sozialen Wandel in seinem Facettenreichtum eröffnet. Die einzelnen in sich geschlossenen Handlungen auf der Ebene des Textes werden dabei gegenübergestellt, weshalb einzelne episodisch aufgenommene Handlungen wieder aus dem Handlungskern ausgeschlossen werden. Das ist auch der Grund, weshalb man wie Günter Jäckel meinen könnte, das Werk von Reuter hätte lediglich eine moralische Genugtuung zum Zweck.

> Der Streit zwischen der Mutter und Töchtern, die Verleumdung Edwards, die Geschichte von der Ratte, die Heimkehr Schelmuffskys und schließlich die Rache der Studenten stehen lose nebeneinander und erhalten ihren Sinn vielfach nicht aus einem zielgerichteten dramatischen Ablauf, sondern aus der moralischen Leitidee, also einseitig vom Gehalt her. Damit entgeht Reuter nicht immer der Gefahr, Berichte statt Handlungen zu geben, in Parallelszenen zu variieren, sich zu wiederholen und Nebenhandlungen nicht wieder aufzugreifen (z. B. die Liebesgeschichte zwischen Edward und Melinde).[78]

Abgesehen vom persönlichen Anlass Reuters bieten sich im Text zusätzlich Anhaltspunkte, die auf eine Gesellschaftsrealität der Zeit bezogen mehrere Perspektiven enthält, als nur Reuters persönliche Zufriedenstellung oder seine Berufung zum Rechtswissenschaftler als Student. Seine Wahrnehmung der Gesellschaft geschieht aus dem mittleren bürgerlich-ständischen Wesen. Sie ist von fami-

---

78 Günter Jäckel, *Christian Reuters Werke in einem Band*, S. (14)

liären Schwierigkeiten gezeichnet, was ihn aber nicht daran hinderte, trotz sozialer Hemmnisse in der Ständegesellschaft, sich um eine angesehene gesellschaftliche Stellung zu bemühen.

Gerade die Szene der Verleumdung Edwards kann im Zusammenhang mit Reuters persönlichem Leben verstanden werden. Es ist womöglich eine Jugendliebe, die sich in der Phase des Heranwachsens bei jedem Jugendlichen wiederfindet und, wer kennt das nicht, episodenhaft aus dem Leben scheidet. Beim Aufeinandertreffen von Edward, einem von Schlampampes Hausburschen, und Melinde, die als Bürgerstochter im strengen Feudalsystem bessergestellt ist, macht sich der allgemeine Zeitgeist sogleich bemerkbar. Man wendet sich höflicherweise stets in französischer Manier an den Gesprächspartner, doch der Stand gestattet es Melinde, von der höflichen Anredeform im Plural auf die singuläre Form zu wechseln. Als moralische Vorbilder des Hauses sind die beiden Schwestern natürlich Jungfrauen, aber Melinde im Vergleich zu ihnen ein Ausdruck vornehmer Erscheinung, sie wird weiterhin mit Mademoiselle angeredet.

> Edward. Mademoiselle, Sie halten mich entschuldiget/die jenige Persohn / so ihr dieses hinterbracht / hat mich entweder bey derselben zu verkleinern gesucht/oder sie mit Unwahrheit berichtet.
> Melind. Was wils Mons. Aber laeugnen / die Person so mir solches wieder gesaget / wirds nicht aus ihren kleinen Finger gesogen haben.
> Edward. So erweisen sie mir doch den Gefallen/und sagen/wer doch diejenige Person sey.
> Melind. Damit ers doch weiß: es hat mirs eine von seinen Haus≈Frauenzimmer gesagt.
> Edward. Die Aelteste oder die Juengste?
> Melind. Jungfer Charlottgen.
> (...)
> Edward. Wenn sie nur zu gegen waere/ Medemoiselle solte sehen daß Jungfer Charlotte mir dißfalls Unrecht gethan.[79]

Edward, vom Bürgersmädchen in den Bann gezogen, wird sogleich mit der Ständehierarchie konfrontiert, verdeckt aber auch auf das geschlechtliche Rollenprinzip hinweisend herausgefordert. Es ist halt eine aus dem Leben gegriffene Episode, die gleichzeitig sprachliche sowie soziale Konventionen offenlegt, mit denen sich junge Menschen der damaligen Zeit auseinanderzusetzen hatten.

Das Beispiel zeigt, inwiefern es dennoch möglich ist, den Komödientext auf verschiedenen Ebenen zu lesen. Neben der funktionsgerechten Gestaltung der Personen, die unmissverständlich die Gesellschaftskonventionen wiedergeben, wird zu den sozialen Auswirkungen und das Eingreifen der Gesellschaftsnormen

---

79   *Ehrliche Frau*, S. 4f.

auf ihre Mitglieder gegriffen. Die Gesellschaft wäre nicht mehr entsprechend den Gesellschaftsverhältnissen darstellt. Das sollte, W. Hecht zufolge, mit fortschreitender Zeit in Reuters Werk immer stärker zum Ausdruck kommen.

> Im gleichen Maße wie die persönliche Satire zurücktrat, schärfte sich Reuters Blick für die Schäden der Zeit, drang es tiefer in das Wesen des am Ende des Jahrhunderts längst sinnenentleerten und veräußerlichten Barock ein.[80]

Eine Problematisierung von Normen erhält bei Reuter dementsprechend zumindest zwei Ebenen, die in Oberflächen- und Tiefenstrukturen zu erkennen sind. Die eine wird äußerlich vorgetragen und entspricht den Umgangsformen der Zeit, die andere setzt sich zwar in Bezug zu den Umgangsformen, wird reaktiv aber von sozialen Kategorien bedingt. Reuters Ziel scheint es dennoch nicht zu sein, das Bürgertum an die Strukturen der höfischen Adelsgesellschaft heranführen zu wollen. Im Gegensatz zu Christian Weise z. B., der Bildungs- und erzieherische Aufgaben verfolgte, mit denen er, wie es W. Hecht formuliert, „die höfische Kultur in die bürgerliche hinüberzuführen" suchte, spricht Reuters formaler Ansatz und auch seine Sprache dafür, dass er sich von diesem Wertegefüge entfernte. Ob allerdings, wie es Hecht behauptet, Reuter die „untergehende Epoche des Barock mit dröhnendem Gelächter zu Grabe tragen"[81] wollte, was „den tieferen Sinn und die geistesgeschichtliche Bedeutung der Reuterschen Dichtung"[82] ausmachen solle, lässt sich anzweifeln. Solches könnte nur gelten, wenn Reuter Personen in führender gesellschaftlicher Stellung als Hauptfiguren entblößen würde, was er aber nicht macht. Er hält sich dagegen lediglich an die ihm aus seinem unmittelbaren Leben Bekannten.

1.3.2 Von der Angleichung zum Herkömmlichen

Der in der bürgerlichen Sphäre gebildete Zusammenhang gibt eigentlich schon den Rahmen für die Komödie, denn es finden weder Begegnungen noch etwa Diskurse außerhalb des mittleren Standes statt. Eine Ausnahme bildet die Schlüsselszene, als angeheuerte junge Männer intrigant sich als Adelige verkleiden und die jungen Müllertöchter verblenden. Eine nur evozierte Vorstellung über gesellschaftlich vorgegebene Normen, die lediglich an ihrer äußeren Oberfläche wahrgenommen wird, schafft über die soziale Sphäre einen Eindruck, der gesellschaftlich erstrebenswert zu sein scheint, aber als Vorbildfunktion in der *Ehrlichen Frau* nirgends auftaucht. Deshalb erscheinen die zahlreichen Episoden gleich einem Gemälde, das die Vielfalt des Bürgertums farbenprächtig aus-

---

80   Wolfgang Hecht, *Christian Reuter*, S. 4
81   Ebda.
82   Ebda.

malt. Sprachlich aus den mittleren Ständen entlehnt und bis zum Volkstümlichen neigend, wird der Ausdruck stilistisch abgeschwächt im Vergleich zur normgebenden höfischen Sprache, an die nur durch gewisse Ähnlichkeiten in den Formulierungen und Satzbildungen erinnert wird. Im Gesamten stellt sich dies als eine Charakterstudie des Bürgertums dar, das sich in neugebildeter Werteordnung versucht zu orientieren.

Die Gefahr, die wohl durch die wertorientierten Bestrebungstendenzen des aufsteigenden Bürgertums im Hintergrund des Geschehens wartet, macht sich durch die umfassende Breite der Ständerepräsentanten aus dem Mittelstand bemerkbar. Eine neue Aussonderung aus dem Mittelstand und die ihr gegenübergestellte Alternative umfassender Vereinheitlichung sollen Modelle sein, die sich aus dem Gesellschaftsbild Ende des 17. Jh. ergeben. Orientierungshilfe leisteten dabei die allgegenwärtigen Modererscheinungen. Definierte sich ein ästhetisches Empfinden von Beginn des 17. und bis zu Anfang der zweiten Hälfte dieses Jahrhunderts durch ein ganzes System an Bedeutungen und hatte es seinen antithetische Form gefunden, einen Sinngehalt zum Ausdruck zu bringen, so ist die Antithese im Bedeutungsgehalt nun auf die Ebene der Formlosigkeit gestoßen und sucht, entgegen der vormals projizierten Begrifflichkeit im Inneren des menschlichen Geistes, jetzt äußere Anhaltspunkte. Auch für Günter Jäckel ist das ein Bild des alltäglichen Lebens:

> Die Beispiele aus Reuters Komödien dürften wohl auf Wahrheit beruhen. Zugleich
> strebten sie trotz ihres groben, einfältigen Betragens nach einer „galanten" Lebens
> führung. Sie kleideten sich à la mode und wollten, wie damals viele reiche Familien
> in Leipzig, in den Adelsstand erhoben werden.[83]

Die gegenprojizierte Welt ist die der Studenten, die, wie es Willi Flemming formuliert, „wohl mitunter in Geldnot, doch die Galanten und Überlegenen bleiben."[84] Sofort wird klar, welche Probleme entstehen und wie sich die Wertekonstellation gestaltet. Die Käuflichkeit des Adelstitels, den die Töchter der Schlampampe für fünfhundert Taler erwerben möchten, entwertet das Äquivalent für eine Standeszugehörigkeit.

Motiviert durch eigene Lebenserfahrungen parodierte Christian Reuter in seinem Werk die Tendenz des Bürgertums, sich mit dem Adel gesellschaftlich auf eine Ebene zu erheben. Dadurch gelangte es aber zu einer Art Selbsterkenntnis, was für Reuter letztlich eine Erkenntnis über den Ernst des Lebens bedeutete. Das ist auch einer der Gründe, weshalb sich seine späteren Komödien

---

83 Günter Jäckel, *Christian Reuters Werke in einem Band*, S. (9 f.)

84 *Deutsche Literatur, Sammlung literarischer Kunst- und Kulturdenkmäler in Entwicklungsreihen*. Reihe Barock, Barockdrama. Die deutsche Barockkomödie, Bd. 4, (Hrsg.) Willi Flemming, Verlag von Philipp Reclam jun., Leipzig, 1931, S. 54

von der Unterhaltungsfunktion im Bereich des Komischen entfernen und sich Charakteristiken einer ernsthaften Auseinandersetzung mit Gesellschaftsproblemen aneignen, wie es im Übrigen mit dem gezeigten Lebensbild früher in den Tragödien der Fall war. Nicht nur im Gesamtzusammenhang aller Werke um die Familie Müller einschließlich deren Fortsetzungen werden die angeführten Tendenzen ersichtlich, vielmehr kündigt sich das, Wolfgang Hecht zufolge, schon im ersten Teil an, als sich die gedachte Steigerung in einen Verlust des Komischen verwandelt.[85]

Dadurch, dass er die Personen aus der ersten Komödie übernimmt (*Ehrliche Frau zu Plißine*), bildet Reuter im zweiten Zyklus, der um das Reisemotiv des Sohnes in der Familie Müller (Person des Schelmuffsky) entsteht, einen Zusammenhang, in dem zusätzlich noch einige Nebenpersonen aus dem ersten Zyklus um die Familie Müller auftreten. Das Bürgertum in einem neu entstandenen normativen Gefüge thematisierend, weitet er den Motivkreis aus dem ersten Werk aus. Christian Reuter bietet in der ersten Phase seines schöpferischen Lebens und unter dem Eindruck seiner Erfahrungen eigentlich eine Studie über den ständischen Charakter des Bürgertums. Wolfgang Hecht verbindet das erneut mit einem der zentralen Werte in der Gesellschaft, der sich im Geld als Mittel manifestiert:

> Reuter nimmt die aus der »Ehrlichen Frau« bekannten Figuren, vermehrt noch um einige Randfiguren, wieder auf, und ein Motiv des ersten Schlampampedramas –die Adelssucht der beiden Töchter – wird Ausgangspunkt der neuen Komödie. Doch sind auch die künstlerischen Erfahrungen, die Reuter inzwischen als Romanschriftsteller sammeln konnte – das Stück steht in der Werkchronologie zwischen den beiden Fassungen des »Schelmuffsky« - der neuen Komödie zugute gekommen. Viel öfter als in der »Ehrlichen Frau« haben die Episodenfiguren eine kontrastierende Funktion, etwa der kleine Purpe, der Sohn des Totengräbers, dessen Sparsamkeit wirkungsvoll der Verschwendungssucht der Schlampampetöchter entgegengesetzt wird.[86]

Im von der Studentengruppe gebildeten Kontrast schafft Reuters Werk Gegensätze von einerseits einem normativen Verständnis, das sich aus dem Ständedenken entwickelt hat und andererseits dem normativen Wertegefüge, das nun Ausdruck einer gesellschaftlichen Situierung ist und was sich im neuen Werteverständnis als Geld definiert. Ebenso ist das Werk aber auch ein Ergebnis von der Auffassung über die unmittelbar davorliegende Zeit. Weil der Zusammenhang mit den Merkmalen erkannt wurde, die man früher im Beschreiben der profanen Welt aufzufinden versuchte, manifestierte sich erneut die Vergänglichkeit nun aber als Manifestation der Vergänglichkeit von materiellen Gütern,

---

85 Vgl. Wolfgang Hecht, *Christian Reuter,* S. 27.
86 A. a. O., S. 25.

welche jetzt die profane Welt darstellen. Was sich nun ändert, ist das ethische Verständnis, die Änderung der Perspektive aus der Zuwendung zur sakralen Welt nun hin zur Manifestation der Werte, die in dieser Welt regieren:

> Was jedoch die Studenten als positiven Wert der Schlampampe Familie entgegensetzen, ist keine religiöse Sozialethik mehr, die die Standespyramide als die von Gott gesetzte Ordnung anerkennt, in der jeder Mensch und jeder Stand seinen vorbestimmten Platz hat. Normgebend ist jetzt vielmehr ausschließlich ein intellektueller und zugleich ein rein diesseitig verstandener Wert. Weder an Geld noch an Kleiderluxus wird der Mensch gemessen, sondern an der Vernunft: die Studenten triumphieren über die Schlampampefamilie, weil sie ihr geistig überlegen sind.[87]

Unabhängig davon, dass der Adel als Vorbild dient, entwickelt er sich eigentlich zum Musterbeispiel, weil er vom Bürgertum dazu bestimmt wurde. Bei der Nachahmung des Adels in der Kleidertracht und im Ausdruck materiellen Reichtums bestimmen die sich im Aufstieg befindenden Stände letztlich doch die Bedeutung der Werte selbst. Und diese gleichen sich im Grunde an.

---

87 A. a. O., S. 18.

2. Das Prinzip Gegentext in Christian Reuters *Schelmuffsky*

2.1 Ebenen der Perzeptibilität

Mit der Ausweitung der Rolle vom Schelmuffsky, dem älteren Sohn in der Komödie der *Ehrlichen Frau zu Plißine*, wird der gesamte Zyklus zum Thema der Familie Müller auf eine höhere Abstraktionsebene gehoben, welche von den Personen im Roman vornehmlich im Kontext ihrer sozialen Rollen gebildet wird. Die zum Typen ausgebildete Rolle von Schelmuffsky repräsentiert auf diese Weise eine eigene Welt. Von dem eben noch erfassbaren sozialen Zusammenhang in der *Ehrlichen Frau*, der auf Christian Reuters persönliches Leben referiert, werden im Roman *Schelmuffsky* die Vorstellungswelt des Protagonisten und die sozialen Verhältnisse einer standesgebundenen Realität dichterisch herangereift gegeneinander ausgespielt.

An einer real vorhandenen Situation im vorhergehenden Werk ansetzend, wird diese nun in eine fiktive Welt übertragen, die im literarischen Diskurs lebt und es erlaubt, die zugewiesenen Rollen neu zu ordnen. Die Konstatierung von gesellschaftlichen Missständen gerät in einen Raum der projizierten Perspektiven. Es lassen sich wiederum tendenziös soziale Vorgaben erkennen. Vorher noch, im Werk der *Ehrlichen Frau*, das die Person Schelmuffsky entstehen lässt, stand dieser in den sozialen Banden des menschlichen Wesens in seinem Kern. Jetzt aber verselbständigt er sich, um das Menschsein nun in seiner selbst geschaffenen Welt neu zu definieren und sich aus den ihm im Vorgängerwerk gegebenen Grundlagen, in eine eigens von ihm bestimmte Welt zu entwickeln.

Den Ausgangspunkt zum Romangeschehen bildet eine thematisch ausgeweitete Episode aus dem Komödienstück der *Ehrlichen Frau*. Die sich symbolisch für die Herkunft der Familie einfügende Erscheinung einer Ratte, die das aus dem eigenen Gesellschaftskreis Hinausstrebende als eine ziellose Bewegung aufnimmt, wird in der Geburts- und Lebensgeschichte von Schelmuffsky zum wahllosen Angreifen jeglicher Erscheinungen, die sich dem Wesen in seiner Lebensform auf den Weg stellen. Es abstrahiert sich dadurch ein der gesamten Gesellschaft bevorstehendes Bild, das als eine Plage für das menschliche Wesen in der Abkehr von sich selbst und zu Scharen gesammelt, ihre eigenen Werte zu vernichten droht. Für Walter Benjamin ist es das „Elendstilleben aus Ratte,

Nacktheit und Stroh,"[1] dass, gesellschaftlich anpassungsfähig, sich in ein ständisches Gewand zu sozialisieren vermag.

Die sich dabei aufwerfenden Fragestellungen gelten nicht mehr der Beantwortung von ethisch-moralischen Fragen, die aus dem Kreis des religiösen Wesens geschehen sollte, wie es Jahre zuvor im Barock der Fall war. Es ist eine reine Interpretationssache, ob man die Ratte als Teufelssymbol verstehen möchte,[2] als eben ein Übel schlechthin. Viel wichtiger erscheint, dass es jetzt der menschliche Verstand ist, der, so Wolfgang Hecht, maßgeblich ist:

> Das Maß, an dem beide gemessen werden, ist nicht mehr die ethische und gesellschaftliche Norm des Barock, sondern der gesunde Menschenverstand des Lesers.[3]

Mensch und *Welt* werden nun einer Realität gegenübergestellt. Das sich abzeichnende Weltbild wird also nicht mehr an den gesellschaftlichen Vorgaben gemessen. Ganz im Gegensatz dazu. Deren Deutung hängt einzig vom Rezipienten ab. Unabhängig davon, wie er die Darstellung des Menschen im Roman interpretiert, wird seine Deutung eine dem Menschen entsprechende Welt gestalten, sodass Welt und Mensch nun zu einer unmittelbaren Einheit in einer wie auch immer gearteten Vorstellungswelt zusammengeführt werden.

2.1.1 Individualisierungsprozesse

Die einhergehende Aufteilung in Perzeptionsebenen trennt nun die ästhetisch genormten Empfindungen gegenüber der Wirklichkeit von den wirklichen Empfindungen gegenüber einer individuellen Ästhetik. Schelmuffsky's Reiseweg beginnt gleich mit seiner Geburt, die, von einer Ratte verursacht, verfrüht stattfindet. Ihn mit der Ratte verwechselnd, erschreckt seine Mutter vor ihm und verbindet Schelmuffsky mit dem Nagetier, was gleich auch dazu führt, dass er sich sofort der Sprache bemächtigt. So bildet dieser Zusammenhang ein grund-

---

1 Benjamin, Walter: *Reuters »Schelmuffsky« und Kortums »Jobsiade«.* In: Walter Benjamin, Gesammelte Schriften II. 2. Hrsg. v. Rolf Tiedemann und Hermann Schweppenhäuser, Frankfurt a/M [2]1977, S. 651

2 Unterschiedliche Ansichten zur Rattengeschichte reichen vom Eingang des Menschen in seine Welt, die sich bei Fechner im „Teufelssymbol" wiedergibt, bis hin zum Werdegang des Menschen bei Geulen, der „das nicht geheure Produkt eines teuflischen Inkubus in Gestalt jener großen Ratte ist." Siehe dazu Fechner, Jörg-Ulrich: *Schelmuffskys Masken und Metamorphosen. Neue Forschungsaspekte zu Christian Reuter.* In: Euphorion 76/1982, S. 1-26, S. 8. Und: Geulen Hans: *Noten zu Christian Reuters »Schelmuffsky«.* In: Wolfdietrich Rasch/Hans Geulen/ Klaus Haberkamm (Hrsg.), Rezeption und Produktion zwischen 1570 und 1730. Festschrift für Günter Weyd. Bern/München 1972, S. 481-492, S. 484

3 Wolfgang Hecht, *Christian Reuter.* Metzler Verlag, Stuttgart, 1966, S. 39

sätzliches Motiv, welches sich über das gesamte Werk erstreckt.[4] Stellenweise wird die Geschichte sogar zur sprachlichen Auffüllung des Romans genutzt, die als Texteinschub zur Unterbrechung der Handlung dient und somit eigentlich ein episches Motiv darstellt. Zur Beschreibung eines Gesellschaftsbildes und seiner dynamischen Entwicklung sowie angestrebten Angleichung werden die Lebensqualität eines Gesellschaftsbereichs und die noch nicht ausgebildete aber doch schon beanspruchte Wirklichkeit andererseits stets in Kontrast zueinander gestellt, wie es Klaus-Detlef Müller treffend in seiner Beschreibung zusammenfasst:

Es ist offensichtlich, daß sich die Darstellung auf unspezifische, von lokalen Momenten unabhängige Standardsituationen beschränkt und daß die Schilderung der vornehmen Welt stets durch ein triviales, grobianisches oder unappetitliches Detail gebrochen ist. Solche Details betreffen auch die Lokalitäten, wenn etwa die luxuriös ausgestatteten Gesellschaftsräume (mit Gold, Silber und Edelsteinen ist nicht gespart) nur über baufällige Treppen nach Kaschemmenart zu erreichen sind.[5]

Greift man jedoch auf das Grundmotiv zurück, so wird es in seiner wiederholten Reflexion in gleicher Weise immer dazu dienen, das der dynamische Handlungsstrang unterbrochen wird, um die Situation episch auszumalen. Damit wird die Handlung auf den Text fixiert bzw. die textliche Ebene zur wesentlichen Handlung.

Ich war her, sprang nackend aus dem Bette heraus, machte die Stuben-Thüre auff und sahe wer pochte! Als ich selbige eröffnete, so stund ein Mensche draussen und hatte ein klein Briffgen in der Hand, bot mir im finstern einen guten Abend und fragte, ob der frembde vornehme Herr, welcher heute Abend über Tische die Begebenheit von einer Ratte erzehlet, seine Stube hier hätte.[6]

Noch in der Vorrede führt Schelmuffsky den Leser in eine Welt, die mehr von der Fülle ihrer mit den aufgezählten Ländern dargestellten Buntheit, „auch 14 gantzer Tage in Indien bey den grossen Mogol"[7], als von einer beschriebenen Gefühlswelt des Erzählers gekennzeichnet wird. Die Rezeptionsperspektive wird in ihrer Ausgangsposition vom Ich-Erzähler in eine gesellige Runde von „guten

---

4   Siehe dazu S. 212, Anm. 99

5   Müller, Klaus-Detlef: *Einfallslosigkeit als Erzählprinzip. Zu Christian Reuters Schelmuffsky.* In: Geschichtlichkeit und Gegenwart. Festschrift für Hans Dietrich Irmscher zum 65. Geburtstag. Köln, 1994, S. 1-12, S. 8

6   Christian Reuter: *Schelmuffskys warhafftige curiöse und sehr gefährliche Reisebeschreibung zu Wasser und Lande, 1. Theil/ Und zwar die allervollkommenste und accusateste Edition, in Hochteutscher Frau Mutter sprache eigenhändig und sehr artig an den Tag gegeben von E. S.,* Reclam, Ditzingen, 1997, S. 31

7   A. a. O., S. 9

Freuden auf der Bier-Banck"[8] gelenkt, womit der Rezipient als Zuhörer seinen Platz neben dem Ich-Erzähler erhält und das ganze Geschehen im Buch miterleben kann.

Mit den in der *Ehrlichen Frau* gebräuchlichen Redewendungen schließt der Roman an das Vorgängerwerk vom ersten Satz an und schafft eine sprachliche Kontinuität, welche durch die phrasenhafte Wiederholung eine Alltäglichkeit suggeriert, die den Leser durch eine Welt führt, in der er seine Position selbst bestimmen kann. Von einer alltägliche Inhalte bietenden Literatur, der es in ihrer Volkstümlichkeit gelingt, Lebensnähe zu suggerieren, wird die weltanschauliche hohe Gattung getrennt, die gegenüber der Literatur der Realität als einer niederen Form, hier weltweltfremd erscheint. Dementsprechend kann diese Unterscheidung zwischen Wirklichkeit und Weltentfremdung in der Aufschichtung der Sprache nach sozialen Gesichtspunkten fixiert werden. Peter von Polenz verlegt seinen Interpretationsansatz dann auch von den sprachgeschichtlich regionalen Merkmalen auf eine mehr soziale Ebene:

> Das Sprachproblem ist bei Reuter nicht durch einen Vergleich zwischen 'Schriftsprache' und 'Mundart' zu lösen; die wahren Pole sind hier 'Schreibsprache' und 'Sprechsprache' bzw. 'Hochsprache' und 'Umgangssprache' (als 'Alltagssprache').[9]

Die entsprechende sprachliche Kategorisierung stellt den Schelmuffsky in den Fragenkreis einer Lebenswirklichkeit, die zwar von regionalen Gewohnheiten gekennzeichnet ist, aber einem bei Friedrich Zarncke zugeschriebenen humoristischen Realismus dienen.[10] Christian Reuter bedient sich gleichsam lokalen Brauchtums, um im Vergleich zu gewöhnlichen Denkstrukturen einen Kontrast bildend, bei Schelmuffsky allgemeingültige Prinzipien bestätigt zu wissen. Wie in der Leipziger Gegend wohl der Brauch gepflegt wurde, am Mittwoch vor Pfingsten Knoblauch zu essen, da es für den menschlichen Körper gesund sein sollte,[11] neigt die Erwähnung lokaler gesellschaftlicher Bindung beim Ich-Erzähler dazu, aus dem Rahmen seiner persönlichen Welt zu treten, um sich in einer Bestätigung vor der ganzen Welt Geltung zu verschaffen.[12] Für Klaus-Detlef Müller stellt das Hinausstreben in die Fantasiewelt des Inneren die Überwindung der eigenen Begrenztheit des Äußeren dar.

---

8   Ebda.

9   Polenz, Peter von (Hrsg.): *Schelmuffsky von Christian Reuter*. Max Niemeyer Verlag, Tübingen [2]1956, S. XXI

10 Zarncke, Friedrich: *Christian Reuter, der Verfasser des Schelmuffsky. Sein Leben und seine Werke*. Leipzig, 1884

11 Siehe S. 185, Anm. 15 sowie S. 209, Anm. 85

12 Vgl. hierzu den Zusammenhang auf S. 209 zum Gesamtkonzept der aus regionaler Perspektive betrachteten Weltreise, die einander gegenübergestellte Kontraste als Ausgangspunkt für eine Erschließung bildet.

Sein Erzählgegenstand ist vielmehr die Vorstellung von Welt in der Perspektive eines großmäuligen Kleinbürgers, dessen Erfahrungshorizont sich auf die Wirtshäuser in der Umgebung seiner Vaterstadt beschränkt. Die Romanwelt ist also auf die Wahrnehmungsmöglichkeiten und den Bewusstseinshorizont des Protagonisten und Ich-Erzählers begrenzt, zugleich aber als Lügengeschichte und damit subjektive Fiktion auf dessen Fantasie angewiesen.[13]

Der Weg des Protagonisten muss, um den vermeintlichen Forderungen der Gesellschaft zu entsprechen, eine gewisse gesellschaftlich konstituierte Kenntnis beim Rezipienten voraussetzen. Für Müller steht fest:

Die Substanzlosigkeit des Gegenständlichen führt dazu, daß Schelmuffsky jede konkrete Erfahrung variierend einbeziehen muß, um überhaupt erzählen zu können.[14]

Seine Unkenntnis über das von ihm Erzählte, verlangt es, dass Schelmuffsky Wiedererkennungsmerkmale in seine Geschichte einführen muss, um glaubhaft zu wirken. Deshalb greift er auch öfters zu den in Leipzig bekannten Gewohnheiten:

Es war gleich in der Knoblauchs Mittewoche, als ich mich zum ersten mahl auf das Wasser begab (...).[15]

Oder er verlegt den bei Leipzig verlaufenden Fluss Elster, ihn mit der Alster verwechselnd, nach Hamburg.[16] Die Glaubwürdigkeit soll zudem durch die Wiederholung von ähnlichen Situationen, der Wiederkehr von Personen aufrecht erhalten werden. Den Herrn Bruder Graf und Schellmuffsky's Redewendungen, die sich neben die sich grundsätzlich aufwerfenden Rattengeschichte stellen, sieht Wolfgang Hecht in der „Funktion von Leitmotiven,"[17] und sie sind für ihn:

(...) nicht nur ein technisches Mittel des Handlungsaufbaus, sondern dienen darüber hinaus der Charakterzeichnung.[18]

Der Schelmuffsky erscheint als ein Individuum, dessen Bild nicht mehr vom bestehenden normativen Verständnis beherrscht wird, wie es bei den früheren Typenfiguren und deren Bezug zur Gesellschaft der Fall war;[19] er ist ein Indivi-

13 Klaus-Detlef Müller, *Einfallslosigkeit als Erzählprinzip*, S. 4
14 A. a. O., S. 9
15 *Schelmuffsky*, S. 53
16 „(...) mitten in der Stadt Hamburg an einen kleinen Wasser, welches die Elster genennet wird." A. a. O., S. 47
17 Wolfgang Hecht, *Christian Reuter*, S. 36
18 Ebda.
19 Siehe dazu den „dogmatischen Wirklichkeitsbegriff" des Picaro-Romans bei Richard Alewyn: *Der Roman des Barock*. In: Formkräfte der deutschen Dichtung vom Barock bis zur Gegenwart. 1963, S. 30 und die fehlende „Darbietung der objektiven Weltbedeu-

duum, das sich einen eigenen Ausdruck in einer ihm eigenen Welt sucht. Hechts Schlussfolgerung,

> was als Wirklichkeit im Roman ins Bild gehoben wird, ist nicht ‚die' Welt, sondern Schelmuffskys privates (Phantasie-)Abenteuer, seine ‚Schöpfung' und damit unverwechselbar an seine individuelle Existenz gebunden,[20]

gibt ein Bild über die Individualisierung von Vorstellungs- und Erlebniswelten ab, das sich von konventionellen Prinzipien abhebt. Gleichzeitig wird er dadurch zum Gegentyp zu einer bisher entstandenen Typenfigur.

Die bis zu dem Zeitpunkt geltenden Typen projizieren sich deutlich als Gegenbilder zum waltenden Gesellschaftssystem. Den Bekanntesten unter ihnen, dem Picaro, Bramarbas, Galanthomme, allen ist ihre charakteristische Rolle des entgegengesetzten Positionsbezugs zur Gesellschaft gemein. Sie verfolgen ihrem literarischen Konzept nach freilich verschiedene Zielsetzungen. Aber selbst ihre nach literarischem Muster zugeschnittene Rolle ist Anlass für verschiedene Interpretationsmöglichkeiten. Am reichhaltigsten scheint sich die Figur des Picaros zu präsentieren, obwohl Gunter E. Grimm eine in der Zwischenzeit ausgebildete „communis opinio"[21] voraussetzt. Die bei ihm zur Definitionsproblematik zitierten Beispiele legen unterdessen eine Fülle an Ausdrücken dar, die dazu verhelfen sollen, die Typenerscheinung in etwa zu umreißen.

Die Auswahl zur Definition reicht mit Georg Kurscheidts Zügen der List und Verschlagenheit, einer „Cleverness des Unterprivilegierten, der nicht um Kronen, vielmehr ums bloße Überleben in einer Welt kämpft, die ihn ins Abseits gestellt hat,"[22] bis hin zu Klaus Hübners weltklugen Abenteurer, der „ein oft philosophischer, reflektierender, kritischer Antiheld ›niederer Herkunft‹"[23] ist. Als zentrales Problem stellt sich in allen Definitionsversuchen eine unmissverständliche und genaue Abgrenzung der Picaro-Gestalt mithilfe einer ins Deutsche übertragenen Bezeichnung. Auch hier steht man vor der Wahl zwischen dem „Landstörtzer" oder „Landstreicher" Jörg-Ulrich Fechners[24] oder aber dem

---

tung" bei Arnold Hirsch: *Bürgertum und Barock im deutschen Roman. Ein Beitrag zur Entstehungsgeschichte des bürgerlichen Weltbilds.* Böhlau, Köln/Graz, ²1957, S. 26

20 Wolfgang Hecht, a. a. O., S. 38

21 Grimm, Gunter E.: *Christian Reuter: Schelmuffskys wahrhaftige curiöse und sehr gefährliche Reisebeschreibung zu Wasser und zu Lande.* In: Interpretationen: Romane des 17. und 18. Jahrhunderts. Stuttgart 1996, S. 47-77., S. 50

22 Kurscheidt, Georg: *Der Schelmenroman.* In: Formen der Literatur in Einzeldarstellungen, hrsg. von Otto Knörrich, Stuttgart 1981, S. 347-359, S. 350

23 Hübner, Klaus: *Schelmenroman.* In: Metzler Literatur Lexikon, hrsg. von Günther und Irmgard Schweikle, Stuttgart 1984, S. 411f.

24 Fechner, Jörg-Ulrich: *Schelmuffskys Masken und Metamorphosen. Neue Forschungsaspekte zu Christian Reuter.* In: Euphorion 76 (1982), S. 1-26, S 18

„Tor" sowie „Schelm" bei Hübners Darstellung[25] bis zu Grimms „Schalk"[26]. Um nicht weiter in einer begrifflichen Unklarheit zu münden, greift Gunter E. Grimm zum *Deutschen Wörterbuch* der Gebrüder Grimm[27] und verfolgt die etymologische Wandlung der Ausdrücke. Hier wird auf einen „verworfenen Menschen, Betrüger, Dieb, Verführer und Verräter" hingewiesen, was sich alles aus dem einst „geschundenen Vieh" entwickelt.[28] Vielleicht kommt Jürgen Jacobs „kümmerlicher und ungehobelter Aufschneider"[29] Grimms „Schalk" noch am nächsten. Dieser dürfte, als die „mutwillige, lose" Abstufung des Schelms, dem „Knecht, der Diener, im übertragenen Sinne dann ein Mensch mit Knechtsinn, von untreuem und arglistigem Charakter"[30] sein soll, begrifflich sehr nahe stehen.

Steht der Typ aus der Tradition des Bramarbas nun bei diesen Begriffs-definitionen offenkundig außen vor, so ist die bei Gunter E. Grimm folgende literaturgeschichtliche Ableitung zum Teil eng an politische Wandlungsprozesse gebunden, die überwiegend in die Zeit zum Ende des 17 Jh. fallen. Beim an-geführten Beispiel Christian Weises *Der Politische Näscher* verbindet sich der Gelehrten-Zug mit dem Aufstrebungswunsche zum Ebenbild eines, „der sich umb ein Glücke / umb eine Lust / oder sonst umb einen Vortheil bekümmert" und kommt dem Schelmuffsky damit schon bei, umso mehr „darüber er sich offt in seiner Hoffnung betrogen findet".[31] Nach der Schiffskenterung und der Rück-kehr Schelmuffsky's zu den ihn ehemals hoch Lobenden, erkennen diese ihn nicht, womit er auffällig stark an die pikarischen Eigenschaften erinnert. Es ver-bleibt ihm aber nichts weiter, als erst bei seiner Heimkehr im engsten sozialen Kreis wieder zu großkantigen Worten auszuholen, womit er sich dem *Politi-schen Maulaffen* Johann Riemers stark annähert, einem Typ, der zu den Leuten gezählt wird, die:

---

25 Klaus Hübner, *Schelmenroman*, S. 412
26 Gunter E. Grimm, a. a. O., S. 51
27 Grimm, *Deutsches Wörterbuch*, Bd. 8 (1893), Sp. 2506-10
28 Ebda.
29 Vgl. Jacobs, Jürgen: *Der deutsche Schelmenroman*, München/ Zürich 1983
30 Gunter E. Grimm, *Christian Reuter: Schelmuffskys wahrhaftige curiöse und sehr ge-fährliche Reisebeschreibung zu Wasser und zu Lande*, S. 52
31 Christian Weise: *Der Politische Näscher / Auß Unterschiedenen Gedancken hervor ge-sucht / und Allen Liebhabern zur Lust / allen Interessenten zu Nutz / nunmehro in Druck befördert / von R. I. O. Zum dritten mahl gedruckt Leipzig* [o. J. jedoch 1676 publiziert; entstanden vor 1672], S. 29;vgl. auch den Anhang (*Kurtzer Bericht vom Politischen Näscher / wie nehmlich Dergleichen Bücher sollen gelesen / und Von andern aus ge-wissen Kunst-Regeln nachgemachet werden*, Leipzig 1680) mit dem Entwurf des Romanabschlusses, S. 156-173

„Hoffärtige und dabey Einfältige Leute / welche mehr wollen und sich geben / als Sie verstehen / und höher gehalten seyn / als sie verdienen (...) alldieweilen solch Volck sonst nichts mehr weiß / als nur mit dem Maule sich groß zumachen / und seine Torheiten erhebet."[32]

Die Gemeinsamkeiten im Charakterzug solcher Näscher und Maulaffen verweisen auf, so Grimm,

> für den ›politischen‹ Auftragswillen der frühbürgerlichen Zeit insofern typische Figuren, als das Bürgertum noch kein Eigenbewußtsein besitzt und sich nicht genug tun kann in der Anpassung an die Hofetikette.[33]

Aus diesen Etikettierungen kann Schelmuffsy's Anpassungswille an eine für ihn vorbildliche Welt durchweg herausgelesen werden. Sein beständiger Hang zum galanten Verhalten stellt ihn zu guter Letzt in die Reihe des noch verbliebenen Galanthomme, wobei uns seine „wahrhafftige curiöse und sehr gefährliche Reisebeschreibung"[34] mit unter sprachlich an die *Wunderliche und wahrhaftige Gesichte Philanders von Sittewald* von Johann Michael Moscherosch[35] erinnert und dabei durch die Wunder der Gesellschaftsnorm der damaligen Zeit führt.[36]

Aus der erwähnten Charakteristik der Gegenpositionierung zur Gesellschaft, die den Typenfiguren gemein ist, entsteht eine Konstellation, die im wechselseitigen Verhältnis ein Gegenbild zur sozialen Wirklichkeit bildet. Damit ist ein Mehrfaches gesagt. Die Ausgangsposition bildet naturgemäß die Gesellschaft

---

32 Riemer, Johann: *Der Politische Maul-Affe / mit allerhand Scheinkluger Einfalt Der Ehrsüchtigen Welt / aus mancherley närrischen / iedoch wahrhafftigen / Begebenheiten zusammen gesucht / und vernünfftigen Gemüthern zur Verwunderung und Belustigung vorgestellet von Clemente Ephoro Albilithano*, Leipzig 1679, in Helmut Krause (Hrsg.): *Johannes Riemer*, Werke, Bd. 1: Romane, Berlin/ New York 1979, S. 8

33 Gunter E. Grimm, *Christian Reuter: Schelmuffskys wahrhaftige curiöse und sehr gefährliche Reisebeschreibung zu Wasser und zu Lande*, S. 55

34 Christian Reuter: *Schelmuffskys wahrhafftige curiöse und sehr gefährliche Reisebeschreibung zu Wasser und Lande*. (hrsg.) Ilse Barth, Reclam-Verlag, Stuttgart, 1997, S. 1

35 Johann Michael Moscherosch: *Wunderliche und wahrhaftige Gesichte Philanders von Sittewald das ist Straff-Schifften Hanz Michael Moscherosch von Wilstädt*, Straszburg, Städtel [1665] – 1667. In der Mikrofilmausgabe der Edition Faber du Faur, New Haven, Research Publications, 1969, Yale University Library collection of German Baroque Literature, reel 86, no. 426; siehe auch Einleitung, S. 21, Anm. 9 der vorliegenden Arbeit

36 Vgl. dazu die Untersuchungen von Karl-Heinz Stahl zur Etymologie des Ausdrucks „wunderbar", die im sprachlichen Vergleich mit dem Spanischen und Englischen zwischen „Verwunderung" und/oder „Bewunderung" ausgemacht wird. Karl-Heinz Stahl: *Das Wunderbare als Problem und Gegenstand der deutschen Poetik des 17. und 18. Jahrhunderts*. Athenaion, Frankfurt am Main 1975, S. 1-24

und ihr real bestehendes soziales Gefüge. Dem gegenüber entsteht die Figurentype, welche die Werthaltigkeit in der Konterposition beansprucht und die gesellschaftlich genormten Werte distinktiv in Kollision zu den eigenen setzt.
Anders dagegen beim Schelmuffsky. Sein affirmativ gestaltetes Wesen versucht sich seiner hypothetischerweise angestammten Gesellschaftsposition anzunehmen. Er ist insofern kein Gegenbild zur Gesellschaft bzw. zu dessen nor-
mativem Werteverständnis. Als Karikatur herrschender Normsetzungen übernimmt er eigentlich eine Gegenposition zu den literarischen Figurentypen. Vom
Werteverständnis aus betrachtet, setzt das jedoch voraus, dass er sich in einer
ebenso objektiv gültigen Gesellschaftsform bewegt. Die perspektivische Neue-
rung Reuters ist der spiegelbildliche Umbruch, den der Protagonist in seiner
Rolle provoziert. Das in der Figurentype enthaltene gesellschaftliche Gegenbild
wird im Schelmuffsky zum Gegentyp, der die Gesellschaftsnormen in sich selbst
kollidieren lässt.

Christian Reuter geht freilich nicht auf das herrschende Weltbild ein; er beschäftigt sich nicht mit der Weltbildfrage, der Frage, wie das Gesellschaftsbild
dem Leben gegenüber gerechtfertigt wird, sondern mehr damit, wie es sich zu
rechtfertigen hat. Dies mag einer der Gründe sein, weshalb bei der Erschließung
von Schelmuffsky die Lösung stets als schwierig empfunden wird. Die eindeutige Typenzuweisung aus dem herkömmlichen Modell her bietet keine ein-
wandfreien Übereinstimmungen, wie es Grimm nämlich auf den Punkt fasst,
„weil Reuters Held nicht objektiv faßbar ist, sondern nur im Spiegel seiner
Selbstdarstellung erscheint (...).“[37] Da die Selbstdarstellung aber in einen un-
ermüdlichen Drang nach gesellschaftlicher Akzeptanz eingeht, müssen die gesellschaftlichen Verkehrs- und Kommunikationsformen als gültig angenommen
werden, also als objektiv herrschende, ungeachtet der Tatsache, dass sie unauf-
hörlich vom „Helden“ gebrochen werden. Das entspricht eben seiner Rolle des
Gegentypus und bekräftigt somit die Objektivität des normativen Gefüges.

Entgegen allen in der Sekundärliteratur bisher übereinstimmend angenom-
menen Sichtweisen drängt sich in dieser Argumentationsfolge auf, dass die
sprachliche Entkleidung des höfischen Weltverständnisses, nicht lediglich auf
das sich mittlerweile gewandelte Zeitempfinden zurückzuführen ist. Da der
sozialkritische Aspekt bei eigehender Betrachtung auch des Folgeteils, und nicht
zu vergessen der den Zyklus abschließenden Grabrede, immer mehr in Erscheinung tritt, ist es doch geboten, den Schelmuffsky als ein Spezifikum zu betrachten, das in der Entwicklungstendenz analog zu den anderweitig angeführten
Themenkomplexen steht. Es scheint nämlich, dass die einzelnen Problemkom-

---

37   Gunter E. Gimm, *Christian Reuter: Schelmuffskys wahrhaftige curiöse und sehr gefährliche Reisebeschreibung zu Wasser und zu Lande*, S. 57

plexe gesellschaftliche Teilbereiche individualisieren als eigene Fragestellungen (z. B. Bildungswert bei Christian Weise) innerhalb eines Gesellschaftsbildes. Aber aufgrund des dichterischen Ansatzes ist der kritische Wert im *Schelmuffsky* neu zu fassen.

2.1.2 Die Zuweisung von Wertempfindungen

Die Befangenheit, die aus einer Beschäftigung mit den nur zur Typenbildung verwendeten Prozessen erwächst, mag dazu führen, Reuters Werk erneut in den Kontext seiner persönlichen Erfahrungen zu stellen. Gerade der weitere Fortgang in Reuters Gesellschaftsleben dürfte das beste Beispiel dazu sein, ihm jedweden Ernst abzusprechen, um daraufhin wieder auf seinen Schelmuffsky zu schließen. Das würde aber eine Gleichstellung von Christian Reuter mit seiner Figur Schelmuffsky heißen. Zeitweise aufkommende Stellungnahmen, die von einer Flucht sprechen,

> Flucht in die Gesellschaftskreise, deren beispielgebendem Verhalten doch in erster Linie die Schuld beizumessen war an den Schäden, die R. am Bürgertum gebrandmarkt hatte,[38]

weisen in diese Argumentationsrichtung, sind in der Forschungsliteratur aber nicht mehr die ausschlaggebenden.

Noch zu Beginn einer literaturgeschichtlichen Rezeption des Schelmuffsky war Friedrich Zarncke mit unter der erste, der Christian Reuter eine auch dichterische Reflexion nicht absprechen wollte. So stand eigentlich schon am Anfang einer gesellschaftlichen Aufarbeitung von Reuters literarischem Wirken fest, dass es in seiner Absicht stand „eine den Gesetzen der Kunst, soweit sie von ihm erkannt waren, entsprechende Dichtung zu liefern."[39] Das Werk übersteigt in jeder Hinsicht nur ein rachsüchtiges Vorhaben. In Reuters sprachlich vielleicht subtil gefasster Darstellungsgabe ist jedoch ein hoher Abstraktionswert enthalten, der in der Koordination von Raum und Zeit seine mannigfaltigen Bedeutungen zu erkennen gibt. Weit voneinander entfernte Gegenden werden in unmittelbare Nähe gerückt, geografische, ja regionale und lokale Einheiten werden aufgesplittet und zeugen von einer Projektion, die sich auch auf literarischem Gebiet nicht nur an gesellschaftlichen Typisierungsprozessen ausmachen lässt, sondern Konstanten übergreifend wirken möchte. Der prahlerische Bramarbas

---

38   Schneider, Ferdinand Josef: *Christian Reuter* (Hallische Universitätsreden, 69), Niemeyer, Halle, 1936, S. 20

39   Zarncke, Friedrich: *Christian Reuter, der Verfasser des 'Schelmuffsky', sein Leben und seine Werke*, Abh. D. kgl. Sächs. Gesellschaft d. Wiss. Zu Leipzig, Bd. 21 (philosophisch-historische Kl. Bd. 9), Nr. 5 (1884), S. 455-660, S. 525

ist zwar das Gegenbild zu seiner Umgebung, aber diese zeichnet sich klar ab und das Bezugsystem innerhalb der Gesellschaft und damit in umgekehrtem Abbild des Gegenbildes ist auf diese Weise ebenso bekannt. Klaus-Detlef Müller spricht in diesem Zusammenhang von einer situativen Überforderung für den Bramarbas.

> Die geographischen und topographischen Angaben sind abenteuerlich; die Chronologie ist abstrus; schon die elementarsten Voraussetzungen des Fingierens überfordern als den Bramarbas.[40]

Die Verwirrung stiftenden Erzählungen Schelmuffsky's zeugen aufgrund seines Jongleursaktes zwischen den räumlichen Bezügen aber von keiner Desorientierung. Seine Bezüge sind immer klar zueinander abgestimmt. Ob es sprachliche Schwächen sind oder ein Provinzgeist, sie werden auch über ihre Grenzen hinaus auf einen Kontinuitätsbestand verwiesen, der die Bedeutungen im nächsten Abstraktionsschritt zusammenführt. Dieser entzieht sich allerdings einer konkreten Lokalisierung. Ehemals noch nicht in dem Maße zusammengewachsen, wie es heute der Fall ist, trennten Altona von Hamburg sicherlich keine „drey starcke Teutsche Meilen,"[41] und sie waren vor allem keine gänzlich voneinander getrennte Städte, wobei das „Teutsche" auf eine Konstante hinweist. Indem die Bedeutungskopplung hier eine Weite suggeriert, wird hauptsächlich auf das Reisemotiv Bezug genommen. Er hat das Land zwar noch nicht verlassen, aber sein provinzieller Geist lässt Schelmuffsky die auf ihn wartenden Eindrücke in ihrer Vielfalt erst ahnen. Seine immer so gerühmte Sprachfertigkeit ist allerdings in der konkreten Erfahrung begrenzt und kann zwecks Eigenrepräsentativität aus keinen anderweitigen Erkenntnissen schöpfen.

Tatsache ist, dass Schelmuffsky dem großsprecherischen Bramarbas an gesellschaftlicher Potenz in sozialer Sprachgewandtheit unterlegen ist. Sein Charisma gründet anscheinend auf der Faszination des Einfachen. Selbst seine Kleidung lässt nichts Exklusiveres erwarten, brach er doch im Winter ohne feste Kleidung und ohne Handschuhe auf seine Reise auf. Etwas weitläufig ist in diesem Zusammenhang die Deutung des Namens „Schelmuffsky", die von einer Polonisierung als abwertendem Etikett ausgeht. Nicht umsonst finden sich diesbezüglich durchaus positive Anklänge im Werk. Zwar wurde aus dem vorgegebenen Bedeutungszusammenhang klar, dass mit dem Schelm auf betrügerische Absichten assoziiert wurde, aber ein gesellschaftspolitischer Aspekt auf der Ebene, die Völker, Polen-Sachsen, in Bezug zueinander setzt, relativiert sich im Werk selbst. Wohl aufgrund der ohnehin stereotypen Besetzung von Volksbildern der Gegenwart und nicht weniger durch die Geschichte hindurch be-

---

40   Klaus-Detlef Müller, *Einfallslosigkeit als Erzählprinzip*, S. 7
41   *Schelmuffsky*, S. 52

trachtet, liegen solche Annahmen zumindest in einem Teil nicht falsch. Einerseits gehört Schelmuffsky keinem sonst bekannten literarischen Typ an; es ist ihm dennoch eine Klischeefunktion eigen, als dass er in seinem zur Figurentype neigendem Verhalten allerdings herrschende Gesellschaftsprinzipien vereinfachend mit der Gesellschaftskonvention kollidieren lässt. Diese Prozesse sind bei Peter von Polenz teils enthalten, wenn er sagt:

> Der bramarbasierende Reiseheld S c h e l m u f f s k y, dessen Name eine auf jüngste Verhältnisse am kursächsischen Hofe anspielende Polonisierung der damals gebräuchlichen Gaunerbezeichnung *Schelm* ist (…)[42]

Doch die Rezeption ist von ähnlichem schemenhaften Denken wie das von Schelmuffsky gezeichnet, wenn das, was hier den Klischees anhaftet, im Werk aufgelöst und als solches dann aber nicht erkannt wird. Im Willen womöglich eine Glaubwürdigkeit hervorzurufen, schildert Schelmuffsky seine Kenntnisse um die osmanische Belagerung von Wien, die bezeichnenderweise vom Besuch einer Oper aufgefrischt wurden. Sein ästhetisches Musikempfinden verbindet sich in seinen Gedanken und seiner Sprache mit der Schlacht um die für ihre Musikkultur bekannte Stadt. Er findet gleich Ähnlichkeiten zu Hamburg, was wohl geschehen würde, egal wo er sich befände und welche natürlich nicht in entsprechenden buchstäblichen Maßen dem gleichkommen, worüber er spricht. Viel wichtiger scheint aber die Geschichtskenntnis zu sein, die er aus dem Opernstück erhält. Er möchte sich dabei nicht auf genaue Zahlen festlegen, wenn er über die Größe der sich bekämpfenden Heere spricht, was scheinbar auch nicht wichtig sein soll, angesichts des Umstandes, dass er in seiner Geschichtsbewanderung nur zu gut weiß, dass die osmanischen Kämpfer hohen Tribut an die von Sachsen und Polen angeführten Heere zollen mussten:

> Wie sie aber von denen Sachsen und Polacken dafür bezahlet worden, werden sie wohl am besten wissen.[43]

Dass die beiden Völker hier gemeinsam an einer Front stehen, spricht in keiner Weise über sonst welche Zuweisungen, außer dass sie sich eben gemeinsam für dieselbe Sache einsetzten. Auch das Beispiel, das Schelmuffsky für die Ausschraffierung seiner Übertreibungen im Zusammenhang mit den Größenmaßen für Fische und Hausvieh wählt,[44] dürfte ebenso wenig in einen stereotypen Zusammenhang gebracht werden können.

Auf diese beiläufigen und nur textextern sowie nicht an Reuter gebundenen Interpretationen soll wegen ihrer minderen oder doch gar nicht bestehenden Be-

---

42 Peter von Polenz, *Schelmuffsky von Christian Reuter*, S. VII
43 *Schelmuffsky*, S. 48
44 Siehe dazu a. a. O., S. 55

deutungen auch nicht weiter eingegangen werden. Es ist nur insoweit dienlich, auf diese Konstruktionen aufmerksam zu machen, da sich einmal mehr das Problem der Deutungsinterferenzen aufwirft, die sich aus einer ungenügenden sprachlichen Ausdifferenzierung ergeben. Im Gegensatz zu Gryphius' gesellschaftlicher Position, der mit politischer Resonanz rechnen konnte und deshalb bestimmte politische Verhältnisse nicht im Geringsten andeutet, sind für Reuter dagegen in politischer Hinsicht verhältnismäßig unbedrängte Umstände anzunehmen.

Zur Abgrenzung seiner Figuren ist Reuters schrittweise Bedeutungsschwächung der Worte von Schelmuffsky auffällig. Die eingangs mit der Erscheinung einer Ratte gekoppelte Sprache steht gleichzeitig symbolisch für den Protagonisten/ Ich-Erzähler. Im Verlauf des Romangeschehens setzt sich diese Bedeutungskopplung aber allmählich von der Hauptperson ab. Am Anfang entsprechen Sprache und soziale Herkunft ihrer Ausgangsposition. Mit fortschreitender Annäherung der Hauptperson an höhere Gesellschaftskreise gewinnt sie jedoch keine zusätzlichen Merkmale, die eine soziale Wandlung zu erkennen gäben. Es ist vielmehr der Ich-Erzähler, der sich mit der Verwendung häufig sich wiederholender Attribute selbst beschreibt. Natürlich geben seine Redewendungen ein Bild über ihn ab, aber es stellt sich bei ihm ebenso ein Bedürfnis ein, sich selbst darzustellen. Um den gesellschaftlichen Kreisen zu entsprechen, in denen er mittlerweile verkehrt, muss er die Merkmale, die für eine Welt stehen, wie er sie empfindet, auf sich beziehen, um den Anforderungen zu entsprechen. Sein Sprachstil, sein Wortschatz, die durch die Sprache abgebildeten Umgangsformen ändern sich allerdings nicht. Sie geraten immer mehr in Kontrast zum Protagonisten.

Der Text gestaltet sich in diesem Zusammenhang als Merkmal, welches das Wesen des Ich-Erzählers wiedergibt. Auf der anderen Seite jedoch, nämlich der soziale Charakter, der durch die Sprache abgebildet werden soll, fügt sich nicht in das zu erwartende Gesellschaftsbild ein. Trotz des Umstandes, dass der Protagonist in einen bestimmten Gesellschaftskreis einzieht, wirkt sich das nicht sprachlich aus. Dadurch, dass die Sprache die Vorstellungswelt des Ich-Erzählers wiedergibt, bildet sie in diesem Zusammenhang, im Kontext der gesellschaftlichen Umgangsformen, einen Gegentext zu ihnen.

2.1.3 Geschichte und sprachliche Konventionen

Um das Verständnis der Rolle des Ich-Erzählers zu erleichtern, sollen im Folgenden die Bedeutungswandlungen von qualifizierenden Ausdrücken in Bezug auf Schelmuffsky eingehender untersucht werden. Dieser versucht, seine Erscheinung in ein nach seinen Maßstäben konventionelles Verhalten zu überführen. Dazu dienen ihm oftmals die über sich selbst abgegebenen Qualifikationen. Immer wieder hebt er seine „brave" Erscheinung hervor, die sich in Gesellschaft stets „artig" zu benehmen weiß. Der gesamte Bedeutungskomplex, der sich auf der Sprachebene bewegt, soll anhand dieser Beispiele den sozialen Gehalt in der Beziehung Schelmuffsky – Gesellschaft illustrieren. Dabei wird erwartet, dass diese im Bezug Text – soziale Norm reflektiert, die Bedeutung der Erscheinung 'Gegentext' erhellen soll.

Auf den Bedeutungsgehalt der von Schelmuffsky verwendeten Attribute geht Gunter E. Grimm in seiner Abhandlung über den *Schelmuffsky* ebenfalls ein. Sein etymologischer Ansatz versucht, über den diachronen sprachlichen Aspekt zu einer beweisbaren Schlussfolgerung zu gelangen. Den gesellschaftshistorischen Aspekt fasst Grimm mittels der Geschichtlichkeit, die dem Sprachwandel eigen ist.[45] Er geht von dem oftmals gemeinsamen Auftreten der Attribute *artig* und *brav* aus und versucht am Beispiel ihrer sprachgeschichtlichen Entwicklung, den Charakter der Figurentype Schelmuffsky zu umreißen.

In der vorliegenden Textausgabe wird im kritischen Apparat ebenso auf die sprachliche Wandlung des Wortes *artig* eingegangen, dessen Gebrauch sich im Vergleich zwischen dem 17. Jh. und Heute unterscheidet.[46] Grimm greift dazu allerdings auf das 18. Jh. zurück und stellt im literaturgeschichtlichen Diskurs die Verwendung des Ausdrucks *artig* in Gottscheds *Vernünftige Tadlerinnen*[47] aus 1725 in Zusammenhang mit der dort gemeinten Bedeutung des französischen *galant* gleich. *Brav* dahingegen steht bei Grimm zunächst im sprachgeschichtlichen Kontext und wird etymologisch auf das lateinische *barbarus* bzw. auf die mittellateinische Bedeutung zwischen wild und tüchtig zurückgeführt. Die etymologischen Spuren ließen sich noch heute im spanischen *bravo* und im französischen *brave* entdecken. Die Prämisse, dass im 17. Jh. „die Bedeutung der kriegerischen Tapferkeit mit der Nuance des Ungestümen und Draufgängerischen"[48] bestanden haben soll, ließe sich heute beispielsweise im Englischen

---

45   Siehe auch S. 202, Anm. 68
46   *Schelmuffsky*, S. 29
47   Gottsched, Johann Christof: *Vernünftige Tadlerinnen*, Nachdruck der Ausgabe Halle 1725, Olms, Hildesheim, 1993
48   Gunter E. Grimm, *Christian Reuter: Schelmuffskys wahrhaftige curiöse und sehr gefährliche Reisebeschreibung zu Wasser und zu Lande*, S. 65

nachforschen, wo der Ausdruck *brave* diese Konnotationen trägt. Im 17. Jh. findet sich den kritischen Anmerkungen in der vorliegenden Ausgabe zufolge solch eine Bedeutung auch im Ausdruck *artig* wieder, der „von gehöriger Art, tüchtig, geschickt, manierlich"[49] sprechen sollte. In diesem synonymen Bedeutungsgehalt macht sich gleichsam der Geisteswandel in der Übergangszeit vom Spätbarock zur Frühaufklärung bemerkbar.

Mit seinem Rückgriff auf die Bedeutungswandlung des Ausdrucks *artig* im frühen 18. Jh. zeigt Grimm die Charakteristik des sogenannten Galanthomme beim Schelmuffsky auf. Goethes im Grimm'schen Wörterbuch aufgenommene Formulierung über den „bravesten Kavalier von der Welt"[50] mag noch an ältere Kontinuitäten anknüpfen. Aber Gunter E. Grimm zeigt, dass schon bei Martin Opitz eine Ironisierung stattfindet, die im *Aristarchus* auf die Kleidungskultur bezogen wird: „Der Monsieur als ein brave cavallier erzeige mir das plaisir."[51] Reuters Wortspiel mit dem er den Schelmuffsky in den Bedeutungsraum zwischen den beiden Bezeichnungen verlegt, spielt einerseits auf die mehr, man würde heute sagen, mutige Entscheidung an, denn als irgendeine tüchtige, nämlich auf eine Weltreise zu gehen und zum anderen auf seine Versuche, sich salonfähig zu geben. Schelmuffsky's doppeltes Wesen, gleichzeitig sich den geforderten Attitüden zu stellen und sich um ein ordentliches Benehmen zu bemühen, erscheint andererseits durch sein Vorgehen als ungehobelt. Sein artiges Aussehen soll jedenfalls Art gerecht heißen, mit dem er seine vornehme Standesperson präsentiert. Schelmuffsky's Herkunft, zwar höchst suspekt, aber immerhin eine Abstammung, was er in der Unterzeichnung eines Hochzeitsliedes kenntlich macht, ist ein Stand in Spezies, nämlich „Eine Standes-Person von Schelmuffsky."[52] Und eben das ist sein Ungestümen, dass er solches beharrlich versucht hoffähig zu machen. Die Bedeutungskopplung im Wortspiel zeigt sowohl sein Auftreten als auch seine Auffassung darüber. Gunter E. Grimm meint dazu:

Schelmuffsky's Vorstellung vom Kavalier ist strikt veräußerlicht; Ehre gilt ihm nur als gesellschaftliche, nicht aber ethisch gestützte Repräsentanz.[53]

---

49 *Schelmuffsky*, S. 29, Anm. 23
50 Grimm, Jacob: *Deutsches Wörterbuch*, Bd. 2 (1860), Sp. 339 [″brav″]
51 Opitz, Martin: *Aristarcus, sive contemptu linguae Teutonicae*. In: Martin Opitz, *Jugendschriften vor 1619*, Faksimileausgabe, herausgegeben von Jörg-Ulrich Fechner, Stuttgart 1970, S.79
52 *Schelmuffsky*, S. 79
53 Gunter E. Grimm, *Christian Reuter: Schelmuffskys wahrhaftige curiöse und sehr gefährliche Reisebeschreibung zu Wasser und zu Lande*, S. 68f.

Seine Geschichte dient ihm nur dazu, um gesellschaftliche Aufmerksamkeit zu gewinnen, damit seine Herkunft Aufsehen erregt. Versteht man Schelmuffsky's Geschichte als Text zur dazugehörigen Handlung, seines Aufstiegs in höhere Gesellschaftskreise, dann ist dieser als Normensystem zu verstehen, und die im Text gebrochen wiedergegebenen gesellschaftlichen Wertvorstellungen bilden dazu den Gegentext.

2.2 Abgrenzungsprobleme

Zunächst soll die Textkomposition die Erscheinung Schelmuffsky's in der Gesellschaft rechtfertigen und eine Achtung gegenüber den herrschenden Gesellschaftskonventionen ausdrücken. Der Ich-Erzähler versetzt sich in den gesellschaftlichen Hintergrund, aus dem heraus er das Geschehen beobachtet. Er verfolgt die ihn anziehenden vermeintlichen Gesellschaftsnormen und ihre Repräsentanz, versucht sogar, sich dieser buchstäblich anzueignen, indem er sich ihrer Äußerlichkeit annimmt. Während der konkreten Handhabung und dem Umgang mit ihnen im Gesellschaftssystem geraten die Vorstellungswelten bei ihm in eine innerliche Kollision, da er sich des für ihn erstrebenswerten Normensystems nicht angenommen hat. Das hat für Schelmuffsky mehrfach fatale Konsequenzen. Sein fast regelmäßiges Speien deutet Lynne Tatlock als:

> (…) inside is outside, private bile has been made vilely public."[54]

Schelmuffsky's Selbstgefälligkeit, dass er „mit so einer artigen Manier" die eigene ungezähmte Gefräßigkeit „vorbringen kunte!"[55] liest L. Tatlock als auch „hervorbringen",[56] womit Schelmuffsky's „artiges vorbringen" doppeldeutig erscheint. Die ausbleibende Möglichkeit einer eindeutigen Zuweisung an Rollenfunktionen birgt aufgrund der Sprachform, die stilistisch abgeschwächt ihr soziales Umfeld im Gegentext zum normgerechten Sprachverhalten beschreibt, die Gefahr, die verschiedenen Textebenen nicht zu erkennen.

Schelmuffsky's eklatantes Benehmen, das in der Gesellschaft toleriert wird, bewegt sich auf dem Grat zwischen Gesellschaftskonvention und menschlich nicht Annehmbaren. Die gesellschaftlich gestützte Textebene kann nur den An-

---

54   Tatlock, Lynne: *Quixotic marvel: Emesis and the miscarriage of subjectivity in Christian Reuters Schelmuffsky*. In: *Der Buchstab tödt – der Geist macht lebendig*: Festschrift zum 60. Geburtstag von Hans-Gert Roloff von Freunden, Schülern und Kollegen. Hrsg. von James Hardin und Jörg Jungmayr. Bern/ Berlin [u. a.], 1992, S. 297-319, hier S. 301

55   Zu den Zitaten siehe *Schelmuffsky*, S. 76

56   Lynne Tatlock, *Quixotic marvel*, S. 301

schein erwecken, dass sein gesellschaftlicher Umgang soziale Züge trägt, aber Schelmuffsky's Tathandlung realisiert sich nicht auf der Textebene sondern auf der Ebene des Gegentextes und ist daher unsozial. Das galante Kavaliersideal, das die Hauptfigur Schelmuffsky thematisch verkörpert, zersetzt sich während des Überlebenskampfes nach einem Schiffsbruch. Ihm ist es nicht daran gelegen, seine Rolle zu verwirklichen und seine Charmante vor dem Ertrinken zu retten. Er klammert sich an ein Brett und sieht sich durch den Umstand, dass sein Herr Bruder Graf ihm Gesellschaft leistet, bestätigt und zufrieden gestellt. Das Kavaliersideal scheint im Gegentext zum Kavaliersdelikt abgeschwächt zu werden. Die Kavaliersrolle dient ihm, sich gesellschaftlich zu rechtfertigen, ist jedoch Mittel zum Zweck, welcher den sozialen Gehalt in sarkastischer Weise wiederum in Frage stellt, da dieser nur aus seiner Repräsentativität definiert wird.

> Nichts mehr dauret mich noch die Stunde, als nur meine allerliebste Charmante! (...) Es war immer und ewig Schade um dasselbe Mensche, daß es da so unverhofft ihr Leben mit in die Schantze schlagen muste. Es kunte sich auch der Tebel hohlmer nicht eine eintzige Seele retten als ich und der Herr Graf auf dem Brete.[57]

Tatsächlich stellt sich mit den gegenläufigen textuellen Ebenen aber die Frage nach der Erzählperspektive. Die Hauptfigur kann gleichzeitig als eine Karikatur des aufstrebenden Mittelstandes verstanden werden, was den problematisierten Gesellschaftsbereich damit klar abgrenzen würde. Sie ist natürlich aber auch Produkt der herrschenden Wertevorstellungen, als eine Figurentype, was andererseits eine allgemeingesellschaftliche Perspektive versteht. Damit lässt sich zunächst nicht auf eine erzählerische Absicht schließen. Eine aus der Ichperspektive gebotene Sichtweise blickt, die eigene Person reflektierend, auf eine projizierte Wirklichkeit, welche von Prinzipien beherrscht wird, die der Hauptperson jedoch nicht eigen sind. Auf der Textebene stimmt die Erscheinung Schelmuffsky's nicht mit dem gültigen Normenverständnis überein. Damit fehlt Schelmuffsky die Grundlage für die Ausgestaltung seiner erzählerischen Motive, wie es K-D. Müller festgestellt hat.

> Damit bezeugt er einen Mangel an Phantasie, der weniger in der fehlenden Gabe des Erfindens begründet ist als in einem Mangel an Erfahrungen, die Erfindungen erst möglich machen.[58]

In diesem Zusammenhang macht Müller kenntlich, dass Schelmuffsky „in seinen Erzählungen nicht eine fremde Welt, sondern seinen eigenen Bewußtseinshorizont"[59] präsentiert. Das würde ihn gesellschaftsbezogen natür-

---

57 *Schelmuffsky*, S. 73
58 Klaus-Detlef Müller, *Einfallslosigkeit als Erzählprinzip*, S. 11
59 Ebda.

lich auf einen bestimmten Wirkungskreis begrenzt, festsetzen. Erst die Ereignisse, die sich aus dem Kontext des Gegentextes ergeben, bieten eine Einsicht in die erzählerische Absicht. Dass Reuters Wahl für die erzählerische Ausgestaltung dabei auf das Motiv der Reise fiel, ist ein Hinweis auf einen doch die Stände übergreifenden Ansatz bzw. auf eine weder auf einzelne Personen bezogene Kritik noch eine ausschließlich standesgebundene. Es ist doch gerade auch die Perspektive eines aufstrebenden Bürgers, aus der ein Gesamtkontext entsteht. Dieser lässt sich jedenfalls in die jeweils einzelnen Stände gemäß ihrer Rollen aufteilen. Es bleibt aber die Ungewissheit der richtigen Konzeptualisierung, da sie, so die Feststellung von Müller, letztlich wieder auf das Bürgertum zurückgreift, was die Prämissen dann erneut vorgibt.

> Interessant ist die von Anfang an hergestellte Verknüpfung des Reisemotivs mit dem Müßiggang, d. h. das Reisen wird vom Kleinbürger als eine andere Form des Nichtstuns verstanden. Es ist also insgeheim und in einer moralischen Dialektik, die die Figurenperspektive aufhebt, negativ konnotiert, wobei das eine Einschätzung der adeligen Lebensweise aus der Sicht des Volkes beinhaltet.[60]

Immer wieder greift Schelmuffsky erneut auf seine Lebensgeschichte zurück. Die fortwährende Wiederholung der Erzählsituation auf der Textebene bringt die perspektivische Ausrichtung Schelmuffky's in eine ebenso ständige Kollision mit dem normativen Gefüge der Gesellschaft. Die so gerichtete Gegenprojektion seines Innenlebens artet deshalb jedes Mal aufs Neue im Erbrechen aus. Vielmehr reproduziert sich für Lynne Tatlock seine gesamte Lebensgeschichte beim Speien.

> More specifically, Schelmuffsky's emesis reproduces not only what he has just eaten (the sauerkraut) an what he has just drunk (the wine), but also all that he has ever eaten right down to the goat's milk he drank as a baby, i.e. his life's story.[61]

Die Szenen des Erbrechens greifen jenes auf, so L. Tatlock, was der Erzähler schon gesagt hat, sodass diese bei L. Tatlock als narrative Wiederholungen bezeichneten Vorgänge als Müllers im o. g. Werk erwähnter „Bewusstseinshorizont"[62] zu verstehen sind, denn für Schelmuffsky, sagt L. Tatlock, „it is a recreative act."[63] Es ist Schelmuffsky's soziales Wesen, dass sich in der wünschenswerten Vorstellungswelt zu verwirklichen versucht. So gesehen ist der im Gegentext enthaltene Zusammenhang ein destruktives Element, das sich gegen das Gesellschaftsbild richtet.

60   A. a. O., S. 6
61   Lynne Tatlock, *Quixotic marvel*, S. 303
62   Siehe dazu oben S. 197, Anm. 59
63   Lynne Tatlock, a. a. O.

Wesentlich ist, dass die auf der textlichen Ebene fixierte Handlung sich just aus Wesen des Ich-Erzählers ergibt. So ist seine Sprache als das Merkmal zu verstehen, welches soziale Bindungen wiedergibt. Die Art und Weise jedoch, wie Schelmuffsky seine gesellschaftliche Einbindung wiedergibt, zeigt, dass er sich entgegen den Erwartungen, nicht in das Gesellschaftsbild einfügt. Sein wahres Wesen, das soziale Umfeld seiner Herkunft ist sozusagen die Kehrseite der Medaille, welche die Handlung und die Ereignisse bestimmt. Ein so gearteter Umschlag realisiert sich daher entgegen allen sozialen Vorgaben. Es bleibt also der Anschein sozialer Verkehrsformen erhalten, die gesellschaftlich gestützte Textebene als normgebend allerdings gewahrt.

Schelmuffsky's Gesellschaftsrolle und sein Umgang mit den sozialen Werten ist insofern auch nur scheinsozial. Entsprechend der gegenläufigen Realisation einer Möchtegernrepräsentativität werden der Text und sein normgebundenes Gefüge umfunktioniert in ein verkommenes Bild einer Scheinwelt. Das textliche Äquivalent dazu bilden die im Gegentext projizierten sozialen Verhältnisse. Nur kann sich das nicht dem Eindruck entziehen, dass das gesellschaftliche Belangen aufgrund des initialen Motivs den Textgehalt selbst als unsoziale Tathandlung qualifiziert. Die literaturgeschichtliche Bedeutung kommt aber durch die damals übliche sozialliterarische Verkehrsform zum Ausdruck. Gerade die juristische Anfechtung von Reuters Werk durch die Familie Müller und ihren Bekanntenkreis verleiht den Reuterschen Bestrebungen eine moderne Aktualität, denn die auf der Textebene realisierten Wertevorstellungen werden innerhalb ihrer Systematisierung kontrastiv mit Gegenargumenten persifliert, was beispielweise einem sozialpolitisch kritischen Pamphlet gleichkommt.

2.2.1 Fragen der Textkodifizierung

Über das Epochen bildende sprachliche Merkmal der Literatur, das mit seinen stilistischen Distinktionen die Möglichkeit bietet, auf formgebundene jeweils gültige Inhalte zu schließen, lässt sich im Werk Schelmuffsky die textuelle Manifestation also auf den Epochen übergreifenden Kontext beziehen, der folglich das Werk Reuters als ein Werk der Übergangzeit präsentiert. Schelmuffsky ist dabei eine Figur der umbrechenden Vorstellungswelten, dessen innere Wertekonflikte ein Ausdruck für die sich anbahnenden Probleme und Fragen der Gesellschaft sind.

Auch die verschiedenen Textebenen lassen sich auf eine Neubewertung der sozialen Verhältnisse zurückverfolgen. Schelmuffsky's Geschichte seiner Herkunft bindet ihn im sozialen Kern unmittelbar an das weibliche Geschlecht. Die Tatsache, dass die Standesfrage in diesem Problemkreis nicht ausschlaggebend ist, wirft ein ganz neues Licht auf den Bedeutungsrahmen der im Werk behandelten sozialen Konflikte. Schon in der Ausgangsgeschichte führt seine Geburt neben der natürlichen, biologischen Mutter-Kind-Beziehung Schelmuffsky mit seiner Schwester zusammen. Im nur kurz im ersten Kapitel angesprochenen adoleszenten Heranwachsen tritt zudem noch die Großmutter in Erscheinung, die mit dem vom „Jahrmarckte von der Eselswiese" mitgebrachten „Blase-Rohre" den Werdegang von Schelmuffsky entscheidend mitbeeinflusst.

Erst nach dem schon übertrieben angerichteten Unfug und dem Eingreifen der Mutter tritt mit dem Kaufmann, bei dem Schelmuffsky in Lehre geht, eine männliche Person in das Leben von Schelmuffsky ein. Bezeichnenderweise wird auch kein Vater erwähnt. Lediglich der Praeceptor von Schelmuffsky's Mutter, Herr Gerge wird im Zusammenhang mit Schelmuffsky's Lebensbeginn erwähnt. Da diese Person aus dem wirklichen Leben Reuters entlehnt ist und im Verhältnis zu Rosine Müller steht, so ist der Kontext nicht im weiteren Handlungsverlauf zu suchen, sondern im grundsätzlichen Konzept des Romans. Die realitätsbezogene Rolle der Person findet sich nur in der beiläufigen Bemerkung wieder, dass es sich eben um einen Praeceptor, also einen Lehrer oder Erzieher der Mutter handelt. Dessen Vermutungen über böse Geister und der Bedarf ihrer Austreibung reflektieren durchaus noch den Anlass Reuters und seine Motive, das Werk zu schreiben. Weiter tragen diese Momente aber nichts mehr zum Inhalt bei, als dass sie den Rechtsbeistand von Rosine Müller vielmehr in einen sprachlichen Zusammenhang setzen, der im Titel als „in Hochteutscher Frau Mutter Sprache" geschrieben, erneut auf der Ebene des Gegentextes zu suchen ist.

Im Falle der initialen Komödie über die Frau Schlampampe fasst der Titelzusatz *So wahr ich eine ehrliche Frau bin* für Nicola Kaminski die „satirische Bloßstellung" zusammen, in Analogie zu den überaus gern ausgesprochenen Redewendungen der Titelperson. Gleichsetzt wird beides im Text mit der,

> (...) alle paar Sätze begegnende[n] niederdeutsche[n] Beteuerungsformel »der Tebel hohlmer«.[64]

Ausgangspunkt für solche Überlegungen ist auch hier die sprachliche Ebene. Entgegen der ersten Absicht Reuters, die Nicola Kaminski hiermit im Zusammenhang als *running gag* deutet, welcher mit den

> stehenden Redewendungen (...) abbreviatorisch immer wieder das Einverständnis mit dem verlachenden Publikum absicher[t][65],

---

64   Nicola Kaminski, *Von Plißine nach Schelmerode*, S. 251
65   Ebda.

löst sich die beigefügte Titelerweiterung im Roman *Schelmuffsky* dagegen von der Textebene ab. Nach dem Geschlechtsprinzip verbindet sich die Vorstellung über eine Muttersprache nämlich mit dem Erscheinungsbild einer Ratte, und die beiden so verbundenen Ideen dienen im weiteren Textverlauf als Grundmotiv. Schelmuffsky verkörpert als Nachkömmling der „Frau Mutter Sprache" symbolisch den sozialen Wandel im Gesellschaftsbild.

Gleich zu Beginn des vom Autor gewünschten Abenteuerromans wird der Handlungsablauf noch in den Prämissen auf die sprachliche Ebene fixiert. Christian Reuters tatsächlicher Anlass, sich rechtlich vor den möglichen Folgen seines realitätsbezogenen Zusammenhangs zu schützen, ist in seiner späteren Verteidigung „es weren lauter nomina ficta und eine Begebenheit, so nicht vorgegangen" abzulesen, da er dies mit dem Argument stützt, er habe „aus den Moliere meistens genommen".[66] Dies erhärtet sich im scheinbar zu diesem Zwecke vorgegebenen betitelten Zusatz in der Folgekomödie *La Maladie & la mort d'honnete Femme, das ist: Der ehrlichen Frau Schlampampe Krankheit und Tod. In einem Lust- und Trauer-Spiele vorgestellet/ und Aus dem Frantzösischen in das Teutsche übergesetzt/ von Schelmuffsky-Reisse-Gefährten.* Dazu ist in der ersten Komödie von Reuters Schaffenszyklus die Autorenschaft durch ein angebliches Pseudonym mit „Hilarius" verkappt dargestellt. Nicola Kaminski geht in dieser Richtung noch weiter, indem sie das *Übersetzen* in dessen räumlicher Funktion enttarnt. Aber auch hier ist der vermeintlich ausbleibende Ortsbezug als eine textuelle Steigerung zum Allgemeinen hin zu verstehen. Die Drucklegung kann überall stattfinden, wie auch der Handlungsablauf.

Mehreres ist durch diese Angabe signalisiert: zunächst gegenüber dem ersten Komödientitel eine konkret beim Wort zu nehmende Überführung der Überset*zungs*fiktion in die räumliche Vorstellung einer Ortsveränderung durch *Übersetzen* (statt »übersetzt« »übergesetzt«), wozu die Identifizierung der hierfür Verantwortlichen als »*Reisse*-Gefährten« ebensogut paßt wie die ›Ortlosigkeit‹ des Drucks.[67]

Einhergehend mit der Fixierung auf sprachlicher Ebene, gestalten sich die Personen im Stück zu allgemeinen Typen der Gesellschaft, die im Sprachlichen umrissen als Gegenbilder zu den in der Gesellschaft proklamierten ethischen Werten stehen. Insofern lässt sich der Text einmal mehr als Gegentext lesen. Es ist damit sozusagen eine sprachliche Steigerung vom Text zum Gegentext hin, welche über die im Text gebildeten Figuren auf soziale Verhältnisse zu sprechen

---

66 Zu den Zitaten siehe Reuters Aussage am 12. Oktober 1695, zitiert nach Friedrich Zarncke: *Christian Reuter, der Verfasser des 'Schelmuffsky', sein Leben und seine Werke* S. 607

67 Nicola Kaminski, *Von Plißine nach Schelmerode*, S. 243

kommt. Erst in diesem Zusammenhang wird die gesamte Bedeutung der sich wiederholenden Einschübe des Witzes deutlich. So, wie Schelmuffsky nämlich versucht, sich in ein konventionelles Verhaltensmuster einzufügen, so geraten auch seine Selbstqualifikationen im Verlauf des Textes in eine offensichtliche Kollision mit den Gesellschaftskonventionen. Das ist im Ergebnis wohl ebenfalls auf den gesellschaftshistorischen Aspekt zurückzuführen, der im oben gegebenen Kontext bei Grimm mit der Geschichtlichkeit und im erwähnten Sprachwandel reflektiert wird.[68]

Schelmuffsky's immer wieder hervorgehobene „brave" Erscheinung mag noch so artig sein,[69] sie ist das kontrastive Beispiel zu den anachronistischen Werten, die vom Gesellschaftsbild repräsentiert werden. In dieser Hinsicht setzt sich Schelmuffsky's Wesen von der sozialen Gesellschaftskonvention ab. Aus einer derart gestalteten Beziehung Schelmuffsky – Gesellschaft folgen samt der Konfliktsituationen auch die Probleme, die für die Übergangszeit vom Spätbarock zur Frühaufklärung charakteristisch sind. Für Schelmuffsky, den sich anbahnenden neuen Zeitgeist, wird gerade das soziale Verständnis der herrschenden Konventionen perspektivisch zum Hindernis. Sein im Kontext des Tüchtigen und Manierlichen stehendes Auftreten greift dabei auf die patriarchalen Werte des Gemeinschaftslebens zurück.

Im Textverlauf relativiert sich jedoch das soziale Bild, welches Schelmuffsky mit seiner Erscheinung manifestieren möchte. Seine erste eroberte Sympathie weckt gleich mit ihrem Namen Charmante den Anschein des Lieblichen. Das onomasiologische Prinzip bekräftigt sich in seiner später folgenden Beziehung zu einer Frau namens Damigen. Demnach kommt den Frauengestalten schon mit der Namensgebung eine gesonderte Rolle im Roman zu. Diese manifestiert sich auf der Textebene und da sie im Zusammenhang mit der Muttersprache bzw. der Frau Mutter Sprache steht, werden die Frauengestalten zu Symbolfiguren umfunktioniert. Die Überlagerung von Eigenschaften der Karikatur und den Wesenszügen einer Typenfigur erkennt man an der jeweils spezifischen Namensgebung.

Ein Symbolgehalt kommt den gegenseitigen Beziehungen zwischen den Figuren und auf die Geschlechtsrollen verteilt schon ganz am Anfang des Romans zu. Als Tatsache nämlich, dass Schelmuffsky seit seiner Geburt auf sich alleine gestellt ist und sich, initiiert durch die Rattenepisode, seiner Mutter und der Schwester gegenübergestellt sieht, erhärtet sich dieser Umstand in eben der raschen Aneignung von Sprache. Schelmuffsky's Erscheinung ist demzufolge ebenfalls eine symbolische Gestalt, die in Kontrast zu der Welt, die ihn umgibt,

---

68   Siehe ebenfalls S. 194, Anm. 45
69   Siehe vorstehend auf S. 194

aus dem konventionellen Wertesystem ausbricht. Mit seiner Rolle, welche nun einem patriarchalen Werteverständnis entspringt, entsteht Schelmuffsky's widersprüchliches Bestreben, das sich aus der Doppeldeutigkeit seiner Existenz bestimmt sieht. Einerseits bricht er aus dem konventionellen Normenverständnis aus, kann sich andererseits aber auch in das von ihm angestrebte Bezugssystem der Werte nicht einfügen. Die o. g. *brave* Erscheinung und ihre „kriegerische Tapferkeit mit der Nuance des Ungestümen und Draufgängerischen"[70] scheitert an der „manierlichen Art", wobei das „artige" Wesen des Protagonisten mit dem Wilden kollidiert. Was am Braven zurückbleibt, ist das Sinnbild des Barbarischen, sodass sich der komische Effekt aus der Überlagerung der Bedeutungen infolge ihres Wandels ergibt.

Der sich auf der sprachlichen Ebene abbildende soziale Gehalt setzt aufgrund der im Text enthaltenen Wandlungserscheinungen gleichfalls einen Wandlungsprozess voraus. Hierbei lässt der Sprachwandel die normbildenden Prozesse in sich kollidieren, was sich in der Komik manifestiert. Infolgedessen dürfte dies als 'Gegentext' beschrieben werden, der damit in mehreren Schichten unterteilt in Erscheinung tritt. Reflektiert wird in diesem Vorgang der Bezug Text – soziale Norm, der den Wandel sozial bestimmter Werte thematisiert. Aus dem Zusammenhang des gesamten Geflechts an Bedeutungen dürfte es zu erwarten sein, dass die Position des Ich-Erzählers als neutral bewertet werden sollte. Dadurch, dass er die verschiedenen Konnotationen in sich vereint, stellt der Protagonist sich symbolisch in den Kontext der umbrechenden Umgangsformen der Gesellschaft. Er ist in diesem Sinne weder eine entgegen der Gesellschaftskonvention projizierte Figurentype, noch ist er ein eindeutiges Abbild von einer vorgegebenen Gesellschaftsnorm. Auch daher dürfte die textuelle Ebene als Gegentext definiert werden. Als sprachlich wiedergegebene Vorstellungswelt des Ich-Erzählers bewegt sich diese zwar im Kontext der gesellschaftlichen Umgangsformen, fügt sich aber erwarteter oder doch unerwarteter Weise nicht in das gewohnte Gesellschaftsbild ein. Die ständischen Schranken werden Schelmuffsky letztlich doch zum Hindernis. Wegen der fehlenden formalen Rahmenbedingungen seines Geburtsstandes ist er ungeachtet seiner Überzeugungsgabe nicht zukunftsträchtig.

> Allein mein Damigen kriege ich doch auch nicht! Ihr Vater ließ mir zwar sagen, Er sähe wohl, daß ich ein brav Kerl wäre, desgleichen man wenig findete, allein seine Tochter hätte er einen Nobel versprochen und wer kein Nobel wäre, der dürffte sich auch nicht die Gedancken machen, (...)[71]

---

70   Siehe dazu S. 194, Anm. 48
71   *Schelmuffsky*, S. 64

Der Rückgriff auf die einhergehende Gesellschaftskonvention als Grundlage jeglichen formalen Verständnisses findet sich in diesem Sinne auch auf der Ebene der Textkomposition wieder. Exemplarisch werden hierzu verschiedene Formen von festlicher Gelegenheitsdichtung in den Textverlauf eingefügt. Reuter thematisiert damit nicht nur den Anlass zur literarischen Reflexion, er durchbricht gleichzeitig die allgemeine Textgestaltung und den Textverlauf. War der Pasquille am Ende des 17. und zu Beginn des 18. Jh. die gebräuchliche Form der Streitschrift, so ist das eine gesellschaftliche Kommunikationsform, die sich auf einen Anlass außerhalb der literarischen Reflexion stützt. Gerade der Textverlauf thematisiert in seinen Reflexionen verschiedene Aspekte des literarischen Beweggrundes und schafft dadurch Kontraste, die sich nicht nur vom ursprünglichen Anlass entfernen. Im Roman werden die zu unterschiedlichen Anlässen verfassten Verse zur sog. Gelegenheitsdichtung optisch von der Textgestaltung ausgesondert, womit sie als zusätzlicher formaler Aspekt die Sitte und den literarischen Brauch, damit also traditionelle Motive in den allgemeinen Kontext der literarischen Streitform zur Diskussion stellt, bzw. der Lächerlichkeit preisgibt.[72]

Letztlich ist die von Reuter gewählte sprachliche Ebene eines der Hauptmerkmale, das sein Werk nachhaltig klassifiziert. Eine durch die Sprache ausgedrückte soziale Unterscheidung bleibt im Schelmuffsky insoweit aus, als das die Sprache mehr die umbrechenden Wertvorstellungen im Gesellschaftssystem ausdrückt. Für Robert Petsch ist die Sprachebene ebenfalls ein Teil der im Text wiedergegebenen Handlung. Die Umgangssprache, die er als „Sprechsprache" beschreibt, zählt er zur „Sprachmimik" und greift damit ein Handlungselement auf.[73] Gleichzeitig wird dadurch eine Unterscheidung der Bewertungsebenen deutlich. Schelmuffsky's Sprache selbst und nicht zuletzt die Sprache aller im Roman enthaltenen Personen weckt eher den Eindruck einer Häuslichkeit oder zumindest einer unkonventionellen gesellschaftlichen Verkehrsform. Er charakterisiert die Personen, mit denen er in Kontakt kommt, recht ungezwungen und achtet dabei nicht auf vorgegebene Kommunikationsformen. Sei es sein „Herr Bruder Graf" oder die sonst zahlreichen anderen Beispiele von Schelmuffsky's Verhalten, das sich einer standesgeforderten Form verwehrt – sprachlich sind sie das Gegengewicht zu seinen sozialen Bestrebungen und den damit vertretenen gesellschaftlichen Umgangsnormen. Schelmuffsky bleibt die Einsicht in seine gesellschaftliche Dispositionierung aber nicht verwehrt. Unter diesen Umstän-

---

72 Siehe dazu den nachstehenden Abschn. 2.2.2. Die Konfrontation von Systemen, S. 209, Anm. 91

73 Petsch, Robert: *Wesen und Formen der Erzählkunst.* Niemeyer, Halle/Saale, [2]1942, S. 563

den wandeln sich seine Gedanken über die eigenen Erlebnisse zu tragikomischen Erfahrungswerten.

> Aber der Lumpenhund war etwas sehr undiscret, denn wenn er mit mir so redete, so nahm er nicht allemahl seinen Hut vor mir ab, (...)[74]

Die sprachliche Unzulänglichkeit Schelmuffsky's, die er aber just auf der sprachlichen Ebene versucht wieder nachzuholen, wird ihm zum Hindernis, sich der erstrebten sozialen Position anzueignen. Zusätzlich erschwert wird dieser Umstand dadurch, dass Schelmuffsky wegen der kausalen Verknüpfung von sprachlich gebildeten Umgangsformen und den auf diese Weise ausgedrückten Wertvorstellungen, nicht in der Lage dazu ist, dieses zu erkennen.

2.2.2 Die Konfrontation von Systemen

Eigentlich sollte schon mit dem Titel ein zu erwartender auktorialer Erzählton, der einer Reisebeschreibung und den damit verbundenen Eindrücken von der Reise anhaftet, angekündigt sein. Formal betrachtet überrascht die an den „Grossen Mogol" gerichtete eröffnende Widmung jedoch und der Roman hinterlässt entgegen allen Erwartungen den Eindruck von einer nach Stationen durchgegliederten Reise. Gleich im Vorwort charakterisiert Schelmuffsky seine Reise als abenteuerlich, sodass damit die Rahmenbedingungen vorgegeben sind. Sowohl mit dem vorangestellten Brief an den „Hochgebohrnen Potentaten" als auch mit dem an den Leser gerichteten Vorwort erhält der Roman von Beginn an die Dimension eines persönlichen Bezugs zu den bevorstehenden Ereignissen.

Nach der Vorgeschichte, die im ersten Kapitel gegeben ist, werden alle nächsten Kapitel stets zum Aufbruch in neue abenteuerliche Erlebnisse von Schelmuffsky. Das erste Kapitel gestaltet sich demnach als Grundlage aller nachfolgenden Ereignisse, die sich aus den dort definierten Verhältnissen ergeben. Überraschend ist aber auch, dass, weil ja jeder Aufbruch gleichzeitig ein Abschied ist, dieser den eigentlichen Kern jeden Anbruchs eines neuen Kapitels bildet. So nimmt Schelmuffsky zu Beginn des zweiten Kapitels zunächst Abschied von seiner Mutter und damit von seiner sozialen Urzelle, zugleich also von der Urgeschichte. Im dritten Kapitel nimmt er Abschied von den Landsmannen, bevor er sich auf die See begibt und das „Land", als solches, sein angestammtes Terrain verlässt. Auf den eigentlichen Zusammenhang, in der die Reise steht, stößt man im vierten Kapitel. Schelmuffsky's Verlassen seines "Landes" erscheint im Kontext des Verlassens seines ihm angestammten Gesell-

---

74 *Schelmuffsky*, S. 108

schaftsbereiches; "Land" verstanden als Einfluss- und Verkehrsgebiet. Die Tatsache, dass er im fremdländischen Schweden ankommt, relativiert sich im Umstand, in dem er Schweden, einquartiert von einem Schiffsmann, nun als „Standes-Person" verlässt. So ist es dann der „Schiffsmann", der, in der Rolle eines ebenfalls stets Reisenden figurierend, die Reise Schelmuffsky's in den Zusammenhang einer Fahrt durch die unterschiedlichen sozialen Beziehungen in der Gesellschaft stellt. Sein nächster Abschied gilt im fünften Kapitel deshalb dem Bürgermeister von Amsterdam, im Sechsten dem großen Mogol und im Siebten der adeligen Gesellschaft Londons. Der gesellschaftliche Aufstieg Schelmuffsky's ist nicht zu verkennen.

Das achte Kapitel ist dahingegen die Endstation seiner Reise durch die Gesellschaftsordnung. Zum Vagabunden abgesunken findet sich Schelmuffsky erneut auf dem Schiff wieder, um seine Reise aus der umgekehrten Gesellschaftsperspektive fortzusetzen. Der aus der Kehrposition gerichtete Ausblick ist für Schelmuffsky natürlich nicht vieler Worte wert. Die Frage, die er sich selbst stellt,

> was wird der Mann immer und ewig dencken, wenn die vor einen halben Jahre sich alda sehr wol aufgeführete Standes-Person wie der ärgste Landstreicher itzo da aufgezogen kömt[75],

wird von dem Umstand beantwortet, dass ihn in der Bettelherberge keiner erkennt, wo er früher „mit einigen Almosen sehr viel guts erzeiget hatte"[76]. Dadurch erklärt sich im gleichen Zug die Hauptaussage des Romans. Bei jedem Vorbeigehen am Haus vom Lord Hr. Toffel verdeckt sich der sozial Abgestiegene das Gesicht, um der beschämenden Erkenntnis seines gesellschaftlichen Ranges zu entgehen.

Von seinem Standpunkt aus ist es für Schelmuffsky sonst nicht annehmbar, die festgesetzte Werteordnung zu hinterfragen. Diese spiegelt sich für den Protagonisten in der Möglichkeit wieder, sich im gesellschaftlichen Gefüge und durch ihr soziales Wesen nicht nur existenziell abzusichern, sondern diese Verhältnisse für sich zu nutzen. Es geht Schelmuffsky nicht um die grundsätzliche Funktion der Gesellschaft, den Einzelnen sozial einzubetten in die eigene Lebensform. Vielmehr sind es die Perspektive und die Möglichkeiten, welche die Lebensform der sozialen Gemeinschaft bietet. Sie lassen sich in der Gliederung der Gemeinschaft nach materiellen Gesichtspunkten erkennen, und natürlich kommt hinzu, dass die Gliederung eine Werteordnung wiedergibt, die im Feudalsystem geburtsständisch definiert wird. Damit kann also auch auf die Absicht, die mit der Geburtsgeschichte Schelmuffsky's verfolgt wird, geschlossen

---

75 *Schelmuffsky*, S. 120
76 A. a. O., S. 121

werden. Das Symbol der Ratte fasst die geburtsständische Gesellschaftsordnung und ihre materiell bestimmte Werteprinzipien zu der sich durchnagenden Plage metaphorisch zusammen. Und am Ende kommt Schelmuffsky zum Kontext seiner Ausgangsposition zurück. Das wiederkehrende Treffen eines "Landmannes" zeigt, dass Schelmuffsky erneut zum ihm angestammten Gesellschaftsbereich zurückgekehrt ist. Reuters Terminologie schließt hiermit den Kreis in der vorgegebenen Werteordnung und verweist die gesamte Geschichte von Schelmuffsky zum Ausgangspunkt wieder zurück:

> [...] mein schön verschammerirtes Kleid, worinnen die Standes-Person von Schelmuffsky sich fast in der gantzen Welt sehr artig aufgeführet hatte, war fort. Meine wunderliche Geburt, die lag da in Drecke, niemand wolte mirs glauben, daß die Historie mit der Ratte passiret wär und muste also wie der elendeste Bärenhäuter von der Welt in einen häßlichen Gefängniß da unschuldig ein gantz halb Jahr gefangen liegen.[77]

Zunächst scheint es also, dass die Romanstruktur zumindest bis zum siebten Kapitel geradlinig und auf ein klares Ziel ausgerichtet ist. In diesem Falle stünde der Held im Mittelpunkt seiner Reisestationen, wie es bei Robert Petsch zu finden ist. Auch bei ihm gründet sich die Struktur des *Schelmuffsky* auf dem einsträngigen Aufbau der Handlung, auf „Reihen-Geschichten".[78] So ist das eine strukturelle Parallele, die er zu den zahlreichen deutschen Volksbüchern und ebenso zum Picaroroman ausfindig macht. Ein Unterschied macht sich dennoch eben in dieser Analogie bemerkbar. Für Hecht gilt nämlich, dass im „Picaroroman wiederum (...) jede Episode auf die Darbietung einer vorgegebenen, in der christlichen Offenbarung bereits gedeuteten Wirklichkeit"[79] abzielt, und Arnold Hirsch zufolge ist dem Helden im Romangeschehen lediglich ein „funktioneller Charakter"[80] zuzeigen: „es zeigt sich durch ihn, mit seiner Hilfe ‚Welt'."[81] Zwar macht sich im Roman *Schelmuffsky* ein ähnlicher Vorgang bemerkbar, dass nämlich der Protagonist die durch ihn gedeutete Welt präsentiert. Hinzu kommt auch die im Werk prämissenhaft vorgegebene gesellschaftliche Realität, die sich ebenso episodenhaft wiederholt. So sich die Wirklichkeit aber hauptsächlich durch materielle bzw. finanzielle Verhältnisse definiert, und dass die soziale Vorgabe damit eigentlich zum Ausdruck kommt, findet sich in ihrer Kernaussage nur im siebten Kapitel explizit wieder. Es ist nicht die episodenhafte Anreihung von Ereignissen um den Protagonisten, die das normative Ge-

---

77   A. a. O., S. 116
78   Vgl. Robert Petsch, *Wesen und Formen der Erzählkunst*, S. 35
79   Wolfgang Hecht, *Christian Reuter.*, S. 35
80   Arnold Hirsch, *Bürgertum und Barock im deutschen Roman*, S. 25
81   Ebda.

füge der Gesellschaft wiedergibt, sondern eine zwar sich wiederholende Episode, die an Erlebnisse des Erzählers anknüpft und in ihrer Form (Traumerlebnis) nicht für sich alleine steht, dennoch aber punktuell auftaucht. Sie nimmt den gesellschaftlichen Wandel im Kontext der Gesellschaftswerte in sich auf. Es kennzeichnet sich dadurch ein Umschlag ab, der den Ausgang aus der bodenlosen Situation, an die der Protagonist angelangt ist, ankündigt. Einerseits lässt der Geist der Charmante etwas wie ein Gewissen bei Schelmuffsky aufflackern, wohl aus Hoffnung, sich den angekündigten Freikauf sichern zu können:

> Kurtz zuvor, ehe mir der Kerckermeister gegen Auslösung 100 Rthl. die Freyheit ankündigte, so kam ein Gespenste zu mir vors Gefängniß! Sapperment, als ich das Irreding sahe, wie fing ich an zu schreyen! (...) Ich war her, faste mir ein Hertze und fragte das Gespenste, wer es wäre? So gab es mir sehr artig wieder zur Antwort und sagte: Es wäre der Charmante als meiner gewesenen Liebsten ihr Geist, welche dort bey Bornholm zu Schiffe mit 6000 ersauffen müssen. Wie ich dieses hörete, das alles auf ein Härgen so eintraff, erschrack ich gantz nicht mehr vor den Gespenste, sondern wolte es weiter fragen, wo denn die Charmante damals, als sie ersoffen, hingekommen wäre? und wo sie begraben läge?[82]

Andererseits kündigt sich durch das selektive Perzeptionsvermögen des Protagonisten eine später nochmals aufgegriffene Charakteristik an. Sollte diese sich aus dem Verhalten Schelmuffsky's als selbstverständlich schließen lassen, so steht sein: „Allein indem ich so fragte, war das Gespenste der Tebel hohlmer flugs wieder verschwunden!"[83], im Gesamtkontext des angekündigten Neuaufbruchs. Wie schon jeder vorherige Aufbruch bei Schelmuffsky mit einem Abschied begann, so wird ihm dieser Umstand nun erleichtert und er hat sich von der Charmante wohl endgültig verabschiedet.

Vom formalen Aufbau her, sind die aneinandergereihten Geschichten jedoch nur bedingt als eine Abfolge von abenteuerlichen Reiseerlebnissen aufzufassen. Ihr analog gestalteter innerer Zusammenhang, der sich im Aufbau der Episoden jedes Mal auf ein Neues wiederholt [Abschied, Aufbruch in neue Gesellschaftskreise, Aufwartungen, Liebschaften, Ankündigung neuer Horizonte], wird ebenso regelmäßig von Formen literärischer Gelegenheitsdichtung unterbrochen. Solche traditionellen Zusammenhänge setzen am Eingang jedes Kapitels zunächst volkstümlich an. Im zweiten Kapitel ist es der Kuckuck, der den Beginn eines neuen Zyklus im Leben Schelmuffsky's kennzeichnet, „Der Guckguck fing gleich denselben Tag das erste mal im Jahre an zu ruffen,"[84] im dritten Kapitel ist es der lokale Brauch, am Mittwoch vor Pfingsten gesundheitshalber Knoblauch zu sich zu nehmen, die in Leipzig gepflegte „Knoblochs

---

82 *Schelmuffsky*, S. 117 f.
83 A. a. O., S. 118
84 A. a. O., S. 20

Mittewoche"[85], die dem Gesamtkonzept der Weltreise eine regionale Perspektive als Ausgangspunkt für eine Erschließung kontrastiv gegenüberstellt. Im vierten Kapitel begann die Reifezeit von Kirschen und Weintrauben, als man aus Stockholm aufbrach, wobei Schelmuffsky's von regionalen Merkmalen durchgebildeter Bewusstseinshorizont zum Ausdruck kommt, wie es vorher im Kapitel schon erwähnt wird:

> [...] als daß Stockholm eine brave Stadt ist, sehr lustig lieget und um dieselbe herum schöne Gärten, Wiesen und vortrefflich Weinberge angebauet seyn und daß der Tebel hohlmer der schönste Necker-Wein da wächset[86];

Amsterdam verlässt man zu Beginn der sog. „Hundestage"[87], der heißesten Zeit des Jahres. Seine Abreise aus Indien erfolgt von einer Pfingstwiese und London verlässt Schelmuffsky am 1. April oder vielleicht am Letzten.[88] Der Rahmen seiner Weltreise wird eingangs, im ersten Kapitel, soziokulturell abgesteckt, „Teutschland ist mein Vaterland"[89], und am Ende, im achten Kapitel, bekräftigt durch die niederdeutsche Redewendung, erhält er eine perspektivische Dimension, die, leider, nirgendwo hinweist: „Nun wuste der Tebel hohlmer dazumahl nicht, wo ich von dar zu marchiren solte."[90]

Als eine anspruchsvolle Kommunikationstätigkeit, die sich im gehobenen Gesellschaftsbereich legitimieren möchte, bieten die formalen Unterbrechungen einen Kontrast nicht nur zur volksnahen Erzählsprache, sondern auch zur Vorstellungswelt, die sich an das Volk bindet. Und diese ist nicht zuletzt aufgrund des absolutistischen Herrschaftsbildes durch dessen Wertgefüge bestimmt.[91] Die intimste gesellschaftliche Kommunikation in literarischer Form, der Briefwechsel, ist für Schelmuffsky sehr wohl eine Gelegenheit, um die von ihm erlangte soziale Reichweite, der Form entsprechend auszudrücken. Freilich geht es hier Reuter um die symbolische Funktion von literarischer Manifestation eines Ereignisses in der Gesellschaft. Die Komplexität solcher Erscheinungen, die anhand ihrer Form ständische Schranken erst erkennbar machen, greifen damit gleichzeitig das charakteristische Wesen eines Standes mithilfe seiner ethischen Werteorientierung auf.

---

85 A. a. O., S. 53, siehe auch Anm. 11 und 15 in diesem Abschnitt.
86 A. a. O., S. 70
87 A. a. O., S. 92
88 Vgl. dazu a. a. O., S. 105 u. 112
89 A. a. O., S. 11
90 A. a. O., S. 119
91 Siehe dazu den kulturhistorischen Zusammenhang, der sich Reuters Verteidigung ergibt, S. 201, Anm. 66

Der im zweiten Kapitel an die Charmante gerichtete Antwortbrief ist vor allem eine formgerechte Kommunikation, wobei der Inhalt nur eine zweitrangige Bedeutung hat. Es kommt Schelmuffsky auf seine möglichst imposante Anrede an, die Reuter im zentral gebundenen Satz vom übrigen Text abhebt. Dass der Briefinhalt mehr eine Parodie auf das Romangeschehen und eine Satire jeweils auf die in Konfrontation zueinander gestellten Stände ist, wird aufgrund der nahtlosen Einfügung des Textsatzes in den Romantext deutlich. Die versetzte Grußwendung, die zwischen Empfänger und Adressanten unterscheidet, streicht das formale Bestreben mit Nachdrücklichkeit noch einmal heraus. Denselben Fall bestätigt das Epitaph an die in Liebesschmerz verschiedene Lisette im dritten Kapitel. Die in Reimpaaren gehaltenen Alexandrinerverse sind linksbündig vom übrigen Textsatz abgehoben. Um die Bedeutung der Verszeilen zu bekräftigen, lässt Schelmuffsky wissen, dass er die Zeilen auf Bestellung hat erdichten lassen. Dadurch distanziert er sich vom Inhalt der Grabschrift, die mehr an ein heiteres Rätselspiel erinnert, als dass sie zum andächtigen Besinnen auf die Verstorbene aufruft. Genauso liest sich der Inhalt aber auch wie ein Aufruf an Schelmuffsky, sich seiner keineswegs tiefgründigen sozialen Bindungen zu vergegenwärtigen:

> Steh! Flüchtiger Wandersmann, betrachte diesen
> Stein
> Und rathe wer allhier wohl mag begraben seyn?
> Es starb vor Liebes-Gram ein Ließgen in den
> Bette.
> Nun rathe wer hier liegt? – das schöne Kind
> Lisette.[92]

Wie sehr es Christian Reuter auf die Funktion des formalen Aufbaus ankommt, verdeutlichen im weiteren Romanverlauf die abermals eingeschobenen literarischen Kurzformen der persönlichen Festdichtung (carmen) oder der mit den ebenfalls persönliche Empfindungen aussprechenden und dadurch hiermit in Verbindung stehenden Briefform. Ein Kunstcharakter kommt einerseits im Versuch der Charmante zum Vorschein, in ihrem Brief die Verszeilen im Alexandrinerfuß auszubilden. Aber das Kreuzreimschema verletzt nicht nur strukturelle Dichtungsmerkmale, es hinterlässt andererseits den Eindruck eines prosaischen Gesanges:

> Anmuthiger Jüngling,
> lebst du noch? Oder liegst du schon verscharret?
> Weil du weder Brieff noch Gruß deiner Liebsten schickest ein?

---

92   *Schelmuffsky*, S. 59

Ach! So heist es leider! Wohl recht umsonst auf das geharret,
Was man in Gedancken küst und muß längst verweset seyn[93]

Schelmuffsky's Antwortbrief vereinfacht dieses Schema noch weiter, indem er den Paarreim verwendet. Nach einem ordentlichen Beginn überbieten sich in seinem Brief die Verszeilen mit der Anzahl der gesetzten Füße. Dennoch kommt die Anstrengung, strukturellen Vorgaben und damit den formalen Ansatz zu beachten, im vereinzelt eingeschobenen Alexandrinervers zum Ausdruck.[94] Das ist gleichzeitig der Versuch Schelmuffsky's, sich den sozialen Anforderungen seiner Perzeption nach anzupassen. Er kennt sich in den gesellschaftlichen Leitbildern natürlich aus. Analog zum Prinzip der Motivbildung anhand der Charakterzeichnung[95] spricht seine Kenntnis über die traditionellen Gewohnheiten im Volk und die verschiedenen Feiertage über seine sozial überlegene Position. Im Vergleich zu seinem Bruder – Graf, dessen Fähigkeiten um die Verfassung eines Gedichts angesichts einer festlichen Angelegenheit sichtlich überfordert werden, soll es für Schelmuffsky mehr eine Routineangelegenheit sein, sowohl solch ein Gelegenheitsgedicht zu verfassen als auch im Hinblick auf die Teilnahme an einer festlichen Gelegenheit an sich. Die von Christian Reuter gebotene Erzählperspektive wird in den sozialen Kontext der Dichter zz. des Hochbarock verlegt. „Was Gryphius noch als Ideal anerkannte", meint Wolfgang Hecht, und was man mit einigen Einschränkungen so gelten lassen darf,

> konnte Reuter nicht mehr ernst nehmen. Die Spitze der Zeitkritik im »Schelmuffsky« richtet sich daher nicht allein gegen die äußerliche Aneignung der Barockkultur durch das deutsche Bürgertum, sondern zugleich gegen die veräußerlichte Barockkultur selbst.[96]

Schelmuffsky kombiniert zwar Jamben und Daktylen, ist aber um ein einheitliches Versmaß nicht bemüht. Ein Paarreim soll genügend Formalität bieten. Treffend gibt es auch der Titel seines Hochzeitscarmens wieder, „Der fröliche Klapper-Storch etc."[97], und es schließt dementsprechend im Einklang mit den sozialen Vorgaben.[98]

Die Welt, aus der der Held ausgezogen ist, bleibt aber trotzdem weiter "seine Welt", die er im eigentlichen Sinne nie verlassen hat. Strukturell bestätigt

---

93 A. a. O., S. 66
94 A. a. O., S. 68 f.
95 Vgl. S. 185, Anm. 17
96 Hecht, Wolfgang: *Die Idee in Christian Reuters Schelmuffsky*. Forschungen und Fortschritte 29, 1955, S. 381f.
97 *Schelmuffsky*, S. 78
98 Siehe dazu S. 192, Anm. 44

sich dieser Umstand, wie im Vorstehenden schon angemerkt, in der fortlaufenden Wiederholung von verschiedenen Episoden aus Schelmuffsky's Leben, die in der Funktion von Motiven das Gesamtgeschehen zusammenfassen.[99] Neben den Analogien zur Picarofigur erkennt Wolfgang Hecht in diesem Vorgang allerdings noch einen grundsätzlichen Unterschied zum Picaroroman und zu seinem Helden, die das religiöse menschliche Wesen thematisieren. Im Gegensatz dazu versetzt Schelmuffsky sich mithilfe seiner Erzählweise in der Ich-Perspektive in den Mittelpunkt allen Geschehens. So gestaltet er sich auch Wolfgang Hecht zufolge

> gegenüber dem Volksbuch und dem Picaroroman traditioneller Prägung weit ‚moderner‘, weil subjektiver...: im Erzählen schafft er die Welt, seine Welt.[100]

Zwar ist die Handlung im Picaroroman ebenso in Episoden geteilt, die durch die Hauptfigur im Roman miteinander verbunden werden, aber der Held des Romans verkörpert eine religiöse Haltung, welche sich dadurch auf die Episoden thematisch ausweitet. Schelmuffsky thematisiert sich dahingegen selbst bzw. seine Person. Es bedarf insofern nicht nur der Analyse seiner Person und den von ihr unternommenen Handlungen, sondern auch der Inhalte, die er repräsentiert.

Aus Christian Reuters initialem Beweggrund, sich der sozialen Herabwürdigung durch die Familie Müller öffentlich zu widersetzen und deshalb dichterisch tätig zu werden, lässt sich eben der „Ausdruck einer leidenschaftlich erlebten Wirklichkeit"[101] ganz besonders gut erkennen. Diese „außerordentlich enge Beziehung zur zeitgenössischen Realität"[102] stellt das Werk Reuters eben in eine Kontinuität zu den im Barockzeitalter üblichen literarischen Strukturen. Das Zusammenspiel zwischen Schein und Sein, das Eckart Oehlenschläger in den „Spielraum *zwischen* Fiktion und Faktizität der umgebenden Wirklichkeit"[103] versetzt, verdeutlicht die nun erlangte Umkehrung der Perspektive, welche die Realität, im Hochbarock verstanden als „vom Krieg determinierten Spielraum"[104] nun in der Literatur des ausgehenden Barockzeitalters als den eigenen Gegenstand für sich selbst beansprucht.

---

99   Vgl. auch S. 183, Anm. 4

100 Wolfgang Hecht, *Christian Reuter*, S. 35

101 A. a. O., S. 2

102 Nicola Kaminski, *Von Plißine nach Schelmerode*, S. 239

103 Oehlenschläger, Eckart: *Christian Reuter*. In: *Deutsche Dichter des 17. Jahrhunderts. Ihr Leben und Werk*. Hrsg. von Harald Steinhagen und Benno von Wiese. Berlin 1984, S. 819-838, hier S. 827 f. Siehe auch oben ausgeführt im Abschnitt 1.2., S. 155, Anm. 39

104 Nicola Kaminski, a. a. O., S. 239

2.3 Auflösung von Gegenbildern

2.3.1 Im Zusammenhang des allgemeinen Kontrastes im *Schelmuffsky II*

Die Verstrickung von Wirklichkeit und Fiktion, bei der es sich äußerst schwer tut, den Urheber dieser Projektionsgestaltung ausfindig zu machen, spitzt sich durch die Überlagerungen im Kommunikationsraum zwischen Realität und Literatur weiter zu. Anna Rosine Müller lässt es nicht zu, ihr eigenes Dach, Heim sowie Broterwerb, zum literarischen Bezugsystem zu arrangieren. Sie entscheidet daher, Reuters Text als juristischen Rechtsverstoß aufzufassen, was ihre Antwort auf Christian Reuters studentischen Werdegang eines Juristen ist, und sie selbst geht dabei von der eigenen beruflichen Tätigkeit einer Wirtin aus. Hier überlagern sich zusätzlich die Sphären des Berufs- und des Privatlebens.

Als Antwort auf das Vorgehen der Müller-Wirtin stützte Reuter sich anscheinend auf Kenntnisse, die beidseitig sowohl auf seiner Bildung im Rechtswesen als auch auf seinem literarischen Wissen gründen. Zum einen klingt Reuters Verteidigung[105] von vornherein berechnet, denn er meint sie, rechtlich durch seine literarischen Kenntnisse zu untermauern. Reuters Verteidigung nämlich baut juristisch auf seiner literarischen Kenntnis auf, weshalb sie im rechtlichen Sinne vermutlich auch keine Wirkung zeigte. Die Wirkung, die Reuter allerdings erzielt, ist das unfreiwillige Geständnis der Müller-Wirtin, die durch ihre Klage bewiesen hat, dass sie sich im Text doch wiedererkannt hatte. Der Untertitel und das Pseudonym für die Autorenschaft erweitern sich im weiteren Verlauf eher aber zu einem literarischen Diskurs, der die sozialen Verhältnisse in der Gesellschaft thematisiert. Gerade die Kopplung in der späteren Komödie *Der ehrlichen Frau Schlampampe Krankheit und Tod* von für diese Gattungsform sonst unüblichen Sujets, die an Harsdörffers „Trauer-Freudenspiel"[106] erinnern, leitet sich aus Molières Thematisierung von Krankheit und Tod in seinem *Eingebildeten Kranken* ab. Reuters weiteres Vorgehen scheint sich deshalb aus seiner gesellschaftskritischen Haltung zu erklären, da er selbst die stellenweise in der erschließenden Literatur gedeutete Anspielung auf den Sohn der Anna Rosine Müller, auf Eustachius Müller, im Fortsetzungsroman der

---

105 Siehe S. 201, Anm. 66
106 Georg Philipp Harsdörffer: *Poetischen Trichters zweyter Theil.* Nürnberg 1648-53 [ND Darmstadt 1969], S. 98 (siehe auch Absch. 1.2.4 der vorliegenden Arbeit, S. 171, Anm. 72)

Reisebeschreibung mit einem XYZ gewesenen Schiffskumpanen vom Schelmuffsky unterschreibt und damit depersonalisiert.

Aus der zunächst fiktiven Verortung des Geschehens nach Plißine in der *Ehrlichen Frau*, der darauf folgenden Ortlosigkeit des mit E. S. gezeichneten 1. Teils der Reisebeschreibungen, wird im 2. Teil mit der Ortsverlegung nach Padua ebenfalls ein allgemeiner Kontext angestrebt, da das Geschehen damit außerhalb Deutschlands, also überall stattfinden kann. Das Beispiel dazu ist die Parallelhandlung in der Reisefortsetzung, die im Wirtshaus „Zum rothen Stier" in Padua stattfindet und den thematischen Nukleus zum Gesamtkontext der *Ehrlichen Frau* widerspiegelt. Die von Wolfgang Hecht hervorgehobene direkte Anspielung auf die Familie Müller und die Leipziger Universität[107] ist auf diese Weise zwar gegeben, aber die Figur des Schelmuffsky, die sich mittlerweile verselbstständigt hat, verweist in diesem Zusammenhang auf eine eigene Welt. Der Handlungsort verlagert sich vom fiktiven „Göldenen Maulaffen", der für den realen „Roten Löwen" der Leipziger Wirtschaft von Anna Rosine Müller stand, nun „Zum rothen Stier", welcher für Schelmuffsky die Funktion übernimmt, die im Ausgangskonzept auf Reuters Leben reflektiert. Schelmuffsky's Anmerkungen zur Wirtsfamilie in Padua sind demnach schon der kommentierte Kommentar, der sich in konzentrierter Weise auf das Motiv 'Reisen' bezieht. Auch hier ist die Mutter zuständig für den Anlass der Reise. Da sie wohl selbst ihren Sohn auf Reisen geschickt hatte, kann sie es nicht erwarten, ihn wiederzusehen.

> Sie meynete aber nicht anders, ich wäre ihr Sohn! Denn sie hatte auch einen Sohn in die Frembde geschickt und weil ich nun unangemeldet flugs in ihren Gast-Hoff hinein geritten kam und sie mich nur von hinten ansichtig wurde, so mochte sie in Gedancken stehen, ihr Sohn käme geritten.[108]

Eingangs, schon in der Einführung der Wirtshausszene, bildet Reuter Gegensätze, die sich gleich im ersten Eindruck bemerkbar machen. Schelmuffsky kommt nämlich an einem Gasthof an, „allwo eine wackere, ansehnliche Wirthin war."[109] Reuter setzt an dieser Stelle an der bildlichen Vorstellung an und schafft damit ein Gegenbild zu der auf dem Titelbild erkennbaren und nicht sonderlich reizvollen Figur Schlampampe aus der *Ehrlichen Frau zu Plißine*. Auf diese Weise wird die Figur und die Rolle des Schelmuffsky mit dem Motiv, das die Frau Schlampampe repräsentiert, auf eine Ebene gesetzt. Die Figur des Reisehelden bildet sich gleichzeitig als eine Selbstständige heraus, die im Zusammenhang mit einer weiteren heldenhaften Charakteristik von Schelmuffsky, dass er nämlich ein Frauenheld ist, eine Brücke schlägt zu seiner Geburtsgeschichte.

---

107 Vgl. dazu Wolfgang Hecht, *Christian Reuter*, S. 20
108 *Schelmuffsky II*, S. 162
109 Ebda.

214

Stets von Frauen umgeben, von den ersten Augenblicken seiner Geburt an, scheint Schelmuffsky seine kontroverse Abstammung nun überwunden zu haben. Der Ort der Handlung ist zudem aus dem regionalen Kontext herausgewachsen, wodurch sich das Thema letztlich zum Allgemeinen hin ausweitet.

Schelmuffsky, selbst begierig zu reisen, gelangt offensichtlich an einen Punkt an, an dem seine Reisefertigkeit eine neue Dimension erhält. Der kleine Bruder des reisenden Sohnes der Wirtin zu Padua ist zwar ein Opponent zum kleinen Vetter Schelmuffsky's, er spiegelt aber die Lebenserfahrungen Schelmuffsky's als Kind und sein Heranwachsen wider. Die Episode mit dem „Blase-Rohre" und der spätere Kommentar des kleinen Bruders zu den weltbereisten Geschichten seines großen Bruders, er soll aber „nicht weiter als biß Halle in Sachsen gewesen seyn"[110], reflektieren mit der Paduaer Wirtsfamilie ein Gegenbild zu Schelmuffsky. In einer tieferen psychologischen Konfrontation mit den eigenen Lebensinhalten entscheidet sich Schelmuffsky natürlich für die Kindheitserinnerungen und gegen sein großsprecherisches Gegenbild.

Das Verhältnis der beiden Maulhelden projiziert ein Spannungsverhältnis, das in dieser Form schon bei Andreas Gryphius' *Horribilicribrifax* anzutreffen war. Die in den Rededuellen der beiden arbeitslos gewordenen „Hauptleute"[111] enthaltenen Merkmale der Wiedererkennung, welche zu guter letzt ein versöhnliches Miteinander ermöglichen, sind im Gegenteil dazu für den Schelmuffsky dissonante Charakteristiken, die ihn erneut in eine Konfliktsituation versetzen. Diesmal ist der Konflikt allerdings ein Konflikt mit den eigenen Charakteristiken, mit sich selbst. Bei beiden, sowohl bei Schelmuffsky als auch beim älteren Sohn der Wirtin zu Padua, spielt die Mutter eine entscheidende Rolle in deren Leben. Zu erkennen ist dadurch der Rückgriff auf das Grundthema, das mit der Frau Mutter Sprache auf soziale Merkmale verweist. Diese sind zwar allgemeingültig, stehen aber ebenso im nationalen Zusammenhang und entfernen sich auf diese Weise von dem bei Gryphius noch anzutreffenden und auf einen europäischen Kontext übergreifenden, „weltbewegenden" Zusammenhang. Dementsprechend wird der Handlungsort auf der nächsthöheren Abstraktionsebene nach Deutschland zurück verlegt. Da im *Horribilicribrifax Teutsch* nicht nur sprachlich „ein Bündnis der Gewalt gegen Teutschland besiegelt"[112] wird, sondern ein geschichtlicher und politischer Kontext hinzukommt, entfällt dieser aber in Schelmuffsky's Reisebeschreibungen. So bleibt nur die Frau Mutter Sprache, die von Lynne Tatlock zwar auch im Sinne eines Leitmotivs im

---

110 A. a. O., S. 166
111 Andreas Gryphius: *Horriblicribrifax*, S. 12
112 Nicola Kaminski, *Von Plißine nach Schelmerode*, S. 259

historischen Kontext gedeutet wird, sich dafür aber mehr aus dem sozialgeschichtlichen Zusammenhang ergibt, den Schelmuffsky offenbar repräsentiert.

> He is not only free from the markings of the maternal imagination, but at birth he is
> already fully self-conscious (aware of his own nakedness) and able to resist being
> socially constituted by others. Normally at birth he would be named, announced as
> either a boy or a girl, and imagined as a member of the family. Instead, he an-
> nounces himself to his mother: "Ich bin... ihr lieber Sohn...". With his version of
> his birth he lays claim to a miraculous priority; only Germany – "Teutschland ist
> mein Vaterland" – and the infamous rat precede him as progenitors.[113]

Der Gegensatz, der von der Figur der Wirtin in Padua und von Schelmuffsky
gebildet wird, kulminiert in der fortschreitenden Beschreibung der Wirtshausszene, als die offensichtlich zunächst als nicht abstoßend beschriebene Frau
plötzlich in ihr Gegenbild umschlägt. Die Mutter, die „wenn man sie gleich
nicht einmahl sahe", aber „rüchen" konnte, ist eigentlich eine 60jährige, der es
aufgrund einer „abscheulich" großen Wunde „so lästerlich aus dem Halse"
stank.[114] Schelmuffsky dahingegen, der selbst entschlossen in die Welt auszog,
entspricht mehr der Ausgangsrolle des Sohnes in der Schlampampe-Komödie
als dem auf den Weg geschickten Sohn der Wirtin in Padua.

2.3.2 Sprache und Nachahmung bei der Kontrastbildung zur Personentype

Der an die deutsche Gesellschaft gebundene sozialgeschichtliche Zusammenhang, für den Schelmuffsky an dieser Stelle Pate steht, wird durch die Verhältnisse in der Wirtsfamilie in Padua auf eine allgemeine Ebene erhoben. Trotzdem
ist der Rückgriff auf Deutschland im Spezifischen und über die Sprache der
eigentliche Zusammenhang, der in Bezug zu Schelmuffsky's eigenem Leben
steht. Deshalb stellt Nicola Kaminski fest, dass im Titel statt der Reisebeschreibung eher Lebensbeschreibung stehen sollte. Es ist die Konfrontation mit:

> nicht mehr zum auf immer verlorenen Paradies stilisierte[n] Kindheits- und Ur-
> sprungswelt", deren „Omnipräsenz [...] sogar die Existenz der bereisten Abenteuer-
> welt in Frage zu stellen [vermag].[115]

Damit bildet Schelmuffsky eigentlich ebenso ein Gegenbild zu seiner Person,
wie sie sich von Anfang an präsentiert, wie es auch der Fall ist, mit der Figuren-
projektion der Wirtin. Sie wechseln einander ihre Rollen.

---

113 Lynne Tatlock, *Quixotic marvel*, S. 303 f.
114 Zu den Textstellen siehe *Schelmuffsky*, S. 165
115 Nicola Kaminski, *Von Plißine nach Schelmerode*, S. 250

Es die Negativrolle von Schelmuffsky und ist das in Person, die der ältere Sohn der Wirtsfamilie in Padua verbildlicht, was Gunter E. Grimm als das schon angesprochene Spiegelbild der Selbstdarstellung umschreibt.[116] Dadurch, dass er seinem Gegenbild beide Ohren abschlägt, kehrt Schelmuffsky den großsprecherischen Reden, die durch die Sprache dem Fremden zugewiesen werden, den Rücken und wendet sich den Merkmalen zu, die für ihn identitätsstiftend sind. Schelmuffsky entwickelt sich somit zu einem Gegenbild, dessen aus Gegensätzen bestehende Erscheinung zwei Lebenswelten erkennen lässt. Die seines Geburtshauses verlässt er mit dem Aufbruch in eine für ihn zunächst Unbekannte, und diese gestaltet sich wiederum durch seine Sprache. Das heißt also, dass Schelmuffsky anhand der Sprache seine Erfahrungswerte und Gewohnheiten zusammenfasst in eine Welt, die er nach eigenen Maßgaben entstehen lässt. Der Roman gibt auf diese Weise einerseits eine individuelle Lebenswelt wieder und andererseits steht diese individuelle Lebenserscheinung im weiteren Zusammenhang einer durch sie gedeuteten allgemeinen Lebenswelt. Gunter E. Grimm zufolge ist sie im Spezifischen allerdings nicht fassbar.

> Was hinter der fiktiven Fassade hindurchscheint, genau das weist auf die liederliche Existenz eines aufschneiderischen Nichtstuers, hinter dem allen gegenteiligen Behauptungen - »daß as rechts hinter ihm stecken müsste« - zum Trotz, eben gerade nichts steckt.[117]

Das Zusammentreffen in Padua mit seinem Ebenbild entlarvt für Schelmuffsky die Projektion seiner eigens für ihn zugeschnittenen Welt. Hier münden die Konfrontation und die darauf folgende Auflösung der Gegenbilder in eine gegenwartsnahe Situationsbeschreibung. Der Kriegszustand und seine Folgen sind zeitlich weggerückt, sodass die potenziellen sozialen Konfliktbereiche in abgeänderter Form nun abgestuft erscheinen. Die sich herausbildende Gesellschaft beschäftigt sich mit eigenen Erkennungsmerkmalen, die nicht zuletzt sondern eben zu allererst von der Sprache ausgehen. Daraus lässt sich auch die Reaktion Schelmuffsky's auf die Geschichten seines Gegenüber erklären. Er, Schelmuffsky legt doch sonst selbst viel Wert auf seine Kenntnisse von Welt. Doch aus dem nicht klar abzugrenzenden Sprachgebrauch geht ebenso wenig hervor, auf welcher Sprache man sich in Padua unterhält und noch weniger vielleicht, was eigentlich Fremdsprache ist. Insofern ist es wichtig, dass es zunächst einmal nur um Sprache geht, die eine Hierarchie symbolisch abbildet:

> Wie ihm das Frantzösiche-Reden nicht wohl fliessen wolte, so fieng er an zu reden und wolte gerne frembde schwatzen, allein die liebe Fr. Mutter-Sprache verrieth ihn

---

116 Freilich spricht Gunter E. Grimm an dieser Stelle von der Rolle Schelmuffsky's und nicht vom älteren Sohn der Wirtsfamilie in Padua; siehe dazu *Schelmuffsky*, S. 57
117 A. a. O. S. 59/60

immer, daß auch das kleinste Kind hätte mercken können, daß es lauter gezwungen Werck mit seinen Frembde reden war. Ich stellte mich nun dabey gantz einfältig...[118]

Den Gesamtkontext dürfte man infolgedessen in der „Frau Mutter Sprache" suchen. Ihre soziale Abstufung wird u. a. durch Schelmufsky's Durchwanderung der verschiedenen Stände repräsentiert, ebenso sehr aber auch durch seine konfuse Mischung aus Galanterie-Idiom und dekuvrierender Rüpelsprache[119]. Darin ist ein dementsprechend nicht ausdifferenziertes Gesellschaftsbild zu erkennen, dessen sprachliches Merkmal, das als soziales Wiedererkennungsmerkmal wirken soll, erst noch ausgebildet werden muss. Schelmuffsky's Sprache, die im Zusammenhang der Stände betrachtet auf verschiedene Sozialbereiche verweist,[120] soll in den auf Reuters Werke folgenden Jahrzehnten dichtungstheoretisch erfasst werden als eine Kontinuitätsbildung zur Barockpoetik.[121]

Es bedarf freilich keiner tiefgreifenden Analyse der sich wandelnden sozialen Verhältnisse in der Gesellschaft, um festzustellen, dass uns die herkömmliche Vorstellung über das Barockzeitalter überwiegend von kunsttheoretischen Standpunkten aus geboten wird. Reuters Verdienst ist es, die Schwierigkeiten, die dieser Argumentationsansatz in sich birgt, durch den Charakter seines Werkes verständlich zu machen. Der Umstand, dass Realität und literarische Fiktion bei ihm in großem Maß aufeinander referieren, gibt uns gleichzeitig ein Bild über soziale Moralvorstellungen und das herrschende Wertesystem der Zeit. Gunter E. Grimms Feststellung zu Schelmuffsky's veräußerlichtem Kavaliersbild erhellt erst einmal ein ethisches Selbstverständnis, welches von einer rein gesellschaftlichen Relevanz ist; mit Ethik hat das im Übergangszeitalter vom Spätbarock zur Frühaufklärung nur wenig zu tun.

Gleichwohl wirft es auf die Figur Schelmuffsky zunächst auch ein Licht, das durchaus Ähnlichkeiten zum „Picaro" aufweist. Gemeinsam sind ihnen die Herkunft und ihre Rolle des Gegenbildes zu den führenden gesellschaftlichen Leitbildern. „Der bewußt als Gegenbild zum *Galanthomme* konzipierte Entwurf hört

118 *Schelmuffsky*, S. 166

119 Dehmel, Eberhard: *Sprache und Stil bei Christian Reuter*, Diss. Jena 1929, S. 60 ff.

120 Vgl. Tober, Karl: *Christian Reuters Schelmuffsky*. In: Zeitschrift für deutsche Philologie 74 (1955), S. 127-150

121 Z. B. Die kontrastive Definition von Reuters Sprache im Bezug zum barocken Schwulst in Meyer, Richard M.: *Die deutsche Literatur bis zum Beginn des Neunzehnten Jahrhunderts*, Berlin 1916, S. 333; Martini, Fritz: *Die Deutsche Literaturgeschichte von den Anfängen bis zur Gegenwart*, Stuttgart [13]1965, S. 165; Kohlschmidt, Werner: *Geschichte der deutschen Literatur vom Barock bis zur Klassik*, Stuttgart [2]1981, S. 236

sich täuschend echt an"[122], hält Grimm fest und geht noch einen Schritt weiter, indem er die Rolle des Gegenbildes beim Picaro als gesellschaftsträchtig nachweist. „Der echte Picaro besitzt ein Ethos des niederen Standes und steht in Opposition zu den höheren sozialen Schichten, er ist ein Gegentypus."[123]

Damit verglichen ist die Gestalt Schelmuffsky aber kein eindeutig abzugrenzender Gegentypus. Im Gegentext erhält die Figur jedoch ihre Attribute des Gegentyps. Schelmuffsky bezieht ja keine Gegenposition zu den im Gesellschaftssystem waltenden Werteverständnis. Er versucht sich ganz im Gegenteil dazu, mittels seiner Auffassung über die geltenden Wertevorstellungen affirmativ zu geben. Er eignet sich der Benehmensnormen seiner Möglichkeiten nach an. Gleichzeitig passt er sich der gesellschaftlichen Forderungen aber nicht an im Sinne, dass er sich diese Werte verinnerlicht.

> Freilich greift die Reutersche Satire über diesen Objektbereich hinaus, macht eigentlich erst die Nachahmung dieser ständisch fixierten Normen lächerlich.[124]

Daher betrachtet sind das Benehmen Schelmuffsky's, seine Sprache und sein Auftreten eine Parodie auf das bürgerliche Aufstreben zum adeligen Vorbild. Aus Reuters Autorenperspektive aus gesehen, dessen Position wiederum eine Gegenposition zu seinem Romanhelden darstellt, werden Kritik und Verspottung der normsetzenden Faktoren deshalb erst von der gegentextlichen Ebene aus ersichtlich. Das heißt, dass Reuter sowohl dem aufstrebenden Bürgertum als auch dem strikten Aufbegehren gegen den Adel eine Absage erteilt. Der Schöpfer einer neuen Welt, der sich in der Sprache heimisch fühlt, greift auf das zurück, das beiden Wertvorstellungen, der als gültig postulierten und der kritiklos darauf eingehenden fehlt. Wenn man davon ausgeht, dass die satirische Darbietungsform von herrschenden Wertprinzipien zwar eine Kritik enthält, aber keine Lösungsmöglichkeit verspricht und dass die Nachahmung dieser Vorstellungen erst in der Konfrontation mit sich selbst dann auch zu sich selbst findet, so wird das Ethos im Rückgriff auf tradierte Werte sichtbar.

---

122 Gunter E. Grimm, *Christian Reuter: Schelmuffskys wahrhaftige curiöse und sehr gefährliche Reisebeschreibung zu Wasser und zu Lande*, S. 70
123 A. a. O., S. 71
124 A. a. O., S. 72

3. Der Mittelstandsbegriff im *Grafen Ehrenfried*

Die Titelfigur in Christian Reuters Werk *Graf Ehrenfried* stellt das Gesamtwerk des Autors schon im sprachlichen Zusammenhang in einen sozialen Rahmen. In der Abfolge von Reuters Werken, dem initialen Komplex um die Frau Schlampampe, danach den Typisierungsprozessen im Schelmuffsky wird nun mit dem nächst denkbaren Abstraktionsschritt die zum Sozialen neigende Begrifflichkeit erweitert. Als adeliger Held in einer Komödie kündigt die Hauptperson neue soziale Abstufungen in der deutschen Literatur zz. der Jahrhundertwende, vom 17. ins 18. Jh. an. Trotz des Umstandes, dass es noch in der ersten Hälfte des 17. Jh. Stücke gab, welche die Ständeklausel literarisch relativierten oder sich im weiteren Verlauf mit der Ständefrage etwa thematisch auseinandersetzten,[1] ist Reuters Werk viel mehr selbst durch die gesellschaftlichen Umwälzungsprozesse gezeichnet. Der Grund dafür sollte Reuters Abstammung sein. In seinem gesellschaftlichen Umfeld machten sich die Umbrüche wohl am meisten bemerkbar.

Ähnlich wie in seinem Reiseroman *Schelmuffsky* hatte Christian Reuter für seinen Titelhelden wieder ein lebensechtes Vorbild, das aus seinem Bekanntenkreis entsprang. Am sächsischen Hof Königs August des Starken in Dresden lernte Reuter den Grafen Georg Ehrenfried von Lüttichau kennen, der 1699 mit dem Titel „Ober-Land-Windhetzer" sogar zum Reichsgrafen erhoben wurde.[2] Dieser stand am Dresdener Hof zwar in der Gunst Augusts des Starken, doch da er ständig an Geldnot litt, sich aber äußerst lebendig an den Hoffesten beteiligte, wurde der Graf in diesem Sinne von der Hofgesellschaft meist verlacht.[3] Sein eher ironisch aufzufassender Titel, der die Ehre und den gesellschaftlichen Frieden in eine Ebene setzt, spiegelt gleichzeitig die von Reuter aus dem wirklichen Leben entlehnte Rolle des „kauzigen Außenseiters aus dem niederen Adel"[4] wider.

---

1   Siehe z. B. Andreas Gryphius' *Cardenio und Celinde* als erste Tragödie mit bürgerlichen Protagonisten oder Christian Weise's Drama *Masaniello*, das den Revolutionsbegriff „von unten" erhellt und damit für die höfische Gesellschaft ungewöhnlich ist, da sich hierdurch die Frage der ständischen Perspektive aufwirft.

2   *Christian Reuters Werke in einem Band.* Ausgewählt und eingeleitet von. Hrsg. von den Nationalen Forschungs- und Gedenkstätten der klassischen deutschen Literatur in Weimar, Volksverlag Weimar, Weimar 1962, S. 26

3   Hecht, Wolfgang: *Christian Reuter*. Metzler Verlag, Stuttgart, 1966, S. 46

4   Günter Jäckel, *Christian Reuters Werke in einem Band*, S. 27

Die Lebensgeschichte des Grafen steht in einem sozialgeschichtlichen Kontext ebenso wie in einem gesellschaftlichen, der das Bild einer im breiten Zentrum wankenden Werteordnung reflektiert. Mit einem Vater, der am Dreißigjährigen Krieg teilgenommen hatte und aus einer kinderreichen Familie abstammend, waren die Bahnen für ein streng geregeltes Leben eigentlich schon gelegt. Das gesellschaftliche Umfeld sah sich aber konfrontiert mit den ungeregelten Verhältnissen in einem Feudalsystem. Geschwächt durch Spannungen, die zwischen einem konvertierten König und seinen politischen Misserfolgen in Osteuropa sowie gegenüber dem wirtschaftlich erstarkenden Bürgertum entstanden, verlangte man nach neuer Wertsetzung, deren Leitbilder man in einem zwar absolutistisch-zentralistischen dennoch kulturell erstarkenden Frankreich suchte.

Mit dem Titel *Graf Ehrenfried* entstehen zunächst kontextuelle Bezüge, die im Zuge immer noch währender Neuordnung, betrachtet man sie losgelöst vom realen Vorbild, eine weiterhin erwartete gesellschaftliche Befriedigung in Aussicht stellen. Für das aufsteigende Bürgertum dürfte das Prädikat „Ehre" zudem ein soziales Konfliktpotenzial reflektiert haben. Die Führungsansprüche in der Gesellschaft in Bezug auf eine genormte Neuordnung verlangten deutliche Wiedererkennungsmerkmale. Im Neuaufbau nach dem Krieg machen sich immer wieder neue Lücken bemerkbar, die nach ebenso neuen oder alten Mustern suchen. Diese wurden, wie es Franz Mehrig belegt, in der Verbindung von Kultur und Bildung ausfindig gemacht, die Fragen der Identifikation und auch einer nationalen aufwarfen:

> Hier entstand ... ein für deutsche Verhältnisse klassisches Schulwesen. Freilich sank es auch mit seiner Ursache, mit der ökonomischen Blüte Sachsens ... Aber trotz allem war Sachsen dem übrigen Deutschland an Bildung und Wohlstand noch immer überlegen. Politisch entnervt, wie die Bevölkerung sein mochte, blieb sie ökonomisch doch noch widerstandsfähig genug, um sich der Einführung des aussaugenden Militärsystems zu widersetzen, das über die bürgerliche und bäuerliche Bevölkerung in Preußen widerstandslos verhängt wurde. [...] Und ferner: Wie erblindete Spiegel auch die sächsischen Schulen geworden waren, so vermochten sie doch allein die ersten Reflexe einer neuen Bildung aufzufangen, die vom Ausland in das verwüstete Deutschland zurückstrahlte.[5]

Nimmt man sich jedoch den Grafen Georg Ehrenfried von Lüttichau als Beispiel, der die sozialen Bewegungen in der Ständehierarchie symbolisiert, so nähert er sich der Figur „Schelmuffsky" an. Bei beiden ist das bramarbasierende Merkmal grundsätzlich bestimmt, es macht aber ebenso eine perspektivische Umkehrung erkennbar. Konzipierte Reuter den Schelmuffsky noch als ein

---

5   Mehring, Franz: *Deutsche Geschichte vom Ausgange des Mittelalters.* Volksbücherei; Bd. 2, Köln, 1978

Gegenbild, nutzte er die pikaresken Motive doch nicht prinzipiell und dabei gleichzeitig eine gesellschaftliche Perspektive bietend, ist der Graf Ehrenfried, der nun kein Bruder mehr ist, wie im Schelmuffsky, seinen sozialen Ursprüngen klar zugeordnet. Insofern wird die Musterrolle des Titelhelden, aufgrund der deutlichen Gegenüberstellung zum höfischen Ideal, zu dessen Kehrseite. Muss der Graf Ehrenfried doch seine Standessymbole, Trachten und Kleider versetzen, um leben zu können, so lässt er sich von seiner Zwangslage aber nicht beeindrucken:

> EHRENFRIED: Da nehmt mein Kleid hier und lasset Euch dreißig Rthlr. darauf geben, und die bringet mir hernach nach Hofe.
> KLUNTE: Ja, Ihro Gnaden, es soll keine halbe Stunde ins Land gehen, so sollen Sie l'argent content haben. Alleine, wie soll es denn mit den andern Sachen gehalten werden?
> EHRENFRIED: Sprecht nur, wenn sie nicht warten wollten, bis ich sie wieder einlösen könnte, so möchten sie nur dieselben verkaufen und mir das Übrige rausgeben."[6]

Durch modische Trends gekennzeichnete Sprachgewohnheiten lassen eine gesellschaftliche Entwicklung erkennen, die zweifelsohne eine Breitenwirkung hat und in den Berührungspunkten unter den Ständen in dem hier gegenständlichen Feudalsystem zu Fluktuationen führt. Die Reflexionen der deutschen Länder untereinander verlagerten die Schwerpunkte auf jeweils die Bestrebungen, die sich natürlich in der Hofpolitik bemerkbar machten. Eine dadurch gekennzeichnete Kulturentwicklung ging einher mit den Werten, welche auf die einzelnen Stände weitergegeben wurden und wie sie letztlich rezipiert wurden.

3.1. Annäherung gesellschaftlicher Mittelwerte

Im Gegensatz zu den preußischen Zentren sollte in Sachsen, dessen Landespolitik sich zum Osten hin orientierte, kulturpolitisch nicht die absolutistische Herrschaftsform maßgeblich gewesen sein, sondern eher die Repräsentativität von deren Werten. Da man diese aber auch in Frankreich verwirklicht sah, so werden dann Bewegungen deutlich, die innerhalb des feudalen Ständewesens zum Ausdruck kommen. Die Bildung verlagerte sich nämlich von den Häfen in die großen Handelsstädte Hamburg, Zürich und Leipzig. Ein dadurch wirtschaftlich erstarkendes Bürgertum hatte die Möglichkeit, sich eigene Wiedererkennungsmerkmale zu schaffen. Zur Zeit Reuters bildeten sich dadurch, um Günter Jäckels Worten zu folgen, „offene Spannungen und Gegensätze zwischen dem

---

6   Christian Reuter: *Graf Ehrenfried.* In: *Christian Reuters Werke in einem Band.* Ausgewählt und eingeleitet von Günther Jäckel. Hrsg. von den Nationalen Forschungs- und Gedenkstätten der klassischen deutschen Literatur in Weimar, Volksverlag Weimar, Weimar, 1962, S. 266

katholischen Hof August des Starken und der protestantischen Universität."[7] Am Vorabend der Aufklärung lässt sich also das Konfliktpotenzial zumindest an zwei der vorstehend erwähnten Kulturmerkmale, deren Evolution Umbrüche in der Gesellschaft während des 17. Jh. in Gang setzte, dem sozialen und konfessionellen deutlich feststellen.

> Die Spannungen zwischen dem Hof in Dresden und der Universität in Leipzig waren vielfältig und kompliziert. In Leipzig wurden die neuen, bürgerlichen Ideen durch lutherisch-orthodoxe Engstirnigkeit und fast mittelalterlich scholastische Wissenschaftstradition in eben dem Maße an ihrer Entfaltung gehindert, wie sie in Dresden von absolutistischer Willkür unterdrückt wurden. Aber infolge der ökonomischen Konzentration entwickelte das Bürgertum der Messestadt Leipzig eine Art Vorform künftigen bürgerlichen Selbstbewusstseins und geriet damit in Widerspruch zu dem kurfürstlichen Absolutismus.[8]

In der Konfrontation der Stände und der einhergehenden Problematisierung von Gesellschaftswerten setzen die Umwälzungen offenbar zunächst an den Schnittstellen oder Berührungspunkten der sich jeweils umformenden Ständegrenzen an. Reuters erste Werke bzw. das Thema um die Wirtsfamilie Müller behandeln das aufstrebende Kleinbürgertum. Anhand des Komödienhelden wechselt nun die Perspektive, die sich nun den niederen Adel zum zentralen Anliegen macht. Doch ist die Perspektive, aus welcher der Blick gerichtet wird, freilich nicht ohne Weiteres auszumachen.

Durch die autobiografischen Züge von Christian Reuters Gesamtwerk, die es erlauben, seine Welt, in der die Werke handeln, zum Mittelpunkt des gesellschaftlichen Geschehens zu machen, wird gleichzeitig der allgemein satirische Ansatz von Reuter deutlich. Auch wenn einerseits mit dem Grafen „die Kehrseite des höfischen Ideals gezeigt [wird], das den Schlampampetöchtern Lebensinhalt war"[9], so wird damit der höfischen Welt, wie sie sich im Barock entfaltete, der Rücken gekehrt. Zum anderen wird dann der sonst übliche und gesellschaftskonforme Ansatz erkennbar. Dieser bewegte sich stets innerhalb der Stände und erlaubte dadurch kaum oder gänzlich keine kritische Haltung in der Literatur in Bezug zur Gesellschaft. Weder Andreas Gryphius' Komödien noch Christian Weises beispielsweise überschreiten die vorgeschriebenen Ständegrenzen. Anders dagegen bei Christian Reuter, der sich, um den Worten Günter Jäckels zu folgen, mit der hier gegenständlichen Komödie zwar „bewußt auf Randerscheinungen des feudalen Daseins"[10] beschränkt, genauso aber mit der Thematisierung von Grenzfällen – Kleinbürgertum respektive niederer Adel –

7   Günter Jäckel, *Christian Reuters Werke in einem Band*, S. 7
8   A. a. O., S. 25
9   A. a. O., S. 27
10   Ebda.

perspektivisch den Blick auf die Gesellschaft ändert. Das Konfliktpotenzial ändert sich dahingegen nicht. Formal betrachtet bleibt es in dessen Diskurs dasselbe. Aufgrund der Stände übergreifenden Charakteristik kommt zusätzlich eine Allgemeingültigkeit zum Ausdruck, die folgerichtig als Gesellschaftskritik gewertet werden darf.

Das Werteverständnis im sozialen Gefüge verlagert Christian Reuter nun auch in einen zentralen Gesellschaftsbereich. Doch selbst in der Mitte eines gesellschaftlichen Gefüges lässt sich eine Hierarchie erkennen. Da das Konfliktpotenzial nun über die Stände hinweg projiziert wird, kann die Standesfrage dementsprechend nicht mehr das ausschlaggebende soziale Unterscheidungsmerkmal sein. Die Kräfteverteilung erfolgt über neue Wiedererkennungsmerkmale, die ebenso neue gesellschaftliche Gruppierungen entstehen lassen. Die Unmittelbarkeit in den Umgangsformen der Hofgesellschaft untereinander gestaltet sich in deren Verhältnis zur Titelfigur auch nicht anders. Eine ständische Hierarchie, die gesellschaftliche und damit soziale Abstufungen abbilden sollte, wird lediglich durch die Titulierung deutlich und durch eine gewisse äußere Form, der Etikette.

> FORTUNATUS: Hört, ich will mit Ihro Exzellenz, meinem gnädigen Herrn, aus der Sache reden. Kommt nur nach Mittage um zwei oder um drei Uhr vor sein Zimmer, da ist er zu Hause, und alsdann sollt Ihr bei ihm Audienz haben.[11]

Es ist insofern nicht verwunderlich, warum das Personenregister der Komödie *Graf Ehrenfried* zahlenmäßig so groß ist. Mit den Vorbereitungen für Festlichkeiten und der Verrichtung von Aufgaben für die Sicherstellung des Funktionierens eines Alltages sammelt sich die Gefolgschaft des Grafen Ehrenfried als niederer Stand, nicht jedoch als unterster, um den zentralen Lebensbereich am Hof. Aber auch hier lassen sich hierarchische Abstufungen erkennen. Dabei kommt jedem das Seine zu. Die Botenjungen treffen in ihrer Eigenschaft als Hofpersonal auf Schwierigkeiten, da sie in ihrer Mittlerrolle mit einem Werteverständnis konfrontiert werden, das letztlich Stände übergreifend zum Wirken kommt. Noch ist es natürlich verfrüht und unpassend Ausdrücke zu verwenden, die für heutige Verhältnisse zeitgemäße Bedeutungen abbilden, wie es der Finanzadel, eine breite Mittel- oder aber eine neue Unterschicht sind. Es lässt sich aber nicht von der Hand weisen, dass diese Bezeichnungen jene Inhalte zusammenfassen, die in der Reuterschen Komödie symbolisch in der Erscheinung des Geldes als existenzsicherndes Mittel wirken. Ob es nun eine Standesperson ist, deren Vermögensverhältnisse es erlauben dürften, dem Botenjungen ein Bedienungsgeld zu geben, oder ob die Küchenjungen aufgrund ihres Aufgabenbereiches als Hauspersonal dazu prädestiniert sind, Nahrungsmittel und Mahl-

---

11   *Graf Ehrenfried*, I, 3, S. 245

zeiten nach eigenem Ermessen zu verteilen, alles deutet auf etwa eine Rationalisierung hin. Die von der Zugehörigkeit zu einem Stand definierte Hierarchie in der Gesellschaft geht auf die Bestimmung von Geldes wegen über. Die Lebensverhältnisse bzw. ihre Qualität bestimmt sich selbst innerhalb des Hofpersonals durch die Nähe zum Gesellschaftssystem – der, der hat, besitzt ein Recht darauf aufgrund seiner gesellschaftlichen Position.

> CURSINO: Ich habe die Briefe von so einen Herrn, der einen kein Kostgeld gibt. Man kann ja nicht von der Luft leben.
> CULIN: Das ist wahr, und wenn ich bei dem Küchenjungen bei Hofe nicht manchmal von dem verbrannten Schöpsenbraten und verdorbenen Wildbrete etwas erbettelt hätte, ich glaube, ich wäre längst verhungert.
> CURSINO: Ei, es ist ja außer der Weise. Ist manchmal ein Heller Geld da, so nehmen's die großen Diener weg und unser einer muß krepieren.[12]

An der Gesellschaft im Übergangszeitraum vom 17. ins 18. Jh. lassen sich somit Wertverschiebungen innerhalb der gesellschaftlichen Konstitution erkennen, die naturgemäß neue Maßstäbe setzen. Wie sich die verschiedenen Gesellschaftsschichten selbst anhand der sich ausbauenden Wertmaßstäben orientieren, hängt hauptsächlich wohl mit dem Raum zusammen, der den neuen Wertevorstellungen in der Gesellschaft zugesprochen wird. Seien es nun die etablierten Stände oder die sich erst etablieren möchten, ein Übereinkommen über die neu zu definierenden Inhalte der Wertbemessung, sollte den Wirkungsbereich der ständischen Rollen ebenfalls neu ordnen. Im Zusammenhang mit Reuters literarischem Komplex Schlampampe – Schelmuffsky einerseits und dem *Graf Ehrenfried* andererseits sind die Grenzfälle in der gesellschaftlichen Neuordnung angesprochen. Aus der Sicht eines Studenten, der sich erst auf die auf ihn zukommende gesellschaftliche Verantwortungsübernahme durch Beruf und gesellschaftliche Integration vorbereiten muss, aber unter dem Einfluss der Stände steht, die sich noch zu behaupten haben, verwendet Reuter seinen Schelmuffsky als symbolisches Gegenbild gesellschaftlich erstrebenswerter Ideale:

> eine Verhöhnung der praktischen und der theoretischen Anstrengungen [...], die von bürgerlicher Seite unternommen wurden, um es dem Adel gleich zu tun.[13]

Die bloße „Verspottung adeliger Lebensart an sich"[14], die Gunter E. Grimm im Schelmuffsky versucht festzulegen, kann jedoch anhand der finanzgebundenen

12 *Graf Ehrenfried*, IV, S. 306
13 Gunter E. Grimm, *Christian Reuter: Schelmuffskys wahrhaftige curiöse und sehr gefährliche Reisebeschreibung zu Wasser und zu Lande*. In: Interpretationen: Romane des 17. und 18. Jahrhunderts. Stuttgart 1996, S. 47-77, S. 73
14 Ebda.

Wertmaßstäbe, wie sie im *Graf Ehrenfried* zum Ausdruck kommen, eher ausgemacht werden.

Als gemeinsame Charakteristik, die für alle Werke Christian Reuters gilt, wird nicht zuletzt erneut die Lebensgeschichte des Autors in dieser Komödie wiedergegeben. Jetzt aber mit umgekehrten Vorzeichen, da der Hofsekretär Reuter in seiner bekannt scharfen Haltung gegenüber gesellschaftlichen Verkehrsformen den ihm entsprechend abgesteckten Rahmen übertritt. Die erste Komödie der *Ehrlichen Frau* war noch eine Reaktion auf unmittelbare Ereignisse aus seinem persönlichen Leben. Die thematische Erweiterung in den Folgewerken hingegen bildet das Personenregister in diesem Gesellschaftskreis zu einem Typenensemble aus, das die sozialen Reflexionen des Autors auf einer höheren Abstraktionsebene darstellt. Eine darauffolgend stattfindende Auseinandersetzung mit allgemeinen Gesellschaftstendenzen kann demzufolge nur Reaktionen aus dem entsprechenden gesellschaftlichen Zusammenhang hervorrufen. Daher ist der *Graf Ehrenfried* nicht nur als typisierter Grenzfall im Ständesystem zu verstehen, sondern im Sinne der Abbildung von sozialem Wertempfinden. Die Tatsache nämlich, dass sich Reuter nach der Erscheinung seiner Komödie nicht mehr lange in seiner beruflichen Position am Dresdener Hof hielt, zeigt die zum Allgemeinen erweiterten sozialen Prinzipien, welche im sozialen Kommunikationsraum stehen.

3.1.1 Leitbilder in der Gesellschaft

Für die Gespräche zwischen den Hofdienern des Grafen Ehrenfried wurde, wie es inzwischen nachgewiesen ist, festgestellt, dass sie sich aus dem persönlichen Leben Christian Reuters ableiten.[15] Der Gesprächsinhalt der Dialoge ist nämlich aus dem Zusammenhang der heranreifenden studentischen Reflexion zu verstehen, wie er sich in den Diskussionen in Studententreffpunkten herausbildet. Reuter lässt sein Komödienpersonal ebenfalls Themen ansprechen, die ihm aus Sammelplätzen seiner Studentenjahre bekannt sind, wobei die Rollenverteilung gleichzeitig aus seinen Wertevorstellungen abgeleitet wird. Allgemeine gesellschaftliche Reflexionen setzen sich dabei bestimmte Werte zum Maßstab, die einen künftigen sozialen Lebensraum in Erwartung stellen. Es ist zu erkennen, dass der finanzielle Aspekt über ständische Unterschiede hinweg zum Tragen kommt und jedes weitere Handeln beeinflusst. Dadurch, dass es den Lebensrhythmus bestimmt, bestimmt das Geld auch alle denkbaren Vorstellungen, die mit den alltäglichen Problemen in Verbindung stehen. Ein Aspekt ist in diesem

---

15 Siehe dazu das bei Günter Jäckel, *Christian Reuters Werke in einem Band*, en détail herausgearbeitete Studentenleben Reuters, S. 27

Zusammenhang sicherlich die Zeit, die benötigt wird, um zu Geld zu kommen, damit Probleme im Leben gelöst werden können. Als Argumentationsfolge ist eine solche von der finanziellen Perspektive aus darstellt. Ein weiterer Aspekt ist aber die Möglichkeit, den Zeitaspekt als eine allgemeine Kategorie zu deuten. Zum Ausgangspunkt der Argumentation gemacht und daran die Bemitteltheit dann angeknüpft, bestimmt diese die weiteren Lebensbedingungen.

> JOHANNES: Je, Momflere, wenn man Geld hat! Nu, da hast's!
> JUKUNDUS: Das ist wohl wahr, Bruder, allein man kann aber nicht allezeit vor Geld etwas bekommen, was man haben will, zumal wenn es außer der Zeit ist.[16]

Die finanzielle Lage, welche im Werk als die Grundlage aller sozialen Belange vorausgesetzt wird, dürfte wie die allgemeinhin bekannten Bezüge zu Christian Reuters Leben ebenso auf seine persönlichen Erfahrungen zurückzuführen sein. Da er seiner Abstammung nach aus eben der Gesellschaftsschicht stammt, die in seinem gesamten Werk thematisiert wird, tauchen die sozialen Probleme im Spiegel gerade ihrer eigenen Neuordnung auf.

Möchte man die sozialen Probleme der Übergangsphase aus der Feudalgesellschaft in eine bürgerliche charakterisieren, dann erscheint Reuters ewige Schülerschaft im Zusammenhang mit den Bestrebungen und den Aufgaben des Kleinbürgertums, das den niederen Adel als gesellschaftliches Ziel ins Auge gefasst hat. Seine satirisch-komische Note erhält das Verhältnis durch Christian Reuter selbst, dessen Charakter sowohl in seinem Lebenslauf als dann auch in seinen Werken zum Tragen kommt, wie es aus dem Merseburger Gymnasialzeugnis zu ersehen ist, das dessen Konrektor, der cand. theol. M. Georg Ilmer am 10.November 1688 ausgestellt hatte:

> Indulsit huic Inveni Reutero, sales et jocos benignior Natura, quos tamen ita temperavit, ut ab Honestatis regula non aberrarent; hinc Magnorum Virorum haud vulgarem sibi conciliavit gratiam.[17]

Ausschlaggebend für seine gesellschaftliche Position, die langjährige Gymnasial- und später Studienzeit, sind die umbrechenden sozialen Verhältnisse. Als Urenkel und unmittelbarer Nachfahre des einstigen Bürgermeisters von Zörbig, Andreas Rode, berief sich Christian Reuter auf seine Abstammung, um seinen Anspruch auf ein Studienstipendium zu bekräftigen. Seine Anstrengungen, sich durch den Geburtsstand finanziell abzusichern, erlebten aber erst im dritten Anlauf einen Erfolg. Im Vergleich zum finanziellen Aspekt motivierten den Zörbiger Magistrat Abstammung und Herkunft offensichtlich nicht in dem Umfang wie Reuter selbst. Trotz des Umstandes, dass die Familie Reuter nach dem

---

16 *Graf Ehrenfried*, II, S. 267
17 Witte, F.: *Geschichte des Domgymnasiums zu Merseburg*, II. T., Merseburg, 1876, S. 14

frühen Tod des Vaters mittellos geblieben war, bewilligt die Gemeindever-
waltung Zörbigs das Gesuch Reuters erst, als er Sinn und Zweck des Stipen-
diums mit dem ihm dadurch in Aussicht gestellten Studienabschluss verbindet,
und zwar mittlerweile in der Rolle eines Studenten.[18]

Nach dem bestandenen Examen und dem gesellschaftlichen Aufstieg
Reuters im Berufsleben wurde es ihm möglich, seine bis dahin gesammelten Erfahrungen in einem sozialen System zu reflektieren. Hiermit im Zusammenhang
erscheint sein dichterisches Werk als eine Art Kompensation für die angesam-
melten sozialen Spannungen, was sich aufgrund der autobiografischen Züge in
seinen Werken schließen lässt.

> Diese beiden Aufführungen des »Graf Ehrenfried« waren wohl Höhepunkte in
> Reuters Leben: machtlos mußten die Universität und seine alten Leipziger Feinde
> zusehen, wie er, geschützt vor der Dresdener Hofgesellschaft, in Leipzig trium-
> phierte."[19]

Der soziale Raum, den Reuter kennen lernte, bot ihm eine Fülle von Beispielen
gesellschaftlicher Verhältnisse. Sie ließen sich vor allem schon in jenen Kreisen
ausmachen, die zu dem Aufsteigen möchten, was im konventionellen Sinne als
vorbildlich begründet wird. Die Verbindung lokalisiert Reuter in traditionellen
gesellschaftlichen Festakten, welche über die ständische Unterteilung hinweg,
die Stände bzw. ihre Mitglieder als Gleichgesinnte oder als Ebenbürtige, Menschen mit gleichen Prädispositionen vereinheitlicht. Durch die soziale Gleichstellung Angehöriger verschiedener Stände, die sich in den natürlichen Bedingungen eines menschlichen Lebewesens begründet, wird die Ausgangsposition
jedes Mitglieds einer sozialen Gemeinschaft gleichgestellt. Somit sind die natürlichen Bestrebungen oder Triebe jedes Einzelnen naturgemäß auf dasselbe Ziel
ausgerichtet:

> KILIAN: Je, Bruder, werden wir auf der Hochzeit nicht fressen?
> DAMASTOR: Narre, heiß es doch keine Hochzeit, bei vornehmen Leuten
> nennt man es ein Beilager.
> KILIAN: Ei, mag es heißen, wie es will, wenn ich mich nur einmal recht satt
> fresse.[20]

Die sprachlich-stilistische Abstufung der Komödie entspricht sicherlich den
poetologischen Forderungen der Antike oder aber den Poetiken aus dem 17. Jh.,

---

18   Siehe dazu den Lebenslauf Christian Reuters in seiner Jugendzeit bei Schneider, Ferdi-
     nand Josef: *Christian Reuters Jugend*. In: Beiträge zur Geschichte der deutschen Lite-
     ratur. (Hrsg.) Th. Frings, Bd. 70, Heft 3, Max Niemeyer Verlag, Halle (Saale), 1998, S.
     459-466
19   Wolfgang Hecht, *Christian Reuter*, S. 46
20   *Ehrenfried*, III, 15, S. 325

die auf antiken Prinzipien fußen. Analog dazu werden die thematischen Inhalte als alltägliche problematisiert. Doch diese bis hinab zum natürlichen Trieb banalisierten Problemstellungen sind von der Standesfrage unabhängige Verallgemeinerungen und es handelt sich im Werk immerhin um den niederen Adel. Die poetologische Ständeklausel relativiert Reuter also dahin, dass er seine Personen allgemeingültige Prinzipien diskutieren lässt, sie aber in den ständischen Rahmen der Feudalgesellschaft einbindet.

Mit dem Gesuch Graf Ehrenfrieds an den König, seiner Vermählung mit einer Bürgerstochter stattzugeben, wird folglich der zentrale Konfliktbereich angesprochen, der vor allem soziale Implikationen besitzt. Damit ist der Grund für eine Kollision der Werte geebnet, die sich einerseits aus den allgemein menschlichen oder triebhaften (Gefühls-) Neigungen ergeben. Sie sind also nicht standesgebunden und folgen andererseits den durch das Feudalsystem auferlegten Prinzipien. Der Wertekonflikt wird auf diese Weise zwar auf einer allgemeinen Ebene postuliert; er wird nicht durch die Anbindung an einen Stand spezifiziert und doch wird der Wertekonflikt von sozialen Strukturen geleitet, die von der Standesfrage abhängig gemacht werden. Also wird die Austragung sozialer Konflikte in den ständischen Grenzbereichen lokalisiert.

In den Reuterschen Werken, die vor dem *Graf Ehrenfried* stehen, wurde das aufsteigende Bürgertum thematisiert, hier ist es nun die niedere bürgerliche Schicht, die sich um den niederen Adel an der Hofgesellschaft sammelt. Ähnlich wie schon im *Schelmuffsky* verschiedene Vorstellungen von gesellschaftlichen Werten kontrastiv gegeneinander ausgespielt wurden, ist das gemeinsame, verbindende Merkmal die Sprache. Sie erhält eine soziale Dimension. Ihre soziale Determinante ist natürlich grundlegend. Das Neue bei Reuter ist aber die soziale Angleichung der Stände über die Sprache.

> Das Hohe, Pathetische und das Niedere, Umgangssprachliche, für das ganze 17. Jahrhundert unüberbrückbare Gegensätze, werden hier, im Stil Schelmuffskys, zusammengefügt: Einen Karpfenschmaus bezeichnet Schelmuffsky in der ersten Komödie (III, 10) als ein „galant Fressen". Der Gegensatz zwischen unverdautem neumodischen Vokabular und einheimischer Grobheit auf der Grundlage der obersächsischen Umgangssprache, die damals als vorbildlich galt, ist der Ton Schelmuffskys ebenso bezeichnend wie die sprachliche Beschwörung einer vornehmen Welt und der lässig-hemdsärmeligen und zugleich überheblichen Art, darüber zu sprechen.[21]

Im *Graf Ehrenfried* wird die Konfrontation der sozialen Ebenen innerhalb der Sprache beispielhaft am sozialen Gefüge des menschlichen Wesens illustriert. Auf die fremdsprachige Wendung des Hofdieners Johannes, die sich dem höfi-

---

21   Günter Jäckel, *Christian Reuters Werke in einem Band*, S. 21

schen Umfeld anpasst, entgegnet seine Frau in einer umgangssprachlichen Redewendung und drückt dabei ihre Zufriedenheit aus.

JOHANNES: De gratias, Momflere. *Ruft seine Frau:* Dicke! Dicke![22]

Kommunikationsprozesse dieser Art legen unterschiedliche Gesellschaftsprinzipien offen. Die Neigung zu gesellschaftlicher Affirmation zu gelangen, erkennbar an der Haltung des Dieners, ist ebenso vorhanden, wie ein persönlich gehaltenes Verhältnis, das sich von einer durch gesellschaftliche Konventionen vorgegebenen Kommunikation absetzt. Die Antwort seiner Frau veranlasst Johannes, sich rückwendend derselben Sprache zu bedienen, mit der er von ihr angesprochen wurde. Gesellschaftlich festgesetzte Werte (hier wird an eine gut gestellte finanzielle Lage erinnert) gehen in persönliche Verhältnisse über und werden zu einem Bestandteil derselben, was sich bei Johannes heraushören lässt: „Dicke! Lauter Dukaten."[23] Doch, wie er sich an das Küchenpersonal wendet, lässt bei Johannes erneut gesellschaftlich geprägte Kommunikationskategorien sichtbar werden. Da er sich innerhalb des ihm entsprechenden Standes bewegt, entfernt er sich von einer ausschließlich persönlich gehaltenen Kommunikation. Soziale Eigenschaften bleiben dennoch aber erhalten.

JOHANNES: Dicke, geh du nur und mache die wilde Schweinskeule zurechte.[24]

Die Verwendung eines Ausdrucks, hier „Dicke"[25], in unterschiedlichen sozialen Kommunikationsebenen kündigt eine Umgestaltung der Literatursprache an, das sogar die funktionellen Eigenschaften der Literatur verändern soll. Die Funktion des literarischen Verfahrens der Nachahmung untersuchend, wird Lessing später in seiner *Hamburgischen Dramaturgie* feststellen, dass jegliche Identifikation stets über die Sprache vermittelt wird. Ihm zufolge kann kein Auftritt, der einen offiziellen Anklang hat, den Effekt einer Identifikation hervorrufen, auch nicht für den Fall, dass er mit einem bestimmten Protokoll im Einklang gebracht wurde, denn er hat nichts Natürliches an sich. Natürlich ist nur die Sprache, mit

---

22 *Graf Ehrenfried*, II, 1, S. 268
23 A. a. O., S. 269
24 Ebda.
25 Das Adjektiv „dick" kann neben der sonst üblichen Bedeutung von „umfangreich", „üppig" oder „vollleibig" umgangssprachlich gleichfalls „ausreichend" oder „im Übermaß" bedeuten. Siehe Eintrag 'di|cke' <Adv.> [mhd. dicke, ahd. dicco (Adv. von ↑dick) = oft, häufig] (ugs.): *reichlich, vollauf [genug]*: d. genug haben; wir kommen mit den Vorräten d. aus; das reicht dicke; * **jemdn., etwas d. haben** (salopp; *jemds., einer Sache überdrüssig sein*). In *Duden, Deutsches Universalwörterbuch*, Dudenverlag, Mannheim, Leipzig, Wien, Zürich, ⁶2006, S. 399, Sp. 1

der in „vier Wänden"[26] gesprochen wird. Lessing erwähnt in seinen Überlegungen zwar nicht die aristotelische Wiedererkennung, die „Anagnorisis" und beschäftigt sich vor allem mit der „Furcht" und dem „Mitleid", wie er „Phobos" und „Eleos" letztlich übersetzt hat. Damit hat er eigentlich aber die Inhalte ausgesprochen, ja systematisiert, die schon bei Christian Reuter anwesend waren. Da in dieser Arbeit vornehmlich Komödien untersucht werden, können funktionelle Eigenschaften, die man aus der Tragödie kennt, nur in seltenen Fällen für das Verständnis von sozialen Verhältnissen in Komödien etwas beitragen. Für die Bedürfnisse unserer Arbeit genügt es vorerst, uns an den sprachlichen Merkmalen aufzuhalten.

In der gesprochenen Sprache kann sich der Gebrauch und natürlich auch die Bedeutung eines Ausdrucks ändern. Durch den Übergang eines Ausdrucks aus einer Sprachebene, beispielsweise einer Fachsprache, in eine andere wie es, sagen wir Mal, ein Jargon ist, ändert sich hauptsächlich die semantische Struktur des Ausdrucks. Unabhängig davon, ob dadurch bestimmte Elemente der Bedeutung unterstrichen oder sie abschwächt werden, können wir jedenfalls gewisse Bewegungsrichtungen erkennen und so neue gesellschaftliche Tendenzen. Lessings Angleichung der Stände anhand des Sprachgebrauchs führt eigentlich zur Schlussfolgerung, dass es sich hier lediglich um die Modalitäten eines gegenseitigen sprachlichen Umgangs handelt.

Im Unterschied zu den regelmäßig ausgebildeten Formen in der Dramendichtung rückt Reuter Randerscheinungen aus ständischen Grenzgebieten in den Mittelpunkt seiner Betrachtungen. Die Unterscheidung der Stände aufgrund des Sprachgebrauchs wird überflüssig. Dasselbe gilt auch für die Motive. Während sie sich noch in den Jahren zuvor mittels einer stilistisch verfeinerten Sprache ausbildeten, auf der Suche nach verdeckten Bedeutungen ausgedrückt in einer Vielzahl an Figuren, sollte ein hoher Sprachstil zu ebenso erhöhten Inhalten anlangen. Doch die Tendenzen, neue Bedeutungen anhand der konnotativen Verdichtung und durch ihre Stärkung zu erkennen, werden die ständischen Grenzen verhärten. Sowohl die Handlung als auch die Sprache, die in den Grenzraum zwischen den Ständen und dem Übergang eines in den anderen versetzt sind, sollen die höheren Stände zusammen mit den von ihnen definierten Inhalten gleichsetzen mit Menschen von einer einfacheren Sprechweise. Denotationen von Bedeutungskonstruktionen erinnern womöglich an die Erscheinung einer Antiklimax, wie sie bei Srdan Bogosavljević beschrieben ist.[27] Die Phrasen, die

---

26   Gotthold Ephraim Lessing: *Hamburgische Dramaturgie*, Reclam Verlag, Stuttgart, 1999, S. 304

27   Srdan Bogosavljević: *Antiklimaks*. Biblioteka Tumačenje književnosti 15, Zavod za udžbenike i nastavna sredstva, Beograd 2003.

im *Graf Ehrenfried* benutzt werden, bewegen sich in eben diese Richtung. Eine Redewendung, die eigentlich nirgendwo hinweist, deren Bedeutung etwas ausdrückt, das niemand kennt, bzw. „wer weiß das schon" oder „weiß der Teufel was", verweist doch auf etwas, wovon sich die Menschen eigentlich abgrenzen. Das stammt wiederum von der stärker konnotierten Wendung „zum Teufel damit" ab. Mit dem Tausch des Teufelsymbols mit der Vorstellung eines Henkers wird die Bedeutung teils „degradiert" (weiß der Henker was) oder, wie es Bogosavljević sagt:

> (...) eine Abstufung einer entweder objektiv anwesenden oder aber subjektiv bestimmten semantischen Komponente dargestellt, die den „versammelten" Einheiten den Status einer abstufenden Gradationsfolge verleiht.[28]

Die Frage, auf die wir eine Antwort schuldig geblieben sind, ist die Funktion eines solchen Verfahrens. Alle relevanten Funktionen, die der Antiklimax zugesprochen werden wie auch der Kategorie „Bathos", die Bogosavljević in diesem Zusammenhang anspricht, bilden einen kontrastiven Gegensatz zweier scheinbar nicht zu verbindender Bedeutungen, der gleichzeitig dahin tendiert, diese mehr oder weniger zu vereinen.[29] Ungeachtet des Umstandes, dass wir in diesem Werk Christian Reuters eine solche Form des Gegensatzes, der Bedeutungen miteinander konfrontiert, nicht ausfindig machen können, so können wir eine Art Denotation dennoch feststellen. Mit einer Bedeutungsschwächung in Bezug auf die Todesidee (*Teufel* bzw. *Henker*) werden Vorstellungen über Motive evoziert, die vor allem zz. des hochbarocken Stils vor Bedeutung sind. Der Dreißigjährige Krieg gehört schon zur Geschichte, ansteckende Krankheiten und Epidemien sind vergessen. Die Schattenseite des Lebens scheint überwunden zu sein. Es bleibt nur eine Idee über den Tod, die mit der Vergessenheit konzeptuell verbunden ist. Die Denotation der Bedeutung vom Tod ist im semantischen Zusammenhang humanisiert, mit einer Trennung von außermenschlichen dunklen Mächten (*Teufel*) nähert man sich dem Leben in Form eines anonymen Menschen an (*Henker*). Einst ein literarisches Hauptmotiv, die Vergänglichkeit, wandelt sich und gerät in Vergessenheit.

Den Moment der Anonymität verbindet Reuter in seinem Denotationsverfahren mit einer neuen Bedeutung als einem natürlichen Schritt zu neuen subjektiven Inhalten, mit Geld: „[...] denn es weiß kein Henker nicht, wo er das Geld alle hintut."[30] Er kündigt sogar einen neuen Schritt an in Richtung Bedeutungsabstufung. Der Kuckuck, der das Ausbrüten „vergisst" und seine Eier einem anderen Vogel überlässt, ist der nächstfolgende Denotationsschritt (weiß der

---

28 A. a. O. S. 40
29 A. a. O. S. 70 und 141
30 *Graf Ehrenfried*, I, 3, S. 245

Kuckuck was). Während der Kuckuck in der Komödie selbst nicht direkt angesprochen wird, erinnert die Vorstellung, die Verbindung zum Vogel, einer Naturerscheinung, welche die Menschen angenehm unterhält, an das Verschwinden von Gegenständen und von Geld und bewegt sich weiter in Richtung Bedeutungsschwächung:

> Er hat zwar auf meine Rekommendation einen Kammerjungen angenommen, welchen er nur seinen Hausdieb nennet. Derselbe Vogel hat ihn auch schon so viel verschleppt (...)[31]

Reuters Komödie gibt ein beispielhaftes Bild dafür, wie die Lebendigkeit einer Sprache neue Bedeutungskategorien entstehen lässt. Die literarisch verwendete Alltagssprache gibt uns das zeitgenössische Leben wieder. So stellen uns auch die Helden in den Komödien von Reuter das dar, was wir Heute eigentlich als Standard bezeichnen. Die Kleidungskultur und die Präsentation des eigenen Wesens mithilfe eines äußeren Aussehens entwickeln sich zu allgemeingültigen Kategorien und sind nicht nur ein Merkmal zur Unterscheidung von Ständen. Selbst die Zugehörigkeit zum Adelsstand ist zu einem Merkmal evoluiert, das die von der Natur gegebenen Unterschiede überwindet und mit dem käuflichen Erwerb von Titeln wird der Grundsatz des Erbstandes relativiert.[32]

> Die Beispiele aus Reuters Komödien dürften wohl auf Wahrheit beruhen. Zugleich streben sie trotz ihres groben, einfältigen Betragens nach einer „galanten" Lebensführung. Sie kleideten sich à la mode und wollten, wie damals viele reiche Familien in Leipzig, in den Adelsstand erhoben werden.[33]

Folgen wir nun dem Bathosprinzip als einem Prinzip der Verschmelzung in allgemeine Kategorien, dann kommt das Absinken von Bedeutungen der Kennzeichnung von Werten gleich. Erschüttert durch die sich immer noch nicht ausdifferenzierten Werte und sie im Allgemeinen sowie auch teils konventionell aneignend, lässt die Gesellschaft in ihrer Erscheinung insgesamt erkennen, dass die Prinzipien der eigensprachlichen Entwicklung ebenso für die Gesellschaft selbst gelten. Die Sprache reflektiert in diesem Fall eine gegenseitige Angleichung der Werte, während die absinkende Tendenz ihrer Bedeutungen das Gesellschaftsbild in Klamauk umwandelt. Mit der Namensgebung verteilt Reuter die Rollen ähnlich wie wir sie in Gryphius' Komödie *Horribilicribrifax* kennengelernt haben. Die Funktionsträchtigkeit der Personen wird über ihre Namen gewährleistet. Mit der Bedeutung des 'erschöpften', 'entkräfteten', 'ermatteten' erlangt die Person MARODE ihre gesamte Bedeutung erst im Gespräch mit der Person FORTUNATUS. In der Bedeutung eines aus dem Lateinischen entlehnten Aus-

---

31 Ebda.
32 Siehe Abschn. 1.3.2. der vorliegenden Untersuchung, S. 176 f.
33 Günter Jäckel, *Christian Reuters Werke in einem Band*, S. 9

drucks korrespondiert der an Glück erinnernde Name mit Inhalten aus dem Gespräch mit MARODE, in dem diese eine Hasen- und Fuchsjagd beschreibt. Zusammen auf einer Eiche sitzend, spielt das Wild miteinander! Das Glück war aufseiten der Jäger und mit einem Schuss erlegte man drei Hasen, während die schlauen Füchse, Feuer riechend, sich zum Glück zur rechten Zeit davon machten:

> MARODE: Was will sich der Herr Kapitänleutenant darüber verwundern! Habe ich doch mit einer Büchse hier drei Hasen auf einen Schoß auf einer Eiche geschossen; und wenn ich dazumal nur gut Zündkraut hätte auf der Pfanne gehabt, daß es geschwinde wäre losgegangen, so hätte ich wohl noch ein paar Füchse mit ergattern wollen. So aber brannte es langsam ab, und als die schlauen Füchse das Feuer rochen, marschierten sie fort. Die drei Häschen aber mußten Haare lassen.
> FORTUNATUS: Füchse und Hasen auf einer Eiche?
> MARODE: Ja, mein Herr Kapitänleutenant, auf einer Eiche saßen sie und spielten miteinander.[34]

Doch gleichsam der Charakter des Gesprächs selbst ist von einem ausbleibenden Inhalt gezeichnet. Wie es der Name „Marode" an sich schon sagt, ist die gesellschaftliche Relevanz von Geschichten über große Unterfangen erschöpft. Für die breiten Volksmassen ist die Bedeutung von großen Vorbildern gleichfalls noch nicht zugänglich. Der Lautzusammenhang und die gemischte Qualität der Selbstlaute im Namen der Dienerin Mummelmärten erinnert an ein Gemurmel.[35]

> MUMMELMÄRTEN: (...) Wer nun Lust und Belieben hat, sein Glücke in meines Herrn seiner Schlotterie, oder wie er auf lateinisch sen Glückstopf nennet, probieren will, der kann nur, wenn die Bude eröffnet wird, herbeikommen.[36]

Durch die Verwendung des lateinischen Ausdrucks für ein Glücksspiel wird das große Vorbild volksprachlich dem Spott preisgegeben. Folkloristische Elemente in Konfrontation mit fremden Vorbildern verstanden als historische Werte zeigen eigentlich deren gegenseitige Angleichung mit dem Fortschreiten der Zivilisation und Kultur.

---

34   *Graf Ehrenfried*, I, 1, S. 241
35   Siehe Eintrag 'Märte' in Duden, *Die deutsche Rechtschreibung*, Bd. 1, Dudenverlag, Mannheim, Leipzig, Wien, Zürich, [23]2004, S. 634
36   *Graf Ehrenfried*, II, 3, S. 304

3.1.2 Nützlichkeitsdenken

Die Erscheinung einer gewissen Kultur, die sich an die Geschichte der Bräuche eines Volkes stützt sowie an die sich eingelebte Praxis und auch die Geschichte fremder Einflüsse, anderer Völker, Kulturen oder aber von Außen einwirkender Einflüsse, der Geschichte selbst, wirft die Frage von Ergebnissen einer solchen interaktiven Erscheinung auf. Reuter kommt nur an einer Stelle auf Geschichte zu sprechen; mit der Parodie auf den Glaubenswechsel von König August stellt sich im gebotenen Kontext die Frage nach dem Zweck eines solchen:

> (...) parodiert doch diese Szene (III, 10) kühn den Konfessionswechsel Augusts des Starken, der im Jahre 1697 katholisch geworden war, um die polnische Königskrone erwerben zu können.[37]

Die Entscheidung von König August ist jedenfalls politisch motiviert, was erneut verschiedene Deutungsmöglichkeiten zulässt. Die Interpretationen bewegen sich von der Absicht Reuters, die führenden Gesellschaftsschichten zu kritisieren, sich einzelnen gesellschaftlichen Erscheinungen kritisch zuzuwenden, welche als solche das sich verfestigte normative Gefüge relativieren. Letztlich ist da noch die Reflexion solcher Erscheinungen sowie derer, die auf einen gewissen Mangel an gesellschaftlichen Normen verweisen. Aber all dies – Reuters gesellschaftlichen Stand eines höfischen Beamten berücksichtigend – setzt eine affirmative Haltung voraus. Die Annahme, Reuters Werk wäre auf Wunsch der höfischen Gesellschaft entstanden (mancherorts wird in der erschließenden Literatur auch dieser Standpunkt vertreten),[38] könnte darauf gegründet sein, dass die technischen Mittel und die Komödienform sich von einer gewöhnlichen Unterhaltung entfernen, die für ein höfisches Publikum bestimmt ist. Bedeuten würde solches aber, das die Akzente in dieser Komödie auf andere Wesensmerkmale gesetzt wurden, welche einer Aufführung eigenen sind.

> Vielleicht erklärt sich auch die Tendenz zum Opernhaften in der Bühnenausstattung und in der Einbeziehung von Gesang und Tanz – F. J. Schneider bezeichnete daher »Graf Ehrenfried« als Ballettkomödie (...) – aus den Wünschen der Hofgesellschaft.[39]

Versteht man Reuters Werk *Graf Ehrenfried* nun tatsächlich als eine Ballettaufführung in Komödienform, so müsste man es als eine Art Zwischenspiel qualifizieren. Solch eine Ansicht konzentriert sich auf Balletttänze zwischen den

---

37 Wolfgang Hecht, Seite 46 beruft sich auf Witkowski: *Geschichte des literarischen Lebens in Leipzig.* 1909, S. 345

38 Wolfgang Hecht, *Christian Reuter*, S. 47 (Ferdinand Josef Schneider, ZfdPh. 62, 1937, S. 74).

39 Ebda.

Akten, wie es schon beim Gryphius' Schauspiel *Majuma* zu erkennen war. Die Gemeinsamkeiten des *Balletts von alten Trödelweibern* zwischen den Akten I und II und des Balletts von Nachtwächtern zwischen den Akten II und III können nur in einer allgemeinen Bedeutung miteinander verbunden werden. Ein Ansatz dazu wäre eventuell der Umstand, dass die Funktion dieser Zwischenspiele identisch ist, mit der, wie sie bei Andreas Gryphius anzutreffen war. Während der Vorhang herabgelassen wird, bekleiden sich die Nachtwächter in Reuters Komödie als Balletttänzer. Das Lichtmotiv bzw. das Motiv der Nacht ruft die einstigen Motive der Dunkelheit und des Lichts in Erinnerung, die zz. des Hochbarock ihre volle stilistische Blüte erreichten. Da in diesem Fall eine Komödie sich die Verhältnisse in der Gesellschaft zum Thema macht, gekennzeichnet sonst in abstufenden Tendenzen, scheint es, als ob hier im Dunkeln getappt wird. Allerdings wird das Motiv der Dunkelheit zu einer Hypothese umgewandelt mithilfe der Charaktere von Personen, der sprachlichen Mittel sowie mit einer dem Thema entsprechenden dramatischen Form bzw. es soll den komödiantischen Effekt unterstützen.

3.2 Literarische Typenbildung

Eine womöglich weitergreifende Charakterisierung oder genauere Umschreibung der Komödie im Spezifischen lässt sich mit Motiven, abgeleitet aus solch einem Rahmen, nicht durchführen. So verbleibt nur die Möglichkeit, es über die Art und Weise der Personengestaltung zu erreichen. Ereignisse, Beziehungen, Situationen, die sich aus dem Inhalt ableiten und sich aus dem Charakter einer der Personen im Stück ergeben, verweisen auf Kontinuitäten, welche noch aus der Zeit vor der Entstehung der zentralen Dichtungsmotive im 17. Jh. stammen. Ähnliches ist bei Andreas Gryphius festzustellen. Reuter knüpft, wohl in Anlehnung an sein Vorbild, an die Schwankdichtung aus dem 16. Jh. an, an Folz, Rosenplütt und Hans Sachs. Im Vergleich zum 16. Jh. verleiht Reuter der Form einen neuen Inhalt.

> Reuter greift dabei auf das Erbe des 16. Jahrhunderts zurück, auf Fischart und die Schwankverfasser; aber er erfüllt es mit einem neuen Inhalt, Satire und Komik sind nicht Selbstzweck, sondern erhalten ihre Bedeutung erst von der Zentralfigur her.[40]

In diesem Fall verkörpert der Held keine neuen ethischen Wertvorstellungen im Vergleich zu den geltenden Konventionen in der Gesellschaft. Er ist sozusagen ein Repräsentant der Summe aller Gesellschaftsideen, die den Werten zustreben,

---

40   Günter Jäckel, *Christian Reuters Werke in einem Band*, S. 20

welche im Konsens in die Gesellschaft eingegangen sind. Gleichzeitig repräsentiert er aber auch das Funktionieren derselben in den breiten Massen des Gesellschaftssystems.

3.2.1 Sozialtyp Mensch

Als Teil des Gesellschaftssystems ist die Manier des Menschen im eigenen
Funktionieren stets seine Reaktion auf Situationen, die vom Gesellschaftssystem
vorgegeben sind. In diesem Sinne kann der Mensch sich von seinem sozialen
Wesen nicht abgrenzen, weil er letztendlich ein Ergebnis von Einflüssen gesellschaftlicher Normen ist. So bieten Reuters Personen auch keine konsistente Diskussion zu den menschlichen Perspektiven im gegebenen Wertesystem. Sie sind
vor allem das Produkt eines vielschichtigen Umfeldes. Reuter schafft weder eine
Karikatur des menschlichen Bestehens in einer bestimmten Gesellschaftseinrichtung, noch schafft er eine Projektion von dessen Entwicklung in der Dynamik,
wie sie sich aus den Regeln des entsprechenden Gesellschaftssystems ergibt.
Der Mensch stellt sich einfach nur als Wesen vor, dessen Bestand sich mehrfach
ausformt.

> Reuter bekommt, da keine persönliche Satire ihn zu stärkeren karikaturistischen
> Vereinfachungen und Verkürzungen zwingt, einen Blick für das Komplexe eines
> menschlichen Seins.[41]

Reuter lässt noch am Titel seiner Komödien ein bei ihm sich schematisch einge-
bürgertes Verfahren erkennen. Sieht man mal davon ab, dass sich Reuter in jedem seiner Titel an Personen hält, die ihm aus seinem Leben persönlich bekannt
sind, so bilden die Titelhelden seiner Werke dennoch nicht den Mittelpunkt allen
Geschehens. Anna Rosine Müller stellt vielleicht den Anlass für Reuters erste
Komödie dar, und in der Person Schlampampe ist womöglich auch die Ursache
für die Ereignisse in der Komödie zu suchen. Als konzeptueller Mittelpunkt
zieht die Person Schelmuffsky eventuell alle Aufmerksamkeit im Roman ausschließlich auf sich selbst. Aber die Fragen zur Deutung der biografisch belegten
Erscheinungen in Reuters Leben, welche, abseits betrachtet, lediglich eine simp-
le Lebensbeschreibung erkennen lassen, werden im letzten Reuterschen Werk
relativiert. Die Person des Grafen Ehrenfried gibt sehr klar zu verstehen, dass es
sich ausschließlich um Menschen als Typen im Gesellschaftssystem handelt.
Demnach ist die typisch einzuordnende Erscheinung einer bestimmten Person
ebenso ein Produkt der in der Gesellschaft gültigen Werte.

---

41   Wolfgang Hecht, *Christian Reuter,* S. 49

Die Deutung muß, wie schon bei den Schlampampedramen und dem »Schelmuffsky«-Roman, bei der Titelfigur beginnen. Auch diesmal wieder geht Reuter von einer lebenden Persönlichkeit aus, aber ebenso wenig wie Frau Schlampampe und Schelmuffsky naturalistische Portraitzeichnungen lebender Vorbilder waren, kopiert auch die Dramenfigur Graf Ehrenfried, trotz aller Treue im Detail, nicht den sächsischen Adeligen Georg Ehrenfried von Lüttichau in seiner äußeren individuellen Erscheinungsform, sondern repräsentiert einen Menschentyp.[42]

Mit der Drohung, jeden öffentlich zu peinigen, der die Zeit seines Herren unnütz vertreibt, erhebt Fortunatus, des Grafen Sekretär für die Kommunikation mit dem Volk – einem Vorläufer des Regierungssprechers von Heute – seinen Arbeitgeber zur Institution. Wie sich die Kommunikation in einen öffentlichen Raum projiziert, so werden auch die Kommunikationsinhalte zum öffentlichen Gut. Unabhängig von der Qualität oder der Umsetzungsmodalitäten i. e., wie die Werte in der Gesellschaft zum Ausdruck kommen, die Institutionen werden einfach nur durch ihr Bestehen zur sozialen Maßgabe. Kommt die ihnen eigene Repressivität noch hinzu, dann kann man unter Umständen davon sprechen, dass es sich hier um ein Verfahren handelt, welches soziale Wertmaßstäbe setzend institutionsbildend wirkt.

FORTUNATUS: Das tut, und saget denen Leuten, daß sie ohne Vorbewußt meines Herrn kein Getrödele mit seinen Sachen vornehmen sollten, oder mein gnädiger Herr würde sie auf öffentlicher Gasse in den Bock spannen lassen.[43]

Es wird die Perspektive, aus welcher der Blick auf die Gesellschaft gerichtet ist zz. des Übergangs vom 17. auf das 18. Jh., nun richtungsweise angeglichen. Aus der Perspektive des bürgerlichen Aufstiegs betrachtet, werden die Werte, ihrer Äußerlichkeit angeeignet, der Lächerlichkeit preisgegeben und aus der Perspektive des verfallenen Adels lässt die hinfällige Äußerlichkeit den eigenen Gehalt anachronistisch und damit lächerlich erscheinen.

Graf Ehrenfried ist die Umkehrung der Frau Schlampampe: „Dort war es das emporgekommene Bürgertum, das in lächerlicher Weise über die Stränge schlug, und hier ist es der herabgekommene Adel, der sich für seine Lebenshaltung einen Rahmen zieht, den er weder mit seiner äußeren, noch innern Existenz mehr auszufüllen vermag: also soziale Lebenslüge in dem einen wie andern Falle.[44]

Die Personen sind in ihrer Erscheinung nicht mehr dazu fähig, bestimmte Werte zu repräsentieren. Das, was sie bieten können, ist ein verstelltes Bild von sozia-

---

42 A. a. O., S. 48
43 *Graf Ehrenfried*, I, 3, S. 245
44 Wolfgang Hecht, *Christian Reuter*, S. 48 (Universitätsrede, S. 24)

len Werten, wobei die Funktion eines Menschen im System verstellter Werthaftigkeit erst in der Perspektive der Typenbildung erwägt werden kann.

3.2.2 Literarisch figurierende Type

Die Erscheinung einer bestimmten Person in einem literarischen Werk, die durch Akzentuierung gewisser Charakteristiken in einen spezifischen Typ verwandelt wird, vereint zunächst zwei in sich gegenläufige Eigenschaften. Trotz der spezifischen Eigenheiten eines bestimmten Typus stellt er eigentlich allgemeine Charakteristiken dar im Vergleich zur Person, welche mit ihrer Erscheinung dahingegen spezifische Merkmale aufweist. Die Verbindung dieser disparaten Erscheinungen in einem Charakter, spezifisch in der Person, deren Charakteristiken verallgemeinert einen Typus darstellen, kann zum Rückschluss führen, dass die Charakteristiken, die sich mittels Abstraktion verwirklichen, nur im Allgemeinen von Bedeutung sind. Damit ist dann auch eine Grundlage gegeben in der erschießenden Literatur, Personen wie Schelmuffsky und den Grafen Ehrenfried in einer „Bramarbas"-Erscheinung zu vereinheitlichen.

> Ähnlich wie Schelmuffsky ist daher auch Graf Ehrenfried in die Tradition des barocken Bramarbas gestellt worden.[45]

Außer der Anlehnung an literaturgeschichtliche Typen sollten auch gewisse technische Merkmale berücksichtigt werden, die eine Typenbildung unterstützen. Jede Beschäftigung mit Merkmalen, die ausschließlich an den Personencharakter gebunden sind, ist im Ansatz vereinfacht und vernachlässigt die Möglichkeit verschiedener technischer Lösungen, welche der Bildung einer Handlung dienen. Der Handlungsträger in Reuters erster Komödie *Ehrliche Frau*, die Person der Frau Schlampampe, leitet mit ihren Charakterzügen jegliche Handlung im dramatischen Geschehen. Zur nuancierten Charakterbildung verlangt diese Lösung allerdings eine Auffächerung der Handlung. Literarische Gattung wie auch deren epische Eigenschaft entsprechen im Roman *Schelmuffsky* ihrem Zweck. Mit der Abfolge verschiedener Situationen schafft Reuter durch die Bildung von in sich geschlossenen Reihengeschichten den spezifischen Charakter seines Helden. Reuter verfährt später in der Komödie *Graf Ehrenfried* auf dieselbe Weise. Das kann man daran bemerken, dass der Personencharakter bzw. der Heldencharakter eher einem epischen denn einem dramatischen entspricht.

---

45   Wolfgang Hecht, *Christian Reuter,* S. 48 nach Holl, Karl: *Geschichte des deutschen Lustspiels.* Weber, Leipzig, 1923, 1923, S. 115

Die Tendenz zur Charakterkomödie, wie sie bereits der »Ehrlichen Frau« eigentüm-lich war, hat sich in »Graf Ehrenfried« noch verstärkt. Nur ist Reuter diesmal den Gefahren, die jedem sogenannten Charakterdrama drohen, noch weniger entgangen als in der »Ehrlichen Frau«. Um der Vielschichtigkeit und Differenziertheit Ehren-frieds willen splittert er das Drama in Episoden auf, ohne daraus einen, auch für das Charakterdrama unabdingbaren dramatischen Vorgang zu organisieren. Daß Reuter sich so häufig erzähltechnischer Mittel bedient, die deutlich an die ‚Reihen-Geschichten' des »Schelmuffsky« erinnern, mag seinen Grund auch darin haben, daß Graf Ehrenfried als Don-Quichote-Typ (womit keine literarische Abhängigkeit oder gar eine künstlerische Ebenbürtigkeit, sondern allein eine typologische Ver-wandtschaft gemeint ist) seinem Wesen nach mehr eine epische Gestalt als eine dramatische Figur ist.[46]

3.3. Die Manifestation von Gegenwerten

Sich in der Praxis der Dramendichtung von dem entfernend, wie die Dramen üblicherweise gestaltet wurden, führt Reuter nicht nur neue technische Lösungen ein. Die Dramenform, die sich im 17. Jh. nach den sonst strengen Aristote-lischen Regeln richtete, nähert sich stilistisch noch zusätzlich der Wirklichkeit an. Zudem wird mit dem volkssprachlichen Humorverhältnis, so Günter Jäckel, ein neues Verhältnis zum hohen Stil der Barocktragödie geschaffen:

> Die Bedeutung der lustigen Personen liegt aber darin, daß der Dramenstil der Wirk-lichkeit angenähert wurde, indem ein volkstümlicher Humor das hohle, deklamato-rische Pathos der Barocktragödien dem öffentlichen Gelächter preisgab.[47]

Während die ehrliche Frau Schlampampe als Hauptperson in Reuters erster Komödie jene Funktion übernimmt, welche die einhergehende Normenstruktur darstellt und sie ihre Repräsentation anstrebt in der Weise, wie es in der Form dem Protokoll entspricht, werden die Werte und deren Umsetzung in der Gesell-schaft (sie werden mit der Hauptperson und dem Helden Schelmuffsky im zweiten Teil, mit der Weltreise, thematisiert) in deren allgemeiner Bedeutung für jeden Einzelnen, für jedes Gesellschaftsmitglied aufgezeigt. Mit der An-passung an die soziale Wirklichkeit gleichen sich das Erreichen von allgemeinen Bedeutungen in einer abstufenden Bewegungsrichtung in der sozialen Hierar-chie und die Schwächung der stilistischen Intensität an. In der Welt der dritten Komödie *Graf Ehrenfried* sind die Veränderungen schon festgelegt worden. Der Perspektivwechsel betrachtet aus dem Blickwinkel des untergehenden Adels, entmystifiziert die Symbole der deklamierten Werte. Gewissermaßen nur durch Geld bedingt, sind die Mittel zu Repräsentation jedem zugänglich geworden.

---

46   A. a. O., S. 49 f.
47   Günter Jäckel, *Christian Reuters Werke in einem Band*, S. 11

Die Symbole der Standeszugehörigkeit werden sogar verpfändet, um Mittel zu beschaffen, die, den Bedürfnissen entsprechend, den Bestand des Einzelnen in der Gesellschaft sicherstellen.

> Der liebe Graf vertut selbst so viel, und wenn es denn nicht zulangen will, so heißt es: „Herr Kapitänleutenant, schafft Rat, geht, nehmt mein Kleid, meine Halskrause, meinen Degen, meine seidenen Strümpfe, versetzt es verschachert es, denn ich muß Geld haben."[48]

Schon im Werk Christian Weises trifft man auf das Erwachen eines ökonomischen Rationalismus. Der Deutung Claus-Michael Orts zufolge wird der Abbruch mit den bis dahin angeeigneten Normen im erwähnten Theaterstück Weises, dem *Massaniello*, in der Person Allegro beschleunigt mit dem ökonomischen Verständnis eines Narren.[49] Auf ähnliche Art und Weise wird die Ambivalenz solch eines Standpunktes später in Feinds Satire aus 1709, *Lobe der Geld-Sucht*, bestätigt. Als Kritik der Affekte kann diese, wie Claus-Michael Ort es dezidierterweise belegt, mittelbar auch als Anerkennung der rationalisierenden Wirkung einer Geldwirtschaft verstanden werden.[50] Noch sind die tektonischen Veränderungen im Gesellschaftssystem im Gange. Eine Ausweitung der Werte aus den Gesellschaftsschichten, welche unlängst privilegiert waren im Vergleich zu den ihnen unterstellten, sieht sich natürlich mit Kräften konfrontiert, die den Verlust der Privilegien versuchen zu verhindern. Wieder einmal bestätigt sich das Prinzip der Veränderungen von oben herab. Die Tatsache, dass es sich um ein Prinzip handelt, versteht eine gewisse Reflexion gleichfalls innerhalb jedes einzelnen Standes, so auch innerhalb des Adels. An den Angehörigen des privilegierten Standes zeigt sich, dass die Bewegungen innerhalb der Gesellschaft von allgemeiner Bedeutung sind; die Verhältnisse werden nun auch innerhalb des eigenen Standes neu definiert. Was sollte Graf Ehrenfried denn machen, wenn er von seiner Hoheit nicht den einen oder anderen Dukaten oder etwas an Kleidung geschenkt bekommen würde? Auf dem Mikroplan kommt eine Werteskala zum Ausdruck, die es nicht als Heraus-

---

48   *Graf Ehrenfried*, II, 2, S. 243
49   Vgl. Claus-Michael Ort, *Medienwechsel und Selbstreferenz.* S.131
50   „(...) das historische Vorbild des neapolitanischen Aufstandes von 1647 unter Führung von Tommaso Aniello [nimmt] ihren Ausgang in der Forderung [...] die alten Zoll- und Steuerprivilegien Karls des V. wieder herzustellen (vgl. dazu Allegro, I/4, S. 170). Masaniellos verschwenderischer und ›närrischer‹ Umgang mit den ›Ducaten‹ (IV/16, S. 327-329) belegt dagegen dessen getrübten Verstand und steht im Gegensatz zu früherem Verhalten (II/10, S. 234) Die Metaphorik des räuberischen Beutezugs und ›Fisch-Fanges‹ V/23, S. 365 bezüglich Masaniellos ›Fuß‹, IV/16, S. 327 bezüglich der von Masaniello ins Meer geworfenen ›Goldstücke‹ - verbindet darüber hinaus unterschiedliche Tauschobjekte. (Ibid, 133)." Ebda.

bildung von gesonderten Privilegien, sondern als ein allgemeines Verfahren aufzeigt, dass die Prozesse in der Gesellschaft von Konflikten innerhalb des normativen Gefüges gekennzeichnet sind:

> FORTUNATUS: (...) Er bekömmt doch so manchen schönen Dukaten und so manch schönes Kleid von Ihrer königlichen Majestät geschenket [...][51]

Die Vorstellungen über das Bestehen von bestimmten Werten, die zz. des hochbarocken Stils in den damals gängigen Motiven systematisch ihren Ausdruck fanden, wenden sich gegen sich selbst. Auf das Gesuch des Grafen, der König möge seine Vermählung mit einem bürgerlichen Mädchen gestatten, lehnt die königliche Antwort in Form eines Befehls die eigene, leidenschaftlich erlebte Welt ab. Die Wendung in Zusammenhang mit dem normativen Gefüge bestätigt damit eigentlich doch die Gegenwerte in Bezug auf frühere Zeiten und erlaubt jetzt sozusagen eine Kartarsis:

> Unbarock, ja antibarock ist jedoch nicht allein die Auffassung des Helden. In Ehrenfrieds Absage an die „Wollust-Welt" (III, 10) und in seiner willenlosen Unterwerfung unter den Befehl des Königs, das Bürgermädchen Leonore zu heiraten, werden, worauf bereits F. J. SCHNEIDER hingewiesen hat (Universitätsrede, S. 23), zwei Hauptmotive der Literatur des 17. Jhs, die mit dem religiösen Weltbild der Zeit in engstem Bezug stehen, ins Komische transponiert und damit ihres ursprünglichen Sinnes beraubt: Askese und Stoizismus.[52]

Das mittelalterliche Tugendsystem im Bereich der weltlichen Machtsphäre einerseits oder die Kardinalsünden im geistlichen sprich kirchlichen Bereich andererseits dienen im Grunde zur Ausformung eines Systemkomplexes von Bedeutungen. Die grundlegenden menschlichen Triebe, welche in Reflexion auf die geistige Ebene übertragen werden – sei es wegen der politischen Rechtfertigung der Kreuzzüge oder des Bedarfs an Kompensation in geschwächten soziologischen Verhältnissen – werden ebenso von Grund auf (Beziehung Mann – Frau) in den folgenden Jahrhunderten systematisch neu geordnet. Bis hin zur Mitte des 17. Jh., also auch zu Beginn des Barockzeitalters, galten das System von Bedeutungen (das sich mit der Manifestation des weltlichen Verfalls auf geistlicher Ebene zu rechtfertigen wünschte) und die institutionelle Macht der Kirche über das Leben als normgebende gesellschaftliche Werte. Doch in der zweiten Hälfte des 17 Jh., d. h. nach der Unterzeichnung des Westfälischen Friedens, führt die Konfrontation des Systems mit sich selbst zum Einstürzen des bis dahin ausgeformten Weltbildes.

---

51 *Graf Ehrenfried*, I, 3, S. 245
52 Wolfgang Hecht, *Christian Reuter*, S. 50

3.3.1 Der Mensch im Sozialkomplex

Auch wenn sich die Beispiele der umschriebenen gesellschaftlichen Erscheinungen auf der dünnen Grenzlinie zwischen den Ständen bewegen und eine gewisse soziale Annäherung suggerieren, stellen sie eigentlich doch eine Amplitude sozialer Extreme dar. Damit kündigt sich ein neues Zeitalter an und der Übergang zu den neuen Themen, die im Laufe der Zeit und zz. der Aufklärung in den Mittelpunkt rücken sollten, wird erkennbar. Reuters Komödie, so Wolfgang Hecht, zeigt das vielleicht noch am deutlichsten:

> In Reuters letzter Komödie zeichnet sich, deutlicher noch als in seinen anderen Werken, ein neues, zur Aufklärung tendierendes Weltbild ab.[53]

Die einstige Qualität der Exklusivität ist nun zur Geschichte verabschiedet worden. Das kulturelle Vorbild Frankreichs wird in den folgenden Jahrzehnten zwar noch erhalten bleiben, aber die Zugehörigkeit zu einem bestimmten Stand, als Privileg eher protokollarisch weiterhin von Bestand, ist offensichtlich von keiner entscheidenden Bedeutung mehr.

> EHRENFRIED: Allons – Der Herzog von Tölle, puff! Schreiet!
> ALLE: Puff! Puff![54]

Details zum persönlichen Leben des Grafen Ehrenfried von Lüttichau sind in einer Handschrift aus Anfang des 18. Jh. beschreiben. Dargestellt wird der Graf mehr als jemand, der seine gesellschaftliche Rolle bewusst selbst erwählt hat, nämlich als ein Mann, der, entsprechend den Umständen, sich unbewusst dem Spott aussetzte. Aufgrund des Umstandes, dass Reuter in seinen Werken lebende Vorbilder benützt hat und dass er sie, den traditionell festgelegten Verhältnissen nach, in ein natürliches Ambiente stellt, lässt sich annehmen, dass die sozialen Verhältnisse in diesem Werk einen eigentlich realen Bestand haben. Das wahrnehmbare gesellschaftliche Normengefüge knüpft an ein System an, das tief in der Tradition verwurzelt ist. Aber die Personen selbst setzen als Kontraste im Vergleich zu den sich eingelebten Gesellschaftsnormen neue Wertmaßstäbe; sie ändern die Inhalte bestehender Normen oder zeigen ihre Veränderung auf:

> (...) diese piece soll eine Satyre auf einem damahls zu Leipzig in seinem eignen Hauße auf der Catharinen Straße wohnenden D. Graffen seyn, der vieles Geld depensiret, unter der Garde du Corps als gemeiner gestanden, und endlich seine Köchin geheyrathet hatte.[55]

---

53   Ebda.
54   *Graf Ehrenfried*, III, 14, S. 327
55   Wolfgang Hecht, *Christian Reuter*, S. 47 nach einer Handschrift aus dem frühen 18. Jh., die sich auf dem Vorsatzblatt des Exemplars der ULB Halle befindet.

Ausgehend von den Beispielen aus dem wirklichen Leben bietet der Ansatz, der konkret vom Kontrast im Vergleich zum Klischee ausgeht, tatsächlich einen Gegentext im Vergleich zum Sozialsystem. Am Beispiel von Reuters Erstlingswerk bemerkt Günter Jäckel, dass der Erfolg von Reuters Komödie ein Ergebnis eben jener Tatsache ist, dass er es einfach verstanden hat, Verhaltensweisen nach stereotypem Vorbild einem Muster nahezubringen, welches sich dem Leben entlehnt.

Diese Ansätze zum Neuen in der Literatur zeigen sich auch dort, wo Reuter die Personen durch Sprache, Verhalten und eine Fülle lebensnaher Details charakterisiert. Das alte Drama brachte Personen mit feststehenden, dem Zuschauer vertrauten Eigenschaften auf die Bühne, deren stereotype Verhaltensweisen das Bezeichnende der einzelnen Klassen und Stände repräsentieren sollen (der Bauer, der betrogene Ehemann, der Mönch usw.). Die Schärfe von Reuters Beobachtung ermöglichte es, das Bezeichnende des kleinbürgerlichen Verhaltens auch im individuellen Charakter lebensnah zu erfassen. Aus der alten Intrige von den bestraften eitlen Frauenzimmern wird eine Charakterkomödie, wie sie in dieser Vollendung in der deutschen Literatur bisher unbekannt war.[56]

Reuter greift in diesem Fall wieder auf das zurück, was ihm aus seinem persönlichen Leben bekannt ist. Die Mischung aus den autobiografischen Zügen, der Satire, die Reuter aus seinen eigenen gesellschaftlichen Erfahrungen schöpft und in ein soziales Gefüge stellt, lässt ein lebensechtes Gesellschaftsbild entstehen. Den lautlichen Zusammenhang ändernd, stellt er Rechtsanwälte mit Primaten gleich. Ungeachtet des Umstandes, dass er von Beruf aus selbst Rechtsanwalt war, beruft er sich auf die grundsätzliche Tätigkeit der Rechtsvertreter, weil ihm der Aufgabenbereich aus dem wirklichen Leben bekannt ist. Die Folgen verrichteter Arbeit, unabhängig davon, ob sie gerechtfertigt ist, konnte er noch vor seinem Studienabschluss an eigenem Beispiel verspüren. Die Herren „Fleckschreiber" verteilen letztendlich dennoch ihre Ratschläge.

COURAGE: Ei, wo wohnt denn der Affokate? (...)
LEONORE: Die Leute titulierten ihn nur Herr Fleckschreiber. (...)
COURAGE: Ich will doch hernach auch hingehen und den Herrn Fleckschreiber in einer Sache um Rat fragen.[57]

Ironisch beobachtet Christian Reuter den sozialen Stand, satirisch rechnet er mit der eigenen Vergangenheit ab und schaut zynisch der Zukunft entgegen. Aus seiner Haltung gegenüber der eigenen fachlichen Berufung ergibt sich, möchte man sagen, die Vorhersehung des eigenen Schicksals. Die in den folgenden Jahrzehnten eingetretenen sozialen Veränderungen trugen dazu bei, dass der

---

56   Günter Jäckel, *Christian Reuters Werke in einem Band*, S. 13
57   *Graf Ehrenfried*, II, 3, S. 271

Name Christian Reuters in Vergessenheit geriet, sodass sein literarischer Einfluss auf die Folgegenerationen nur schwer zu belegen ist.[58]

Seit Gottsched, der dem französischen Ideal zugewandt war, er seine Reformbestrebungen in der Dramendichtung durchzusetzen versuchte, kam es zum Bruch mit den Komödien des 17. Jh. Im Schatten dieser Ereignisse fiel der Name Christian Reuter der Vergessenheit zum Opfer, obwohl sein Werk weiterhin bei der Leipziger Bevölkerung in Erinnerung geblieben ist vor allem auch deswegen, weil es ihren Mitbewohnern gewidmet war. Die Frühphase der Aufklärung stand im Übrigen im Zeichen Gottscheds. So waren ihm die in Reuters Werken beschriebenen Verhältnisse durchaus bekannt,[59] doch brachte das neue literarische Zeitalter keine letztgültigen Schlussfolgerungen, weil es sich thematisch den von Reuter zuvor kritisierten Werten erneut zuwandte. Schon die darauffolgend nächste Etappe, von Lessing gekennzeichnet, ließ die Diskussion zum französischen Kulturideal neu aufleben wie auch zu den Werten, die das höfische Umfeld repräsentierte. Jede Bewertung von Angehörigen einer Gesellschaft aufgrund deren sozialer Umstände beleuchtet mithilfe von Kontrasten den allgemeinen Wert eines Bestandes in sozialen Verhältnissen. Mit den Veränderungen in gesellschaftlichen Verhältnissen ändert sich auch die soziale Situiertheit der einzelnen Gesellschaftsschichten. Das ist wahrscheinlich auch einer der Gründe, warum das Werk Christian Reuters zeitweise aktualisiert wird.

---

58   Georg Ellinger: *Christian Reuter und seine Komödien.* Zeitschrift für deutsche Philologie 20, 1888, S. 314-319; Otto Rommel: *Die Alt-Wiener Volkskomödie: ihre Geschichte vom barocken Welt-Theater bis zum Tode Nestroys.* Schroll, Wien, 1952, S. 194.

59   Wolfgang Hecht, *Christian Reuter,* S. 60

Resumee

Leibniz formulierte zusammenfassend, mit seiner Idee zur prästabilen Harmonie von Körper und Geist, die Tendenz zur Überwindung des im 17. Jh. herrschenden antagonistischen Weltbildes. Ungeachtet der schöpferischen Charakteristiken ist sein Weltbild noch immer von irrationalen Elementen des Barockzeitalters gekennzeichnet. Bei Leibniz ist der Künstler ein Abbild göttlicher Schöpfungskraft. Mit der Übertragung von Leibniz' Ideen in eine systematische Form sollten zz. der Jahrhundertwende fernerhin Wolfs Wünsche verwirklicht und ein praktischer Nutzwert der Philosophie erreicht werden.

Natürlich trifft man auch in Komödien auf die verschiedenen literarischen Motive, die im 17. Jh. auf deutschsprachigem Gebiet herrschten. Doch wegen der Funktion, die einer Komödie zugeschrieben wird und die noch während der Antike definiert wurde, drängt sich der Rückschluss auf, dass die Geschichtsereignisse aus dem Kontext der Gesellschaftsprobleme im Feudalismus gedeutet werden und nicht als Folge der Kirchen- oder Religionsgeschichte. Deshalb liegt es nahe, die Motive aus der deutschen Literaturgeschichte, welche sich diachron verfolgen lassen, im Zusammenhang mit der deutschen Kultur und Tradition zu betrachten. Und dennoch lassen sich die Barockkomödien auf deutschsprachigem Gebiet nicht vollkommen trennen von den schauerlichen Staatsaktionen. Formen von kleineren Theateraufführungen, wie es die Zwischenspiele sind, mobilisieren Empfindungen und manifestieren einen Bedarf an Kontrasten in den Theatervorstellungen. Sie bieten dadurch dem schauerlichen Schauspiel und dessen zentralem Motiv der Märtyrerschaft etwas Entgegengesetztes. Die grundsätzliche Gefühlslage bleibt jedoch weiterhin von der Vergänglichkeit gezeichnet, die mit der Übung im Humor überwunden wird. Welt und Leben decken sich in diesem Fall. Einige Jahrzehnte früher galt es, die Vergänglichkeit zu überwinden, alle erfühlbare Anmut, ausgedrückt in filigraner Zierlichkeit sowie die Schönheit, nach damals geltendem Geschmack, in feierlicher Manifestation festzuhalten. Nun scheint es, man solle Leid, verursacht von menschlicher Unachtsamkeit, derart überwinden, dass sich daraus eine deutlich kritische Haltung herausbildet, die sich der Gesellschaft, verstanden als System, widersetzt.

Der Sprachstil und die rhetorischen Mittel zählen zu den Charakteristiken, die im Mittelpunkt des ästhetischen Erlebnisses stehen. Sie kennzeichnen nicht weniger ganze Epochen. Charakteristisch für das 17. Jh. ist, dass das ästhetische Erlebnis verstanden wurde als Möglichkeit, bestimmte ethische Inhalte zu bewerten. Als Folge der Geschichtsereignisse auf deutschsprachigem Gebiet, entstand gegenüber den benachbarten Sprachgruppen ein spezifisches Verhältnis. Übertragen auf die sprachliche Ebene, dienten diese Verhältnisse auch zur sozialen Bestimmung. Während man bemüht war, einen Begriffsapparat auszubilden, wurden die Beziehungen im soziologischen Sinne kategorisch unterteilt, unter Berufung auf den gesellschaftshistorischen Verlauf einer gewissen Sprachfamilie. Diesem Vorgang kam die Vielfalt der ausländischen Einflüsse entgegen. Vom soziologischen Standpunkt aus betrachtet, fächerte die französische Sprache insbesondere ab dem 17. Jh. die Gesellschaft in der Weise auf, wie es heute verstanden wird.

An einer Vielzahl von Beispielen lässt sich mit den Komödien des 17. Jh. aufzeigen, dass mann trotz der feudalen Ständegesellschaft im Hintergrund nicht dahin geneigt war, die unteren Stände geringzuschätzen. Die Menschen, begriffen als Zuschauer, sind in diesem Sinne unabhängig ihrer ständischen Zugehörigkeit gleichgestellt. Es sollten im feudalen Ständewesen die mittleren Stände also gestärkt und in der gesellschaftlichen Entwicklung weiter voran gebracht werden. Wenn man die sog. aristotelische Fallhöhe letztendlich individualisiert, dann muss die Ständefrage in Analogie zum Theaterstück verstanden werden, wo sich das Problem in Bezug zur Gesellschaftsposition des Menschen stellt. Je höher seine Situiertheit in der Gesellschaft und sein Ansehen, desto tiefer ist der Fall, den er erlebt. Ein Held sieht seine persönlichen Verhältnisse daran geknüpft und erklärt sich bereit, das ihm verlustig Gegangene zu ertragen. Die hergestellten Prinzipien erscheinen hier als Gesellschaftsprobleme.

Nach dem allgemeinen kulturellen, materiellen und wirtschaftlichen Aufstieg der Städte im 15. und 16. Jahrhundert sah sich ein zivilisatorischer Fortschritt im Römisch-Deutschen Reich nun mit den Folgen des Dreißigjährigen Krieges konfrontiert. Die materiell bessergestellte Situation der Höfe sicherte ihnen eine gewisse Sicherheit, die dazu führen sollte, mit ihrer historisch ererbten Kultur, im Barockzeitalter die Städte zu überholen. Solch eine Kultur entwickelt sich mit der Zeit zur Orientierungshilfe für die Städte, welche sich in den nächsten Entwicklungsphasen ihre Welt ausrichteten, wie sie vom Hofe repräsentiert wird.

Im Zuge der Aussonderung von sozialen Segmenten (wie es Individuen sind von etwa gleichem gesellschaftlichen Rang) gewinnt man einen Eindruck über Absichten, die in Gemeinschaften tendenziell herrschen. Vergleicht man diese Verhältnisse mit den in Literatur und der Gesellschaft wenig geschätzten volkssprachlichen Inhalten, dann kann man sich nur schwer dem Eindruck entziehen, dass die Denkkategorien der breiten Volksmassen sich mithilfe eines immanenten Sprachverständnisses nicht einen unmittelbaren Zugang zu den gesellschaftlich motivierten Problemen verschaffen möchten. Eine bildhafte Sprache ist dabei ein Abbild der Alltagswelt und eine realistische Deutung ihrer Probleme.

Der Kommunikationsweise nach entspricht die Sprache des höfischen Publikums einer Art Zeitvertreib, mit der die abendliche Unterhaltung zu persönlichen Zwecken „genutzt" wird. Sinn und Zweck gesellschaftlicher Unterhaltung werden dabei aus dem sozialen Rang heraus definiert. Demzufolge besitzt die Kommunikationsweise ebenso einen bestimmten Zweck, welcher sich aus der Funktion und einem möglichen Funktionswechsel einer solchen Ausdrucksweise ergibt.

Die erste Feststellung, die vielleicht auch ein Ansatz zu weiteren Überlegungen sein kann, ist die, dass Veränderungen in der Gesellschaft auf sprachlicher Ebene reflektiert werden. Das ist sicherlich nichts Neues, aber hier ist die Rede von Veränderungen im gegebenen Gesellschaftssystem, mit einer Breitenwirkung bezogen auf das Ständebewusstsein der gesamten Bevölkerung auf deutschsprachigem Gebiet. In diesem Zusammenhang überrascht es auch nicht, dass der allgemeine wirtschaftliche Aufstieg der mittleren Stände verbunden ist mit soziologischen Aspekten der Literatur, während es andererseits nicht vollkommen erwartet ist, dass die höheren Stände vom Volk gänzlich ausgesondert erscheinen. Die Unterschiede beziehen sich zunächst auf die Wissenschaften, den Stand der Gelehrten, welcher die Standeszugehörigkeit reflektiert und auf die Sprache, die Verwendung der Volkssprache und des Neulatein.

Vom Aspekt der Kulturgeschichte aus betrachtet, reproduziert die Literatur gewisserweise ein Sozialsystem, dessen normatives Wertgefüge kategorisch unterteilt wird nach den der Literatur eigenen, spezifischen Mitteln. Die sich daraus ergebenden Motive werden darauf abgewandelt in eine bestimmte Auffassung über die Gestaltung der Lebenswelt aber auch über bestimmte ästhetische Formen. Der normgebende Wertgehalt verwirklicht sich dabei in zweifacher Weise. Beide Möglichkeiten der Wertegestaltung finden ihre Bestätigung erst in ihrer Interaktion. Im Geschichtsverlauf bildet sich eine Identität heraus, die Grundlage ist für jede nächstfolgende, neue Form, in der sich die Stände perspektivisch zur Einheit projizieren lassen. An der Natur der Sache liegt es, dass der Prozess von den oberen Ständen ausgelöst werden muss, weil die große Zahl an verschiedenen Formen sprachlich manifester Kultur und Literatur es ermöglicht, die Bedeutungskonstanten in dieser Sphäre auf jene Weise zu organisieren, wie es den Bedürfnissen am nächsten entsprechen würde.

Allgemein gesehen lässt sich festhalten, dass die Verhältnisse in den bearbeitetn Texten sich aus der Diskussion ergeben, die im Zusammenhang mit den gültigen sozialen Normen geführt wird und nicht umgekehrt, dass sich die gültigen gesellschaftlichen Normen aus dem Text ergeben, wie es in der erschließenden Literatur häufig der Fall ist. Demgemäß neigen vereinfachte Interpretationen dazu, in ihren Prämissen davon auszugehen, dass die Zugehörigkeit zu einem bestimmten Stand ebenso unterschiedliche Lebensqualitäten versteht.

Es ist aber durchaus natürlich zu erwarten, dass jeder Stand im Gesellschafts-system jeweils seinem Zweck entsprechend dient. In diesem Zusammenhang betrachtet, drückt die Dichtungskunst mit ihrer reflektiven Eigenschaft ebenfalls bestimmte Absichten aus. Sie sind wiederum aber bedingt durch einen eignen Zweck, der im literarischen Verfahren angestrebt wird. Die Literatur besitzt als solche natürlich gewisse allgemeine Charakteristiken, die sich dichterisch aus-formen und dadurch sich ihre spezifischen Merkmale aneignen. Das sollte dann auch ein Grund mehr sein, weshalb man bei der Herangehensweise in der lite-raturwissenschaftlichen Arbeit unterscheiden sollte zwischen der Absicht, die der Literatur in ihrer allgemeinen Bedeutung eigen ist und der eigentlichen dichterischen Absicht. Und diese findet ihren Ausdruck wiederum in Beispielen, die eine gesonderte Bedeutung bestimmter gesellschaftlicher Erscheinungen festhalten. Erlebt die Bedeutung solch seiner Erscheinung durch die Geschichte der entsprechenden Gemeinschaft ihre Affirmation in der Gesellschaft, dann er-hält sie Elemente eines Motivs, das mittels Kulturgeschichte mit der Gemein-schaft verwächst und auf literaturgeschichtlichem Wege artikuliert wird. Über Motive diskutierend, die kulturgeschichtlich den ihnen angestammten Platz er-langt haben, wird im literarischen Diskurs sowohl theoretisch als auch praktisch ein System von geschichtlich aufgebauten sozialen Spanungen geschaffen. Mit verschiedenen Formen literarischer Praxis wird innerhalb der Literatur selbst Ordnung geschaffen. Deshalb ist die Annahme, dass Geschichtsprozesse die Funktion der Dichtung unterstützen, vollkommen gerechtfertigt.

Individuelle Taten werden in den Tragödien im 17. Jh. als Abbild des wirk-lichen Lebens aufgeführt. Das Theater ist demnach als Leben zu verstehen, wobei sich das Leben nicht nur als Bühne versteht. Das menschliche Glück, ver-standen als Augenblick, den man im Leben antrifft, ist im Übrigen eine Ver-flechtung von Umständen. Die in diesem Sinne verstandene Norm besagt, dass unverhoffte Zufälle abzusehen sind, achtet man sorgsam auf die Gegenstands-welt, die unter dem Einfluss des schicksalhaften Glücks steht. So nahm man im 17. Jh. einen derart genommenen Schaden scheinbar nicht sonderlich schwer entgegen und noch weniger tragisch. Der Mensch widersetzt sich auf diesem Wege dem Glückswechsel und hütet sich mit dem Gedanken, dass die Gegen-standswelt von Zufällen ausgenommen ist. Nach ethischen Maßgaben stellt die aristotelische Fallhöhe demzufolge ein allgemeingesellschaftliches Problem dar. Und es ist gerade die Fallhöhe, die eine gewisse Distanz schafft und es dem Menschen ermöglicht, die eigene Situation im Gesellschaftsleben zu erkennen.

Erst zum Zeitpunkt der Verallgemeinerung von Lebensgrundsätzen er-scheint der Moment, mit dem Erkenntnisse erlangt werden. Die Sozialstrukturen sind also außerhalb des literarischen Bereiches festgelegt und der Literatur bleibt lediglich eine Problematisierung von eventuell Konfliktzonen. Da die soziale

Wirklichkeit aber nicht ausschließlich von dem sich diesseitig Manifestierenden beeinflusst wird, verweist die Literatur des 17. Jh. auf Einflüsse aus der sakralen Welt, um Brennpunkte innerhalb von sozialen Strukturen aufzuzeigen. Mit den Kommunikationsformen in der Gesellschaft zz. des Barock wurde im feudalen Gesellschaftssystem ein Weg gewählt, der soziale Bedeutungsgehalte vorerst sprachlich festlegen sollte. Nach der Phase von Konflikten hatte sich in der Gesellschaft der Brauch einer käuflichen Erwerbung von Titeln eingebürgert; unter der Fülle und dem Reichtum der materiellen Welt wird ein schrittweiser Formzerfall deutlich. Andreas Gryphius erkannte in diesem Prozess, wie stereotype Erscheinungen sich ausbilden. Ihre Denkstrukturen geben vereinfacht soziale Verhältnisse wieder. Doch ist das eine Welt, in der die Täuschung vorherrscht und der sich Gryphius widersetzt. Er ruft zu deren Überwindung auf. In seinen literarischen Schöpfungen wird die evident kritische Haltung Gryphius' nicht nur durch textlich manifeste Gesellschaftsverhältnisse belegt. Seine Komödien kündigen eine kritische Stellungnahme vor allem gegenüber einer Kultur an, die während einer Reflexion des eigenen Wesens zur Klischeebildung neigt. Die Muster zu den stereotypen Vorstellungen lassen sich im intoleranten Verhalten und der Geringschätzung von sozial schwächer gestellten Gesellschaftsmitglieder auffinden.

Vom formalen Aspekt her betrachtet ist allen Komödien eine ähnliche Form eigen. Aus der aristotelischen Forderung ergibt sich ihre Aufgabe, Alltagsprobleme darzustellen. Damit steht die Vielzahl an Binnengrenzen innerhalb des staatlichen Gebildes, die für das 17. Jh. und für das Deutsche Reich der damaligen Zeit charakteristisch sind, funktionell in engem Zusammenhang. Seinen Ausdruck findet dieser Zustand gleichfalls im Konzept der Komödie *Horribilicribrifax* und wie sich daraus die Handlung organisiert. In viele Einzelszenen unterteilt, die thematisch miteinander verbunden werden, führt das Theaterstück einen Teil der Wirklichkeit auf und reflektiert auf der gegentextlichen Ebene (wiederum einer bestimmten Wirklichkeit) ein Bild von ihr, das sich im Gegensatz zu den als gültig proklamierten Werten realisiert. Die Handlung verwirklicht sich jedoch nicht durch Kritik der damals gültigen Sprachnormen. Deshalb ist auch die Verwendung gleich welcher Sprache eigentlich irrelevant, da sie der Textebene zugesprochen wird. Handlungen, die aus der Konkretisierung des Textes entwickelt werden, charakterisieren an sich zunächst einmal die Sprache, mit deren Hilfe die einzelnen Rollen bestimmt werden. Doch in den Komödien von Andreas Gryphius wird anhand der Personen keine Handlung gebildet bzw. wird keine bestimmte Handlung fortgesetzt, außer dass sie sich mittels Dialog verwirklicht. Zudem bildet die Art und Weise, wie die Personen ihre Redebeiträge formulieren, auch keinen Kontrast zur Wirklichkeit, sondern spitzt die im Redefluss enthaltenen Kontraste zu, um ins Komische zu münden. Die Argumentation, dass sich das Publikum von die Sinne anspannenden Reizen lachend befreien soll, ist im System der Bedeutungen nicht weiter verwurzelt. Dagegen sind die Bedingungen für das Entstehen der Werke und der Elemente, welche die gesellschaftliche Entwicklung determinierten, sehr stark miteinander verbunden.

Das eigene Wesen im Sinne einer Gesellschaftskategorie repräsentativ vorstellend, wird an die traditionell übermittelte Ideenwelt angeknüpft, deren Elemente durch die Geschichte hindurch ineinander verwachsen sind. Sie formen sich auf diese Weise zu Leitmotiven aus, die normative Merkmale aufweisen. Erkennbar wird allerdings die Einnahme einer gewissen Pose, wenn derart ausgebildete Normen vertreten werden. Da sich der beschriebene Hergang aber sprachlich verwirklicht – wobei die Verwirklichung des Menschen keineswegs nur durch sein Sprachvermögen stattfindet– bleibt der Vorgang lediglich im Zusammenhang der Bedeutungen eingebunden. Diese, im Werk ausgemacht, also auf der Textebene, setzen sich den konventionellen Prozessen allerdings entgegen. Die Ebene der Sprache dient in diesem Zusammenhang als Gegentext und die Einnahme einer Position, die aus dieser Abfolge gebildet wird, ist der Gesellschaft entgegengesetzt.

Ineinander abgestaffelte Abstraktionsebenen schaffen unterschiedlich eingestufte Bedeutungen, die auf ebenso verschiedene Realitäten des Gesellschaftslebens verweisen. Es verdeutlicht sich dadurch einmal mehr, dass der Geschichtsverlauf zu deren Bestimmung ausschlaggebend ist. Die Gegensätze zwischen zwei im Text unterschiedlich projizierten Personen entsprechen den Gegensätzen, die sich aus einem Werk selbst ergeben, welche allerdings gegenüber dem Gegentext gebildet werden. Auf diese Weise werden entgegengesetzte Wertvorstellungen deutlich, die jede der Personen durch das eigene Erlebnis abbildet. Unterschiedliche Wertekategorien definieren sich durch unterschiedlich konzipierte Personen. Diese setzen die Werte gemäß ihres eigenen Charakters um, verweisen aber auf die Einheit des Erlebnisses. Die Kritik richtet sich also gegen die Deutung einer individuellen schicksalhaften Existenz.

Die gegenseitigen Verbindungen der verschiedenen Ebenen untereinander, denen gewisse komische Charakteristiken eigen sind, stellen sich dem Leser oder etwa dem Publikum dergestalt vor, dass die Wirklichkeit und ihr Abbild sich im Text durchdringen. Auf diese Weise ist es gerade die Textstruktur, in der sich eine Vielzahl an Bedeutungen in entgegengesetzten Richtungen bewegt, die, unterstützt durch den komischen Effekt, das Publikum zusätzlich verwirren soll. Der Text als solcher hebt sich also zum Teil in den gebildeten Gegensätzen auf, was letztendlich zu einem glücklichen Abschluss, Ende führen sollte. Mithilfe des Konzepts von entgegengesetzten Gegenbildern, die sich aus der Textstruktur ergeben, und der dadurch erreichten Aufhebung von Bedeutungen neigt man offensichtlich zu einer ethischen Rechtfertigung der Personen, was sich sowohl auf die Wirklichkeit bezieht als auch auf die Negativfunktion der abgebildeten Gegenbeispiele. Ihre Existenz rechtfertigen die Personen durch gegenseitige Negation, während die umgekehrte Argumentationsfolge vom Werk an sich ausgehen würde; das Werk selbst spiegelt sich lediglich im Ansatz wider. Betrachtet durch die Erscheinung der Gegenbilder hebt sich die zweifache Erscheinung von Personen im wirklichen Leben nämlich auf, weil sich das Spiegelbild von seinem Erstgültigen nicht unterscheiden lässt. In diesem Sinne bestätigen auch die Komödien eins der Hauptmotive des Barockstils, die Vergänglichkeit, denn ein jeder ist nur das Spiegelbild des nichtigen Bestandes vom anderen.

Nun sollte die im 17. Jh. gültige Formgebundenheit nicht stets Grundlage und Ausgangspunkt jeder künftigen Interpretation sein. Mit der Untersuchung der sprachlichen Norm hinsichtlich des ästhetischen Gehalts und des Aussagewerts, eventuell eines gewissen Systems an Bedeutungen, das die Welt des menschlichen Geistes oder seiner Ideen darstellt, möchte man bestenfalls zu dem angelangen, was für die Dichtersprache in der Gesellschaft konstitutiv erreichbar ist. Solche Vorgehensweisen geben ein zwar durchweg reales Bild der Wirklichkeit ab; Bilder, die auf diese Weise entstehen, widersetzen sich gleichermaßen dem zerstörenden Faktor Natur, der im gegengerichteten Verfahren überwunden werden kann und soll. Voraussetzung für all dies ist ein Schöpfertum, das einer geistigen Welt des Menschen eigentümlich ist. So lassen sich zum einen die Naturgewalten, die gesellschaftlich zersetzend wirken, durch geistige Anstrengungen bewältigen und zum anderen wird durch einen überhaupt menschlichen Kraftakt sowie der dem Menschen eigenen Natur seiner Innenwelt mithilfe einer Affektmobilisierung ein funktionaler gesellschaftlicher Beitrag deutlich.

Aufgrund derart gestalteter Analogien zwischen der Natur und der Dichtung ist es möglich, eine Kontinuität in der Geschichte einer bestimmten nationalen Literatur herzustellen. Man kann ganz bis in die Zeit von archetypischen Formen sozialer Kommunikation zurückgreifen und man wird weiterhin Formen anwenden, die durch ihre Gültigkeit legitimiert werden. Neigt eine Sprachgemeinschaft dahin, sich kommunikativ mit der kollektiven Vorstellungswelt zu verbinden, dann drückt sie im Zusammenhang der rituellen Bräuche ihren sozialen Charakter aus. Ausgehend von Sagen und Legenden, Heldenliedern, epischer Erzählung über große Werke sowie bedeutende Ereignisse ebenso wie deren chronologischer Aufzählung erhält man einerseits eine Individualisierung historischer Ereignisse. In der griechischen Antike hat man solche Ereignisse andererseits zusammengefasst und dadurch einen Kreis geschaffen, der sich um Erd- und Volkskunde thematisch ausweitet. Dieser Beginn einer Geschichtsschreibung ist noch immer an das Volkssprachliche gebunden und an die traditionellen Werte der bekannten Völker.

Werden die aus der hellenischen Epoche stammenden antiken Ideen mit denen aus der römischen zusammengeführt, kommt noch eine gesellschaftlich bedingte Komponente hinzu, nämlich als Folge von sprachlicher Rezeption im Kontext sozial bestimmter Faktoren. Hierarchisch eingerichtete Gesellschaftsformen sind ein Ausgangspunkt, der immer noch am Kollektivdenken ansetzt. Ein Eingriff in dasselbe Gesellschaftssystem, ein Eingriff, der auf den Individualisierungstendenzen fußt und der in Zeit und Gesellschaft erkennbar ist (bei Gryphius allerdings noch nicht zu erkennen), hat eine schon in Anzeichen anwesende innere Einteilung der ständischen Einrichtung zur Folge. Es ist allerdings eine Charakteristik von einer gewissen Kontinuität im Bezug auf Gryphius' Komödien aber auch eine Parallele zur weiteren Entwicklung von Geschichtsmotiven in den Theaterstücken des Barock – über Lohenstein genauso wie Reuter, Gottsched bis hin zu Lessing.

Jedes Gesellschaftsmitglied ist Träger von bestimmten sozialen Merkmalen seiner Gemeinschaft. Anstelle von kritischen Beschreibungen historischer Ereignisse und deren Folgen lässt sich in diesem Fall eine Übermittlung von Erfahrungen aus dem natürlichen Umfeld des Menschen erkennen, für die er selbst Verantwortung zu tragen hat. Es ist das natürliche Umfeld, organisiert in einem Gesellschaftssystem, das vom Menschen als einem Mitglied des Systems verlangt, er solle die Verantwortung bezüglich der Prozesse in dem im eigenen natürlichen Umfeld tragen. Erwartet man einen Erfolg im eigenen Vorgehen, erwartet man also, die Natur solle ihre Aufgabe erfüllen, so muss man zunächst Verantwortung sich selbst gegenüber tragen. Geschichte definiert sich in diesem Falle als Naturprozess, in dem sich jeder der ihm zukommenden Aufgabe annehmen muss.

Verfolgt man in jedem Theaterstück von Andreas Gryphius die Handlung, so bemerkt man dann, dass sich die Bedeutung des grundsätzlichen Textes in einen Gegentext umformt, sodass eine Schlussfolgerung hinsichtlich der dichterischen Absicht nur aufgrund einer Gegenpositionierung in Bezug auf den Inhalt erfolgen kann. Bei Christian Reuter stößt man auf etwas ganz anderes. Dem gegentextlichen Prinzip folgend bestimmt er zuerst den Rahmen und die Perspektive für eine Rezeption, damit diese gegentextliche Grundlage für die Ausbildung von Exempeln dienen kann, Musterbeispielen, die sich dem normativen Verständnis kontrastiv widersetzen und mittels sprachlicher Komik im Gegentext zum Ausdruck kommen. Auf diesem Wege gelingt es Christian Reuter, die Wirklichkeit abzubilden. Im Unterschied zu Gryphius werden die Verhältnisse im gegebenen Fall nicht mithilfe von Gegenbildern hergestellt, sondern durch eine Typenbildung im Gegentext, wobei ihre wirklichkeitsgetreue

Erscheinung im Gegentext selbst begründet wird. So ist es also eine literarische Funktion, die bei Reuter in der Textebene ausgedrückt wird, doch die darin enthaltenen Typen werden mittels projizierter Übersetzung in einen gleichfalls projizierten Rahmen gestellt. Das normative Gefüge ergibt sich nicht aus der Vorstellung, die über die eigene Gesellschaft gebildet wird. Vielmehr ist es das ausländische Vorbild, ein Vorbild außerhalb der deutschen Sprachgemeinschaft, welches in führenden gesellschaftlichen Schichten hinsichtlich gesellschaftlicher Verhaltensformen einen Kontrast bildet.

Unabhängig von den Ähnlichkeiten in der Wirklichkeitskritik, die sowohl im Vergänglichkeitsmotiv als auch im Komischen enthalten ist, befinden sich weiterhin die Unstimmigkeiten zwischen dem Schein und dem Sein im Mittelpunkt der Betrachtung, sodass sie durch deren Kollision zum Kern des Verständnisses über die Gültigkeit des normativen Wertegefüges gelangen. Normen sollten allerdings nicht nur proklamiert werden, sie müssen auch angewendet werden. Für die aufsteigenden Stände wie es das Bürgertum war, eröffnete sich eine Neuorientierung. Eine Repräsentativität ist nicht ausschließlich im Rahmen der neuen gesellschaftlichen Verhaltensformen definiert, noch weniger wird nur die materielle Manifestation der neugebildeten Werte angenommen, vielmehr werden sie durch ihre Funktion im gesellschaftlichen Umgang konkret. Jetzt erst erkennt man, dass gesellschaftliche Umgangsformen systematisch gesondert eingerichtet sind und unter den beschriebenen Umständen mit dem normativen Gefüge kollidieren. Kommen Wertekonflikte im sprachlichen Bereich zum Ausdruck, so reflektiert das gesellschaftliche Konfrontationen. Ein mit dem Aufstieg bestimmter Gesellschaftsschichten entstandenes Vakuum wird mit qualitativen Merkmalen aufgefüllt, die zum Erkennen der neu entstandenen Werte verhelfen. Betrachtet im Rahmen der gesamten Gesellschaft, generiert die Sprache offenbar eine soziale Auffächerung. Formt sich eine soziale Schicht dann aus, so rücken identitätsstiftende Merkmale in den Mittelpunkt, die zeitlich definiert und ausgerichtet die Gesellschaft gleichzeitig leiten.

Von der Argumentation her bestimmt, bedarf es einer Rückkehr zur Geschichte und der von ihr gebotenen Perspektive, einer Geschichte, die durch verschiedene zeitliche Aspekte mit einer reichhaltigen Fülle möglicher Interpretationsformen die Sprache dazu bewegt, sich einzelner Momente der Geschichte anzunehmen. Für jede richtiggehende Deutung ist eine entsprechende Weltkenntnis natürlich ebenso nötig wie ein aktueller Informationsstand in Bezug auf tägliche Ereignisse. Andererseits deckt eine diachrone Sprachperspektive mithilfe der Kulturgeschichte die historische Dimension sozialer Veränderungen auf. Das gesellschaftliche Vakuum, sprachlich formal manifestiert, wird in perspektivische Segmente eingeteilt. Da die Sprache aber aktuelle Vorgänge darlegt, widersetzt sie sich der kulturhistorischen Traditionsbildung.

Sowohl die Gegenwart als auch die Geschichte erleben in sprachlichen Veränderungen ihre soziale Manifestation. Die Beschreibung herrschender Verhältnisse splittert im Prisma seines traditionsreichen Kontrastes auf. Einzelerscheinungen, fixiert und festgehalten, werden benötigt, um sich mit Abläufen sozialer Veränderungen zu konfrontieren; sie zeigen die Kräfte auf, von denen sie über die in eine bestimmte Richtung sich entwickelnde symbolische Rolle beherrscht werden.

Die eine Gesellschaft generierenden Prozesse verlegten die Erscheinung Christian Reuters und seine Herkunft in einen Raum, in welchem sich die mittelständischen Umbrüche abspielten, und ließen damit im Gesellschaftssystem ein neues soziales Wesen entstehen. Angesichts seines Schicksals ist der Mensch im sozialen Wertegefüge eingeschlossen und seine Fähigkeit zur Reflexion wird ihm seine Position in der Gesellschaft bestimmen. Derart gestaltete Tendenzen führten zu einem normativen Verständnis, das sich in allgemeine Entwicklungstendenzen bewegte. Im Zusammenhang mit der Kulturgeschichte werden sie von geschichtlichen Veränderungen verursacht, die verschiedene Formen sozialer Verhaltensweisen in der Definition des neuen Zeitgeists vorstellen. Dieser sucht allerdings ebenso noch nach neuen Ausdrucksformen. Die Personen aus Christian Reuters Leben werden also im Text abgebildet. Seine Bilder bestehen jedoch aus Kontrasten, weil sie die Personen im gesellschaftlichen Kontext als Gegenbeispiele für eine Welt der entarteten Normen verwenden. Angesichts konventionellen Werteempfindens kommt der Erscheinung Text eine gegentextliche Form zu. In diesem Fall stellt der Gegentext einen Kontrast her in Bezug zum normativen Gefüge, während der Text selbst die hierzu benötigten Kontrastbeispiele bietet.

Eine der Bezeichnungen, mit der man eine Kategorisierung des Dramas nach einzelnen Momenten erreichen möchte, ist die Verengung auf dessen Charaktere. Das sogenannte Personendrama bietet noch keine ausreichende Grundlage, um von einer Typenkomödie zu sprechen. Man könnte sagen, dass bei Reuter die Sprache auch eines der wichtigen Merkmale ist, das die Personen mit dem Element des Komischen in Verbindung bringt. Dem tragen die Elemente der Dramentechnik zusätzlich noch bei. In jeder einzelnen Szene herrscht eine der Personen, womit eine lockere Szenenzusammenfügung erreicht wird. Es hebt sich mit diesem Verfahren zunächst der Charakter einer Person hervor, die im Mittelpunkt der Betrachtung steht. Würde nicht ein Moment bestehen, das die in Szenen eingeteilte Handlung nicht um sich sammeln würde, dann dürfte man den konzeptuellen Aufbau Reuters erster Komödie zu einer fürwahr niederen Theaterform zuzählen, zu denen, die sich durch eine Situationskomik auszeichnen. Neben der Eigenschaft des Komischen in der Sprache, welches sich jederzeit zu einer Personencharakterisierung umwandeln kann, lässt sich –

aufgrund einer eingeführten Intrige in der *Ehrlichen Frau* – ein Handlungsumschlag erwarten. Solches wird das Dramenelement des Komischen keinesfalls mindern, sondern ein gewisses Merkmal darstellen, das die Charakteristiken des Komischen zuspitzt.

Antworten auf die in diesem Zusammenhang gestellten Fragen beschäftigen sich nicht mehr mit dem Problem eines ethischen und moralischen Kodex, der hinsichtlich eines religiösen Wesens konzipiert ist, wie es im Barock einige Jahre zuvor noch der Fall war. Viel wichtiger ist dahingegen, dass die Vorstellung, wie sie in einer gewissen Symbolik über die Welt herrscht, nicht mehr entsprechend der Gesellschaftskonventionen gemessen wird sondern, dass der Mensch und die Welt *zusammen* jener Realität entgegengesetzt werden, die von der Deutung des Rezipienten abhängt. Und für den Roman ist es vollkommen unerheblich, wie die Erscheinung Mensch in ihm dargestellt wird, weil jede Interpretation eine nach menschlichem Maß entworfene Welt entstehen lassen wird. In der Vorstellungswelt der Ideen verbinden sich der Mensch und die Welt in eine unteilbare Einheit, die unabhängig von ihrer Konstruktion immer nur gemäß menschlichem Verstand eingerichtet sein sollte.

Der gesellschaftliche Bedarf, sich nach eigenem Wunsch zu repräsentieren, nur sich selbst und die eigene Entwicklung zu projizieren, welche mit einem Drang zur Vereinheitlichung ihre Dynamik erhält, steht immer in Konfrontation zur Lebensqualität eines der Gesellschafts- und Wirklichkeitssegmente, das sich immer noch nicht herausgebildet hat. Eine so geartete Wirklichkeit stellt eigentlich einen Wunsch und den Drang dazu dar, Werte zu verwirklichen. Von der Tragödie als einer höheren literarischen Form der Dramengattung, welche eine gewisse Weltanschauung bietet, sondert sich jene Literatur ab, der es gelingt, in einem traditionellen, volksnahen Ansatz sich durch alltägliche Inhalte als lebensnah zu suggerieren. Höher strebende Literatur wird im Gegensatz zu einer Literatur, die der Realität angetan ist, in diesem Fall als lebens- und weltfremd erscheinen. Unterscheidet man zwischen literarischen Formen, die als niedere literarische Formen eine Realität beschreiben und einer Literatur, die dahin geneigt ist, sich von der wirklichkeitsgetreuen Welt zu entfernen, so unterscheidet man zwischen sozialen Aspekten, die mithilfe der Sprache gekennzeichnet werden. Unterstützt von der erwähnten Charakteristik einer Gegenpositionierung in Bezug auf die Gesellschaft, die allen zu Typen ausgebildeten Personen gemeinsam ist, entsteht eine Konstellation, die in einem interaktiven Verhältnis das Gegenbild im Vergleich zur sozialen Wirklichkeit ausformt. Die Ausgangsposition dazu bietet natürlich die Gesellschaft und das soziale Gefüge, welches in ihr realen Bestand hat. Demgegenüber entsteht die zum Typen ausgebildete Person, die ein Recht auf Werte geltend macht welche wiederum in der Konterposition bestehen, womit sie einen Wertekonflikt entstehen lässt, der von der Gesellschaft distinktiv zu den eigenen Werten normbildend funktioniert.

Gesellschaftliche Kontraste, die in einer typischen Person enthalten sind, bilden einen Gegentyp, der es erlaubt, dass die in ihm kollidierenden gesellschaftlichen Normen dadurch auch sich in ihm umbrechen. Die gesellschaftliche Rolle einer Person mit typischen Eigenschaften und deren Umgang mit sozialen Werten ist das Maß eines scheinbar sozialen Wesens. Entsprechend der kontraproduktiven Realisierung seines quasi repräsentativen Wesens verwandeln sich der Text und sein normativ eingerichtetes Gefüge funktional in das Bild einer verwahrlosten Scheinwelt. Der Text lässt sich in diesem Fall einmal mehr als Gegentext lesen. Solches wäre sozusagen eine sprachliche Steigerung vom Text zum Gegentext, die von den Personen im Text selbst ausgehend zu den Problemen sozialer Verhältnisse anlangt. Aufgrund der Veränderungen im Text kann man davon ausgehen, dass der soziale Gehalt auf sprachlicher Ebene ebenso gewissen Veränderungen ausgesetzt ist. Diesbezüglich brechen sprachliche Veränderungen normbildende Prozesse in sich um, sodass die Sprache in Form des Komischen erscheint. Eben das sollte dementsprechend als Gegentext beschrieben werden, der in mehrere unterschiedliche Schichten aufgefächert ist. In diesem Verfahren wird im Verhältnis zwischen Text und sozialer Normen reflektiert, wobei die Veränderungen von normativ definierten Werten thematisiert werden.

Vom Gesamtzusammenhang der Bedeutungen in der prosaischen Erzählstruktur ausgehend, sollte man die Lage des Erzählers als neutral bewerten. Der Protagonist stellt sich, unterschiedliche Konnotationen in sich vereinend, in den symbolischen Kontext der Umschwünge in gesellschaftlichen Umgangsformen. In diesem Sinne ist er weder ein entgegen den Gesellschaftskonventionen projizierter Typ, noch ein einfältiges Spiegelbild vorgegebener Gesellschaftsnormen. Ein Interpretationsansatz, der aus dieser Perspektive ausgerichtet ist, würde die Textebene dem Gegentext gleichsetzen. So bewegt die sprachlich reproduzierte Vorstellungswelt des Erzählers sich zwar im Kontext gesellschaftlicher Umgangsformen entsprechend der vorgegeben Normen. Unabhängig vom Erwartungshorizont fügt diese sich allerdings nicht in die gesellschaftlich im Allgemeinen Gültige ein. Bestimmt wird die Vorstellungswelt von der gesellschaftlichen Einrichtung und der absolutistischen Herrschaftsform sowie von den sich daraus ergebenden Werten.

Trotz aller Unterschiede in der Ausgangssituation und in den sozialen Grundlagen zwischen Andreas Gryphius und Christian Reuter, obgleich der Verlust des Vaters zunächst vielleicht zu erwartende Übereinstimmungen zur Folge haben sollte, kommt thematisch bei beiden etwas womöglich anderes zum Ausdruck. Im Ansatz dennoch aber übereinstimmend. Durch ihre Abhandlung über die deutsche Sprache drängt das Grundthema aus dem Hintergrund hervor und verweist auf soziale Merkmale. Als Merkmale sollten sie eigentlich allgemeingültig sein; sie melden sich jedoch in einem nationalen Zusammenhang. Andreas Gryphius tendierte dahin, in einem kontrastiven Ansatz einen etwas weiteren, heute man möchte sagen „europäischen" Zusammenhang zu bilden, einen Kontext, der die Welt erschütterte. Demgemäß kehrt der Handlungsort auf dem nächsthöheren Abstraktionsniveau nach Deutschland zurück. In Gryphius' Werken im Allgemeinen und so auch in seinen Komödien kommen auf sprachlicher Ebene noch ein historischer und ein politischer Zusammenhang hinzu, während bei Reuter solche ausbleiben. Ungeachtet dessen möchte man das Grundthema der Mutersprache als Leitmotiv in einem geschichtlichen Kontext interpretieren. Da die Geschichte sich aber als Sozialgeschichte definiert, sind die durch Veränderungen in der Gesellschaft geschaffenen Typen nun die Träger von Ideen.

Der tatsächliche Zustand in der Gesellschaft wird mittels Konfrontationen und Zersetzungen von Kontrasten beschrieben. Kriegszerstörungen, Verheerungen, Tod und Schrecken als auch die Kriegsfolgen fielen mit der Zeit der Vergangenheit zu, sodass die potenziellen Gesellschaftskonflikte nun in veränderter Form erscheinen und in abgeschwächter Intensität. Die sich in Ausbau befindliche Gesellschaft beschäftigt sich mit den ihr eigenen Wiedererkennungsmerkmalen. Und diese gehen zunächst von der Sprache aus. Den Umständen entsprechend sind die Wirklichkeit und die literarische Fiktion in einem gewissen Maße miteinander verflochten, weshalb man die Möglichkeit erhält, sich ein bestimmtes Bild über Ideen zur Gesellschaftsmoral und über das herrschende Wertesystem zz. des Barock zu verschaffen. Der literarisch Schöpfende kehrt zu dem zurück, an dem es beiden Vorstellungen über Werte mangelt, der gültigen Idee und jeder, die in ihrer kritischen Ausschließlichkeit verwirft. Er ist der Schöpfer einer neuen Welt, die ihr Heim in der eigenen Sprache findet. Dürfte die satirische Form der Darstellung von herrschenden Werteprinzipien auch keine möglichen Lösungen versprechen, so enthält sie aber eine Art Kritik und ahmt sogar Vorstellungen über das herrschende normative Gefüge nach, das in Eigenkonfrontation zu sich selbst findet. Erst danach lässt sich das Ethos der Rückkehr zu traditionell überlieferten Werten erkennen.

Während des Übergangs vom Barock zur Aufklärung war das Feudalwesen auf deutschsprachigem Gebiet von Modetrends gezeichnet, die in Verbindung gebracht wurden mit der verbalen Kommunikation. Sie verweisen dadurch auf Abläufe in der Gesellschaft von zweifellos einer gewissen Tragweite. Es liegt in der Natur der Sprache, dass diese Abläufe demnach gegenseitige Berührungspunkte unter den Ständen hatten. Einzelne deutsche Länder machten ihren Einfluss sicherlich am Hof geltend und ihre Verhältnisse zu den anderen Ländern kamen in Form von Neigungen und Wünschen zum Ausdruck. Die kulturelle Entwicklung überhaupt ist von solchen Tendenzen gekennzeichnet und entspricht den Werten, wie diese an die einzelnen Stände weitergegeben wurden und wie sie letztlich von ihnen selbst angenommen wurden.

Bei der Problematisierung von gesellschaftlichen Werten und diese in Konfrontation gestellt zu den Ständen geht man, in der Absicht sie zu verändern, offensichtlich von Berührungspunkten unter den einzelnen Ständen aus, die derartige Veränderungen erleben. Christian Reuter bildet normatives Wertedenken, das in einem sozialen Gefüge besteht, zu einem ebenso zentralen gesellschaftlichen Bereich aus, aber hier, im Mittelpunkt des sozialen Gefüges ist ebenso eine Hierarchie zu erkennen. Aus der Zugehörigkeit zu einem bestimmten Stand sind entscheidende Merkmale sozial nicht mehr differenzierbar, wobei ein mögliches Konfliktpotenzial, welches sich demzufolge projiziert, Stände übergreifend auszumachen ist. Die neu entstandenen Wiedererkennungsmerkmale führen in gesellschaftlichen Verhältnissen zu einer Neuverteilung. So entstehen im Übrigen neue gesellschaftliche Gruppierungen. Diese Merkmale sind der Grund und die Quelle einer unmittelbaren gegenseitigen Umgangsform sowohl auf dem Hof als auch in den bürgerlichen Schichten, die sich am Hofe orientierten. Eine Ständehierarchie, die eine soziale Auffächerung wiedergeben müsste, lässt sich nur an den Titeln und bestimmten äußeren Formen erkennen.

Die Lebensverhältnisse und deren Qualität werden innerhalb des höfischen Personals bestimmt in Abhängigkeit von der Nähe zum diesbezüglichen Gesellschaftssystem, während Besitztümer immer noch dem Recht nach zu erkennen sind, das man aufgrund der gesellschaftlichen Situierung erlangt hat. Angesichts der ins Schwanken geratenen höfischen Autorität zeigt die Gesellschaft während der Übergangsphase vom 17. ins 18. Jh. erkennbare Bewegungen in ihrer Vorstellungswelt über Werte und dass innerhalb der eigenen Konstitution, womit neue Maßstäbe gesetzt werden. Während sich die normativen Wertemaßstäbe im Prozess der Umformung befinden, werfen sich für die unterschiedlichen Gesellschaftsschichten Fragen ihrer Orientierung auf, was wiederum vom Raum abhängt, der für die neu entstandenen Wertvorstellungen in der Gesellschaft befreit wird. Ob es sich nun um Stände handelt, die durch ihr Ansehen in der Gesellschaft an Konstitution gewonnen haben oder ob es sich um Schichten handelt, die ihr Ansehen gesondert gewinnen möchten, sollte dies in den Bereichen neu eingerichtet werden, in denen die Stände die ihnen entsprechende Rolle übernehmen. Der Umstand, dass Reuter sich nach der Erscheinung seiner letzten Komödie nicht mehr lange in seiner gesellschaftlichen Situierung und Stellung am Dresdner Hof aufhielt, zeigt, inwiefern soziale Prinzipien sich zu allgemeinen Kategorien ausweiten und dadurch ihren Eingang in den gesellschaftlichen Kommunikationsraum gefunden haben. Ein zweiter Aspekt in diesem

Fragenkreis bezieht sich auf die Möglichkeit, eine zeitliche Bestimmung im Sinne einer allgemeinen Kategorie zu deuten. Diese würde als argumentative Ausgangsposition dienen, wobei der materielle Status daran anknüpft und alle Lebensbedingungen, die folgen sollten, bestimmt. Der Wertekonflikt wird auf einer allgemeinen Ebene angesetzt, sodass er sich nicht auf die Stände verengen lässt. Dennoch wird der Wertekonflikt aber von sozialen Strukturen geleitet, die in Abhängigkeit von der Standeszugehörigkeit stehen. Soziale Konflikte werden also im Grenzraum von Ständen zueinander ausgetragen.

Den hier zugrunde liegenden Kommunikationsverfahren nachgehend lassen sich unterschiedliche Gesellschaftsprinzipien erkennen. Einer gesellschaftlichen Affirmation ist man immer wieder zugeneigt. Solches ist an der Haltung jener Gesellschaftsschichten zu erkennen, die Höheres anstreben. In demselben Maß ist nun auch ein persönliches Verhältnis anzutreffen, das von gesellschaftlichem Kommunizieren Abstand nimmt. Der Mensch drückt, da er doch im System der Gesellschaftseinrichtung mit einbezogen ist, die Art und Weise, wie er funktioniert, als unvermeidliche Reaktion auf Situationen aus, die vom gesellschaftlichen Gefüge bestimmt werden. Er kann sich, so gesehen, von seinem sozialen Wesen nicht abgrenzen. Letztlich ist der Mensch doch das Ergebnis der Gesamtheit gesellschaftlich normativen Einflusses und Produkt seines Umfeldes. Ungeachtet der Qualität oder der Verfahrensmodalitäten bzw. der Verwirklichung von Werten sind sie maßgeblich allein dadurch, dass sie in der Gesellschaft bestehen. Berücksichtigt man zusätzlich ihre repressive Eigenschaft, dann könnte man das als Verfahren zur gesellschaftlich bedeutenden Institutionsbildung bezeichnen. Möchte man die Angelegenheit aus Perspektive des bürgerlichen Aufstiegs betrachten, dann werden die Werte beim Aufnehmen ihrer äußeren Form verlacht und aus Perspektive des abgesunkenen Adels erscheint ihr äußeres Wesen als anachronistisch, womit sie ihren gesellschaftlichen Gehalt der Lächerlichkeit preisgegeben.

Die Personen sind nicht mehr dazu in der Lage, nur mithilfe ihrer eigenen Erscheinung bestimmte Werte zu repräsentieren. Was auf diese Weise geboten wird, ist ein entstelltes Bild gesellschaftlicher Werte. Erst in der Perspektive lässt es sich erahnen, wie der Mensch in einem System der entstellten Werte, gebildet von neuen Typen, funktionieren kann. Die Erscheinung eines Typs im literarischen Werk, der durch Absonderung bestimmter Charakteristiken in einen spezifischen Typ verwandelt wird, vereinigt in sich zunächst zwei gegensätzliche Merkmale. Mit Beispielen aus dem wirklichen Leben bietet sich scheinbar ein Ansatz, der zu verschiedenen Klischees konkrete Kontraste bildet. Im Grunde schafft er aber einen Gegentext im Vergleich zum sozialen System. Trotz spezifischer Eigenschaften von genau definierten Typen stellen diese allgemeine Charakteristiken dar in Bezug auf Personen, die mit ihrer Erscheinung dahingegen spezifische Merkmale manifestieren. Eine Zusammenfügung dieser disparaten Erscheinungen in einem Charakter, in einer spezifischen Person, die mittels Typisierung verallgemeinert wird, lässt den Rückschluss zu, dass lediglich durch Abstraktion verallgemeinerte Eigenschaften von Bedeutung sind. Eine Schwächung stilistischer Intensität durch abstufende Bewegungsrichtung als Verfahren, allgemeine Bedeutungen in der gesellschaftlichen Hierarchie zu erreichen, wird mit einer Anpassung an die gesellschaftliche Wirklichkeit gleichgestellt.

LITERATUR

Quellenverzeichnis

Werkausgaben und Texte von Andreas Gryphius

Andreas Gryphii Freuden und Trauer-Spiele, auch Oden oder Sonnette sampt Peter Sequenz Schimpf-Spiel. In Verlegung Johann Lischken und Veit Jacob Treschers Buchhandlung, Breslau, 1658.

Anderas Gryphius: Fewrige Freystadt (Birgfeld J. Hrsg.) Hannover: Wehrhahn Verlag 2006

Andreas Gryphius, Gesamtausgabe der deutschsprachigen Werke VIII, (Hrsg.) Marian Szyrocki und Hugh Powell, Lustspiel II, Max Niemeier Verlag, Tübingen, 1972.

Andreas Gryphius, Werke, Band I, Lustspiele, Georg Olms Verlagsbuchhandlung, Hildesheim, 1961.

Cardenio und Celinde Oder Unglücklich Verliebte, Trauerspiel, Reclam, Stuttgart 1968

Catharina von Georgien. Andreas Gryphius, (Hrsg.) Willi Flemming, Niemeyer, Tübingen, [3]1955.

Die geliebte Dornrose: Scherzspiel. Enthalten in: Verliebtes Gespenst : Gesangspiel / Andreas Gryphius, de Gruyter, Berlin, 1963.

Ermordete Majestät. Oder Carolus Stuardus, König von Groß Britanien. Trauer≈Spil. Reclam, Ditzingen, 1982.

Fewrige Freystadt/Andreae Gryphii. Gedruckt zur Polnischen Lissa/bey Wigand Funken. Im Jahr 1637

Horribilicribrifax Teutsch. Wehlende Liebhaber. Schertz-Spiel. Reclam, Ditzingen, 2002

Leo Armenius / Oder Fürsten-Mord. Reclam, Ditzingen, 1996.

Majuma. Andreas Gryphio Trauerspiele Oden Sonette. [Teil 4]: „Beständige Mutter/ oder Die heilige Felicitas, aus dem lateinischen", Nicolai Camsini von Andreas Gryphio übersetztes Trauer-Spiel

Leubscher, M. Johannes Theodor: Andreas Gryphius (Aus dem Lateinischen von Heinz Ludwig Deiters), in: Andreas Gryphius, hrsg. von Heinz Ludwig Arnold, 2., revidierte und erw. Aufl., München/Göttingen 1980 (= Text und Kritik. Zeitschrift für Literatur, Heft 7/8)

Werkausgaben Christian Reuter

L'honnête femme, oder, Die ehrliche Frau zu Plissine: in einem Lust-Spiele / vorgestellet, und aus dem Französischn übersetzet von Hilario, nebenst Harleqvins Hochzeit und Kind-Betterin-Schmause, Plissine, 1695.

Der ehrlichen Frau Schlampampe Krankheit und Tod, o.O., 1696

Schelmuffskys warhafftige curiöse und sehr gefährliche Reisebeschreibung zu Wasser und Lande, 1. Theil/ Und zwar die allervollkommenste und accusateste Edition, in Hochteutscher Frau Mutter sprache eigenhändig und sehr artig an den Tag gegeben von E. S., Reclam, Ditzingen, 1997.

Schelmuffskys curiöser und sehr gefährlicher Reise≈Beschreibung zu Wasser und Lande, Anderer Theil. Gedruckt zu Padua eine halbe Stunde von Rom/ Bey Peter Bartau/ 1697, Reclam, Ditzingen, 1997.

Gaf Ehrenfried. Christian Reuter. (Hrsg.) Wolfgang Hecht, Abdruck der Erstausgabe 1700, Neudrucke deutscher Literaturwerke, Tübingen, Niemeyer, 1961. (1700)

Schelmuffsky von Christian Reuter, (Hrsg.) Peter von Polenz, Max Niemeier Verlag, Tübingen, [2]1956.

Christian Reuters Werke in einem Band. Ausgewählt und eingeleitet von Günther Jäckel. (Hrsg.) Nationale Forschungs- und Gedenkstätten der klassischen deutschen Literatur in Weimar, Volksverlag Weimar, Weimar, 1962.

Christian Reuters Werke, (Hrsg.) Georg Witkowski, Band 2, Insel-Verlag zu Leipzig, Leipzig, 1916.

Weitere Quellentexte

Bayle, Pierre: *Dictionnaire Historique et critique,* 1695-1697, Band 1, Paris 1697.

Birken, Sigmund von: *Deutsche Rede-, bind- und Dichtkunst,* Nürnberg 1679 Faksimileneudruck, Hildesheim, 1973

Braunschweig, Herzog Heinrich Julius von: *Vincenius Ladislaus.* In: Deutsche Literatur, Sammlung literarischer Kunst- und Kulturdenkmäler in Entwicklungsreihen. Reihe Barock, Barockdrama. Die deutsche Barockkomödie, Band 4, (Hrsg.) Willi Flemming, Verlag von Philipp Reclam jun., Leipzig, 1931

Goethe, Johann Wolfgang von: *Hans Suchsens poetische Sendung,* 1776. In: Goethes Werke. Herausgegeben im Auftrage der Großherzogin Sophie von Sachsen, Band 16, Böhlau, Weimar, 1894.

Gottsched, Johann Christoff: *Vernünftige Tadlerinnen*, Nachdruck der Ausgabe Halle 1725, Olms, Hildesheim, 1993.

Gottsched, Johann Christoff: *Versuch einer critischen Dichtkunst*, durchgesehenes mit den Exempeln unserer besten Dichter erläutert; anstatt einer Einleitung ist Horazens Dichtkunst übersetzt und mit Anmerkungen erläutert; diese neue Ausgabe ist, sonderlich im II. Theile, mit vielen neuen Hauptstücken vermehret/ von Johann Christoff Gottscheden, Bratkopf, Leipzig, 1751.

Grimmelshausen, Hans Jakob Christoffel von: *Der abenteuerliche Simplicissimus*. Winkler-Weltliteratur, München, 1985.

Harsdörffer, Georg Philipp: *Poetischen Trichters zweyter Theil*. Reprograf. Nachdruck der Original-Ausgabe, Nürnberg 1648-53, Wissenschaftliche Buchgesellschaft, Darmstadt 1969.

Harsdörffer, Georg Philipp: *Frauenzimmer-Gesprächspiele*; Nürnberg 1642 ff. 8 Teile V. 204 § 23, S. 26

Lauremberg, Johann: *Veer Schertz Gedichte [...] In Nedderdüdisch gerimet dörch Hanss Willmsen L. Rost [...]* [n.p.] *Gedrücket im Jahr 1653*. In: Mikrofilmausgabe der Edition Faber du Faur, New Haven, Research Publications, 1969, Yale University Library collection of German Baroque Literature, no. 370a

Lessing, Gotthold Ephraim: *Hamburgische Dramaturgie*. In: Lessings Werke. Vollständige Ausgabe in fünfundzwanzig Teilen. (Hrsg.) Julius Petersen und Waldemar von Olshausen. Fünfter Teil. (Hrsg.) Julius Petersen. Bong, Berlin/Leipzig/Wien/Stuttgart, 1925.

Lessing, Gotthold Ephraim: *Laokoon*. In: Werke Bd. 6, Kunsttheoretische und kunsthistorische Schriften. München, Carl Hanser Verlag 1970 (bis 1979), S. 9-187.

Lohenstein, Daniel Casper von: *Arminius und Thusnelda*. In: Albrecht Schöne: *Die deutsche Literatur. Texte und Zeugnisse,* Band III, (Hrsg.) Albrecht Schöne, C. H. Beck-Verlagsbuchhandlung, München, 1963.

Meyfahrt, Johann Matthaeus: *Teutsche rhetorica, / Oder redekunst / Darinnen von aller Zugehör / Natur und Eygenschafft der Wohlredenheit gehandelt / Auch dieselbe in unsere teutsche Muttersprach füglich zubringen,* Coburg 1634.

Morhof, Daniel Georg: *Unterricht Von der Teutschen Sprache und Poesie*. Lübeck, Frankfurt [2]1700 (zuerst Kiel 1682). (Hrsg.) Henning Boetius, Bad Homburg v.d.H., 1969.

Moscherosch, Johann Michael: *Wunderliche und wahrhaftige Gesichte Philanders von Sittewald, das ist Straff-Schifften Hanz Michael Moscherosch von Wilstädt, Straszburg, Städtel [1665] – 1667*. In: Mikrofilmausgabe der Edition Faber du Faur, New Haven, Research Publications, 1969, Yale University Library collection of German Baroque Literature, Reel 86, no. 426

Müller, Adam: *Zwölf Reden über die Beredsamkeit und deren Verfall in Deutschland*, Leipzig, 1816.

Opitz, Martin: *Aristarcus, sive contemptu linguae Teutonicae.* In: Martin Opitz, *Jugendschriften vor 1619.* Faksimileausgabe des Janus Gruter gewidmeten Sammelbandes mit den handschriftlichen Ergänzungen und Berichtigungen des Verfassers. (Hrsg.) Jörg-Ulrich Fechner, Sammlung Metzler, M88, Verlag J. B. Metzler, Stuttgart 1970

Opitz, Martin: *Buch von der Deutschen Poeterey.* (1624), (Hrsg.) Cornelius Sommer, Verlag Philipp Reclam jun., Stuttgart 1991.

Opitz, Martin: L. *Annei Senecae Trojaneinnen.* An den Leser (1625). In: *Weltliche Poemata. Erster Teil.* (Hrsg.) Christine Eichner und Erich Trunz, Tübingen, 1967.

Riemer, Johann: *Der Politische Maul-Affe / mit allerhand Scheinkluger Einfalt Der Ehrsüchtigen Welt / aus mancherley närrischen / iedoch wahrhafftigen / Begebenheiten zusammen gesucht / und vernünfftigen Gemüthern zur Verwunderung und Belustigung vorgestellet von Clemente Ephoro Albilithano*, Leipzig 1679, in Helmut Krause (Hrsg.): Johannes Riemer, Werke, Band 1: Romane, Berlin/ New York, 1979.

Roth, Albrecht Christian: *Vollständige Deutsche Poesie.* 3 Bände, Leipzig, 1688, Band 2.

Schoch, Johann Georg: *Johann Georg Schochs Comödia vom Studenten-Leben.* Wittigau, Leipzig, 1657. In: Edition of the Yale University Library Collection of German Baroque Literature, research publications, Inc., Woodbridge, CT Reprinted, 1988, Item No. 334; [191] p. 16cm.; Signatures: A-M8, Reel: 66

Sperontes [d.i. Johann Sigismund Scholze]: *Singende Muse an der Pleisse in 2.mahl 50 Oden, der neuesten und besten musicalischen Stücke mit den darzu gehörigen Melodien* [...], Leipzig 1736, Neuauflage von Breitkopf und Härtel, Wiesbaden, 1958.

Stieff, Christian: *Andreae Gryphii Lebens-Lauff*, in: Andreas Gryphius, hrsg. von Heinz Ludwig Arnold, 2., revidierte und erw. Aufl., München/Göttingen 1980 (= Text und Kritik. Zeitschrift für Literatur, Heft 7/8)

Stieler, Kaspar: *Secretariat-Kunst: was sie sey worvon sie handele was darzu gehöre welcher Gestalt zu derselben glück- und gründlich zugelangen was maszen ein Sekretarius beschaffen seyn solle [...] alles mit grundrichtigen Sätzen zuverläszigen Anweisungen und reinen teutschen Mustern nach heutigem durchgehendem Gebrauch / entworffen in vier Theile gesondert [...] heraus gegeben von dem Spahten.* Hofmann, Schmidt, Nürnberg, 1673.

Stosch, Baltzer Siegmund von: *Danck= und Denck=Seule des ANDREÆ GRYPHII*, in: Andreas Gryphius, hrsg. von Heinz Ludwig Arnold, 2., revidierte und erw. Aufl., München/Göttingen 1980 (= Text und Kritik. Zeitschrift für Literatur, Heft 7/8)

Thomasius, Christian: *Ausübung der Sittenlehre.* Reprograf. Nachdruck Halle 1696, Olms, Hildesheim, 1968.

Thomasius, Christian: *Ausübung der Vernunftlehre.* Reprograf. Nachdruck. Halle 1691, Olms, Hildesheim, 1968.

Weise, Christian: *Bäuerischer Machiavellus*: in einem Lust-Spiele vorgestellt den XV. Feb. 1679, Schultheater in Zittau. Veröffentlicht 1681 in Verlegung Christoph Miethens, Druckts Gallus Nieman in Leipzig, Dresden. In: Mikrofilmausgabe der Edition Faber du Faur, New Haven, Research Publications, 1969, Yale University Library collection of German Baroque Literature, Reel 579, no. 1621

Weise, Christian: *Der Politische Näscher / Auß Unterschiedenen Gedancken hervor gesucht / und Allen Liebhabern zur Lust / allen Interessenten zu Nutz / nunmehr in Druck befördert / von R. I. O. Zum dritten mahl gedruckt Leipzig* (o.J., veröffentlicht 1676, entstanden vor 1672)

Weise, Christian: *Kurtzer Bericht vom Politischen Näscher / wie nehmlich Dergleichen Bücher sollen gelesen / und Von andern aus gewissen Kunst-Regeln nachgemachet werden*, Leipzig, 1680.

Weise, Christian: *Masaniello, Trauerspiel,* (Hrsg.) F. Martini, Reclam, Stuttgart, 1972.

Weise, Christian: *Lustiges Nachspiel / Wie etwan vor diesem von Peter Squentz aufgeführet worden / von Tobias und der Schwalbe*, Leipzig, 1682

Witte, F.: *Geschichte des Domgymnasiums zu Merseburg*, II. T., Merseburg, 1876.

Erschließende Literatur

Alewyn, Richard: *Der Roman des Barock.* In: Formkräfte der deutschen Dichtung vom Barock bis zur Gegenwart, Vandenhoeck & Ruprecht, Göttingen, 1963.

Aristoteles: *Nikomachische Ethik.* Übersetzt, eingeleitet und kommentiert von Franz Dirlmeier, Fischer Bücherei KG, Frankfurt a. M. und Hamburg, 1957.

Aristoteles: *Poetik.* Übersetzt von M. Fuhrmann. München 1976.

Barner, Wilfried: *Barockrhetorik. Untersuchungen zu ihren geschichtlichen Grundlagen*, Max Niemeyer Verlag, Tübingen, 1970.

Barner, Wilfried: *Disponible Festlichkeit.* In: Walter Haug und Rainer Warning (Hrsg.): *Das Fest*, Wilhelm Fink Verlag, München, 1989., S. 247 – 275

Bergson, Henri: *Das Lachen. Ein Essay über die Bedeutung des Komischen* [1941]. Übersetzt von Roswitha Plancherel-Walter, Zürich, 1972.

Benjamin, Walter: *Reuters »Schelmuffsky« und Kortums »Jobsiade«.* In: Walter Benjamin, Gesammelte Schriften II. 2. Hrsg. v. Rolf Tiedemann und Hermann Schweppenhäuser, Frankfurt a. M., [2]1977.

Berger, Karl Heinz und Püschel Walter (Hrsg.): *Das große Balladenbuch. Aus drei Jahrhunderten deutscher Dichtung.* Verlag Neues Leben, Berlin, 1965.

Böckmann, Paul: *Formgeschichte der deutschen Dichtung.* Band I. (Von der Sinnbildsprache zur Ausdruckssprache), Hamburg, 1967.

Bogner, Georg: *Die Bezähmung der Zunge: Literatur und Disziplinierung der Alltagskommunikation in der frühen Neuzeit*, Niemeier Verlag, Tübingen, 1997.

Bogosavljević, Srdan: *Antiklimaks*, Biblioteka Tumačenje književnosti, Buch 15, Zavod za udžbenike i nastvna sredstva, Beograd, 2003.

Bogosavljević, Srdan: *Gotšedova kritika Visokoparnosti.* Međunarodni časopis Stil, br. 4, Beograd, 2005, S. 31-55

Bornscheurer, Lothar: *Trauerspiele.* In: Steinhagen, Harald (Hrsg.): *Zwischen Gegenreformation und Frühaufklärung: Späthumanismus, Barock. 1570-1740*, in Horst Albert Glaser (Hrsg.): Deutsche Literatur. Eine Sozialgeschichte, Band 3, Reinbeck 1985, S. 268-294

Brodde, Otto: Heinrich Schütz. Weg und Werk. Kassel 1979

Brüchner, Wofgang et al.: *Literatur und Volk im 17. Jahrhundert. Probleme populärer Literatur in Deutschland*, Teil II, Verlag Otto Harrassowitz, Wiesbaden, 1982.

Bubner, Rüdiger: *Ästhetisierung der Lebenswelt.* In: Walter Haug und Rainer Warning (Hrsg.): *Das Fest*, Wilhelm Fink Verlag, München, 1989.

Bultmann, Rudolf: *Das Verständnis der Geschichte im Griechentum und im Christentum*, Universität Marburg, Universitas, 1969, Heft 11, S. 1155-1167

Cassirer, Ernst: *Leibniz' System in seinen wissenschaftlichen Grundlagen* / Text und Anm. bearbeitet von Marcel Simon. In: Ernst Cassirer. Gesammelte Werke, (Hrsg.) Birgit Recki, Meiner, Hamburg, 1998.

Catholy, Eckehard, Das *Fastnachtsspiel des Spätmittelalters, Gestalt und Funktion.* Tübingen, 1961.

Dehmel, Eberhard: *Sprache und Stil bei Christian Reuter.* Dissertation, Jena, 1929.

Deneke, Otto: *Schelmuffsky.* Göttingen, 1927.

Devrient, Eduard: *Geschichte der deutschen Schauspielkunst.* Henschel, Berlin, 1967.

Duchardt, Heinz, Bogdan, Wachowiak: *Um die Souveränität des Herzogtums Preußen. Der Vertrag von Wehlau 1657.* In: *Studien zur internationalen Schulbuchforschung.* Band 82/BV. Verlag Hahnsche Buchhandlung, Hannover 1998

Dyck, Joachim: *Ticht-Kunst. Deutsche Barockpoetik und rhetorische Tradition,* Verlag Dr. Max Gehlen, Bad Homburg v. d. H.-Berlin-Zürich, 1966.

Eggers, Dietrich: *Die Bewährung deutscher Sprache und Literatur in den deutschen Schulactus von Christian Gryphius,* Meisenheim am Glan, 1967.

Ellinger, Georg: *Christian Reuter und seine Komödien,* Zeitschrift für deutsche Philologie 20, 1888, S. 290-324

Elsner, Roland: *Zeichen und literarische Praxis. Theorie der Literatur und die Praxis des Andreas Gryphius im »Peter Squentz«,* Wilhelm Fink Verlag, München, 1977.

Emmerling, Hans: *Untersuchungen zur Handlungsstruktur der deutschen Barockkomödie.* Dissertation, Saarbrücken 1961

Fechner, Jörg-Ulrich: *Schelmuffskys Masken und Metamorphosen.* Neue Forschungsaspekte zu Christian Reuter. In: Euphorion 76 (1982), S. 1-26

Fergusson, Francis: *The idea of a theater.* Copyright by Princeton University Press, 1949/ 1969.

Fiedler, Teja und Goergen, Marc: *Die Geschichte der Deutschen. Von den Germanen bis zum Mauerfall.* Stern Nr. 45– 52, GRUNER + JAHR AG & CO KG Druck- und Verlagshaus, Hamburg, 2006.

Flemming, Willi: *Andreas Gryphius. Eine Monographie,* W. Kohlhammer Verlag, Stuttgart/ Berlin/ Köln, Mainz, 1965.

Flemming, Willi: *Andreas Gryphius und die Bühne,* Halle, 1921.

Flemming, Willi: *Der Sieg der Kulisse.* Das deutsche Theater: Jahrbuch für Drama und Bühne Bd. 2, (Hrsg.) Kurt Schroeder et al., o. O., 1924, S. 109 ff.

Flemming, Willi (Hrsg.), Deutsche Literatur, Sammlung literarischer Kunst- und Kulturdenkmäler in Entwicklungsreihen. Reihe Barock, Barockdrama. *Das schlesische Kunstdrama,* Bd. 1, Verlag von Philipp Reclam jun., Leipzig, 1930.

Flemming, Willi (Hrsg.), Deutsche Literatur, Sammlung literarischer Kunst- und Kulturdenkmäler in Entwicklungsreihen. Reihe Barock, Barockdrama.

Die deutsche Barockkomödie, Bd. 4, Verlag von Philipp Reclam jun., Leipzig, 1931.

Flemming, Willi (Hrsg.), Deutsche Literatur, Sammlung literarischer Kunst- und Kulturdenkmäler in Entwicklungsreihen. Reihe Barock, Barockdrama. *Die Oper,* Bd. 5, Leipzig, 1931.

Frenzel, Herbert: *Ariost und die romantische Dichtung.* Böhlen, Köln, 1962,

Fricke, G.: *Die Bildlichkeit in der Dichtung des Andreas Gryphius,* Materialien und Studien zum Formproblem des deutschen Literaturbarock, Neue Forschung 17, Berlin, 1933.

Fricke, Harald: *Norm und Abweichung.* München, 1981.

Friedrich, Michael: *Geschichte des deutschen Theaters,* Philipp Reclam jun. Verlag, Stuttgart, 1969.

Forster, Konrad: *Kleine Schriften zur deutschen Literatur im 17. Jahrhundert.* Daphnis, Band 6, Heft 4, Amsterdam, 1977.

Freund, Winfried: *Die deutsche Ballade. Theorie, Analysen, Didaktik.* Paderborn, 1978.

Frey, Axel, Bernd Weinkauf (Hrsg.): *Leipzig als ein Pleißathen. Eine geistesgeschichtliche Ortsbestimmung,* Leipzig, 1995.

Gabel, Gernot Uwe: *Andreas Gryphius, Piastus, Majuma : ein Wortindex.* In: Indices zur deutschen Barockliteratur 1, Hamburg, 1972.

Gehmlich, Ernst: *Christian Reuter, der Dichter des Schelmuffsky. Ein Lebensbild aus dem 17. Jahrhundert.* Leipzig, 1891.

Geulen, Hans: *Noten zu Christian Reuters »Schelmuffsky«.* In: Wolfdietrich Rasch/Hans Geulen/ Klaus Haberkamm (Hrsg.), Rezeption und Produktion zwischen 1570 und 1730. Festschrift für Günter Weyd. Bern/München, 1972, S. 481-492

Goethe, Johann Wolfgang von: *Werke,* Hamburger Ausgabe I, Hrsg. Erich Trunz (1952)

Gracian, Balthasar: *Handorakel und Kunst der Weltklugheit,* übersetzt von A. Schopenhauer, (Hrsg.) A. Hübscher, Reclam, Stuttgart, 1968.

Grimm, Gunter E.: *Christian Reuter: Schelmuffskys wahrhaftige curiöse und sehr gefährliche Reisebeschreibung zu Wasser und zu Lande.* In: Interpretationen: Romane des 17. und 18. Jahrhunderts. Stuttgart, 1996, S. 47-77.

Grimm, Gunter E. (Hrsg.): Lessing-Brevier. Reclam, Ditzingen, 1998

Grubačić, Slobodan: *Istorija nemačke kulture,* Sremski Karlovci; Novi Sad, Izdavačka knjižarnica Zorana Stojanovića, 2001.

Grubačić, Slobodan: *Aleksandrijski svetionik. Istorija tumačenja od aleksandrijskog doba do danas,* Sremski Karlovci; Novi Sad, Izdavačka knjižarnica Zorana Stojanovića, 2006.

Gundolf, Friedrich: *Andreas Gryphius*, Weiss'sche Universitäts˜Buchhandlung, Heidelberg, 1927.

Hamburger, Käte: *Das Mitleid.* Klett-Cotta Verlage, Stuttgart, 1985.

Hankamer, Paul: *Deutsche Gegenreformation, und deutsches Barock: die deutsche Literatur im Zeitraum des 17. Jahrhunderts*, Metzler, Stuttgart, ³1964.

Hartmann, Georg Volkmar: *Anleitung zur Historie der Leibnitzisch-Wolffischen Philosophie.* Neudrucke Frankfurt a. M. und Leipzig 1737, Olms, Hildesheim, 1973.

Hecht, Wolfgang: *Christian Reuter.* Metzler Verlag, Stuttgart, 1966.

Hecht, Wolfgang: *Die Idee in Christian Reuters Schelmuffsky.* In: Forschungen und Fortschritte 29 (1955).

Heer, Friedrich: *Der Bildungsauftrag des christlichen Historikers.* Die Neue Rundschau, Frankfurt a. M., 1954, S. 185-211

Heyde, Hartmut v. d.: *Die frühe deutsche Komödie Mitte 17. bis Mitte 18. Jahrhundert: Zur Struktur und gesellschaftlichen Rezeption. Versuch eines hochschuldidaktischen Curriculums*, Lang-Verlag, Frankfurt a. M., 1982.

Hinck, Walter: Das *deutsche Lustspiel des 17. und 18. Jahrhunderts und die italienische Komödie*, Germanistische Abhandlungen 8, Stuttgart, 1965.

Hinck, Walter: *Gryphius und die italienische Komödie. Untersuchung zum „Horribilicribrifax".* In: Germanisch-romanische Monatsschrift, Band XLIV, Carl Winters Universitätsverlag, Heidelberg, 1963, S. 120-146

Hirsch, Arnold: *Bürgertum und Barock im deutschen Roman. Ein Beitrag zur Entstehungsgeschichte des bürgerlichen Weltbilds.* Böhlau, Köln, ²1957.

Hirschenauer, Rupert und Weber Albrecht (Hrsg.): *Deutsche Balladen.* Schnell & Steiner Verlag, München, ²1964.

Hocke, Gustav René: *Manierismus in der Literatur. Sprach-Alchemie und esoterische Kombinationskunst.* Beiträge zur vergleichenden europäischen Literaturgeschichte. (Hrsg.) Ernesto Grassi, Rohwolts deutsche Enzyklopädie. Reinbeck bei Hamburg, 1959.

Holl, Karl: *Geschichte des deutschen Lustspiels*, Weber, Leipzig, 1923.

Howald, Ernst: *Vom Geist antiker Geschichtsschreibung*, Oldenbourg, München, 1944.

Hübner, Klaus: *Schelmenroman.* (Hrsg.) Günther und Irmgard Schweikle. Metzler Literatur Lexikon, Stuttgart 1984

Jacobs, Jürgen: *Der deutsche Schelmenroman*, München/ Zürich 1983.

Jöns, Ditrich Walter: *Majuma, Piastus.* In: *Die Dramen des Andreas Gryphius. Eine Sammlung von Einzelinterpretationen*, (Hrsg.) Gerhard Kaiser, J. B. Metzlersche Verlagsbuchhandlung, Stuttgart, 1968, S. 285- 304.

Jünger, Friedrich Georg: *Über das Komische.* Zürich, 1948.

Just, Klaus Günther (Hrsg.): *Daniel Casper von Lohenstein, Türkische Trauerspiele*. Bibliothek des literarischen Vereins in Stuttgart, Hiersemann Verlag, Stuttgart, 1989.

Kaiser, Gerhard (Hrsg.): *Die Dramen des Andreas Gryphius. Eine Sammlung von Einzelinterpretationen*, J. B. Metzlersche Verlagsbuchhandlung, Stuttgart, 1968, Gerhard Kaiser: Absurda Comica, S. 207-225; Gerhard Kaiser: Horribilicribrifax, S. 226-255; Dietrich Walter Jöns: Majuma, S. 285-304

Kaminski, Nicola: *Andreas Gryphius*. Reclam, Stuttgart, 1998. (RUB 17610)

Kaminski, Nicola: *Von Plißine nach Schelmerode. Schwellenexperimente mit der »Frau Mutter Sprache« in Christian Reuters Schlampampe-Projekt*. In: Kulturelle Orientierung um 1700. Tradition, Programme, konzeptionelle Vielfalt. (Hrsg.) Sylvia Hendecker, Dirk Niefanger und Jörg Wesche, Max Niemeyer Verlag, Tübingen, 2004, S. 236-262

Kayser, Wolfgang: *Das sprachliche Kunstwerk. Eine Einführung in die Literaturwissenschaft*, Francke Verlag, Tübingen und Basel, [20]1992.

Klotz, Volker: *Geschlossene und offene Form im Drama*. Carl Hanser Verlag, München, [13]1992.

Komenského, Jan Amos: *Orbis Pictus. Svet u slikama*. Izdavačka knjižarnica Gece Kona, Beograd, [2]1932.

König, Hans: *Reuters Schelmuffsky* als Typ der barocken Bramarbas-Dichtung. Dissertationen, Hamburg, 1945.

Knauer, Karl Münster: *Lodovico Ariosto. Zum Wesen und Wirken seiner Kunst*. Germanisch-romanische Monatsschrift, Jahrg. XXIII, Heft ½, Januar/ Februar 1935, Carl Winters Universitätsbuchhandlung, Heidelberg, 1935, S. 368-388

Knight, A. H. J.: *Das Komische in Christian Weises Lustspielen*. Germanisch-romanische Monatsschrift, Jahrg. XXIII, свеска ½, Januar/ Februar 1935, Carl Winters Universitätsbuchhandlung, Heidelberg, 1935, S. 105-116

Kremers, Dieter: *Der „Rasende Roland" des Lodovico Ariosto*: Aufbau und Weltbild, Kohlhammer, Stuttgart, 1973.

Kurscheidt, Georg: *Der Schelmenroman*. In: Formen der Literatur in Einzeldarstellungen, hrsg. von Otto Knörrich, Stuttgart, 1981, S. 347-359

Laufhütte, Hartmut (Hrsg.): *Deutsche Balladen*, Reclam Verlag, Ditzingen, 2003.

Lötscher, Jolanda: *Andreae Gryphii Horribilicribrifax teutsch: Formanalyse und Interpretation eines deutschen Lustspiels des 17. Jahrhunderts im soziokulturellen und dichtungstheoretischen Kontext*. Deutsche Literatur von den Anfängen bis 1700, Lang, Bern, 1994.

Lunding, Erik: *Assimilierung und Eigenschöpfung in den Lustspielen des Andreas Gryphius.* In: Festschrift für Hans Heinrich Borcherdt. München, 1962.

Luthe, Heinz Otto: *Komik als Passage.* München, 1992.

Mannack, Eberhard: *Politisch-gesellschaftliche Strategie der Peter Squentz-Komödie.* In: Theatrum Europaeum. Festschrift für E. M. Szarota. (Hrsg.) R. Brinkmann, München 1982, S. 311-325

Mannack, Eberhard: *Andreas Gryphius' Lustspiele – ihre Herkunft, ihre Motive und ihre Entwicklung.* In: Euphorion 58 (1964)

Mann, Otto: *Geschichte des deutschen Dramas,* Kroner, Stuttgart, 1960.

Martini, Fritz: Christian *Weise: Masaniello, Lehrstück und Trauerspiel der Geschichte,* Orb. Litt. 25, 1970, S. 171-196, erneut abgedruckt als Nachwort: *Christian Weise: Masaniello,* Trauerspiel, (Hrsg.) F. Martini, Reclam, Stuttgart 1972, S. 187-220

Mendelssohn, Moses: *Über die Empfindungen.* In: Jubiläums-Ausgabe I, Stuttgart, 1971.

Müller, Klaus-Detlef: *Einfallslosigkeit als Erzählprinzip. Zu Christian Reuters Schelmuffsky.* In: Geschichtlichkeit und Gegenwart. Festschrift für Hans Dietrich Irmscher zum 65. Geburtstag. Köln, 1994, S. 1-12

Niefanger, Dirk: *Barock.* Lehrbuch Germanistik. Verlag J. B. Metzler, Stuttgart/Weimar, 2000.

Oehlenschläger, Eckart: *Christian Reuter.* In: Deutsche Dichter des 17. Jahrhunderts. Ihr Leben und Werk. (Hrsg.) Harald Steinhagen und Benno von Wiese, Berlin 1984, S. 819-838

Opitz, Martin: *Jugendschriften vor 1619,* Faksimileausgabe, (Hrsg.) Jörg-Ulrich Fechner, Stuttgart, 1970.

Ort, Claus Michael: *Medienwechsel und Selbstreferenz. Christian Weise und die literarische Epistemologie des späten 17. Jahrhunderts.* Studien und Texte zur Sozialgeschichte der Literatur. Band 93, Max Niemeyer Verlag, Tübingen, 2003.

Ort, Claus-Michael: Sozialsystem `Literatur' - Symbolsystem `Literatur'. Anmerkungen zu einer wissenssoziologischen Theorieoption für die Literaturwissenschaft, in: Siegfried J. Schmidt (Hrsg.), *Literaturwissenschaft und Systemtheorie.* Westdeutscher Verlag, Opladen, 1993, S.269-294

Palm, Hermann (Hrsg.): *Werke des Andreas Gryphius,* Band 1: Lustspiele (fotomechanischer Nachdruck, Tübingen 1878), Darmstadt, 1961.

Petsch, Robert: *Die Darbietungsformen der dramatischen Dichtung.* Germanisch-romanische Monatsschrift, Jahrg. XXIII, Heft ½, Januar/ Februar 1935, Carl Winters Universitätsbuchhandlung, Heidelberg 1935, S. 321-348

Petsch, Robert: *Wesen und Formen der Erzählkunst.* Niemeyer, Halle/Saale, [2]1942.

Plard, Henri: *Gryphiana.* In: Text + Kritik, Zeitschrift für Literatur 7/ 8. Kritische Umschau. (Hrsg.) Heinz Ludwig Arnold, Verlag Dr. Rudolf Georgi, Aachen, 1965.

Risse, Josef: *Christian Reuters Schelmuffsky und sein Einfluß auf die deutsche Dichtung.* Dissertation, Münster, 1911.

Rommel, Otto: *Die Alt-Wiener Volkskomödie: ihre Geschichte vom barocken Welt-Theater bis zum Tode Nestroys.* Anton Schroll, Wien, 1952.

Schlienger, Armin: *Horribilicribrifax Teutsch. Das Komische in den Komödien des Andreas Gryphius: ein Beitrag zu Ernst und Scherz im Barocktheater,* Herbert Lang & Cre AG, Bern, 1970.

Schmid, K. A.: *Geschichte der Erziehung vom Anfang bis auf unsere Zeit.* Band 4, erste Abteilung, Verlag der J. G. Cotta'schen Buchhandlung, Stuttgart, 1896.

Schneider, Ferdinand Josef: *Christian Reuter* (Hallische Universitätsreden, 69), Niemeyer, Halle, 1936.

Schneider, Ferdinand Josef: *Christian Reuters Komödien und die Bühne.* In: Zeitschrift für deutsche Philologie 62 (1937), S. 56-78

Schneider, Ferdinand Josef: *Christian Reuters Jugend.* In: Beiträge zur Geschichte der deutschen Literatur. (Hrsg.) Th. Frings, Band 70, Heft 3, Max Niemeyer Verlag, Halle (Saale), 1998, S. 459-466

Schütz, Heinz: *Barocktheater und Illusion,* Peter Lang Verlag, Frankfurt a. M., 1989.

Schöne, Albrecht (Hrsg.): *Die deutsche Literatur, Texte und Zeugnisse.* Band III, *Das Zeitalter des Barock.* C.H. Beck'sche Verlagsbuchhandlung, München, 1963.

Schöne, Albrecht: *Emblematik und Drama im Zeitalter des Barock.* Verlag C. H. Beck, München, [3]1993.

Schöne, Albrecht: *Säkularisation als sprachbildende Kraft,* Vandenhoeck & Ruprecht, Göttingen, [2]1968.

Schütt, P.: *Die Dramen des Andreas Gryphius, Sprache und Stil,* Dissertationen aus dem Bereich der Geisteswissenschaften II, Hamburg, 1971.

Schupp, Johann Balthasar: *Der Teutsche Lehrmeister.* Mit Einleitung und Anmerkungen herausgegeben von Paul Stötzner, Leipzig, 1891.

Seidel, B.: *Wirkungen des Barock, Deprivilegierung, Unterbürgerlichkeit und Aufstiegswille im Zeitalter des Spätbarock und der frühbürgerlichen Gesellschaft,* in: Wider der Ächtung der Geschichte, Festschrift H.-J. Schoeps, (Hrsg.) K. Töpner, München/Eßlingen 1969, S. 129-156

Shakespeare, William: *Ein Sommernachtstraum*: zweisprachige Ausgabe in neuer Übersetzung und mit Anmerkungen von Frank Günther. Essay und Literatur Sonja Fielitz, Ars Vivendi, Cadolzburg, 2000.

Schmitt-von Mühlenfels, Franz: *Rezeptionstypen eines Ovidischen Stoffes in Literatur, Kunst und Musik.* Studien zum Fortwirken der Antike, Band 6, Winter, Heidelberg, 1972.

Stahl, Karl-Heinz: *Das Wunderbare als Problem und Gegenstand der deutschen Poetik des 17. und 18. Jahrhunderts* Athenaion, Frankfurt am Main 1975, S. 1-24

Staufer, Hermann: *Erfindung und Kritik.* Peter Lang Verlag, Frankfurt a. M., 1997.

Steinhagen, Harald: *Wirklichkeit und Handeln im barocken Drama. Historisch-ästhetisch Studien zum Trauerspiel des Andreas Gryphius.* Studien zur deutschen Literatur, Band 51, Max Niemeyer Verlag, Tübingen, 1977.

Stoll, Christoph: Sprachgesellschaften im Deutschland des 17. Jahrhunderts. Fruchtbringende Gesellschaft, Aufrichtige Gesellschaft von der Tannen, Deutschgesinnte Genossenschaft, Hirten- und Blumenorden an der Pegnitz, Elbschwanenorden. List, München 1973

Stolzenberg, Jürgen (Hrsg.): *Christian Wolff und die europäische Aufklärung* : Akten des 1. Internationalen Christian-Wolff-Kongresses, Halle (Saale), 4.-8. April 2004, Teil 2, Olms, Hildesheim, 2007.

Tarot, Rolf: *Literatur zum deutschen Drama und Theater des 16. und 17. Jahrhunderts. Ein Forschungsbericht (1945-1962).* In: Euphorion 57 (1963), S. 411-453.

Tatlock, Lynne: *Quixotic marvel: Emesis and the miscarriage of subjectivity in Christian Reuters Schelmuffsky.* In: „Der Buchstab tödt – der Geist macht lebendig": Festschrift zum 60. Geburtstag von Hans-Gert Roloff von Freunden, Schülern und Kollegen. (Hrsg.) James Hardin und Jörg Jungmayr. Bern/ Berlin, 1992, S. 297-319

Tober, Karl: *Christian Reuters Schelmuffsky.* In: Zeitschrift für deutsche Philologie 74 (1955), S. 127-150.

Toscan, Daniela: *Form und Funktion des Komischen von Andreas Gryphius*, Peter Lang Verlag, Bern, 2000.

Trappen, Stefan: *Jugendtorheit, Brötchenarbeit, Heilsbemühung. Erzählmotivationen und ihre sozialgeschichtliche Fundierung beim niederen Roman von Beer, Dürer, Grimmelshausen, Reuter und Riemer.* In: Johann Beer: Schriftsteller, Komponist und Hofbeamter; 1655-1700; Beiträge zum Internationalen Beer-Symposion in Weißenfels Oktober 2000 / (Hrsg.) Ferdinand van Ingen и Hans-Gert Roloff. Jahrbuch für internationale

Germanistik: Reihe A, Kongressberichte 70, Lang, Bern, 2003, S. 401-419

Trunk, Horst: *Kulturgeschichtliche und anthropologische Bedingungen des Lachens*. In: Differente Lachkulturen? Fremde Komik und ihre Übersetzung. (Hrsg.) Thorsten Unger, Brigitte Schultze, Horst Trunk, Gunther Narr Verlag, Tübingen, 1995.

Vennemann, Theo und Wagener, Hans: *Die Anredeformen in den Dramen des Andreas Gryphius*. Fink Verlag, München, 1970.

Villon-Lechner, Alice: *Der entschwindende Erzähler. Zur Selbstreflexion des Mediums in Christian Reuters Roman Schelmuffsky*. In: Simpliciana 8 (1986), S. 89-96

Vosskamp, W.: *Untersuchungen zur Zeit- und Geschichtsauffassung im 17. Jahrhundert bei Gryphius und Lohenstein* (Literatur und Wirklichkeit I), Bouvier, Bonn, 1967

Wade, Mara R.: *The German Baroque Pastoral Singspiel*. Peter Lang, Bern 1990 (Berner Beiträge zur Barockgermanistik, Bd. 7).

Waldeck, F. Meyer von: Der *Peter Squenz von Andreas Gryphius eine Verspottung des Hans SachS*. In: VjsfLg. I, 1888, S. 195-212

Weihase, I: *Zur Geschichte der gesprochenen deutschen Sprache*, Band 2., Tübingen, 1961.

Weimar, Hermann und Heinz: *Geschichte der Pädagogik*. Berlin, 1967.

Wentzlaff-Eggebert, F. - W.: *Dichtung und Sprache des jungen Gryphius, Die Überwindung des lateinischen Tradition und die Entwicklung zum deutschen Stil*, Berlin, 1936.

Wesche, Jörg: *Literarische Diversität. Abweichungen, Lizenzen und Spielräume in der deutschen Poesie und Poetik der Barockzeit*, Max Niemeier Verlag, Tübingen, 2004.

Wiedemann, Conrad: *Christian Reuter*. In: Deutsche Dichter. Leben und Werk deutschsprachiger Autoren. (Hrsg.) Gunter E. Grimm und Frank Rainer Max, Band 2: Reformation, Renaissance und Barock. Stuttgart, 1988, S. 436-448

Wildmann, Joseph Viktor: *Moderne Antiken*. Huber, Frauenfeld, 1901.

Witkowski, Georg (Hrsg.): Christian Reuters Werke, Band 2, Insel-Verlag zu Leipzig, Leipzig, 1916.

Witkowski, Georg: *Geschichte des literarischen Lebens in Leipzig*. Reprograf. Nachdruck der Original-Ausgabe Teubner aus Leipzig u. Berlin, 1909, benutztes Exemplar aus der Universität Leipzig, Nachwort von Christel Foerster. Saur, München 1994.

Wolff, Max J.: *Zum Wesen des Komischen*. In: Germanisch-romanische Monatsschrift 9 (1921), S. 65-75

Zarncke, Friedrich: *Christian Reuter, der Verfasser des 'Schelmuffsky', sein Leben und seine Werke,* Abh. d. kgl. sächs. Gesellschaft d. Wiss. zu Leipzig, Band 21 (philosophisch-historische Kl. Band 9), Nr. 5 (1884), S. 455-660

Übersichten über die deutsche Literaturgeschichte

Bahr, Ehrhard (Hg.): Geschichte der deutschen Literatur, Kontinuität und Veränderung vom Mittelalter bis zur Gegenwart (Band 1 und 2), Francke Verlag, Tübingen und Basel, [2]1999.

Bertau, Karl: Deutsche Literatur im europäischen Mittelalter. Band 2, München, 1973.

Bumke, Joachim: Geschichte der deutschen Literatur im hohen Mittelalter. Band 2, München, 1990.

Frenzel, Herbert A. und Elisabeth: Daten deutscher Dichtung, Chronologischer Abriss der deutschen Literaturgeschichte, Hrsg. dtv, München, [32]1999.

Kohlschmidt, Werner: Geschichte der deutschen Literatur vom Barock bis zur Klassik, Stuttgart, [2]1981.

Martini, Fritz: Die Deutsche Literaturgeschichte von den Anfängen bis zur Gegenwart, Stuttgart, [13]1965.

Mehring, Franz., Deutsche Geschichte vom Ausgange des Mittelalters. Volksbücherei, Band 2, Köln, 1978.

Meyer, Richard M.: Die deutsche Literatur bis zum Beginn des Neunzehnten Jahrhunderts, Berlin, 1916.

Nachschlagewerke

Allgemeine Deutsche Biographie (ADB). Band 42, Duncker und Humblot, Leipzig, 1897

Allgemeine Encyclopaedie der Wissenschaften und Künste mit Kupfern und Charten/ in alphabetischer Folge von genannten Schriftstellern, bearbeitet und herausgegeben von J. S. Ersch und J. G. Gruber u. a., Section I, 43. Theil, Leipzig, 1846.

Deutsches Wörterbuch, Jakob und Wilhelm Grimm, Bd. 8 (1893), (Hrsg.) Berlin-Brandenburgische Akademie der Wissenschaften und Akademie der Wissenschaften zu Göttingen, 1936.

Das Herkunftswörterbuch. Die Etymologie der deutschen Sprache. Duden, Band 7, Dudenverlag, Mannheim/ Leipzig/ Wien/ Zürich, 1989.

Duden, Deutsches Universalwörterbuch, Dudenverlag, Mannheim, Leipzig, Wien, Zürich, [6]2006

Duden, Die deutsche Rechtschreibung, Bd. 1, Dudenverlag, Mannheim, Leipzig, Wien, Zürich, [23]2004.

Ersch, Johann Samuel: Band 60 von Allgemeine Encyclopädie der Wissenschaften und Künste in alphabetischer Folge von genannten Schrifts bearbeitet und herausgegeben von J. S. Ersch und J. G. Gruber, Johann Samuel Ersch, J. f. Gleditsch, 1855

Historisches Wörterbuch der Philosophie. Bd. 3, (Hrsg.) Joachim Ritter, Darmstadt, 1974.

Tannenberg, Constand Wurzbach von: Biographisches Lexikon des Kaiserthums in Oesterreich, Bd. 6, Wien 1860.

Wagner, Wilhelm J.: Neuer Bildatlas zur deutschen Geschichte. Wiss. Beratung: Imanuel Geiss, Chronik-Verl., Gütersloh/ München, 2002.

Editionen

Bibliography-Index to the Microfilm Edition of the Yale University Library Collection of German Baroque Literature, research publications, Inc., Woodbridge, CT Reprinted, 1988

German Baroque Literature, A descriptive catalogue of the collection of Harold Jantz, Vol. II, New Haven, 1794, Research publications, Inc.

German Baroque Literature, A catalogue of the collection in the Yale University Library vol. 1, by Curt von Faber du Faur, New Haven and London, Yale University Press, 1958

German Baroque Literature, A catalogue of the collection in the Yale University Library vol. 2, by Curt von Faber du Faur, New Haven and London, Yale University Press, 1969

Gryphius Andreas, 1616 – 1664. In: Bibliography-Index to the Microfilm Edition of the Yale University Library Collection of German Baroque Literature, research publications, Inc., Woodbridge, CT Reprinted, 1988

Online-Kataloge

[Online-Katalog HAB Wolfenbuettel:]
   http://sunny.biblio.etc.tu-bS.de:8080/DB=2/LNG=DU
[VD17:]
   http://www.vd17.de/
[Online-Kat. SUB Goettingen:]
   http://goopc4.sub.uni-goettingen.de:8080/DB=1/LNG=DU/
[Online-Kat. Universität Osnabrück:]
   http://www.ub.uni-osnabrueck.de/